Ulf Cronenberg

Günter Kraus

Mario Weber

SMART
BOOKS

Mac OS X 10.6 Snow Leopard

Workbook für Ein- und Umsteiger

SMART BOOKS

Mac OS X 10.6 Snow Leopard

Bibliografische Information der Deutschen Bibliothek
Die Deutsche Bibliothek verzeichnet diese Publikation in der Deutschen Nationalbibliografie; detaillierte bibliografische Daten sind im Internet über http://dnb.ddb.de abrufbar.

ISBN: 978-3-908497-95-0
1. Auflage 2009

Lektorat und Projektleitung:	Horst-Dieter Radke
Korrektorat:	Dr. Anja Stiller-Reimpell
Layout und Satz:	Peter Murr
Covergestaltung:	Alban Voss
Coverfoto:	istockphoto / 9903620
Druck und Bindung:	Stürtz GmbH, Würzburg

Umwelthinweis:
Dieses Buch wurde auf chlorfrei gebleichtem Papier gedruckt. Die Einschrumpffolie – zum Schutz vor Verschmutzung – ist aus umweltverträglichem und recyclingfähigem PE-Material.

Trotz sorgfältigem Lektorat schleichen sich manchmal Fehler ein. Autoren und Verlag sind Ihnen dankbar für Anregungen und Hinweise!

Smart Books Publishing AG	Sonnenhof 3, CH-8808 Pfäffikon SZ			
http://www.smartbooks.ch	E-Mail: info@smartbooks.ch			
Aus der Schweiz:	Tel.	055 420 11 29,	Fax	055 420 11 31
Aus Deutschland und Österreich:	Tel.	0041 55 420 11 29,	Fax	0041 55 420 11 31

Übersicht

Inhaltsverzeichnis

Mac-Exkurse

Vorwort(e müssen nicht immer ernst sein)

Hoppla! Sie stehen vielleicht gerade in einer Buchhandlung und wundern sich, dass man auf einmal so viele Abbildungen einer bisher eher unbekannten Raubkatze auf den Buchcovern sieht? Und dabei befinden Sie sich fernab der Regale mit Tierbänden …

Apples Tradition, jede Version von Mac OS X mit dem Namen einer Raubkatze zu benennen, hat uns immerhin schon einige Tierarten nähergebracht. Ist es Zufall, dass auf Leopard (Mac OS X 10.5) nun der Schneeleopard, der im zentralasiatischen Hochgebirge lebt und dem Leoparden bis auf das grauere und längere Fell sehr ähnlich sieht, folgt? Wahrscheinlich ist das ein Hinweis darauf, dass Mac OS X 10.6 wenig bahnbrechend Neues mit sich bringt, sondern eher unter der Haube (also beim Code des Betriebssystems) Hand angelegt wurde. Erstmals gibt es – vielleicht infolgedessen? – auch ein günstiges Update-Angebot für Besitzer von Leopard. Danke, Apple!

Spannend bleibt die Frage, was nach dem Schneeleoparden kommt. Gepard, Puma, Jaguar, Panther und Tiger hatten ja schon für Version 10.0 bis 10.4 herhalten müssen. Dürfen wir ein paar Vorschläge machen? Wie wäre es mit dem Luchs (engl. *lynx*)? Hm, Mac OS X Lynx … – nicht nur auf Englisch ist das fast ein Zungenbrecher. Allerdings heißt es ja so schön: »aufpassen wie ein Luchs«, was ins Englische jedoch mit »watch like a hawk« übersetzt wird. Mist, der Falke ist keine Raubkatze … Die Langschwanzkatze, die Pampaskatze oder die Schwarzfußkatze erfüllen zwar das Kriterium »Raubkatze«, aber irgendwie klängen *Mac OS X Colocolo*, *Mac OS X Margay* oder *Mac OS X Black-footed Cat* schon etwas kläglich.

Na, eigentlich ist klar, was uns in ca. zwei Jahren erwartet: Es muss Mac OS X Lion heißen. Der König der Tiere wurde extra aufgehoben, um zum finalen Schlag gegen Microsofts Windows auszuholen. Uns wird 2011 ein Feuerwerk an Neuerungen erwarten, das den Konkurrenten aus Redmond endgültig alt aussehen lässt: ein 3D-Schreibtisch, der uns beim Navigieren durch den Finder das Gefühl geben wird, Hikaru Sulu, der Navigationsoffizier neben Captain Kirk und Spock, zu sein. Vielleicht erkennt die eingebaute iSight-Kamera in »Lion« außerdem, dass ich nach zweimaligem Zucken mit dem linken Auge genug von dem Bildchat mit dem zugegebenermaßen sehr netten und kompetenten Lektor dieses Buches habe, und beendet iChat automatisch. Und möglicherweise bemerkt mein Mac Pro unter Mac OS X 10.7 von ganz alleine, dass meine Festplatte voll ist[1] und ordert autonom im AppleStore ein größeres Modell, das mir der freundliche TNT-Mann am nächsten Tag schon mit meinen Daten bestückt (wie macht Apple das?) inklusive eines Capuccinos sowie einem traumhaften Apfelgebäck überreicht[2]. Gut, dass ich mir kurz vorher den von Apple auf der Macworld Expo in San Francisco 2011 vorgestellten SupportMe-Dienst geleistet habe. Denn SupportMe

1 vor ein paar Tagen erst geschehen

2 nicht geschehen – ich habe sie selbst bestellt und reibungslos in vier Stunden mit Hilfe von SuperDuper! mit den Daten der alten Festplatte bestückt.

garantiert mir, dass ich immer die aktuelle Hardware von Apple habe – kostenfreie Festplatten-Upgrades gehören zu den Werbeversprechen des Dienstes.

Aber bevor wir uns ganz in Tagträumen verlieren, will ich Sie, lieber Leser, erst mal auf den Boden der Tatsachen zurückholen. Denn bis zu Mac OS X Lion haben wir es erst einmal mit Snow Leopard zu tun – und Mac OS X 10.6 backt noch mit kleinen Brötchen. Ist ja vielleicht auch ganz gut so …

Das vorliegende Buch jedenfalls ist insbesondere an Einsteiger in Apples Betriebssystem sowie Umsteiger von Windows auf Mac OS X gerichtet. Von daher wird alles von der Pike auf (gerade in Kapitel 3 »Grundlegendes für Computerneulinge«) erklärt.

Das soll nun aber nicht heißen, dass nicht auch etwas erfahrenere Anwender von dem Buch profitieren werden. In den grundständigen Ausführungen zu den Grundfunktionen und -programmen von Mac OS X (Kapitel 4 und 5), insbesondere aber auch in Kapitel 7 »Tipps und Tricks für den effektiven Einsatz von Snow Leopard« sind einige Perlen versteckt, die eben nicht jeder Nutzer von Apples Betriebssystem kennt, die einem das Arbeiten aber deutlich erleichtern. Und da auch Snow Leopard nicht vollkommen ist, wird im vorletzten Kapitel zunächst auf die Behebung von Problemen eingegangen, bevor im Abschlusskapitel schließlich ein Bündel an kostenlosen und günstigen Programmen in aller Kürze vorgestellt wird, die das Betriebssystem sinnvoll ergänzen, so dass Sie effektiv damit arbeiten können.

In diesem Sinne: Lassen Sie sich von diesem Buch anregen … Vielleicht sehen wir uns ja dann 2011 bei einem Nachfolgeband über »Lion« wieder …

Für das Autorenteam:
Ulf Cronenberg

Ulf Cronenberg

Mario Weber

Günter Kraus

Danksagung

Nein, es war keine göttliche Eingebung, sondern mal wieder Horst-Dieter Radke, der uns dazu animiert hat, nach dem Leopard-Buch auch ein Buch über Snow Leopard herauszubringen. Verflixt, wir hatten uns auf einen entspannten Sommer gefreut – und dann kommt da ein Lektor und schafft es, uns trotz der vielen anderen Termine im Juli und August (z.B. mit Freunden am Badesee) dazu zu bringen, die Tage vor dem Bildschirm zu sitzen und Snow Leopard unter die Lupe zu nehmen. Dennoch ist das Folgende ernst gemeint: Wir haben Dir, Horst-Dieter, zu danken, weil Du als Lektor stets »dran« geblieben bist, berechtigte Kritik geäußert hast (immer mit einem zwinkernden Auge und Humor) und immer ein offenes Mailpostfach (früher sagte man »ein offenes Ohr«) hattest.

Dass die beiden Brüder Frank und Ralf Seelig von SmartBooks das Vorhaben sofort unterstützten, dass Peter Murr wieder für das gefällige Layout und Anja Stiller-Reimpell für das verlässliche Korrektorat sorgten, muss außerdem dankend erwähnt werden.

Ein Buch zu schreiben, macht Spaß, hat mitunter aber gewisse Nebenwirkungen – aber wer liest schon vorher die Packungsbeilage in Miniaturschrift? Immerhin haben wir keine hässlichen Pickel im Gesicht bekommen. Aber es gab da so einige Menschen, die unfreiwillig mitleiden mussten … **Mario** hat an dieser Stelle vor allem seiner Mutter fürs Korrekturlesen zu danken und seiner Freundin für die Ermutigung und das Durchhaltevermögen, weil er mehrere Wochen lang wenig Freizeit hatte.

Und **Ulf** träumt davon, dass er allen Menschen (an erster Stelle Ursel – entschuldige! –, ein wenig auch Nil, Jorik und allen Freunden), die er in den letzen drei Wochen doch etwas vernachlässigt hat, wieder mehr Zeit widmen kann. Für aufgeschobene Hobbys wie Jugendbücher, Musikmachen, Fotografieren und einiges mehr ist hoffentlich bald auch mehr Raum … Ab in den Lesesessel, an die Gitarre oder in den Ozean!

Und danke natürlich an alle Leser, deren Vorschussvertrauen in dieses Buch hoffentlich nicht enttäuscht wird.

Würzburg, Ende August 2009

Die wichtigsten Neuerungen im Überblick

Kapitel 1

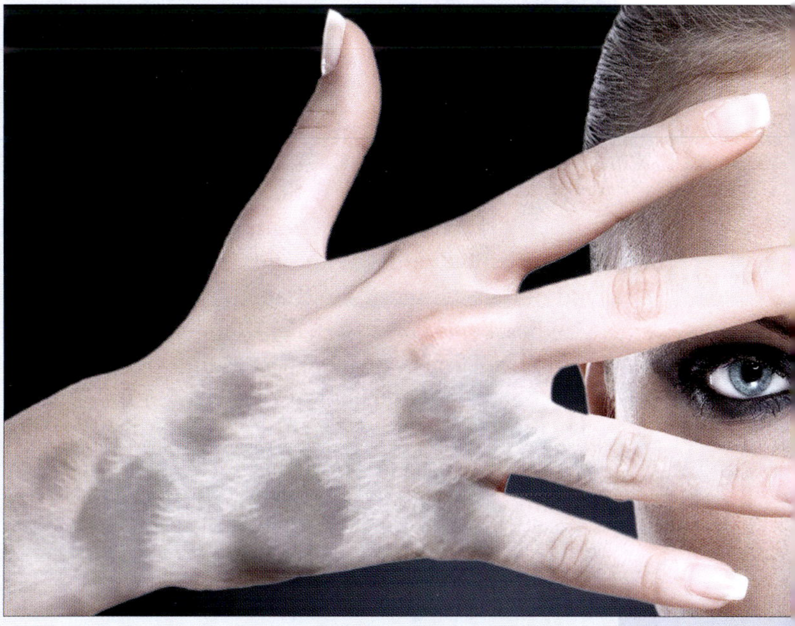

Lassen Sie es uns gleich vorweg sagen: Während Mac OS X 10.5 ein ganzes Feuerwerk an Neuerungen mit sich brachte (darunter Grundfunktionen und Betriebssystembestandteile wie Exposé, Spaces oder Time Machine), scheint die neue Version von Mac OS X eher moderate Veränderungen mitzubringen. Snow Leopard ist damit eher als ein Wartungsupdate zu betrachten, das Bewährtes beibehält, einige Entwicklungsschwerpunkte setzt und ansonsten – wie man so schön sagt – vor allem unter der Haube, also im technischen Unterbau, Neuerungen beinhaltet.

In welchen Programmen und Grundbestandteilen sind nun überhaupt größere Änderungen enthalten? Diese seien im Folgenden kurz dargestellt – Genaures erfahren Sie dann in Kapitel 4 Grundfunktionen und in Kapitel 5 Grundprogramme.

Die wichtigsten Neuerungen in Snow Leopard im Überblick

QuickTime X

Die umfassendsten Änderungen hat wohl QuickTime, Apples Media-Player für Audio und Video, erfahren, der infolge der Veränderungen auch ein »X« im Namen angehängt bekommen hat. Nicht nur das Logo und die Benutzeroberfläche wurden vollkommen neu gestaltet, auch das Arbeiten mit QuickTime X ist leichter und intuitiver geworden. Bedienelemente werden automatisch ausgeblendet, wenn sie nicht benötigt werden, und mittels Miniaturvorschauen ist es einfacher als je zuvor, mit QuickTime Videos zu bearbeiten und zwischen Kapiteln hin- und herzuspringen. Darüber hinaus kann QuickTime X auch dazu verwendet werden, über Kamera (darunter der in vielen Macs eingebauten iSight) und Mikrofon Videos aufzunehmen.

QuickTime X profitiert vom neuen technologischen Unterbau in Snow Leopard und ist somit deutlich leistungsfähiger geworden.

Vorschau

Vorschau nennt Apple sein Programm, das vor allem beim Betrachten und rudimentären Bearbeiten von Bild- und PDF-Dateien behilflich ist. Neben einer behutsamen Überarbeitung der Benutzeroberfläche lässt sich nun aus Vorschau heraus auch in Tabellen und Spalten dargestellter Text herauskopieren – bisher führte das immer zu einem Buchstaben- und Wortsalat.

Exposé, Dock und Stapel (Stacks)

Apples in Mac OS X 10.5 Leopard vorgestellte Grundfunktion Exposé, mit der man trotz einer Vielzahl geöffneter Programme auf seinem Bildschirm die Übersicht behalten kann, wurde in Snow Leopard verbessert – und zwar hauptsächlich die Zusammenarbeit mit dem Dock. Um alle Fenster eines Programms via Exposé nun angezeigt zu bekommen, reicht es, ca. eine Sekunde auf das Dock-Icon des Programms zu klicken. Mit einem Mausklick auf das gewünschte Programmfenster kann man dieses dann in den Vordergrund holen.

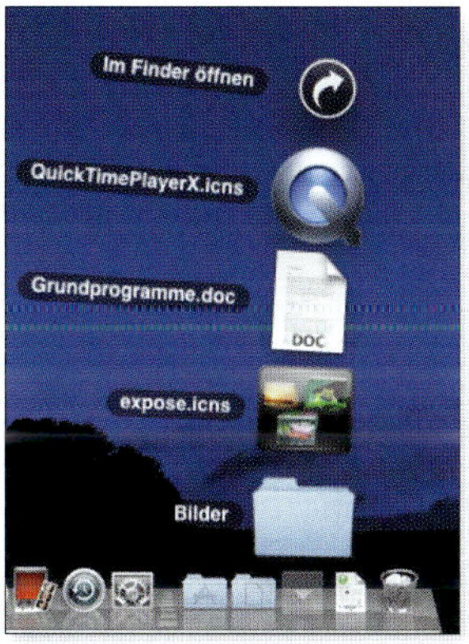

Beim Dock sind ansonsten die Veränderungen eher kosmetischer Natur – die Kontextmenüs haben einen neuen Look (weiße Schrift auf dunkelgrauem Hintergrund). Die Funktion Stapel (engl. Stacks) im Dock – eine praktische Möglichkeit, sich Ordnerinhalte grafisch ansprechend und bequem anzeigen zu lassen – wurde ebenfalls überarbeitet. In einem Stapel kann man nun auch Unterordner öffnen und sich somit wie im Finder durch die Ordnerstruktur der Festplatte »hangeln«.

Finder

Der Finder ist äußerlich im Großen und Ganzen komplett unverändert geblieben – jedoch gibt Apple an, dass der Code dahinter völlig neu geschrieben und damit optimiert wurde. Vor allem eine Geschwindigkeitsverbesserung ist dadurch zu bemerken. Fenster werden schneller geöffnet und Vorschaubilder (insbesondere mehrseitiger Dokumente) schneller und übersichtlicher angezeigt. Die Vorschaubilder sind in Snow Leopard außerdem bis zu einer Größe von 512 x 512 Pixeln skalierbar (Leopard unterstützte nur 128 x 128 Pixel).

iChat

Neue Funktionen hat Apples (Video-)Konferenz-Software iChat nicht erhalten. Doch laut Apple hat sich die Bildqualität bei Video-Chat und iChat-Theater vor allem für Benutzer weniger leistungsfähiger Netzwerkverbindungen verbessert. Auch Probleme mit manchen Routern, die aufgrund ihrer Firewall einem Verbindungsaufbau zu einem Chat-Partner im Wege standen, sollen der Vergangenheit angehören.

Safari

So ganz korrekt ist es nicht, Safari bei den Neuerungen von Snow Leopard aufzuführen – denn die neue Version 4 ist schon vor Snow Leopard erschienen, und die neuen Features des Browsers stehen auch Nutzern von Mac OS X 10.4 und 10.5 zur Verfügung. Beachtung verdienen die neuen Möglichkeiten dennoch: darunter *Top Sites*, die grafische Darstellung der eigenen meistbesuchten Webseiten in einem

Browserfenster, und das Durchblättern bereits besuchter Webseiten in der grafisch ansprechenden und praktischen Cover Flow-Ansicht.

Bedienungshilfen

Verbessert wurden in Mac OS X 10.6 auch die Bedienungshilfen – für Anwender ohne Handicap z. B. über die erweiterte Trackpad-Unterstützung bei MacBooks, aber auch für Menschen mit Beeinträchtigungen. Mit der Funktion *Voice over* können nun Webseiten, selbst mit komplexen Inhalten, besser vom Computer vorgelesen werden – und die Unterstützung von Braille-Geräten für Blinde wurde ausgebaut. Kapitel 6 behandelt die Bedienungshilfen von Snow Leopard.

Technologischer Unterbau

Wie oben bereits erwähnt wurde, enthält Mac OS X 10.6 Snow Leopard einige neue Technologien, die den technischen Unterbau des Betriebssystems verbessern. Von diesen bekommt der Benutzer in der Regel erst einmal gar nichts mit, denn diese Technologien arbeiten versteckt unter der eleganten grafischen Benutzeroberfläche (auch GUI genannt, engl. für *Graphical User Interface*). Doch sorgen diese neuen Technologien für eine optimierte Leistung, mehr Sicherheit und eine höhere Gesamtperformance des Systems.

Es ist für den normalen Computernutzer zu viel verlangt, das alles zu verstehen – das gelingt auch den Buchautoren nur in Maßen –, aber kurz erläutert und vorgestellt seien die wesentlichen technologischen Neuerungen trotzdem.

64-Bit

Die Betriebssysteme der letzten Jahre waren im 32-Bit-Code geschrieben. 64-Bit-Computing war, wie Apple treffend dazu meint, eher Wissenschaftlern und Programmierern vorbehalten. Schon in Leopard waren viele Teile des Systems auf 64-Bit umgestellt, doch Snow Leopard geht noch einen Schritt weiter und stellt nun fast alle Systemprogramme wie z. B. den Finder, Mail, Safari, iCal und iChat im 64-Bit-Code bereit.

Sie werden sich nun sicher fragen, welchen Vorteil denn eigentlich 64-Bit-Code hat? Das Betriebssystem kann durch den 64-Bit-Code statt wie bisher maximal 4 GB nun bis zu theoretisch 16 Milliarden Gigabyte Arbeitsspeicher (RAM) nutzen. Ebenso kann die doppelte Anzahl an Anweisungen pro Taktzyklus verarbeitet werden. Das beschleunigt, um es kurz zu fassen, natürlich das System und macht es zudem sicherer, da fortschrittlichere Sicherheitstechniken (wie die Execute-Disable-Funktion für Speicher-Heaps) genutzt werden können.

Grand Central Dispatch

Man hat im Lauf der Jahre festgestellt, dass eine Leistungssteigerung nicht etwa nur durch höhere Taktraten des Prozessors, sondern auch durch die Verwendung mehrerer Prozessorkerne erzielt werden kann. Deshalb ist heute jeder aktuelle Mac mit mehreren Prozessorkernen ausgestattet. Das hat auch den Vorteil, dass weniger Wärme produziert und weniger Strom verbraucht wird, was besonders bei der kleinen Bauweise und der Ausdauer von Akkus in Notebooks wichtig ist. Um die Leistung von mehreren Prozessorkernen optimal ausnutzen zu können, führt Apple mit Snow Leopard die Grand Central Dispatch-Technologie (CDC) ein.

Damit Programme die Leistung von mehreren Prozessoren gleichzeitig nutzen können, müssen sie mit einer Threading-Technologie, die die Arbeitsverteilung regelt, programmiert werden. Die Programme verwenden sogenannte Threats, damit mehrere Prozessoren gleichzeitig an verschiedenen Teilen des Programms arbeiten können. Ein Programm, das z. B. zwanzig Threats für einen Arbeitsschritt braucht, würde zehn auf den einen und zehn auf den anderen Prozessor verteilen. Damit wäre es doppelt so schnell wie ein Programm, das die Threading-Technologie nicht nutzt, da dort ein Prozessor alle zwanzig Threats nacheinander abarbeiten müsste, während der zweite Prozessor ungenutzt bliebe. Leider muss jedes Programm sein eigenes Threading ausführen, was die Programmierung nicht gerade einfacher gestaltet. Und deshalb verzichten viele Programmierer darauf.

Viel einfacher wird das nun mit Grand Central Dispatch. GDC nimmt den einzelnen Programmen die Arbeit ab und sorgt dafür, dass die Verwaltung sämtlicher Threats vom Betriebssystem übernommen und diese intelligent auf die verschiedenen Prozessorkerne verteilt werden. Dabei gibt es nicht benötigte Ressourcen für andere Aufgaben und Programme frei. Die Programmierer müssen die Programme hierfür an GDC anpassen, was aber dank Xcode, der von Apple bereitgestellten Entwicklungsumgebung für Programmierer, recht einfach von der Hand geht.

OpenCL

In jedem Mac steckt eine Grafikkarte, um die grafische Benutzeroberfläche auf den Monitor zu bringen. Die Grafikkarten sind im Lauf der Jahre immer leistungsstärker geworden, um auch hohen grafischen Anforderungen wie dem 3D-Modellieren sowie Spielen zu genügen. Doch für die meisten sonstigen grafischen Aufgaben eines Betriebssystems wird diese Leistung gar nicht benötigt und könnte somit eigentlich für andere Rechenaufgaben genutzt werden.

Hier kommt OpenCL (Open Computing Language) ins Spiel. Die Technologie nutzt die freien Ressourcen der Grafikkarte und stellt sie dem Betriebssystem zur Verfügung. Dadurch werden die Prozessoren entlastet, der Mac kann mehr Aufgaben gleichzeitig erledigen und wird dadurch schneller.

Natürlich müssen die Programme hierfür an OpenCL angepasst werden, aber OpenCL ist eine C-basierte Programmiersprache, die von namhaften Grafikchip-Herstellern wie AMD, Intel und NVIDIA unterstützt wird. Davon profitiert am Ende der Anwender.

Microsoft Exchange Server

In vielen Firmen wird heutzutage ein Server auf Basis von Microsoft Exchange verwendet, um E-Mails, Termine und Kontakte zu speichern bzw. zu verwalten. Snow Leopard bringt nun von Haus aus die Unterstützung dafür mit. Das heißt, Sie können jederzeit im Büro auch einen Mac mit installiertem Snow Leopard verwenden und haben problemlosen Zugriff auf alle Ihre Daten. Die Konfiguration fällt dabei sehr einfach aus, denn Sie müssen lediglich Ihre E-Mail-Adresse und das dazugehörige Passwort angeben. Den Rest der Einrichtung übernimmt das Betriebssystem.

Kapitel 2

Installation

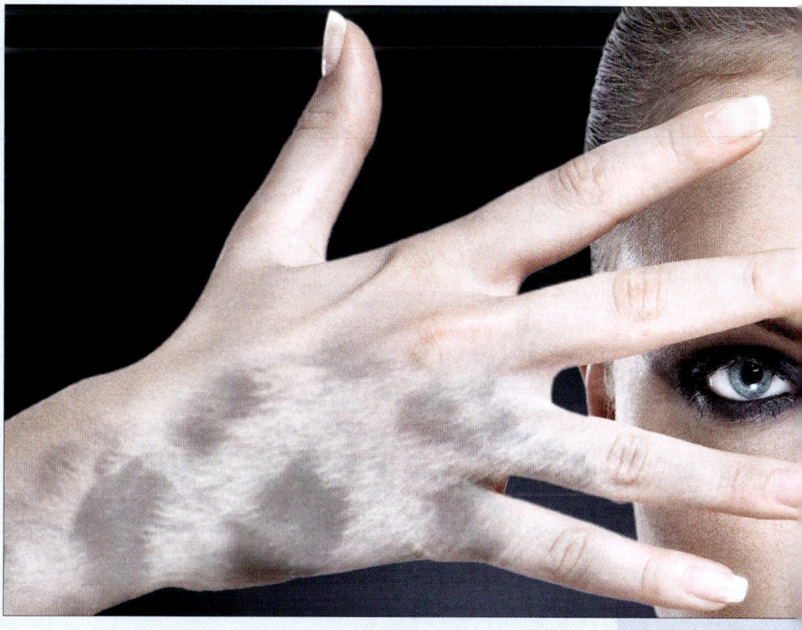

Um das neue Betriebssystem auf Ihrem Mac nutzen zu können, müssen Sie es natürlich erst installieren. Falls Sie sich gerade einen neuen Mac mit vorinstalliertem Snow Leopard gekauft haben, können Sie dieses Kapitel überspringen.

Installation

Bevor Sie mit der Installation beginnen, sollten Sie überlegen, was mit den vorhandenen Daten auf Ihrem Mac passieren soll. Haben Sie Sicherungskopien Ihrer Dokumente, Daten und Einstellungen gemacht? Möchten Sie die Festplatte vor der Installation neu formatieren oder spielen Sie das neue System einfach über das alte? Kennen Sie Ihre E-Mail- und Internet-Zugangsdaten sowie die Netzwerkeinstellungen? Überprüfen Sie dies sicherheitshalber noch mal, bevor Sie Snow Leopard auf Ihre Festplatte kopieren.

Um mit der Installation zu beginnen, gibt es zwei Möglichkeiten:

- Legen Sie die Installations-DVD unter Mac OS X in das Laufwerk – es erscheint zunächst die DVD auf dem Schreibtisch, dann öffnet sich ein Fenster, in dessen Mitte ein DVD-Symbol mit dem Titel *Mac OS X Installation* steht. (Sollte das Fenster nicht automatisch angezeigt werden, so doppelklicken Sie auf das DVD-Symbol des Desktops.) Führen Sie nun einen Doppelklick auf das *Mac OS X Installation*-Symbol aus, um die Installation zu starten. Nach der Bestätigung beginnt der Mac mit der Installation. Wie es weitergeht, erfahren Sie im übernächsten Absatz. (Wundern Sie sich übrigens nicht, wenn Ihr Mac bei dieser Installationsmethode nach einer gewissen Zeit selbständig herunterfährt und neu startet. Ein Teil der Installation kann nicht in einem anderen Betriebssystem durchgeführt werden, deshalb wird ein Neustart durchgeführt.)
- Legen Sie die DVD in das Laufwerk und starten Sie Ihren Mac neu. Drücken Sie sofort nach dem Start die Taste C und halten Sie diese 20 bis 30 Sekunden gedrückt. Dann sollte die Installation von der DVD beginnen.

Und so geht es anschließend weiter:

Es öffnet sich ein Installationsfenster mit einer Liste verwendbarer Sprachen. Wählen Sie nun mit der Maus oder den Pfeiltasten Ihre Muttersprache aus. Bestätigen Sie anschließend im sich öffnenden Fenster mit einem Blick auf den Button *Fortfahren*, dass Sie Snow Leopard installieren wollen.

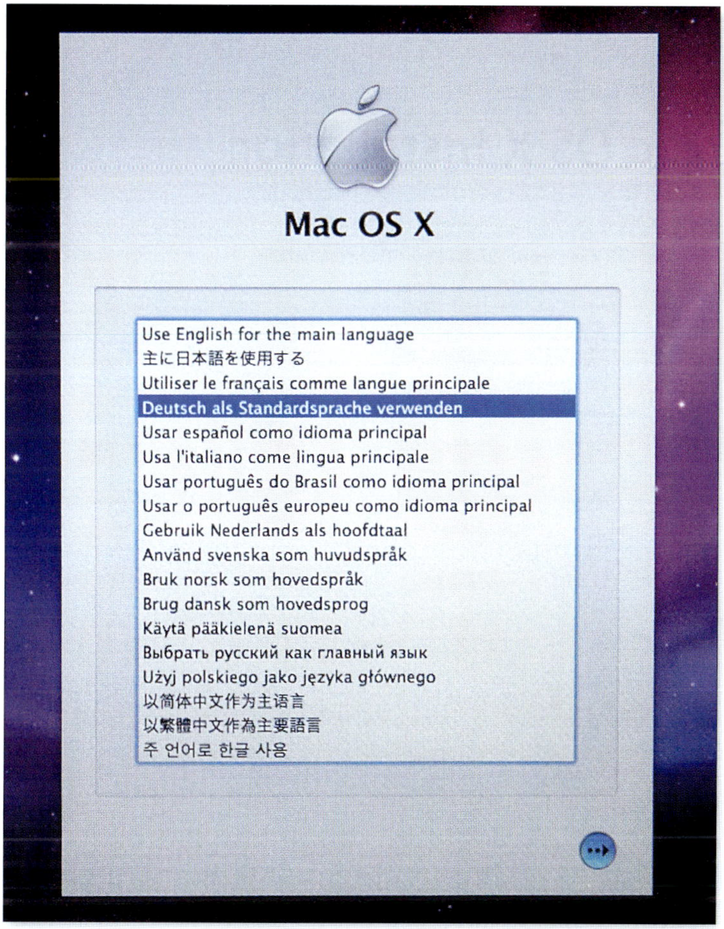

Die Auswahl der Standardsprache für den Installationsprozess

Sollten Sie an den angezeigten Festplatten etwas verändern – sie zum Beispiel löschen oder neu partitionieren – wollen, so sollten Sie an dieser Stelle im Menü unter *Dienstprogramme* das Festplatten-Dienstprogramm aufrufen und dies erledigen. Die Verwendung des Festplatten-Dienstprogramms wird in Kapitel 3 genauer erläutert.

Im nächsten Schritt müssen Sie die Lizenzbestimmungen von Apple akzeptieren. Anschließend bietet Ihnen das Programm sämtliche verfügbaren Festplatten zur Installation an. Im Normalfall wählt man mit einem Mausklick einfach die interne Festplatte seines Macs. Haben Sie noch weitere Festplatten eingebaut oder extern angeschlossen, stehen diese auch zur Auswahl bereit.

Wählen Sie die gewünschte Festplatte aus, auf der Snow Leopard installiert werden soll.

Bevor Sie nun auf den Button *Installieren* drücken, können Sie über den Button *Anpassen* noch einstellen, welche Bestandteile des Betriebssystems installiert werden sollen. Zum Beispiel ist es unnötig, alle Sprachpakete auf der Festplatte zu haben, wenn man sowieso nur auf Deutsch mit Mac OS X arbeiten möchte. Ebenso verhält es sich mit den zusätzlichen Schriften und den Druckertreibern, die beide einigen Festplattenplatz beanspruchen. Auch die X11-Umgebung ist allenthalben für Unix-User und Experten von Bedeutung. Entfernen Sie einfach die Häkchen vor den unnötigen Bestandteilen (oder fügen Sie nicht standardmäßig mitinstallierte Bestandteile hinzu) – auf diese Art und Weise können Sie nicht nur Festplattenplatz, sondern auch Zeit bei der Installation sparen.

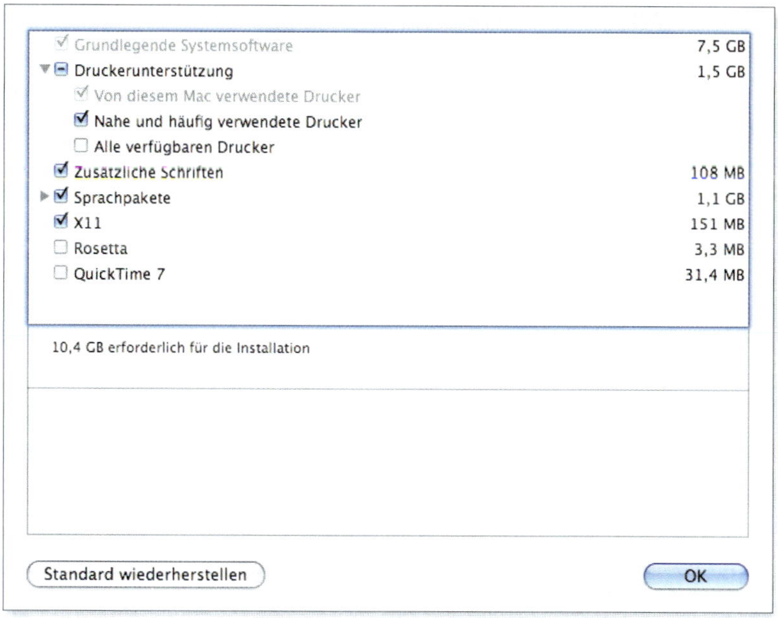

Hier können Sie Ihre Installation anpassen – mit einem Klick auf die Dreieckssymbole lassen sich weitere Details für manche Bereiche einblenden.

Jetzt können Sie die eigentliche Installation starten. Diese benötigt je nach Rechner und den Systembestandteilen, die Sie für die Installation ausgewählt haben, unterschiedlich lange. Mit 15 bis 20 Minuten müssen Sie jedoch mindestens rechnen (eher einiges mehr). Nach der Installation startet der Mac neu.

Snow Leopard begrüßt Sie nach dem Neustart mit einem »Willkommen«-Film und leitet Sie dann zu einem Einrichtungsdialog weiter. Nachdem Sie Ihre Sprache für das Betriebssystem und das Tastaturlayout ausgewählt haben, öffnet sich der sogenannte **Migrationsassistent**. Dieser hilft Ihnen, Daten von einem anderen Mac oder einer anderen Festplatte zu übertragen, falls Sie dies wollen. Auch von einem Time-Machine-Backup können Sie Daten und Informationen übernehmen – das ist aber bei der Erstinstallation normalerweise unnötig und nur wichtig, wenn Ihr System nach einem Verlust der Festplatte wiederhergestellt werden soll.

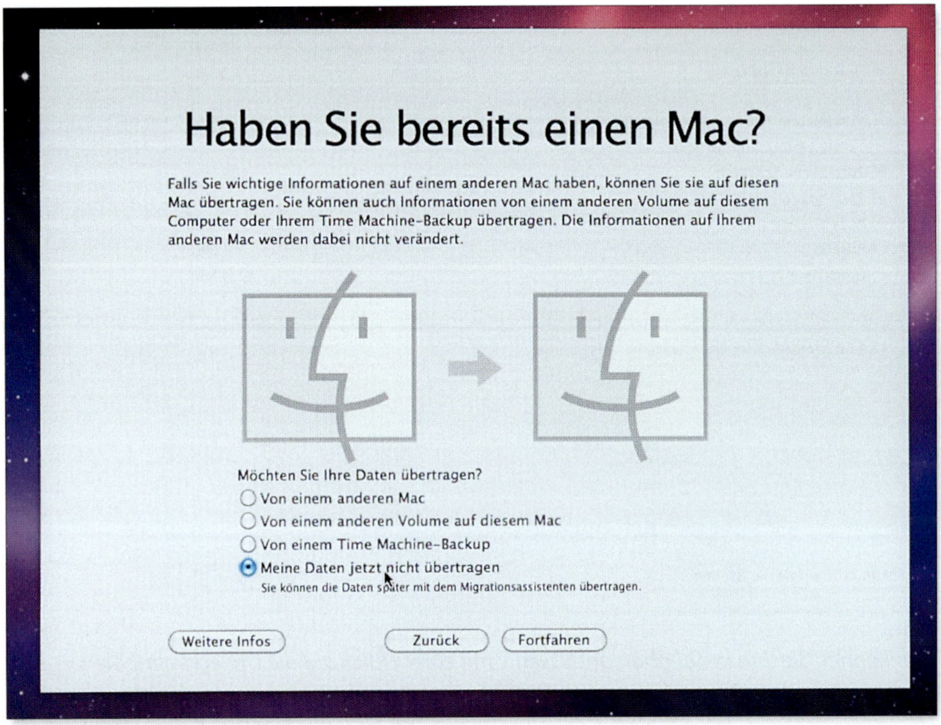

Mit dem Migrationsassistenten können Sie bequem Daten von anderen Festplatten oder Macs übernehmen.

Geben Sie im Migrationsassistenten an, dass Daten von einem anderen Mac oder einem anderen Festplatten-Volume (auch extern) übertragen werden sollen, so werden Sie aufgefordert, dieses auszuwählen und dann festzulegen, welche Daten Sie übernehmen möchten (unter anderem Benutzerdaten, Netzwerkeinstellungen und/oder Programme). Dies erledigt der Assistent dann selbstständig, was jedoch, je nach zu übertragender Datenmenge, recht lange (soll heißen: bis zu mehreren Stunden) dauern kann. Ansonsten ist der Migrationsassistent über die enthaltenen Erläuterungen selbsterklärend.

Nach Beendigung des Migrationsassistenten werden Sie innerhalb des Einrichtungsdialogs weitergeleitet und müssen Folgendes eingeben:

- die Netzwerkeinstellungen (eventuell vorhandene drahtlose Netzwerke werden zur Auswahl angeboten)
- Ihre Apple-ID, sofern Sie einen MobileMe-Account haben
- die Registrierungsdaten für das Betriebssystem

Anschließend folgt ein weiterer wichtiger Schritt: das **Anlegen des lokalen Benutzers**. Geben Sie Ihrem Benutzer einen Namen (zum Beispiel Ihren Vor- und Nachnamen) und legen Sie Passwort sowie eventuell eine Merkhilfe für das Passwort fest (falls Sie dieses vergessen sollten).

POWER USER

Mac OS X ist ein leistungsfähiges Mehrbenutzer-System – d. h., Sie können mehrere Nutzer für Ihren Mac einrichten. Es empfiehlt sich aus Sicherheitsgründen, einen Administrator einzurichten, der das System verwaltet, ansonsten aber als Standardbenutzer zu arbeiten (selbst wenn nur Sie alleine den Mac verwenden). Als fortgeschrittener Benutzer von Mac OS X, der Snow Leopard für mehrere Benutzer einrichten will, sollten Sie von daher als ersten Benutzer an dieser Stelle einen Administrator einrichten. Vergeben Sie also an dieser Stelle z. B. den Benutzernamen »Administrator« (u. U. mit dem Kurznamen »admin«).

Ist die Installation abgeschlossen und Snow Leopard das erste Mal gestartet, so sollten Sie als Nächstes einen oder mehrere weitere Benutzer einrichten, die dann keine Administratorrechte besitzen. Arbeiten Sie dann standardmäßig an Ihrem Mac als normaler Benutzer.

Weiteres erfahren Sie in Kapitel 2 »Grundlegendes für Computerneulinge«, wo das Hinzufügen weiterer Benutzer beschrieben wird.

Beim Anlegen eines weiteren Benutzers sollten Sie diesem nicht Administrator-Rechte einräumen, sondern bei Account die Option ***Standard*** *wählen.*

Nachdem Sie auf *Fortfahren* geklickt haben, können Sie – eine iSight-Kamera an Ihrem Mac vorausgesetzt – einen Benutzerschnappschuss erstellen oder aus dem Bildarchiv ein Bildchen für Ihren Benutzeraccount auswählen. Abschließend müssen Sie noch die Zeitzone sowie Datum und Uhrzeit angeben – dann sind Sie mit der Einrichtung von Snow Leopard fertig!

Eventuell werden Sie jedoch noch, sofern Mac OS X eine weitere angeschlossene Festplatte entdeckt, gefragt, ob Sie diese für Time Machine-Sicherungen verwenden wollen. Im Zweifelsfall wählen Sie *Später entscheiden*. Wie sich Time Machine auch zu einem späteren Zeitpunkt aktivieren und einstellen lässt, erfahren Sie in Kapitel 4 »Grundfunktionen«.

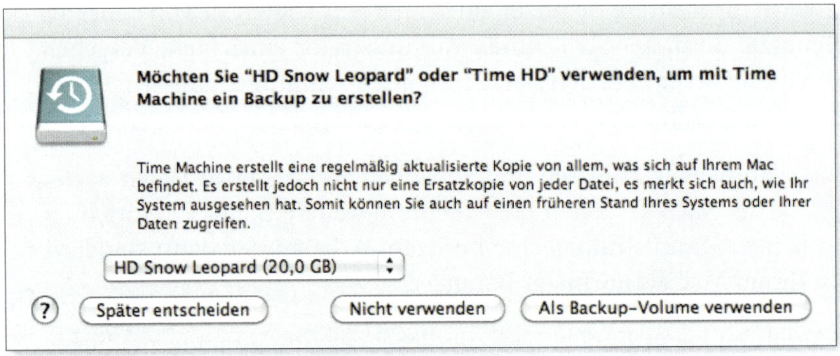

Die Time Machine-Abfrage nach dem ersten Start von Snow Leopard

EXKURS

Das iPhone mischt nicht nur den Mobilfunk-Markt auf …

Gerüchte, dass Apple an einem revolutionären Handy arbeitet, hatte es schon länger gegeben. Am 9. Januar 2007 stellte Steve Jobs dann schließlich einen Prototyp des Geräts auf der Macworld Conference & Expo in San Francisco der Öffentlichkeit vor. Und das »iPhone«, wie das Gerät passend zur sonstigen Mac-Terminologie genannt wurde, erstaunte nicht nur die Zuhörer im Saal, sondern ließ auch die Fachwelt aufhorchen. Die damals höchst innovative Multitouch-Oberfläche, die man mit Fingergesten steuert, das stylishe Aussehen und die intuitive Bedienbarkeit ließen das Gerät, das erst Ende Juni 2007 auf den amerikanischen Markt kam, sofort zu einem Must-have-Objekt werden. In Deutschland mussten die Kunden bis November 2007 warten, um das iPhone mit Vertragsbindung an T-Mobile (was vielen ein Dorn im Auge ist) kaufen zu können.

Seit Sommer 2009 gibt es nun Version 3 des Handys – mit dem Namen **iPhone 3GS**. Letztendlich sind einige neue Features (darunter eine Kamera zum Aufnehmen von Filmen sowie ein Kompass) hinzugekommen, das Aussehen und die Bedienbarkeit sind aber im Wesentlichen gleich geblieben.

Weltweit hatte das Apple-Handy, das in der Kategorie Smartphones (Multimedia-Handys, die auch als Informationsmanager dienen) geführt wird, unter den Smartphones im zweiten Quartal 2009 bereits einen Marktanteil von 13,3 Prozent . Allerdings muss hinzugefügt werden, dass der Smartphone-Markt nur einen Teilbereich (derzeit ca. 15 Prozent) des gesamten Handy-Marktes ausmacht. Für Europa wurden Mitte August 2009 ebenfalls Zahlen veröffentlicht: Das iPhone kommt hier auf einen Anteil von 13,6 Prozent im Smartphone-Bereich, und Apple belegte damit im 2. Quartal 2009, nur von Nokia überflügelt, erstmals Rang 2 bei den Herstellern. (Für Deutschland liegen derzeit keine verlässlichen Zahlen vor.)

Dass Apple mit dem iPhone inzwischen viel Geld verdient, liegt nicht nur an dem Gerät selbst, sondern auch an dem zeitgleich eröffnetem App Store. Über diesen lassen sich inzwischen Tausende von Programmen für das iPhone (und den iPod touch) herunterladen – manche davon kostenlos. Indirekt hat Apple mit dem iPhone und dem iPod touch auch den Markt mobiler Spielkonsolen betreten – denn auf beiden Geräten laufen inzwischen auch viele Spiele: vom Flipper über einfachere Strategie- und Puzzle-Spiele bis hin zu Autorennspielen. Sogar Navigationssoftware, die ein eigenes Navigationsgerät überflüssig macht, gibt es seit Sommer 2009 für das iPhone.

Wer einen Mac und einen MobileMe-Account von Apple besitzt, ist mit dem iPhone besonders gut dran. Denn vollkommen automatisch werden Daten aus iCal, dem Adressbuch oder Lesezeichen aus Safari, zwischen Mac und iPhone synchron gehalten.

Kapitel 3

Grundlegendes zu Mac OS X

Das Betriebssystem soll dem Anwender helfen, den Computer überhaupt zu bedienen. Mac OS X soll ein ganz besonders leicht zu verstehendes Betriebssystem sein. Beginnend bei der Maus und der Tastatur, über den Finder, das Dock, Ordner, Fenster bis hin zu den Systemeinstellungen erfahren Sie in diesem Kapitel alles Nötige, um Ihren Apple-Computer mit Mac OSX 10.6 souverän bedienen zu können.

Grundlegendes zu Mac OS X

Mit Mac OS X 10.6 Snow Leopard hat Apple sein bewährtes Betriebssystem intelligent ausgebaut. Dabei ist die Bedienung genauso einfach geblieben, wie man es von Apple gewohnt ist. Obwohl der Finder komplett neu programmiert wurde, sieht er nicht nur genauso aus wie vorher, sondern er fühlt sich auch so an – nur deutlich schneller!

Maus und Tastatur

Die Maus ist eines der wichtigsten Eingabegeräte für den Computer. Sie heißt so, weil sie etwa die Form und Größe einer lebendigen Maus besitzt. Mit der Maus bewegen wir den kleinen Pfeil auf dem Bildschirm. Dieser Pfeil wird im Deutschen eigentlich Zeiger genannt, was naheliegt, da Sie ihn benutzen, um auf Dinge zu zeigen. Er nimmt aber in verschiedenen Situationen auch andere Formen an, und Sie benutzen ihn nicht immer nur zum Zeigen, weshalb er grundsätzlich einfach Cursor genannt wird.

Die Maus besaß bei Apple lange nur eine Taste, mit der Sie bestimmte Funktionen anwählen und ausführen konnten. Mehrtastenmäuse mit Scrollrad/Scrollball wie zum Beispiel die Mighty Mouse von Apple bieten den Vorteil, verschiedene, oft genutzte Funktionen auf die anderen Tasten legen zu können und sie so schnell parat zu haben. Wer sich viel im Internet bewegt, wird auch sehr schnell die Scrollfunktion (scroll: rollen) zu schätzen wissen. Hierbei kann man durch Rollen des kleines Balls beziehungsweise des Rades oben auf der Maus den Inhalt von Fenstern nach oben oder unten verschieben.

Mausbewegungen

- »Zeigen« erfolgt durch einfaches Verschieben der Maus, um den Cursor zu einer bestimmten Stelle zu bewegen.
- »Drücken« bedeutet, die Maustaste gedrückt zu halten, während man auf etwas zeigt.
- »Klicken« wird durch kurzes Drücken und wieder Loslassen der Maustaste erzeugt; normalerweise klicken Sie auf etwas, was bedeutet, dass Sie auf ein Objekt zeigen, bevor Sie drücken.

- »Doppelklicken« bedeutet, mit der richtigen Geschwindigkeit und ohne die Maus dabei zu bewegen, zweimal kurz hintereinander zu klicken, so dass der Mac es nicht als zweimaliges einzelnes Klicken deutet.
- »Ziehen« bedeutet, die Maustaste gedrückt zu halten, während Sie die Maus verschieben. Manchmal verschiebt sie tatsächlich ein Objekt, manchmal wird mit der Funktion *Ziehen* nichts verschoben, sondern sie wird dazu benutzt, eine Fläche auf dem Bildschirm zu definieren. Das Ziehen von einem Objekt an einen anderen Ort wird umgangssprachlich auch als Drag & Drop bezeichnet.

Tastatur

Ein weiteres unverzichtbares Eingabegerät des Computers ist die Tastatur, auch Keyboard genannt. Sie funktioniert ähnlich einer Schreibmaschine und wird benutzt, um Texte oder Befehle einzugeben. Notebook-Tastaturen sind aufgrund der Bauweise im Platz etwas eingeschränkt und haben daher nicht den vollen Funktionsumfang einer »normalen« Tastatur.

fn-Taste

Die fn-Taste (Funktionstaste) ist eine spezielle Taste, die sich nur auf der Notebook-Tastatur und dem kleinen Apple-Keyboard findet. Sie befindet sich ganz links unten auf Ihrer Tastatur. Da diese Tastaturen weniger Tasten besitzen, werden mit der fn-Taste bestimmte Teile der Tastatur umgeschaltet. So wird z.B. der fehlende Ziffernblock auf den rechten Teil der Tastatur gelegt. Dort sind die Tasten zwischen »7«, »0«, »Bindestrich« und »M« mit weiteren Zeichen klein in der rechten unteren Ecke bedruckt. Mit der fn-Taste können Sie auch die Standard-Funktionstasten aktivieren, sofern Sie diese Option in den Systemeinstellungen aktiviert haben. Apple hat die Funktionstasten ja mittlerweile mit einigen systemeigenen Funktionen belegt.

Tastaturübersicht

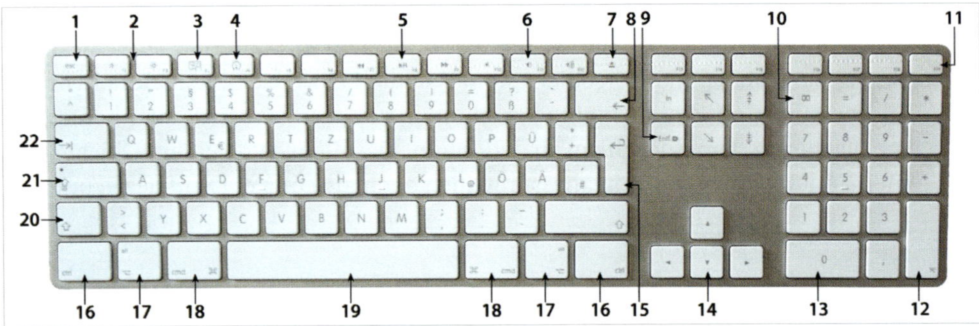

Die Apple-Tastatur

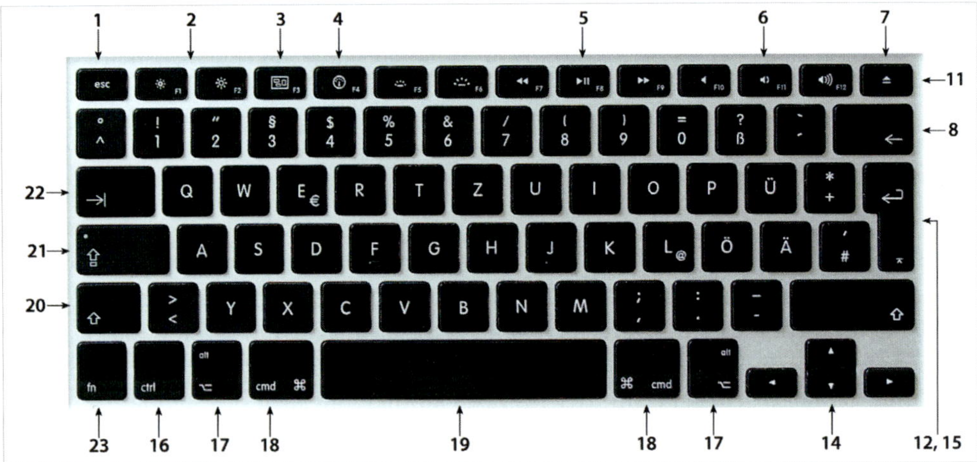

Die Apple-Notebook-Tastatur

Die Tasten, erklärt am Apple-Keyboard:

1. Escape
2. Helligkeit
3. Exposé
4. Dashboard
5. Wiedergabe/Pause
6. Lautstärke
7. CD/DVD-Auswurftaste
8. Löschtaste oder im Apple-Deutsch »Rückschrittaste«, alternativ ←
9. Entfernen, alternativ ⌦
10. Num-Lock-Taste
11. Funktionstasten
12. Eingabe- oder Enter-Taste, alternativ ↩
13. Separater Zahlenblock
14. Cursor-Tasten (nach oben, nach unten, nach links, nach rechts) oder im Apple-Deutsch »Pfeiltasten«
15. Return-Taste oder im Apple-Deutsch »Zeilenschalter«
16. Control-Taste
17. Options-, Alt- oder im Apple-Deutsch »Wahltaste«, alternativ ⌥
18. Command-Taste oder im Apple-Deutsch »Befehlstaste«, oft auch Apfel-, Propeller- oder Blumenkohltaste genannt, alternativ oder ⌘ (wobei der auf neuen Geräten seit 2008 fehlt).
19. Leertaste
20. Shift-Taste oder im Apple-Deutsch »Umschalttaste«, alternativ ⇧
21. Caps-Lock- oder Feststelltaste, alternativ ⇪
22. Tabulatortaste, alternativ ⇥
23. fn-Taste

Finder

Nach dem Start des Apple-Computers startet Mac OS X Snow Leopard und zeigt auf dem Monitor die schön anzusehende Benutzeroberfläche. Der Ausgangspunkt für alle Arbeiten unter Mac OS X ist der Finder. Dieser zeigt uns ein bildschirmfüllendes Hintergrundbild, den sogenannten Schreibtisch, am oberen Bildschirmrand eine Menüleiste und unten das praktische Dock.

Der Finder in Mac OS X 10.5

Schreibtisch

Die Schreibtischoberfläche ist der komplette Bereich hinter den Fenstern und dem Dock. Obwohl der Schreibtisch kein Fenster ist, verhält er sich wie eines, denn wie Ordner- oder Festplattenfenster kann der Schreibtisch Symbole enthalten. Aber im Gegensatz zu den meisten Fenstern, zu denen man erst navigieren muss, ist der Schreibtisch bestens geeignet, um häufig benutzte Objekte wie Ordner, Programme oder Dokumente abzulegen.

Die Objekte werden als kleine Bildchen, die sogenannten Symbole (im Englischen auch Icons genannt), dargestellt. Solch eines können Sie in der oberen rechten Ecke sehen, es zeigt die Festplatte.

Menüleiste

Am oberen Bildschirmrand befindet sich die transparente Menüleiste, die einzelne Menütitel und verschiedene Symbole, die Systemmenüs, anzeigt.

Menü

Ein Menü zu benutzen, ist ein Kinderspiel: Klicken Sie auf einen der Menütitel, um eine Liste möglicher Befehle zu öffnen. Sie schieben den Cursor herunter bis zu dem Befehl, den Sie auswählen möchten (jeder Befehl wird durch einen blauen Balken hervorgehoben, sobald Sie ihn berühren), und lassen die Maustaste los. Wenn das Menü offen ist und Sie sich entscheiden, keinen der Befehle auszuwählen, ziehen Sie den Zeiger einfach aus dem Menü heraus und lassen die Maustaste los – Sie müssen den Zeiger nicht bis zum Menütitel zurückführen. Manchmal sind Befehle in den Menüs blass – ihr Name erscheint grau statt schwarz. Das bedeutet, sie sind deaktiviert und zu diesem Zeitpunkt nicht anwendbar.

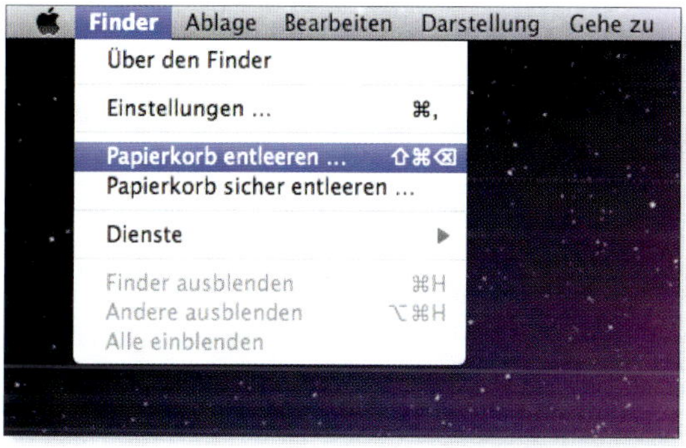

Menüleiste mit ausgeklapptem Menü

Ein dreieckiger Pfeil rechts neben dem Befehl innerhalb eines Menüs zeigt an, dass es zu diesem Punkt ein Untermenü gibt. Um einen Befehl aus einem Untermenü auszuwählen, verschieben Sie den Zeiger in das Untermenü auf den auszuwählenden Befehl.

Wenn ein Menü so viele Objekte beinhaltet, dass nicht alle auf dem Bildschirm dargestellt werden können, kann man im Menü herauf- und herunterfahren, um alle Auswahlmöglichkeiten anzusehen. Ein nach unten gerichteter Pfeil an der Unterkante des Menüs bedeutet, dass sich in dieser Richtung weitere Objekte befinden. Schieben Sie den Zeiger herunter zum Pfeil, und das Menü beginnt zu rollen. Sobald es rollt, erscheint ein nach oben zeigender Pfeil an der Oberkante des Menüs, um anzuzeigen, dass sich nun dort weitere, nicht dargestellte Objekte befinden. Um in diese Richtung zu rollen, verschieben Sie den Zeiger zurück nach oben.

Menüleistentitel

Die meisten Menütitel bestehen aus Wörtern und »gehören« zu der Anwendung, mit der Sie gerade arbeiten. Sie werden bemerken, wie sich diese Titel in der Menüleiste ändern, sobald Sie zu anderen Anwendungen wechseln. Es gibt auch Menütitel, die in den meisten Anwendungen gleich sind, zum Beispiel *Ablage* oder das Menü *Bearbeiten*. Bei Menütiteln, die aus einem Symbol bestehen, handelt es sich um Systemmenüs, die im Menübalken bleiben, egal, in welcher Anwendung Sie sich befinden. Hierzu zählt unter anderem das *Apple-Menü* () am äußersten linken Ende des Menübalkens. Tag und Uhrzeit werden immer rechts oben angezeigt, und verschiedene Systemmenüs wie etwa *Lautstärke*, *TimeMachine* und *AirPort (WLAN-Verbindung)* können ebenfalls oben rechts ein- und ausgeblendet werden.

Das Apple-Menü () steht Ihnen in jedem Programm zur Verfügung und enthält grundlegende Befehle wie *Neustart, Ausschalten, Abmelden*, die *Systemeinstellungen* oder Ihre *Favoriten*, also die Dateien und Programme, die Sie zuletzt und am häufigsten benutzt haben. Auch finden Sie im Apple-Menü über dem ersten Menütitel *Über diesen Mac* Informationen über Ihren Rechner. Dort steht, welche Betriebssystemversion installiert ist, welcher Prozessor in Ihrem Mac läuft und wie viel Arbeitsspeicher verbaut ist.

Der nächste, etwas fetter dargestellte Menütitel rechts neben dem Apple-Menü ist das Programmmenü. Er zeigt Ihnen an, in welchem Programm Sie sich gerade befinden. Diesen sollten Sie immer im Auge behalten, um den Überblick nicht zu verlieren. Über das Programmmenü können Sie die Programme beenden oder – sehr wichtig – deren *Einstellungen* finden, egal, welches Programm Sie gerade benutzen.

Die folgenden Menütitel variieren mit den verschiedenen Programmen, doch die nächsten beiden sind mit großer Wahrscheinlichkeit *Ablage* und *Bearbeiten*. Im Menüpunkt *Ablage* finden Sie grundlegende Befehle wie etwa das Erstellen eines neuen oder das Öffnen eines bereits vorhandenen Dokuments oder den Speicher- und Druckbefehl.

Das blaue Lupensymbol rechts in der Menüleiste steht für die Suchfunktion Spotlight. Links daneben steht der gerade aktive Benutzer (falls die Mehrbenutzereinstellung aktiviert ist), daneben Datum & Uhrzeit und der Lautstärkeregler. Weitere Symbole können aktiviert werden, um beispielsweise die Internetverbindung anzuzeigen.

GRUNDLAGEN

Tastenkürzel

Hinter einigen Befehlen stehen zusätzliche Zeichen. Dabei handelt es sich um Tastenkombinationen, mit denen Sie Befehle auslösen können. Das heißt, wenn Sie zum Beispiel die Tasten ⌘ – N (Befehlstaste und den Buchstaben »N«) auf Ihrer Tastatur drücken, bewirkt es dasselbe, als wenn Sie im Menü *Ablage* den Befehl *Neu* auswählen.

Einstellungen

Öffnen Sie die *Einstellungen* in der Menüleiste *Finder*, um Festplatten, CDs/DVDs, iPods und verbundene Server auf Ihrem Schreibtisch anzeigen zu lassen oder eben nicht.

Unter Mac OS X werden – anders als in Windows – die Dateiendungen (Suffix) ausgeblendet. Um diese anzeigen zu lassen, wählen Sie den Reiter *Erweitert* und setzen ein Häkchen vor *Alle Suffixe einblenden*.

Seit Mac OS X 10.5.2 ist es möglich, die Transparenz der Menüleiste zu deaktivieren. Dieser Punkt ist in den *Systemeinstellungen | Schreibtisch & Bildschirmschoner | Schreibtisch* zu finden. Einfach das Häkchen vor der Auswahl *Transparente Menüleiste* entfernen.

Spotlight

Spotlight ist eine in Mac OS X integrierte Suchroutine, die nicht nur einfach nach Namen sucht, sondern auch nach Metadaten, Kontakten, E-Mails, Programmen, Kalendereinträgen und vielem mehr. Spotlight zeigt Ihnen in Sekundenschnelle alle Daten, die z.B. mit »Paris« zusammenhängen. Ob eine E-Mail aus Paris gekommen ist, wie viele Ihrer Kontakte in Paris wohnen, welche PDF-Dokumente Paris enthalten oder sogar ob ein Foto in Paris aufgenommen wurde.

Dock

Das Dock im dreidimensionalen Look befindet sich am unteren Bildschirmrand und ermöglicht sofort Zugriff auf Objekte, die Sie am häufigsten verwenden. Das Dock hat eine spiegelnde Oberfläche, die alle Symbole reflektiert darstellt, ebenso alle Fenster oder Dokumente, die man dahinter schiebt.

Oft benutzte Programme können dort abgelegt und durch einen Klick gestartet werden. Das Dock ist in zwei Bereiche unterteilt, die durch eine gestrichelte Linie getrennt sind. Links werden Programme abgelegt, rechts davon Dokumente, Webseiten, Filme etc. und natürlich der Papierkorb.

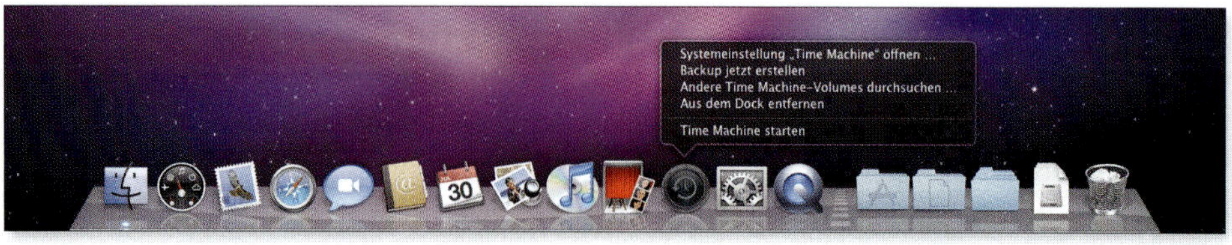

Das Dock

Objekte hinzufügen

Objekte, die Sie stets in Reichweite haben möchten, bewegen Sie einfach per Drag & Drop ins Dock. Dies ist mit Ordnern oder Programmen genauso möglich wie mit Webseitenlinks, die Sie einfach aus dem Browser ins Dock bewegen. (Bei einem Browser, beispielsweise *Safari*, handelt es sich um ein Programm, mit dem Sie Webseiten betrachten können.) Um Symbole wieder zu entfernen, zieht man sie einfach bei gedrückter Maustaste aus dem Dock und lässt sie dann los. Sie verpuffen dann in einer kleinen Wolke (das Original bleibt natürlich erhalten!). Während Sie Objekte hinzufügen, wird das Dock erweitert, bis es links und rechts den Bildschirmrand erreicht – dabei werden die Symbole im Dock automatisch verkleinert, um Platz zu schaffen. Damit die kleinen Symbole dennoch gut zu erkennen sind, stellt Mac OS X eine Vergrößerungsfunktion bereit. Wenn Sie den Zeiger über das Dock bewegen, werden die Symbole so stark vergrößert, wie Sie es in den Dock-Einstellungen festgelegt haben. Über das Apple-Menü und den Befehl *Dock* können Sie die automatische Vergrößerungsfunktion ein- oder ausschalten und gegebenenfalls auch die Größe einstellen. Außerdem wird der Name des Programms beziehungsweise der Datei angezeigt, wenn man mit der Maus darüberfährt. Das Dock kann auch links oder rechts am Bildschirmrand postiert sein oder automatisch ausgeblendet werden, wenn Sie es nicht benötigen.

Die Symbole im Dock sind teilweise aktiv. So zeigt zum Beispiel das Mail-Symbol an, wie viele Mails eingegangen sind. Aktive geöffnete Programme erkennt man übrigens immer an einem kleinen, blauen Strahler unter dem Symbol.

Geöffnete Programme erkennt man an dem blauen Strahler unter dem Symbol.

Auch geöffnete Fenster oder Dokumente können im Dock abgelegt werden, indem man den mittleren, orangefarbenen Button in der Titelleiste des Fensters anklickt. Das Dock zeigt die abgelegten Fenster als kleine Kopie des Fensterinhalts an. Ein kleines Symbol lässt erkennen, zu welchem Programm das verkleinerte Fenster gehört. Abgelegte QuickTime-Filme beispielsweise laufen im Dock einfach weiter.

TIPP

Zeitlupe

Eine versteckte Funktion ermöglicht es, Fenster in Zeitlupe zu verkleinern. Man hält hierfür einfach die ⇧-Taste beim Klicken des orangefarbenen Buttons in der Titelleiste fest.

Kontextmenü & Exposé

Wenn Sie die Symbole im Dock anklicken und die Maustaste gedrückt halten, wird eine dunkeltransparent unterlegte Liste mit möglichen Befehlen (das sogenannte Kontextmenü) angezeigt, über die Sie die zugehörigen Objekte steuern können. Sie haben über das Kontextmenü Zugriff auf die Ordnerstruktur, können dort auch Programme starten bzw. beenden und haben Zugriff auf die Optionen.

Neu in Snow Leopard ist, dass die bewährte Exposé-Funktion nun auch im Dock verfügbar ist. Klicken Sie auf das Symbol eines geöffneten Programms im Dock und halten Sie die Maus gedrückt, schon springen alle zugehörigen Programmfenster im bekannten Exposé-Look auf. Nun können Sie mit der Maus leicht zwischen den Fenstern navigieren, um das Richtige auszuwählen.

Diese neue Funktion bringt auch neue Möglichkeiten mit sich. So lassen sich leicht Daten zwischen zwei Programmen direkt über das Dock austauschen. Klicken Sie ein Dokument im Finder an und ziehen es nun auf das Mail-Symbol im Dock. Halten Sie die Maustaste dabei gedrückt, so springen kurz die zum Mailprogramm gehörenden Fenster auf, und Sie können das Dokument z.B. in einer angefangenen E-Mail ablegen und verschicken.

Exposé im Dock zeigt alle geöffneten Fenster eines Programms.

Das Kontextmenü passt sich der Situation von Programmen an und bietet unterschiedliche Befehle, je nachdem, ob das angewählte Programm gerade aktiv ist oder nicht. Wählen Sie das Symbol eines Programms an, das noch nicht gestartet ist, bietet das Kontextmenü die Befehle *Öffnen* und in den *Optionen* eine Liste mit den Einträgen *Aus dem Dock entfernen, Bei Anmeldung öffnen* und *Im Finder zeigen.* Wählen Sie das Symbol eines geöffneten Programms, finden Sie die Auswahl zwischen *Beenden, Ausblenden* und *Optionen.*

Stapel

Neu seit Leopard sind Stapel (Stacks). Stapel sind im Grunde nichts anderes als ins Dock gezogene Ordner. Sie sind eine Sammlung von Dateien, die zusammen im Dock gestapelt werden. Dabei werden die Symbole der enthaltenen Dateien übereinandergelegt dargestellt. Möchte man auf eine der Dateien zugreifen, klickt man mit der Maus einfach auf den Stapel, woraufhin sich dieser entfaltet und die enthaltenen Dateien in einer geschwungenen Linie übereinander auffächert. Sind es zu viele Dateien, um die Reihe auf dem Monitor darzustellen, stellt Snow Leopard den Stapel in einer dunkel unterlegten Gitteransicht dar. Sind es selbst für die Gitteransicht zu viele Objekte, erscheint wie in einem Fenster ein Scrollbalken, mit dem Sie durch den Stapel navigieren können. Ebenso können Sie auch durch einen Ordner navigieren, der sich in einem Stapel befindet. Am oberen Rand der Gitteransicht wird Ihnen der Name des Stapels bzw. Ordners angezeigt.

Um einen Stapel zu erstellen, zieht man einfach einen Ordner ins Dock. Fertig.

Durch einen Stapel navigieren

Ein Stapel verhält sich im Grunde wie ein Ordner. Durch einen Mausklick auf ein Symbol im Stapel wird dieses im entsprechenden Programm geöffnet. Sind zu viele Objekte im Stapel enthalten, können Sie über den erscheinenden Scrollbalken auf der rechten Seite im Stapel herauf und herunter scrollen.

Es gibt zwei Möglichkeiten durch einen Stapel zu navigieren. Halten Sie die Maustaste gedrückt und ziehen Sie den Cursor nach oben in die aufspringende Gitter- oder Fächeransicht. Das aktiv angewählte Symbol wird in der Gitteransicht mit einer grauen Fläche unterlegt, in der Fächeransicht blau markiert. Sobald Sie die Maustaste loslassen, wird das entsprechende Programm oder Dokument geöffnet.

Andere Möglichkeit: Klicken Sie kurz auf den Stapel und wählen dann das gewünschte Symbol mit einem Mausklick aus, um es zu öffnen. In dieser Variante werden die angewählten Symbole nicht optisch hervorgehoben.

Handelt es sich bei dem ausgewählten Symbol um einen Ordner, so zeigt die Gitteransicht den Inhalt des Ordners, sobald Sie das Symbol ausgewählt haben. Am linken oberen Rand der Gitteransicht finden Sie einen Pfeil, mit dem Sie zurück in den Ursprungsstapel springen können. Wählen Sie einen Ordner in der Fächeransicht, wird der Ordner in einem Finder-Fenster geöffnet.

Dateien aus dem Stapel entfernen und hinzufügen

Um eine Datei zu einem Stapel hinzuzufügen, ziehen Sie diese einfach auf den gewünschten Stapel und lassen sie los. So wird die Datei in den zum Stapel gehörenden Ordner abgelegt.

Dateien können auch ganz einfach aus einem Stapel entfernt werden. Halten Sie bei geöffnetem Fächer einfach ein Symbol mit der Maus fest und ziehen es per Drag & Drop aus dem Stapel heraus. So wird die Datei aus dem Stapel-Ordner entfernt. Halten Sie dabei ⌥ gedrückt, wird die Datei nicht verschoben, sondern kopiert und bleibt im Stapel erhalten. Sie erkennen das auch optisch am grünen *Plus*-Symbol. Ebenso können Sie auch durch gleichzeitiges Drücken von ⌥ – ⌘ einen Alias von der Datei erstellen. Dieser wird durch ein kleines Pfeil-Symbol gekennzeichnet.

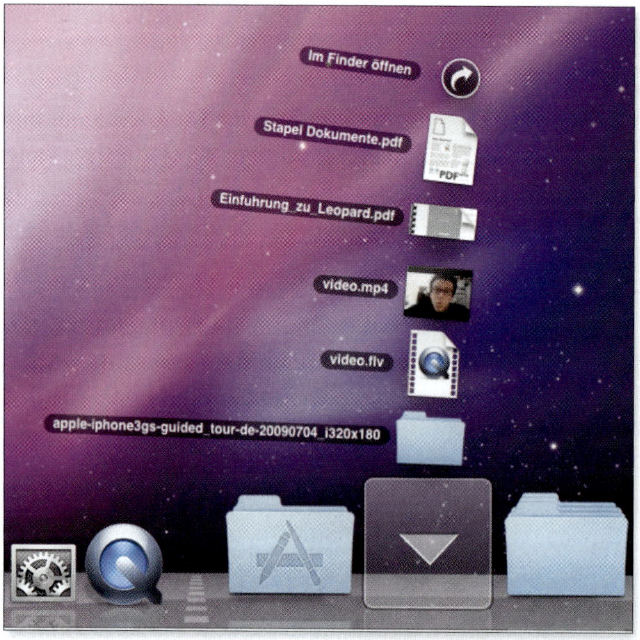

Stapel werden angezeigt, indem man sie kurz mit der Maus anklickt.

TIPP

Laufwerke im Dock stapeln

Im Dock lassen sich Ordner und Dateien ablegen, um über die Stapelfunktion schnellen Zugriff darauf zu haben. Das funktioniert auch mit Festplatten und Laufwerken.

Über die Menüleiste *Gehe zu* und den Befehl *Gehe zum Ordner...* oder die Tastenkombination ⇧ – ⌘ – G können Sie einfach im Finder nach einem Ordner suchen. Geben Sie im Suchfeld eines Finder-Fensters den Namen »volumes/« ein, so werden im Finder die angeschlossenen Festplatten und Laufwerke angezeigt. Dann müssen Sie nur noch in die Spaltenansicht des Finder-Fensters wechseln und aus der Spalte ganz links den Ordner *Volumes* ins Dock ziehen (und zwar in den Teil rechts der gestrichelten Dock-Linie). Schon hat man einen Stapel angelegt, über den man Zugriff auf sämtliche angeschlossenen Laufwerke hat.

Stapeloptionen

Die Stapel halten zudem noch einige Optionen bereit, die über einen Mausklick mit der rechten Maustaste (bei einer Ein-Tasten-Maus mit gedrückter ctrl-Taste) auf den jeweiligen Stapel in einem Kontextmenü aufgerufen werden. Die Dateien lassen sich innerhalb des Stapels nach unterschiedlichen Kriterien wie Datum, Größe oder Art stapeln. »Anzeigen als Ordner« verhindert, dass im Dock nicht mehr alle Dateien eines Ordners hintereinander gestapelt angezeigt werden, sondern nur noch das Ordnersymbol. Auch der Inhalt des Stapels lässt sich zusätzlich zu *Fächer* und *Gitter* als gewohnte *Liste* anzeigen.

Über ein Kontextmenü können Sie das Verhalten eines Stapels steuern.

Hier noch ein paar Tipps: Wenn Sie beim Mausklick auf einen Stapel die ⌘-Taste gedrückt halten, öffnet sich der Stapel-Ordner in einem Finder-Fenster. Den Befehl *Im Finder anzeigen* können Sie zwar auch über das Kontextmenü aufrufen, aber mit Tastenkürzel geht das deutlich schneller.

Fenster

Wenn Sie Ihren Mac zum ersten Mal starten, sehen Sie in der Mitte ein typisches Finder-Fenster. Fenster sind Ihre Arbeitsbereiche, und obwohl sie im Finder über einige spezielle Eigenarten verfügen, die Ihnen den Umgang mit Dateien erleichtern, verhalten sich die meisten Fenster des Macs gleich und verfügen über die gleichen Bedienungselemente.

Ein Fenster öffnet sich immer, sobald Sie eine Datei, einen Ordner, ein Programm oder ein Laufwerk mit dem Cursor doppelklicken. Je nachdem, um welches Objekt es sich handelt, sehen die Fenster unterschiedlich aus. Im Finder können Sie ein Fenster über die Menüleiste *Ablage* und den Befehl *Neues Fenster*, das Tastenkürzel ⌘ – N (oder auch ⌘ - ⇧) oder einfach durch einen Mausklick auf das *Finder*-Symbol im Dock aufrufen. Dieses Fenster zeigt dann immer den Benutzerordner mit dessen Inhalt an.

Wie ist so ein Fenster eigentlich aufgebaut?

Die typischen Mac OS X Finder-Fenster sind sehr einfach aufgebaut und zeigen Ihnen rechts den Inhalt von Ordnern und Dokumenten an. Links daneben befindet sich die dezent blau unterlegte Seitenleiste, mit der Sie durch das Fenster navigieren. Die Titelleiste verrät Ihnen den Namen des geöffneten Objekts, die Statusanzeige am unteren Rand die Anzahl der enthaltenen Objekte sowie den verbleibenden Speicherplatz. Die Symbolleiste beherbergt ein Suchfeld und verschiedene Buttons, die Ihnen beim Navigieren durch die Daten helfen.

Bis auf kleine Einzelheiten sind alle Fenster unter Mac OS X in etwa so aufgebaut, egal ob im Finder oder einem Apple-Programm wie Mail, Adressbuch oder iCal.

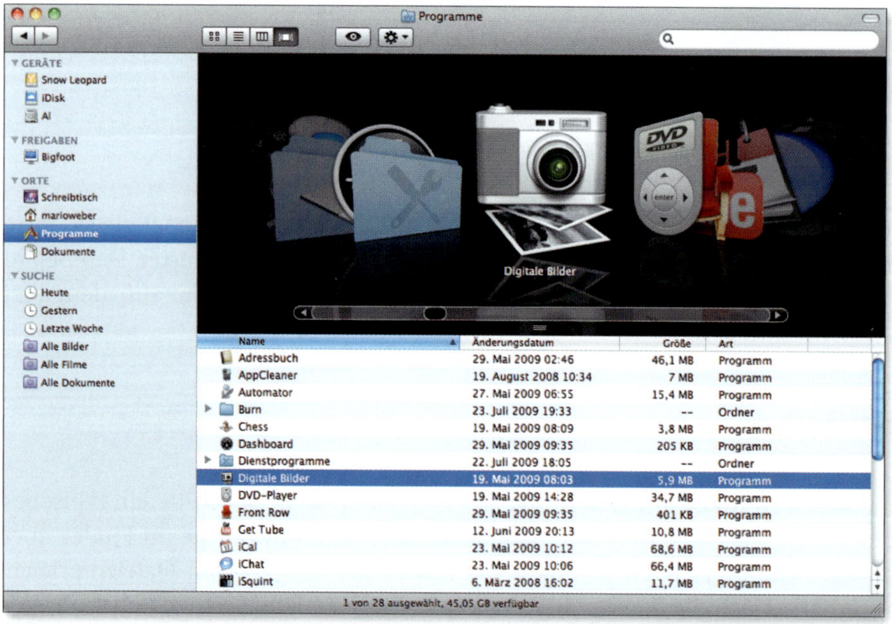

Ein typisches Fenster in Snow Leopard

Darstellung

Ein Schattenwurf verleiht den Fenstern ein dreidimensionales Aussehen, und es scheint, als würden sie über dem Schreibtisch schweben. Dieser Schattenwurf wird für das gerade aktive Fenster tiefer und gibt damit einen optischen Hinweis. Ein Fenster bewegt man, indem man mit dem Cursor auf die Titelleiste zeigt und dann mit gedrückter Maustaste den Cursor an eine andere Stelle auf dem Desktop zieht. Die Größe des Fensters verändert man durch Ziehen an der unteren rechten Ecke.

Titelleiste

In der Titelleiste fallen sofort die drei bunten Buttons links ins Auge. Der rote Button schließt ein Fenster. Der grüne Button zeigt alle Objekte innerhalb des Fensters an. Sind es zu viele Objekte, wird das Fenster in voller Größe mit Scrollbalken angezeigt. Der gelbe Button verkleinert das Fenster und zeigt es als Symbol im Dock an. Wenn Sie zum Beispiel einen QuickTime-Film auf diese Weise ins Dock verkleinern, wird er innerhalb des Symbols weiter abgespielt. Mit dem weißen Button rechts in der Titelleiste können Sie die Symbol- und Seitenleiste ein- und ausblenden, ganz wie es Ihnen beliebt. Die Statusanzeige am unteren Fensterrand zeigt an, wie viele Objekte sich im gerade geöffneten Fenster befinden und wie viel Speicherplatz noch auf dem angewählten Speichermedium (Festplatte, CD, USB-Stick etc.) verfügbar ist.

Symbolleiste

Die Symbolleiste befindet sich direkt unter der Titelleiste und ist optisch mit ihr verschmolzen. Ganz links befinden sich Navigationspfeile, mit denen Sie innerhalb der Fenster vor- und zurückspringen können. Über die vier Buttons danach können Sie zwischen den unterschiedlichen Darstellungsoptionen des Fensterinhalts wechseln. Beim nächsten Button mit dem Augensymbol handelt es sich um die Übersicht (Quick Look)-Funktion. Sie erlaubt Ihnen, einen schnellen Blick auf Dokumenteninhalte oder gar eine Diashow zu starten, wenn Sie z.B. mehrere Bilddateien im Fenster markiert haben. Hinter dem nächsten Button mit dem Zahnradsymbol verbirgt sich ein Aufklappmenü, über das Sie weitere Befehle aufrufen können. Ganz rechts in der Symbolleiste befindet sich ein Suchfeld, in das Sie Begriffe eingeben und nach Daten suchen können.

Die Symbolleiste kann sogar Ordner oder Dokumente aufnehmen, die durch einen Mausklick auf das Symbol in der Symbolleiste geöffnet werden. Um ein Objekt in die Symbolleiste aufzunehmen, müssen Sie es darüber ziehen und warten, bis ein *Plus*-Symbol erscheint. Dann können Sie es loslassen.

Um ein Symbol aus der Symbolleiste zu löschen, wählen Sie in der Menüleiste *Darstellung* den Befehl *Symbolleiste anpassen…* In dem sich öffnenden Aufklappmenü können Sie ein Symbol löschen, indem Sie es anfassen und aus der Symbolleiste ziehen. Sobald Sie es dann loslassen, verpufft es in einer Wolke. Das Original bleibt natürlich erhalten.

Das Menü *Symbolleiste anpassen…* umfasst aber noch eine ganze Menge mehr Symbole, mit der Sie Ihre Symbolleiste Ihren Wünschen anpassen können. Aber Achtung: Die Änderungen in der Symbolleiste beziehen sich auf sämtliche Finder-Fenster!

Ansichtssache

In jedem Fenster ist es möglich, über die Symbolleiste die Darstellung des Inhalts zu ändern.

- **Symbolansicht (⌘ – 1)**: Normalerweise werden die einzelnen Dateien im Fenster als große Symbole angezeigt, welche Sie beliebig anordnen können. In der Symbolansicht erscheint rechts in der Statusleiste ein Schieberegler. Über den Schieberegler können die Symbole stufenlos in ihrer Größe geändert werden. Passen Sie die Symbole einfach Ihren Bedürfnissen an.
  Befinden sich in einem Ordner sehr viele Dateien, wird diese Art der Darstellung aber sehr schnell unübersichtlich. Hier empfiehlt es sich dann, auf die Listenansicht zu wechseln. Hierfür müssen Sie einfach in der Symbolleiste die entsprechende Taste anklicken.

- **Listenansicht (⌘ – 2)**: Hier werden alle Dateien aufgelistet dargestellt. Ein blauer Balken markiert das ausgewählte Objekt. Jeder Ordner ist durch einen dreieckigen Pfeil markiert. Durch Klicken auf den Pfeil wird der Ordner um eine Liste mit dessen Inhalt erweitert. Nochmaliges Klicken verkleinert den Ordner wieder, um dessen Inhalt wieder zu verbergen. Die Begriffe *Erweitern* und *Verkleinern* unterscheiden diesen Vorgang vom *Öffnen* und *Schließen* der Ordner. Die Ordner können in den erweiterten Ordnern auf so vielen Ebenen erweitert und verkleinert werden, wie Sie möchten. In der Listenansicht können die Daten nach verschiedenen Kriterien sortiert werden. Standardmäßig sind sie alphabetisch nach Name sortiert. Sie können aber ebenso nach Änderungsdatum, Größe oder Art sortiert werden. Dies bewerkstelligen Sie, indem Sie oben in der Liste auf den entsprechenden Balken klicken. Der blau markierte Balken zeigt Ihnen immer das aktuell ausgewählte Kriterium an.

- **Spaltenansicht (⌘ – 3)**: Möchten Sie Dateien von einem Ordner in einen anderen (auf der Festplatte versteckten) Ordner verschieben, eignet sich hierfür besonders die Spaltenansicht. Die Spaltenansicht ist eine erweiterte Listenansicht. Klickt man einen Ordner an, wird dessen Inhalt in einer neuen Spalte rechts daneben angezeigt. Klickt man hier nun den nächsten Ordner an, wird dessen Inhalt wieder rechts daneben gezeigt. Um nicht den Überblick zu verlieren, werden die ausgewählten Ordner immer mit einem unterlegten grauen Balken markiert. So können Sie jederzeit zurückverfolgen, in welchem Unterordner das ausgewählte Objekt liegt.

Über den kleinen Anfasser am unteren Ende der Trennlinien können Sie die Spaltenbreite übrigens manuell verändern. Durch einen Doppelklick direkt auf den Anfasser passt sich die Spaltenbreite dem längsten Wort in der Liste an.

- **Cover Flow (⌘ – 4)**: Neu seit Leopard ist die Cover-Flow-Ansicht. Diese kennen Sie vielleicht schon aus iTunes. Hierbei werden die Dokumente grafisch auf einem schwarzen Hintergrund im 3-D-Look angezeigt. Die Grafik stellt den Inhalt des ausgewählten Dokuments dar. Mit Cover Flow können Sie Ihre Dateien regelrecht durchblättern und gegebenenfalls auch innerhalb eines Dokuments blättern. Unterhalb der grafischen Darstellung der Dokumente wird Ihnen zusätzlich auch eine Listenansicht gezeigt. Parallel wechselt auch hier die Auswahlfarbe, sobald Sie in Cover-Flow weiterblättern. Unten, in der Mitte des Cover-Flow-Bereiches, ermöglicht Ihnen ein kleiner Anfasser in der Form drei kleiner Striche das Vergrößern oder Verkleinern dieses Bereiches durch Ziehen mit der Maus. Je nachdem, wie groß Sie diesen Bereich aufziehen, werden auch die Symbole in Cover-Flow vergrößert oder verkleinert dargestellt.

Seitenleiste

Links im Fenster befindet sich die Seitenleiste. Diese ist in verschiedene Kategorien eingeteilt, um schneller an die gewünschten Daten zu gelangen. Unterteilt in *Geräte*, *Freigaben*, *Orte* und *Suche* bringt Sie die Seitenleiste direkt zu den Objekten oder Ordnern, die Sie gerade benutzen möchten. Vor jeder Rubrik befindet sich ein Pfeilsymbol, über welches Sie die Rubrik öffnen und schließen können.

Geräte

Hier werden alle angeschlossenen Festplatten, CDs, iPods, USB-Sticks oder auch die iDisk aufgelistet. Hinter den Namen der extra angeschlossenen Geräte befindet sich ein kleines, nach oben zeigendes Pfeilsymbol, über welches die Laufwerke wieder ausgeworfen bzw. abgemeldet werden können.

Freigaben

Zeigt alle sich im Netzwerk befindenden Computer, auf die Sie zugreifen können. Das ist nicht nur in einer Firma oder innerhalb eines Netzwerks sinnvoll, sondern auch in einem privaten Haushalt, in dem mehrere Familienmitglieder einen eigenen Computer haben und sich die Peripherie teilen und Daten und Informationen austauschen möchten. Ansonsten können Sie diese Rubrik getrost schließen.

Ausblenden können Sie die komplette Rubrik übrigens über die Menüleiste *Finder | Einstellungen* und den Reiter *Seitenleiste*. Entfernen Sie dort sämtliche Häkchen unter der Rubrik *Freigaben*.

Orte

Standardmäßig befinden sich in der Seitenleiste die Ordner aus der Benutzerumgebung. Die Symbole können aber jederzeit per Drag & Drop geändert werden. Ziehen Sie einfach Ihre derzeitigen Favoriten in diese Leiste – das können sowohl Ordner als auch Dokumente sein. Wenn Sie einen Ordner oder ein Dokument nicht mehr in der Seitenleiste benötigen, ziehen Sie ihn einfach wieder heraus und lassen ihn los: Das Symbol verpufft dann schön animiert in einer kleinen Wolke. Man darf hierbei nicht vergessen, dass lediglich eine verknüpfte Kopie der Datei oder des Ordners in der Seitenleiste abgelegt wird und das Original am Ursprungsort bestehen bleibt. Ziehen Sie also ein Objekt aus der Seitenleiste heraus, so ändert das nichts am Original. Andererseits hätte es fatale Folgen, wenn Sie einen Originalordner – von dem Sie eine Verknüpfung in der Seitenleiste haben – löschen würden. Die Dokumente wären verloren, und die Verknüpfung über die Seitenleiste würde ins Leere verlaufen.

Schreibtisch

Klicken Sie den *Schreibtisch* in der Seitenleiste an, zeigt Ihr Fenster sämtliche Objekte, die sich auf Ihrem Schreibtisch im Hintergrund des Fensters befinden. Löschen Sie ein Objekt im Fenster, verschwindet es auch von der Schreibtischoberfläche. Der Schreibtisch verhält sich in diesem Fall wie ein ganz normaler Ordner, den Sie in die Seitenleiste ziehen.

Programme

Etwas spezieller verhält es sich mit dem *Programme*-Ordner. Dieser ist nicht wie die anderen Ordner an die Benutzerumgebung gebunden, sondern ist für sämtliche Benutzer des Macs erreichbar. Installieren Sie ein neues Programm, so steht es auch allen anderen Benutzern zur Verfügung. Ebenso verhält es sich natürlich auch andersherum. Löschen Sie ein Programm, ist es auch für die anderen verloren.

Suche

Mit der neuen intelligenten Suchfunktion spüren Sie Ihre Dokumente schnell auf. Klicken Sie auf die vorgegebenen Optionen wie zum Beispiel *Letzte Woche* oder *Alle Filme*, und schon haben Sie mit einem Klick die gewünschten Daten parat.

Sehr einfach können Sie auch eigene Suchergebnisse mit Spotlight in die Seitenleiste integrieren. Aber dazu später mehr.

Aktive und inaktive Fenster

Direkt nach dem Öffnen ist ein Fenster aktiv. Es legt sich über alle anderen geöffneten Fenster, und jeder Befehl, beispielsweise *Schließen*, betrifft nur dieses eine Fenster. Es ist immer nur ein Fenster aktiv. Alle anderen sind inaktiv. Man erkennt diese an den helleren Symbolleistenbuttons und farblosen Tasten, welche sich aber sofort aktivieren, sobald Sie mit der Maus darüber fahren. Das heißt, Sie können auch ein inaktives Fenster schließen oder ins Dock verkleinern, ohne das bereits aktive Fenster zu deaktivieren. Um ein bereits geöffnetes inaktives Fenster zu aktivieren, klickt man einfach auf eine beliebige Stelle innerhalb des inaktiven Fensters. Dadurch wird gleichzeitig das bisher aktive Fenster inaktiv.

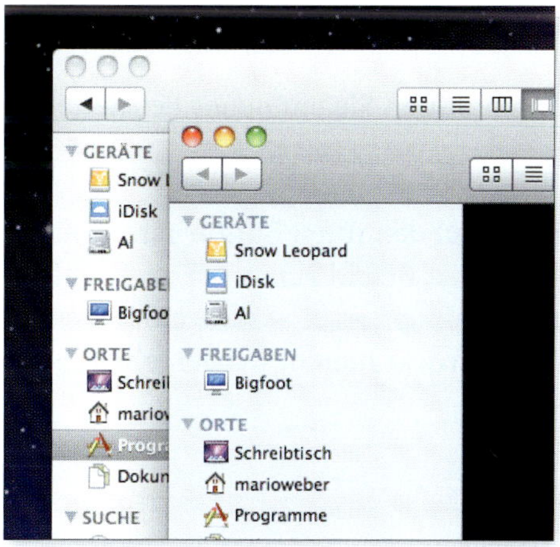

Klingt jetzt ziemlich kompliziert? Ist es aber gar nicht. Probieren Sie es einfach aus. Ich bin sicher, durch Learning by Doing verstehen Sie die Sache deutlich schneller als durch Lesen dieses Absatzes.

Während beim aktiven Fenster die Schaltflächen bunt angezeigt werden, erscheinen sie beim inaktiven Fenster transparent und farblos.

TIPP

Spaltenbreite im Finder standardmäßig verändern

Oft reicht der Platz in der Spaltenansicht des Finders nicht aus, um einen Namen vollständig anzeigen zu lassen. Ein Trick schafft Abhilfe: Sie kennen die Methode, mit der Maus den Taster am unteren Ende der Trennelemente anzufassen und so die Spalte größer oder kleiner zu machen. Aber so lässt sich nur eine einzelne Spalte verändern – und auch das nur vorübergehend. Wird das Fenster geschlossen und neu geöffnet, erscheint die Spalte wieder in ihrer ursprünglichen Breite. Ebenso flüchtig ist der Trick mit dem Doppelklick auf den Taster. So wird die Spalte zwar auf die optimale Breite und der darin stehende Dateinamen vergrößert bzw. verkleinert, aber auch hier erscheint die Spalte beim nächsten Öffnen des Fensters wieder in der Standardbreite.

Um die Standardbreite dauerhaft zu verändern, müssen Sie als Anwender beim Verschieben des Tasters einfach die Taste ⌥ gedrückt halten. Damit wird nicht nur die Breite einer einzelnen, sondern aller Spalten verändert. Außerdem gilt das nicht nur für ein einzelnes Fenster, sondern die Anpassung ist im gesamten Finder aktiv – die so eingestellte Spaltenbreite bleibt bestehen, bis sie wieder vom Benutzer verändert wird.

Öffnen & Schließen

Um ein Fenster zu öffnen, doppelklicken Sie z.B. auf einen Ordner, auf das Finder-Symbol im Dock oder auf eine Festplatte. Sofort öffnet sich ein Finder-Fenster, das den Inhalt anzeigt.

Wenn Sie ein Dokument öffnen, wird dessen Inhalt in einem Programm-Fenster angezeigt.

Sowohl im Finder als auch in den Programmen öffnen Sie ein neues Fenster auch ganz einfach mit der Tastenkombination ⌘ – N.

Um ein Fenster zu schließen, klicken Sie einfach auf den roten Button ganz links in der Titelleiste oder Sie wählen im Menü *Ablage* den Befehl *Fenster schließen*. Dasselbe erreichen Sie durch Drücken der Tastenkombination ⌘ – W. Wenn Sie beim Schließen eines Finder-Fensters die ⌥-Taste gedrückt halten, werden alle Finder-Fenster geschlossen.

Darstellungsoptionen

Über die Menüleiste *Darstellung* und den Menüpunkt *Darstellungsoptionen einblenden* (⌘ – J) können Sie für jedes Fenster eigene Optionen einstellen. Die Darstellungsoptionen beziehen sich immer auf das gerade aktive Fenster. Hier können Sie unter anderem die Größe der Symbole, verschiedene Kriterien wie Art, Größe, Erstellungsdatum usw. festlegen oder auch die Darstellungsansicht für ein Fenster fixieren. So können Sie festlegen, ob ein Fenster z.B. immer in der Symbolansicht geöffnet wird. Ist kein Fenster ausgewählt, beziehen sich die Darstellungsoptionen auf den Schreibtisch.

Übersicht/Quick Look

Die Übersicht/Quick Look-Funktion ist eine feine Sache und baut auf der Symbolvorschau auf. Hierbei klickt man ein Dokument an und aktiviert den Quick-Look-Button (den mit dem Auge) in der Symbolleiste des Finder-Fensters oder betätigt einfach die Leertaste. Schon springt eine Vorschau des Dokuments auf und kann durchblättert werden, ohne dass Sie ein eigenes Programm starten müssen. Durch Klicken auf das Pfeilsymbol unterhalb des angezeigten Dokuments werden die Dateien bildschirmfüllend angezeigt – auch Videos werden so bildschirmfüllend abgespielt. Sie können sich also ein Dokument, einen Film oder ein Foto schon ansehen, bevor Sie es letztendlich öffnen. Diese Funktion ist sehr praktisch, spart man sich so doch das lästige Starten von Programmen, wenn man nur auf der Suche nach einem bestimmten Dokument ist. Ist die richtige Datei gefunden, können Sie sie mit dem zugehörigen Programm öffnen, um sie beispielsweise zu bearbeiten.

AUFGEPASST

Übersicht/Quick Look erweitern

Die Übersicht ermöglicht es Ihnen, in Snow Leopard Dokumente anzusehen, bevor wir sie öffnen. Das Drücken der Leertaste oder ein Klick auf das *Übersicht*-Symbol – und schon springen uns Bilder, Word oder Keynote-Dokumente entgegen und können angesehen werden, ohne dass wir das eigentliche Programm öffnen müssen.

Doch leider funktioniert das nicht mit allen Dokumenten, sondern nur mit den von der *Übersicht* (im Original »QuickLook« genannt) unterstützten. Doch zum Glück gibt es mittlerweile eine Menge »Erweiterungen« (Plugins), die Abhilfe schaffen. So ist es nun möglich, auch EPS, Flash und Illustrator-Dokumente zu sehen und auch einen Blick in Ordner oder Archive zu werfen.

Die Plugins müssen einfach in der »Library« in den Ordner »QuickLook« kopiert werden. Sollte es noch keinen entsprechenden Ordner dafür geben, erstellen Sie einfach einen. Eine Sammlung von meist kostenlosen Erweiterungen finden Sie z.B. hier:
http://www.apfelquak.de/2007/11/26/sammelsurium-quicklook-plugins/

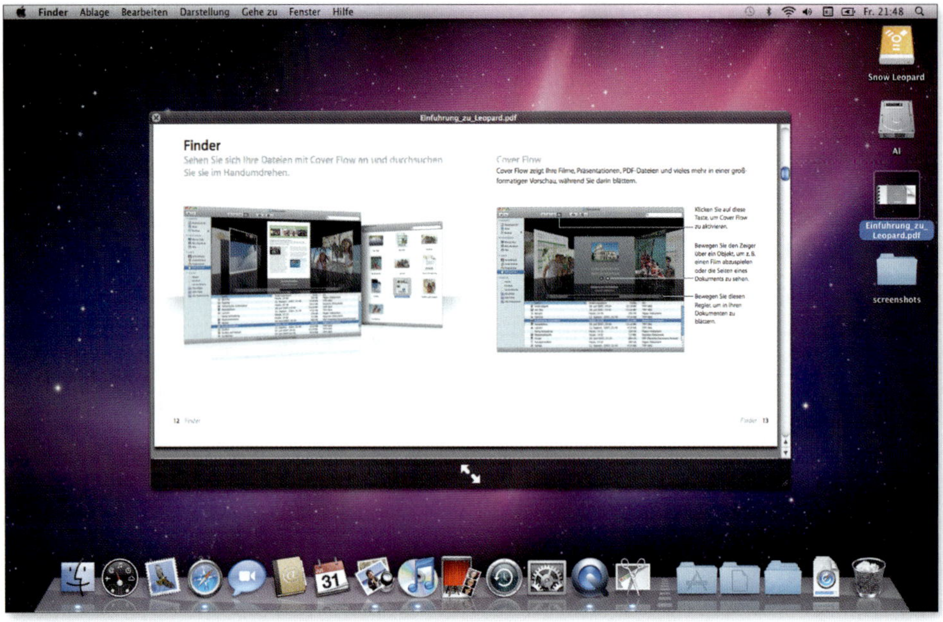

Über den Vorschau-Button oder die Leertaste können Sie Dokumente einsehen, ohne extra ein Programm öffnen zu müssen.

Spotlight

Die Spotlight-Suchfunktion ist direkt in die Symbolleiste des Finder-Fensters integriert, so dass das Auffinden von Dateien ganz einfach ist. Sie müssen nur eingeben, was Sie suchen, und noch während der Eingabe sucht Spotlight Ihre Daten. Sie können die Suche durch ausgewählte Kriterien so eng oder weit fassen, wie Sie möchten. Die Suchkriterien können über den *Plus*-Button oben rechts unter der Symbolleiste eingegeben werden. Die Suchergebnisse werden direkt im Finder-Fenster angezeigt und können anschließend über den *Sichern*-Button als *Intelligenter Ordner* abgespeichert werden. Setzen Sie hier beim Speichern ein Häkchen vor der Option *Zur Seitenleiste hinzufügen*, erscheint der *Intelligente Ordner* mit dem von Ihnen vergebenen Namen in der Rubrik *Suche*. In Kapitel 4 »Grundfunktionen in Mac OS X Snow Leopard« wird Spotlight ausführlich vorgestellt.

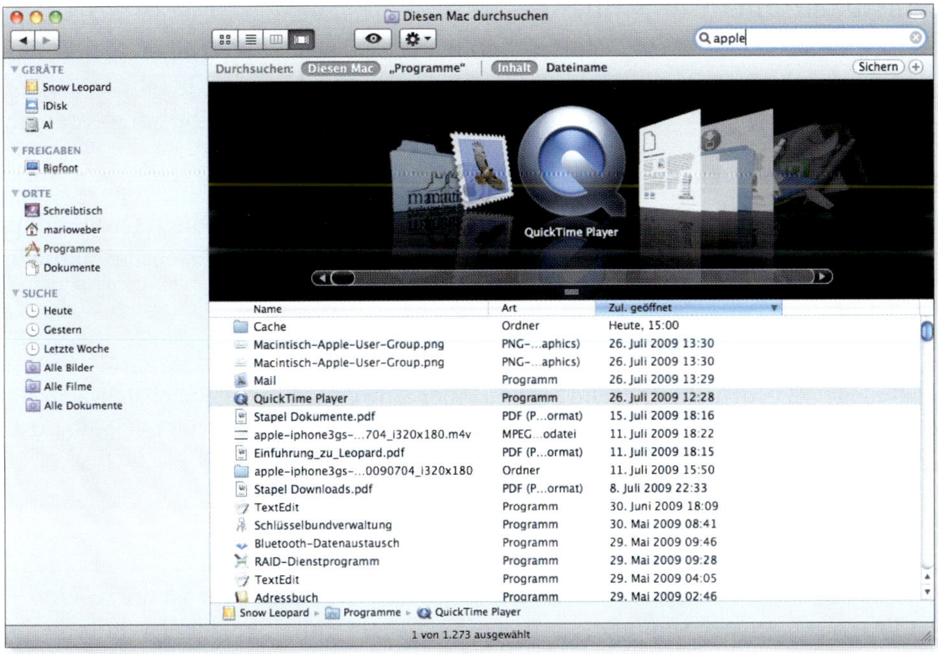

Spotlight zeigt die Ergebnisse direkt im Fenster an.

Rollen

Leere Rollbalkenbereiche in einem aktiven Fenster bedeuten, dass alles, was sich in dem Fenster befindet, dargestellt wird. Wenn ein oder zwei blaue Rollbalken erscheinen, befinden sich nicht sichtbare Objekte im Fenster.

- Klicken Sie auf einen Rollpfeil, um den Fensterinhalt in die angezeigte Richtung zu bewegen; drücken Sie darauf (indem Sie die Maustaste gedrückt halten) und rollen Sie kontinuierlich weiter.
- Klicken Sie in den Rollbalkenbereich ober- oder unterhalb des Rollbalkens, um den Inhalt des Fensters in größeren Sprüngen zu verschieben.
- Ziehen Sie den Rollbalken so lange in eine Richtung, bis Sie die gewünschte Stelle im Fenster erreicht haben.
- Drehen Sie am Scrollrad/Scrollball, um den Fensterinhalt auf und ab oder auch nach links und rechts zu bewegen.

Fenster automatisch schließen

Es gibt verschiedene Wege, Fenster automatisch zu schließen: Halten Sie die ⌥-Taste gedrückt, während Sie auf den roten Button klicken, den Befehl *Schließen* benutzen oder ⌘ – W drücken, und alle Fenster auf dem Schreibtisch werden geschlossen.

Drücken Sie ⌥, während Sie auf ein beliebiges Dokument oder einen Ordner doppelklicken. Das Objekt wird geöffnet, und gleichzeitig schließt sich das aktuelle Fenster.

Fenster automatisch verbergen

Halten Sie ⌥ gedrückt, während Sie von einer Anwendung in die nächste wechseln (durch Auswahl im Dock oder durch Klicken in ein offenes Fenster). Alle Fenster, die zur verlassenen Anwendung gehören, werden verborgen.

GRUNDLAGEN

Ein Fenster »verbergen« bedeutet nicht etwa, es zu schließen: Wenn Sie ein Programmfenster schließen, müssen Sie dessen Inhalt speichern, oder er geht Ihnen verloren. Verbergen bedeutet, dass es nur vorübergehend nicht angezeigt wird.

Mit der Tastatur im Fenster rollen

Sie können Schreibtischfenster mit den Bildlauftasten (⇞⇟) rollen, ohne die Maus anzufassen. Damit erzielen Sie die gleiche Wirkung, als wenn Sie ober- oder unterhalb der Rollbalken in den senkrechten Rollbalkenbereich klicken oder den Scrollball an der Maus betätigen.

Inaktive Fenster bewegen

Sie können ein inaktives Fenster bewegen, ohne es zu aktivieren, indem Sie die Taste ⌘ gedrückt halten, während Sie das Fenster an der Titelleiste ziehen.

Sortieren nach bestimmten Kategorien

In der Listenansicht können Sie den Inhalt der Fenster sortieren, indem Sie in den Balken über den Spalten die gewünschte Kategorie anklicken. Die jeweils aktive Kategorie erkennt man am blau eingefärbten Balken. Die Kategorien können Sie im Menü *Darstellung | Darstellungsoptionen einblenden* oder mit dem Tastaturbefehl ⌘ – J einstellen.

Listenansichten erweitern oder verkleinern

Sie erweitern einen Ordner in der Listenansicht, indem Sie auf den Pfeil davor klicken. Die Darstellung innerhalb des Ordners ist so, wie Sie sie zuletzt verlassen haben. Wenn Sie alles so weit wie möglich erweitern möchten – mit all den darin enthaltenen Ordnern –, drücken Sie die Taste ⌥, während Sie auf den Pfeil klicken. Genauso können Sie auch einen Ordner durch Halten der Wahltaste (⌥) mit all seinen Unterordnern wieder verkleinern.

Symbole und Ordner

Es gibt eine Vielzahl spezieller Symbole, Ordner und Dateien, die vom Betriebssystem des Macs benutzt werden. Jede Anwendung hat ihr eigenes, unverwechselbares Symbol. Das Aussehen eines Dokumentensymbols hat einen Bezug zum Symbol der Anwendung, in welcher es erzeugt wurde. Während mit Leopard die Symbolvorschau eingeführt wurde, geht Snow Leopard noch einen Schritt weiter und erlaubt es Ihnen nun schon in der Symbolansicht, durch Dokumente zu blättern oder Filme zu sehen.

Symbole

Symbole (auch Icons genannt) stellen auf dem Schreibtisch verschiedene Objekte optisch dar, wie etwa Dateien, Laufwerke und Ordner. Eine Datei ist eine geschlossene Sammlung von Informationen, beispielsweise eine Textverarbeitung, eine Notiz, die mit einer Textverarbeitung geschrieben wurde, oder Bestandteile der Systemsoftware.

Die Symbole haben sich unter Mac OS X 10.6 Snow Leopard dramatisch verändert. Zeigte ein Symbol in Mac OS X 10.5 Leopard lediglich den Inhalt der ersten Seite an, so ist es jetzt möglich, durch Dokumente zu scrollen oder Filme im Symbol abzuspielen. Das war unter Leopard nur in *Cover Flow* oder mit der *Übersicht/Quick-Look* möglich.

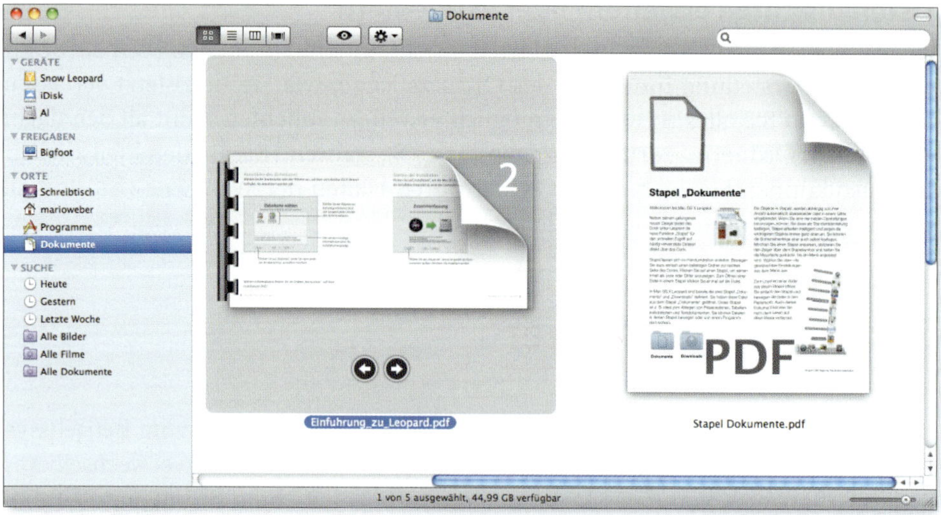

Die Symbole in Snow Leopard zeigen eine Vorschau des Inhalts an.

Schieberegler

Sie werden sich sicher zu Recht fragen, wie sinnvoll es ist, ein Dokument in Größe eines kleinen Symbols zu durchblättern. Deshalb hat Apple jedem Finder-Fenster einen Schieberegler spendiert, über den sich die Symbole schnell und einfach skalieren lassen. Der Schieberegler befindet sich ganz unten rechts in der Statusanzeige. Ist er ganz nach links geschoben, werden die Symbole sehr klein und lediglich mit einem Standard-Symbol für die jeweilige Dokumentenart dargestellt. Schiebt man den Regler langsam nach rechts, erscheint die Dokumentenvorschau.

Neu ist der Schieberegler, mit dem Sie die Größe der Symbole verändern können.

Dokumente

Ab einer Größe von 64 x 64 Pixel können Sie auch durch die Dokumente blättern. Fahren Sie mit der Maus über ein Symbol, erscheinen zwei kleine Pfeile, mit denen Sie vorwärts oder rückwärts durch das Dokument blättern können.

Filme

Bei einem Film erscheint ein Abspielbutton, mit dem Sie den Film starten oder stoppen können. Bewegen Sie den Cursor aus einem Symbol heraus, so werden die Bedienelemente ausgeblendet, fahren Sie wieder hinein, erscheinen sie wieder.

Bei einem laufenden Film erscheint in einem Kreis ein Pausezeichen, mit dem Sie den Film stoppen können. Um diesen Kreis läuft ein Balken, der optisch anzeigt, wie weit der Film schon fortgeschritten ist. Nach einer Umdrehung ist der Film zu Ende.

So ist es möglich, schon über die Symbole etwas über den Inhalt eines Dokuments zu erfahren. Die Symbolvorschau ist ja auch nicht dazu gedacht, ein Dokument zu lesen, sondern sie soll es Ihnen nur erlauben, schnell das Richtige zu finden. Zum Lesen können Sie es durch einen Doppelklick öffnen oder mit der *Übersicht/Quick-Look*-Funktion stufenlos und ohne Qualitätsverlust skalieren.

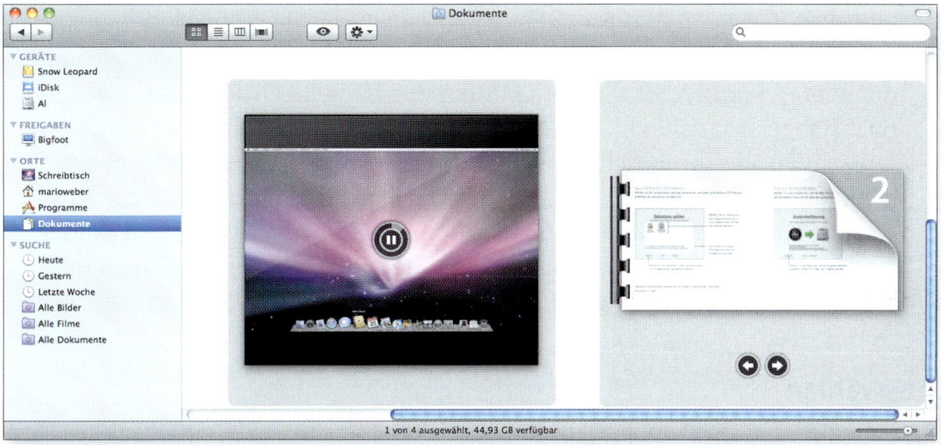

So sieht die Symbolvorschau bei einem Film und einem PDF-Dokument aus.

Symbolvorschau

Snow Leopard unterstützt mit der Symbolvorschau viele Standard-Dokumente, aber längst nicht alle. Alle anderen erhalten wie bisher ein auf das zugehörige Programm bezogene Symbol. Dennoch zeigen z.B. auch Symbole von Bilddateien den Inhalt der Datei optisch an. Es gibt aber teils kostenlose Erweiterungen für Quick-Look, durch die Sie die Zahl der unterstützten Dateiarten erweitern können.

Wenn ein Mac nicht herausfinden kann, mit welcher Anwendung ein Dokument erzeugt wurde, benutzt er ein Gruppensymbol, das einem leeren Blatt Papier mit einer eingeknickten Ecke gleicht.

Die Symbolvorschau soll helfen, Dokumente schneller zu erkennen, kann bei vielen Symbolen aber auch einfach nur verwirren. Wer deshalb statt der Symbolvorschau lieber wieder die Standard-Icons angezeigt haben möchte, kann dies in den Darstellungsoptionen des Finders tun. Diese findet man in der Menüleiste unter dem Punkt *Darstellung* oder mit der Tastenkombination ⌘ – J.

TIPP

Dateien per Tastatur schneller finden

Auf der Suche nach einem bestimmten Dokument kann es schon mal passieren, dass Sie, um im Finder zu dem gewünschten Dokument zu gelangen, etwas länger scrollen müssen. Vor allem dann, wenn Sie sehr viele Dokumente in einem Ordner gespeichert haben. Doch es gibt einen schnelleren Weg, um ans Ziel zu gelangen. Wenn Sie wissen, wie das Dokument heißt, genügt ein Tastendruck auf den Anfangsbuchstaben »T«, um z.B. zu dem Dokument »Tyrannosaurus Rex« zu gelangen. Gibt es jedoch mehrere Dokumente, die ebenfalls mit »T« beginnen und die bei der alphabetischen Sortierung vor Ihrem gesuchten Eintrag kommen (z.B. »Tabula« oder »Think different«), können Sie die Suche durch das schnelle Drücken des zweiten Buchstabens präzisieren. In diesem Fall also des Buchstabens »Y«. Diesen müssen Sie aber unmittelbar nach dem ersten Buchstaben betätigen, sonst denkt der Mac, Sie möchten nun nach einer Datei suchen, die mit dem Buchstaben »Y« beginnt. Diese Suche funktioniert übrigens nicht nur im Finder, sondern auch in den Dialogfenstern von Mac OS X – z.B. zum Öffnen oder Speichern von Dokumenten.

Auswählen

Um ein einzelnes Symbol auszuwählen, klicken Sie es an. Ein ausgewähltes Symbol erkennt man an der grauen Fläche, mit der es hinterlegt ist, und an dem blau hervorgehobenen Namen. Um mehrere Symbole auszuwählen, klicken Sie auf das erste und dann mit gehaltener ⇧-Taste auf die anderen. Oder Sie ziehen mit gedrückter Maustaste ein Rechteck um alle Symbole, die Sie auswählen wollen. Um ein Symbol wieder abzuwählen, klicken Sie auf ein anderes Symbol oder auf eine leere Stelle daneben.

In der Listenansicht können mehrere Objekte schnell ausgewählt werden, indem man das erste Symbol anklickt, so dass es durch einen blauen Balken hervorgehoben wird, dann bei gedrückter ⇧-Taste das letzte Symbol. Automatisch werden so alle Objekte dazwischen mit ausgewählt. Wollen Sie nicht alle Symbole, sondern nur einzelne aus der Liste markieren, dann drücken Sie statt ⇧ die Taste ⌘.

TIPP

Einfach per Maus mehrere Dateien im Finder markieren

In der Listen-, Spalten- und Coverflow-Ansicht gibt es noch eine andere Möglichkeit, mehrere Dateien schnell zu markieren, um sie z.B. an einen anderen Ort zu bewegen.

Sehr einfach geht es, wenn Sie in die Leerräume vor oder nach dem Dateinamen klicken und mit gedrückter Maustaste nach oben oder unten fahren. Ruckzuck sind alle Dateien ausgewählt.

Wenn Sie beim Markieren ⌘ gedrückt halten, können Dateien auch unzusammenhängend ausgewählt werden. D.h., die einzelnen Dateien müssen nicht direkt untereinander stehen, sondern können wahllos aus einer Liste ausgewählt werden. Das bezieht sich auch auf die Symbolansicht und funktioniert außerdem in vielen anderen Programmen ebenso.

Verschieben/Kopieren

Sie können ein Symbol verschieben, indem Sie es mit gedrückter Maustaste an den neuen Ort ziehen. Das Ziehen eines Symbols von einer zur anderen Stelle innerhalb eines Laufwerks verändert nur die Anordnung. Beim Ziehen in ein anderes Laufwerk aber bleibt das Original zurück, und auf dem anderen Laufwerk wird eine Kopie erzeugt. Wenn Sie ein Symbol auf ein anderes Symbol ziehen – um es etwa in einen Ordner oder in den Papierkorb abzulegen –, wird das »Zielsymbol« mit einer grauen Fläche hinterlegt. Sobald Sie das gezogene Symbol an die richtige Stelle verschoben haben, können Sie die Maustaste loslassen.

Halten Sie beim Verschieben ⌥ gedrückt, wird am Zielort eine Kopie erzeugt, und das Original bleibt am Ursprungsort erhalten.

Öffnen

Grundsätzlich wird ein Symbol mit einem Doppelklick geöffnet. Sie können es aber auch öffnen, indem Sie es auswählen und die Tastenkombination ⌘ – O (oder auch ⌘ – ↓) drücken oder den Befehl *Öffnen...* im Menü *Ablage* wählen. Was geschieht, wenn Sie ein Symbol öffnen, hängt davon ab, wofür es steht. Das Öffnen eines Laufwerks, eines Ordners oder des Papierkorbs öffnet ein Fenster, das Öffnen des Symbols einer Anwendung startet das Programm. Das Öffnen eines Dokumentensymbols startet die Anwendung, mit der es erzeugt wurde und öffnet dann das Dokument. Ziehen Sie ein Dokumentensymbol auf das zugehörige Programm, startet dieses und öffnet das Dokument.

Den Namen eines Symbols ändern

Um Dokumente oder Ordner umzubenennen, wählen Sie aus, drücken dann die Return-Taste (↩) oder Eingabetaste (⌤). Es dauert einen kurzen Augenblick, dann erscheint der ausgewählte Name, hervorgehoben (hellblau unterlegt) in einem rechteckigen Eingabefeld. Nun können Sie den neuen Namen eintippen und abermals mit der Return- oder Eingabetaste bestätigen.

Drücken Sie einfach die Return-Taste, um den Namen eines Symbols zu ändern.

Information

Wenn Sie mehr Informationen über ein Objekt erhalten wollen, klicken Sie das entsprechende Symbol an und drücken die Tastenkombination ⌘ – I oder wählen den Befehle *Informationen* aus dem Menü *Ablage*. Sofort springt ein Dialog auf, in dem Sie umfangreiche Informationen über das Objekt erhalten, wie z.B. Art, Größe, Erstellungsdatum oder auch Zugriffsrechte. Auch hier ist es übrigens möglich, den Namen der Datei zu ändern.

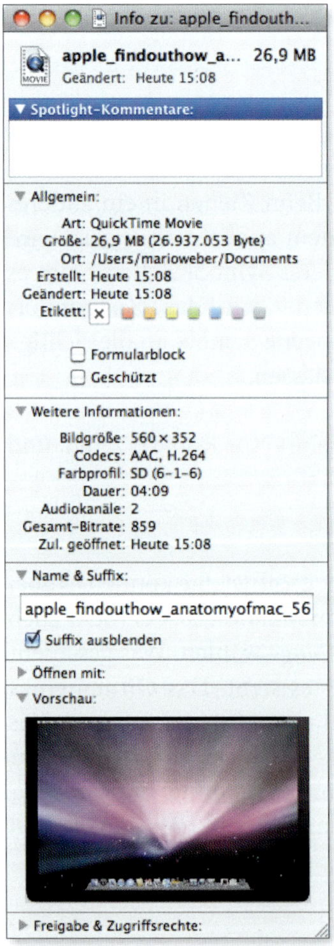

Die Informationspalette gibt genauere Auskunft über eine Datei.

Löschen

Um eine Datei zu löschen, ziehen Sie diese in den Papierkorb, der sich rechts im Dock befindet. Schneller geht das wieder mal mit einer Tastenkombination. Markieren Sie einfach die Datei bzw. die Dateien, die Sie löschen möchten, und betätigen Sie die Befehl- und die Rückschritttaste auf Ihrer Tastatur: (⌘ – ←). Somit werden alle markierten Dateien in den Papierkorb geschoben. Die Objekte bleiben so lange im Papierkorb erhalten, bis dieser entleert wird. Das animierte Papierkorbsymbol weist optisch darauf hin, dass sich Objekte im Papierkorb befinden.

Die Dokumente können übrigens jederzeit wieder aus dem Papierkorb herausgenommen werden, bevor Sie den Inhalt löschen. Doppelklicken Sie hierfür einfach auf den Papierkorb und ziehen Sie die Symbole zurück auf den Schreibtisch oder in einen anderen Ordner. Um ein Objekt direkt nach dem Ablegen im Papierkorb zurückzuholen, drücken Sie die Tastenkombination ⌘ – Z. Die letzte Aktion wird dadurch rückgängig gemacht und das Objekt an seinen Ursprungsort zurückgelegt.

Um den Papierkorb zu entleeren und die sich darin befindenden Dateien endgültig zu löschen, wählen Sie entweder den Befehl *Papierkorb entleeren…* aus dem Menü *Finder* oder klicken mit der Maus auf den Papierkorb und halten die Maustaste so lange gedrückt, bis ein Kontextmenü aufspringt, in dem Sie den Befehl *Papierkorb leeren* wählen. Die dritte Möglichkeit besteht in der Tastenkombination ⇧ – ⌘ – ←.

TIPP

Ein letzter Blick

Objekte, die im Papierkorb liegen, können nicht geöffnet werden. Allerdings funktioniert dennoch die schnelle Übersicht. Markieren Sie einfach ein Objekt und klicken Sie auf das Übersicht-Symbol in der Symbolleiste des Fensters oder – noch schneller – die Leertaste.

Ordner

Ein Ordner (in Mac OS X werden diese als hellblaues Symbol dargestellt) kann Dateien und andere Ordner enthalten. Erzeugt werden Ordner mit dem Befehl *Neuer Ordner* im Menü *Ablage* (oder auch per Tastenkombination ⌘ – N). Sie können nach Herzenslust Ordner in Ordner in Ordner sortieren – so wie es nötig ist, um Ihre Arbeit und Ihre Festplatte zu organisieren und um Dinge einfacher wiederzufinden.

Bei Ordnern handelt es sich um »Spring Loaded Folders«, das heißt, wenn Sie eine Datei auf einen Ordner ziehen und dort verharren, springt dieser Ordner auf, und

Sie können die Datei im Ordner ablegen oder sie gleich auf den nächsten Ordner ziehen, um sie darin abzulegen.

Zur besseren Übersicht können Ordner farbig markiert werden, indem man ihnen Etiketten zuordnet. Diese finden Sie im Einblendmenü *Aktion* (Button mit dem Zahnradsymbol), in der Symbolleiste Ihres Fensters oder über das Kontextmenü (rechte Maustaste drücken oder ctrl-Taste beim Anklicken halten). Dabei erhält allerdings nicht der Ordner eine andere Farbe, sondern die Beschriftung wird farbig unterlegt.

Brenn-Ordner

Unter Mac OS X existieren außerdem zwei spezielle Ordnertypen. Zum einen gibt es den »Brenn-Ordner« (erkennbar an dem runden Symbol mit den Dreiecken), in den Sie Daten schieben, die Sie direkt aus dem Finder heraus auf eine CD oder DVD brennen möchten. Haben Sie alle Daten beisammen, öffnen Sie den Ordner und betätigen rechts oben den Button *Brennen*. Natürlich können Sie auch im Brenn-Ordner weitere *normale* Ordner anlegen, um Ihre Daten zu organisieren. Nach dem Brennvorgang kann der Ordner ruhigen Gewissens gelöscht werden, denn die darin enthaltenen Dateien sind nur Verknüpfungen, die Originale bleiben erhalten. Mehr zu den Brennordnern erfahren Sie im Kapitel 7 »Tipps und Tricks«.

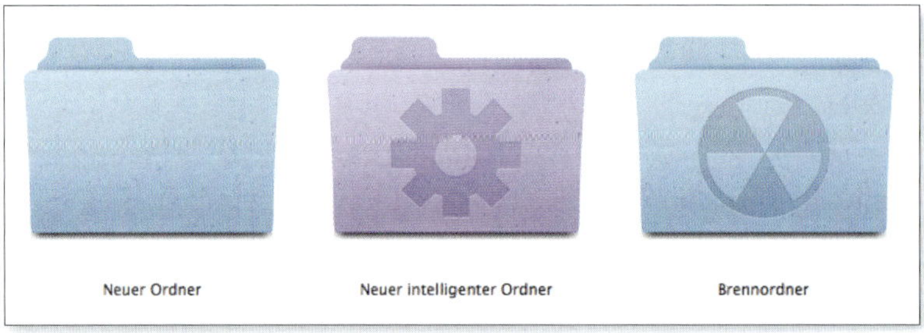

Die verschiedenen Ordnertypen

Intelligente Ordner

Zum anderen gibt es den »Intelligenten Ordner«. Diesen erzeugen Sie im Finder über die Menüleiste *Ablage* oder das Tastenkürzel ⌥ – ⌘ – N. Einem Intelligenten Ordner können Sie per Spotlight-Suche bestimmte Auswahlkriterien zuordnen, so dass er zum Beispiel alle Dateien enthält, die Sie heute bearbeitet haben. Das erleichtert die Kontrolle und schafft Ordnung. Das Tolle dabei ist, dass sich ein Intelligenter Ordner immer wieder selbständig aktualisiert. Einen Intelligenten Ordner erkennen Sie an der lila Farbe und dem Zahnradsymbol (siehe dazu auch Spotlight).

Programme und Dokumente

Nun kommen wir zu den grundlegenden Dingen, auf die Sie beim Arbeiten mit Mac OS X achten sollten. Wie öffnet man ein Programm? Wie speichert man Daten ab und wohin? Wie kann man von einer Anwendung in eine andere wechseln? Was ist eigentlich der Unterschied zwischen einem Dokument und einem Programm?

Programme/Anwendungen

Anwendungen sind Programme, die es Ihnen ermöglichen, Ihre Arbeit zu erledigen. Dokumente sind Dateien, die mit den Programmen erstellt werden.

Starten und Beenden von Programmen

Um eine Anwendung benutzen zu können, müssen Sie diese starten, was ein anderer Ausdruck dafür ist, sie zu öffnen. Das Öffnen einer Anwendung (genau so, wie Sie jedes Symbol auf dem Schreibtisch öffnen) schafft Ihnen eine vollkommen neue Arbeitsumgebung. Die Ihnen schon bekannten Grundfunktionen sind weiter wirksam, aber es erwartet Sie eine Fülle zusätzlicher Möglichkeiten.

Eine Anwendung wird durch einen Doppelklick auf das Symbol geöffnet, es sei denn, die Anwendung befindet sich im Dock. Dort reicht ein einfacher Klick.

Alle Programme werden über den Befehl *Beenden* im Programmmenü (der fett angezeigte Name des Programms in der Menüleiste) oder mit dem Tastaturbefehl ⌘ – Q geschlossen. Diese beiden Möglichkeiten sind in allen Programmen gleich. Es ist also egal, in welchem Programm Sie gerade arbeiten, mit ⌘ – Q wird dieses beendet. (Das »Q« steht übrigens für »quit« = beenden.)

Das Beenden eines Programms schließt automatisch alle offenen Dokumente und deren Fenster. Sie werden natürlich vorher gebeten, diese zu sichern.

TIPP

Programme schnell ausblenden

Ist ein Programm im Vordergrund aktiv, können Sie es schnell mit dem Tastenkürzel ⌘ – H ausblenden oder mit dem Befehl *»Programm XY« ausblenden* aus dem Programmmenü. Alle weiteren Fenster, die zu anderen Programmen gehören, bleiben sichtbar. Wenn Sie aber alle anderen Programme, bis auf das aktive im Vordergrund, ausblenden möchten – vielleicht verdecken diese ja den

Schreibtisch –, erreichen Sie das mit dem Tastenkürzel ⌥ - ⌘ - H oder dem Befehl *Andere ausblenden.*

Das funktioniert ebenso, wenn Sie die Tasten ⌥ - ⌘ festhalten, während Sie auf das Symbol des Programms im Dock klicken, das sichtbar bleiben soll. Hier ist es übrigens nicht erforderlich, dass das Programm gerade im Vordergrund liegt.

Zwischen Programmen wechseln

Um eine andere aktive Anwendung aufzurufen, klicken Sie einfach auf deren Symbol im Dock. Schneller kann mit der Tastatur zwischen den geöffneten Programmen gewechselt werden. Halten Sie ⌘ gedrückt und wechseln Sie nun mit der Tabulatortaste (⇥) zwischen den in einer Schwebepalette eingeblendeten Programmen. Falls Sie sehr viele Programme geöffnet haben, haben Sie auch die Möglichkeit, das gewünschte Programm einfach mit der Maus aus der Schwebepalette auszuwählen, anstatt sich mit der Tabulatortaste durch die ganze Reihe zu klicken.

Wechseln Sie die Programme per Tastenkombination ⌘ – ⇥.

Um eine inaktive Anwendung zu öffnen, kann man diese ebenfalls im Dock anklicken, falls sich dort ein Symbol befindet. Falls nicht, klicken Sie im Dock auf das Finder-Symbol und suchen Sie sich Ihre gewünschte Anwendung aus dem Ordner *Programme.*

Jedes Fenster, das zu einer gestarteten, aber inaktiven Anwendung gehört, steht im Hintergrund und kommt nach vorne, sobald die Anwendung durch Anklicken ausgewählt wird.

Dokumente

Dokumente sind Dateien, die mit einem Programm erstellt wurden. Öffnen Sie ein Dokument, wird es in einem Arbeitsfenster des Programms angezeigt. Dieses Arbeitsfenster unterscheidet sich meist von Programm zu Programm.

Dokumente öffnen und speichern

Die Dialogboxen, die Sie sehen, wenn Sie Dokumente öffnen oder sichern, verfügen über viele gemeinsame Merkmale. In beiden Menüs können Sie Dateien auswählen. Das Menü zum Sichern bietet jedoch mindestens eine weitere Eingabemöglichkeit: eine Zeile, in die Sie den Namen für das betreffende Dokument eingeben können. Abhängig von den Leistungsmerkmalen bieten viele Programme zusätzliche Eingabemöglichkeiten wie Auswahlfelder und Pop-up-Menüs. So können Sie beispielsweise auswählen, welche Dateiarten in der Liste angezeigt werden sollen, und Sie können ein Format bestimmen, in dem die Datei abgespeichert werden soll.

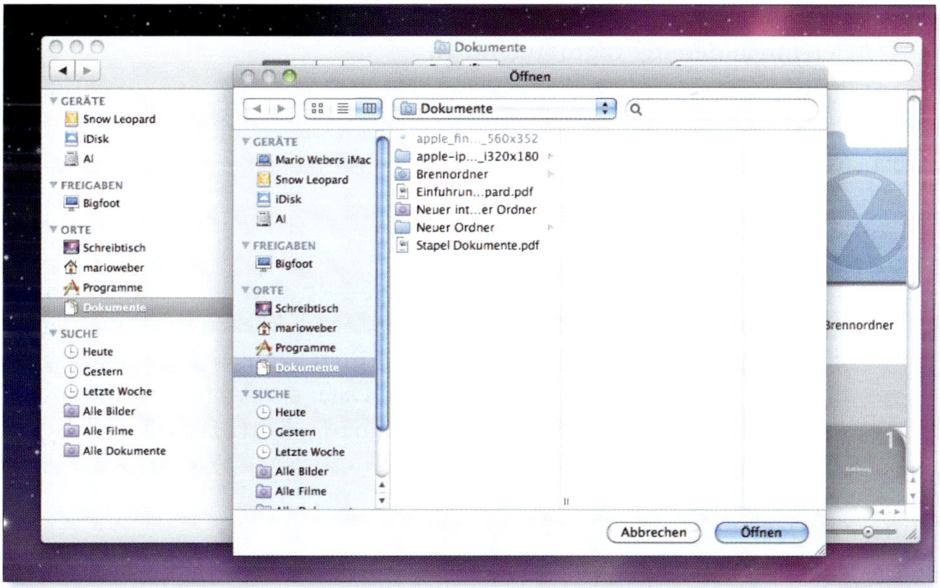

Die Seitenleiste im Öffnen- und Sichern-Dialog entspricht immer der des Finder-Fensters.

Öffnen

Wenn Sie sich auf dem Schreibtisch befinden, können Sie ein Dokument durch einen Doppelklick auf das entsprechende Symbol öffnen: Die Anwendung, in der das Dokument erstellt wurde, wird gestartet und das Dokument geöffnet. Wenn die Anwendung bereits läuft, wechselt der Mac vom Finder in die Anwendung und öffnet das Dokument.

Dialogbox *Öffnen*

- Der *Öffnen*-Dialog ähnelt einem Finder-Fenster. Links die Seitenleiste, in der dieselben Festplatten und Ordner aus dem Finder-Fenster angezeigt werden.
- Das Spaltenmenü zeigt die Dateien und Ordner im ausgewählten Ordner. Hier können Sie wie gewohnt eine Datei aussuchen.
- Sie können das Menü mit dem Button *Abbrechen* beenden, ohne etwas zu öffnen.
- Der blaue Button *Öffnen* öffnet das in der Liste ausgewählte Objekt. Weil es der vorgeschlagene Befehl ist, können Sie auch die Return-Taste (↩) drücken, anstatt auf die Schaltfläche zu klicken.

POWER USER

Dateien mit anderem Programm öffnen

Jede Datei ist normalerweise einem Programm zugeordnet. Zum Beispiel werden *rtf*-Dateien immer mit TextEdit und *doc*-Dateien mit Word geöffnet. Doch selbstverständlich kann TextEdit auch *doc*-Dateien lesen und ebenso Word *rtf*-Dateien. Es gibt verschiedene Möglichkeiten eine Datei mit einem anderen Programm zu öffnen.

Natürlich können Sie einfach ein Programm öffnen und über den Öffnen-Dialog die entsprechende Datei auswählen. Oder Sie klicken die Datei mit der rechten Maustaste an und wählen über das Kontextmenü den Befehl *Öffnen mit…* Es funktioniert auch, wenn Sie die Datei auf das Programmsymbol im Dock oder auf ein Symbol im Programmumschalter zu ziehen.

Sichern und schließen

Ein Dokument existiert nur im Arbeitsspeicher des Rechners und geht verloren, wenn Sie es schließen, ohne es vorher auf einem Laufwerk zu speichern. Sie tun dies, indem Sie den Befehl *Sichern* der Anwendung benutzen. Änderungen in einem schon bestehenden Dokument müssen zusätzlich auch noch gespeichert werden.

Wenn Sie bei einem neuen Dokument den Befehl *Sichern* benutzen, stellt ein Einblendmenü Ihre bevorzugten und zuletzt benutzen Ordner bereit. Möchten Sie das Dokument an einer anderen Stelle sichern, blenden Sie einfach das gesamte Dateisystem ein, indem Sie auf den blauen Button mit dem kleinen Pfeil rechts neben dem Eingabefeld klicken.

POWER USER

Speicherort per Drag & Drop zuweisen

Öffnen Sie den *Speichern*-Dialog in einem beliebigen Programm, indem Sie über die Menüleiste *Ablage* den Befehl *Sichern unter...* oder das Tastenkürzel ⇧ – ⌘ – S wählen. Nun genügt es, den Ordner oder die Festplatte, die als Speicherziel festgelegt werden soll, per Drag & Drop in das Speichermenü zu ziehen. Schon steht der neue Speicherort fest.

Das funktioniert auch, wenn Sie ein Dokument in den *Speichern*-Dialog ziehen. Hier fragt das System dann aber noch mal nach, ob das vorhandene Dokument mit dem neuen überschrieben werden soll. Auch werden Sie wegen des Datei-Suffixes gefragt, sollten Sie versehentlich einen anderen Dateitypen als Speicherort gewählt haben.

Wenn Sie den Befehl *Sichern* bei einem Dokument benutzen, welches Sie schon gespeichert hatten, erscheint kein Dialog – der Mac speichert die geänderte Version des Dokuments und ersetzt damit die vorherige Fassung auf dem Laufwerk. Die meisten Programme bieten den Befehl *Sichern unter...*, so dass Sie das geänderte Dokument als ein eigenständiges Dokument unter neuem Namen speichern können. Dadurch bleibt die vorherige Fassung erhalten. Beim Sichern zeigt Mac OS X einen Dialog an, der mit dem dazugehörigen Dokumentenfenster gekoppelt ist.

AUFGEPASST

Rechtzeitig speichern!

Warten Sie nicht mit dem Speichern, bis Sie ein Dokument fertiggestellt haben! Sichern Sie es alle fünf bis zehn Minuten. So schützen Sie sich vor Datenverlust bei Stromausfall oder Absturz des Rechners. Es könnte Ihre ganze Arbeit verloren gehen!

In Mac OS X wird Ihnen optisch angezeigt, ob ein Dokument gesichert ist oder nicht. Wird im roten Button der Titelleiste ein dunkler Punkt angezeigt, ist Ihr Dokument noch nicht gesichert und muss noch gespeichert werden.

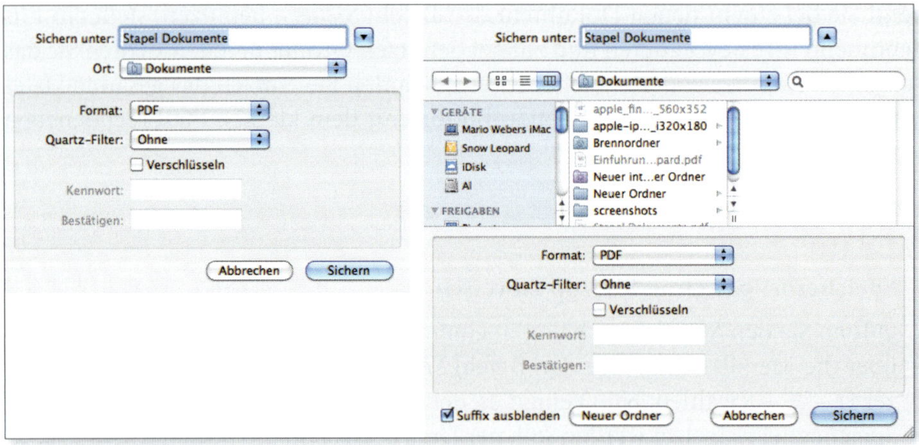

Ein Klick auf den blauen Pfeil neben dem Eingabefeld bringt Sie zum erweiterten Dialog.

Dialogbox *Sichern*

- Im Textfeld *Sichern unter* geben Sie den Namen des zu sichernden Dokuments ein.
- Im Aufklappmenü *Format* können Sie eben dieses wählen.
- Den Speicherort Ihres Dokuments wählen Sie entweder im vorhandenen Aufklappmenü oder Sie drücken die blaue Pfeiltaste rechts daneben und bekommen ein komplettes Fenster in Spaltenansicht, in dem Sie den gewünschten Ort aussuchen können.
- Der Befehl *Neuer Ordner* erzeugt im angezeigten Verzeichnis einen neuen Ordner.

Dokumente verpacken/komprimieren bzw. ein Archiv erstellen

Ab und zu ist es nötig, Dateien über das Internet zu verschicken oder auf eine CD zu brennen. Oft sind die Dateien dabei zu groß. Über die Menüleiste *Ablage* im Finder und den Befehl *Komprimieren* können diese komprimiert und in eine ZIP-Datei verpackt werden. Die Extension *.zip* ist hierbei gar keine Abkürzung, sondern kommt aus dem Englischen und bedeutet einfach »Reißverschluß«. Das Tolle dabei ist, dass man damit nicht nur eine Datei komprimieren kann, sondern gleichzeitig mehrere Dateien und ganze Ordner *zippen* und zu einem Archiv verpacken kann. Dieses Archiv können Sie dann an andere Computer verschicken, wo es wieder ganz einfach entpackt werden kann. Das hat den Vorteil, dass das Archiv die Dateien nicht nur komprimiert, sondern Sie statt vielen einzelnen Dateien nur ein File verschicken müssen.

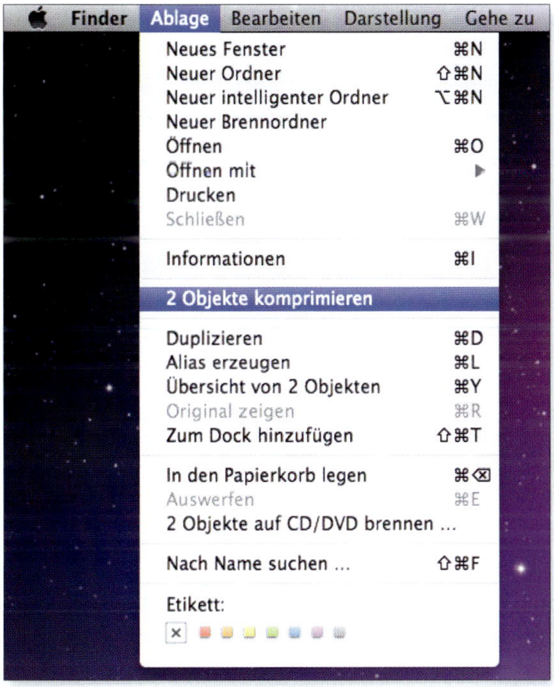

Über das Menü Ablage können Sie Dateien verpacken.

Menüs und Buttons

Im System finden Sie an verschiedenen Stellen die unterschiedlichsten Buttons, Menüs und Befehle.

Tastaturbefehle (Shortcuts)

Wie schon weiter vorne im Buch erwähnt, gibt es zu vielen Befehlen in den Menüs auch gleichwertige Tastaturbefehle. Die Funktionsweise ist sehr einfach. Während Sie eine Buchstabentaste drücken, halten Sie z.B. die Befehlstaste gedrückt. So geben Sie einen Befehl ein, ohne die Maus zum Öffnen eines Menüs benutzen zu müssen. Beispielsweise bewirkt das Drücken von ⌘ – O das Gleiche wie der Befehl *Öffnen* aus dem Menü *Ablage*.

Die Tastaturbefehle stehen, falls vorhanden, in den Menüs immer hinter dem Befehl. So können Sie jederzeit nachsehen, welches Tastenkürzel Sie für welchen Befehl nutzen können.

Umschaltbefehle

Einige Befehle bleiben, einmal ausgewählt, dauerhaft wirksam, bis Sie diese wieder abwählen – zum Beispiel wandelt im Programm *TextEdit* der Befehl *Fett* im Menü *Stil* den ausgewählten Text in den Schriftstil *Fett*. Diese Art von Befehlen werden »Umschaltbefehle« genannt, weil sie aktiviert werden, wenn man sie im deaktivierten Zustand auswählt. Umgekehrt kann man aktivierte Befehle auch wieder deaktivieren. Vor einem Umschaltbefehl steht meist ein Haken, um anzuzeigen, dass der Befehl aktiv ist.

Dialogboxen

Die Auswahl eines Befehls mit drei Punkten dahinter (zum Beispiel *Öffnen...*) öffnet eine Dialogbox, in die Sie weitere Informationen eingeben können – beispielsweise, welches Dokument geöffnet oder wie viele Kopien gedruckt werden sollen. Diese Auswahl wird *Dialogbox* genannt, weil der Mac Ihnen eine Information anbietet und eine Antwort erwartet. Dialogboxen verwenden alle Arten von Steuerelementen – Schaltflächen, Boxen, Listen und Menüs –, um Ihnen die Auswahl von Informationen und die Befehlseingabe auf einfache Weise zu ermöglichen.

Textfelder und Listen

Ein Textfeld ist ein Rahmen, in den Sie Informationen eingeben können – zum Beispiel den Namen eines Dokuments oder die Nummer der Seite, die Sie drucken möchten. Um von einem Textfeld in ein anderes zu wechseln, können Sie in ein beliebiges Textfeld klicken. Sie betätigen ⇥, um in das nächste Listenfeld zu kommen, oder die Tastenkombination ⇧ – ⇥, um in das vorherige Feld zurückzuspringen.

Buttons

Buttons bieten den schnellsten Weg, um Informationen in eine Dialogbox einzugeben. Grundsätzlich gibt es drei Arten:

- **Standardbuttons**, genannt **Schaltflächen**, bestehen aus pralinenförmigen, gläsernen Buttons, in denen Befehle stehen. Das Klicken auf eine Schaltfläche ruft den jeweiligen Befehl auf. Wenn eine Schaltfläche durch blau pulsierende Farbe hervorgehoben ist, handelt es sich um den vorgeschlagenen Button. Sie können ihn auch durch Betätigen der Tasten ↩ oder ⌅ aktivieren.

- **Auswahlknöpfe** erscheinen in Gruppen. Sie stehen für Varianten, die sich gegenseitig ausschließen. Die Auswahl einer dieser Möglichkeiten bedeutet, dass die anderen nicht zum Einsatz kommen können. Wenn Sie auf einen Auswahlknopf klicken (er erscheint dann blau gefärbt, um anzuzeigen, dass er ausgewählt wurde), wird der vorher ausgewählte Knopf abgewählt.

- **Checkboxen** können einzeln verwendet werden, kommen aber oft in Gruppen von Auswahlmöglichkeiten vor, die sich nicht gegenseitig ausschließen. Sie können einige, alle oder auch keine aus der Gruppe auswählen. Klicken Sie in die Checkbox, erzeugt das ein Häkchen und eine blaue Verfärbung, welche anzeigt, dass die Checkbox angewählt wurde. Durch nochmaliges Klicken in die Checkbox wird sie wieder abgewählt und das Häkchen sowie die blaue Farbe verschwinden.

Aufklappmenü & Einblendmenü

Wenn Sie mit dem Mac arbeiten, finden Sie eine Vielzahl von Aufklappmenüs. In Dialogfeldern erscheint das gebräuchlichste Aufklappmenü als ein transluzenter Button (also als ein Button, der nicht ganz durchsichtig ist). Rechts ist ein kleiner Teil blau abgesetzt, in dem sich zwei Pfeile befinden, die nach oben und unten zeigen. Wenn Sie mit der Maus darauf klicken, springt er auf und lässt Sie in einer Liste eine Auswahl treffen, indem Sie den Zeiger herauf- oder herunterbewegen.

Eine besondere Variante ist das Einblendmenü. Diese Menüs erscheinen anders als die Aufklappmenüs aus der Titelleiste an der Oberkante des Fensters. Meist handelt es sich dabei um ein Dialogfenster, welches Sie daran erinnert, z.B. eine noch nicht gespeicherte Datei oder Einstellung zu sichern.

Alarme

Ein Alarm ist eine besondere Ausführung eines Einblendmenüs, in der sich nur ein Hinweis oder eine Warnung befindet, wie: »Die Datei kann nicht gelöscht werden. Um sie dennoch zu löschen, bestätigen Sie mit OK!«. Alarme verfügen nur über wenige Schaltflächen – meistens nur *OK* und *Löschen*. Manchmal auch nur *OK*, so dass Sie die Warnung zur Kenntnis nehmen und den Dialog verlassen können.

Beenden und Abbrechen

Wenn Sie die Eingaben in einem Einblendmenü abgeschlossen haben, müssen Sie diese vom Bildschirm entfernen. Um die Box zu verlassen, müssen Sie nur auf *OK* klicken, und der Befehl wird mit den Einstellungen der Box ausgeführt. Wenn Sie den Befehl nicht ausführen, sondern zu der Stelle zurückgehen möchten, an der Sie sich befunden haben, bevor Sie den Befehl ausgewählt hatten, klicken Sie auf *Abbrechen* oder drücken Sie die Befehlstaste und Punkt (⌘ – .), was die meisten Dialoge als Abbruchbefehl deuten.

Laufwerke oder CDs auswerfen

Es gibt verschiedene Möglichkeiten, CDs oder Laufwerke auszuwerfen. Speziell um CDs aus dem Laufwerk zu werfen, hat Apple auf Ihrer Tastatur eine Auswurftaste installiert. Diese befindet sich auf der älteren weißen Tastatur ganz oben rechts im Zahlenblock. Auf der aktuellen Aluminium-Tastatur ist die Auswurftaste mehr zur Mitte gewandert und befindet sich rechts neben der F12-Taste.

Dasselbe erreichen Sie durch einen Mausklick auf das kleine Auswurfsymbol rechts neben dem Namen eines Medium in der Seitenleiste eines jeden Finder-Fensters. So merkwürdig es auch scheint, Sie können eine CD, ein Wechselmedium (USB-Stick, externe Festplatte etc.) oder Ihren iPod auch auswerfen, indem Sie deren Symbol auf den Papierkorb ziehen. Keine Sorge, es wird nichts gelöscht!

TIPP

Natürlich gibt es auch zum Auswerfen von Laufwerken einen Tastaturbefehl. Ist das Laufwerksymbol im Finder markiert, kann es mit dem Kurzbefehl ⌘ – E ausgeworfen werden.

Alle beschriebenen Methoden werfen das Volumen aus und löschen ebenfalls dessen Symbol vom Schreibtisch – aber nicht die Dateien auf dem Speichermedium.

Wenn sich ein Laufwerk mal nicht auswerfen lässt, dann liegt das häufig daran, dass es noch von einem Programm benutzt wird. Es könnte noch ein Dokument von der CD geöffnet sein, oder iTunes importiert gerade noch ein paar Songs. Manchmal genügt es einfach, dass ein Programm noch geöffnet ist, um den Auswurf der CD zu verhindern. Deshalb schließen Sie in diesem Fall das zuletzt benutzte Programm. Sollte auch das nicht funktionieren, starten Sie den Rechner neu und halten Sie die linke Maustaste gedrückt, um die CD/DVD auszuwerfen. Das *Festplatten-Dienstprogramm* aus dem Ordner *Dienstprogramme* bietet eine weitere Möglichkeit.

Wählen Sie dort in der linken Spalte das entsprechende Laufwerk und klicken Sie anschließend auf den Button *Auswerfen*.

Ausschneiden, Kopieren, Einfügen

Eines der erlesensten und nützlichsten Werkzeuge des Macs ist die Zwischenablage – ein vorläufiger Speicherplatz für Dinge, die Sie an einer Stelle ausschneiden oder kopieren, um sie an einer anderen Stelle wieder einzufügen. Die Zwischenablage kann Daten von fast unbeschränkter Größe aufnehmen und bietet einen bequemen Weg, um darin aufgenommene Teile innerhalb eines Dokuments, zwischen Dokumenten und sogar zwischen Programmen auszutauschen.

Sie finden in jeder Mac-Anwendung im Menü *Bearbeiten* die Befehle *Ausschneiden*, *Kopieren* und *Einfügen*. Die entsprechenden Tastaturbefehle sind heilig und bleiben in jeder Anwendung gleich. ⌘ – C steht für *Kopieren*, ⌘ – V für *Einfügen*, ⌘ – X bedeutet *Ausschneiden*.

Die Befehle *Ausschneiden* und *Kopieren*

Das Verwenden der Befehle *Ausschneiden* und *Kopieren* legt die markierten Teile in die Zwischenablage. Der Befehl *Ausschneiden* löscht das ausgewählte Element vom Ursprungsort, während *Kopieren* das Original an Ort und Stelle belässt.

TIPP

Wenn Sie etwas aus einem Dokument entfernen wollen, ohne es an einer anderen Stelle einzusetzen, müssen Sie es nicht in der Zwischenablage speichern. Drücken Sie einfach die Rückschritttaste (←).

Der Befehl *Einfügen*

Um etwas aus der Zwischenablage in ein Dokument einzufügen, benutzen Sie den Befehl *Einfügen*. Wenn Sie mit Text arbeiten, erscheint das eingefügte Element an der Position des Zeigers oder ersetzt einen zuvor markierten Text. In Grafikprogrammen erscheint ein eingefügtes Element normalerweise in der Mitte des Fensters und bleibt ausgewählt, so dass Sie es dann an einen beliebigen Ort ziehen können.

Die Zwischenablage

Die Zwischenablage ist in doppelter Bedeutung ein vorübergehender Speicherplatz. Erstens kann sie immer nur ein Objekt auf einmal aufnehmen. Wenn etwas Neues gespeichert wird, ersetzt es den alten Inhalt der Zwischenablage. Zweitens wird der Inhalt der Zwischenablage mit dem Abschalten des Rechners vollständig gelöscht.

Der Befehl *Einfügen* löscht den Inhalt der Zwischenablage nicht, so dass Sie den Befehl auch weiterhin verwenden können, um an beliebigen Stellen Kopien aus der Zwischenablage einzufügen.

Im Finder und in vielen anderen Programmen können Sie den Inhalt der Zwischenablage im Menü *Bearbeiten* mit dem Befehl *Zwischenablage einblenden* überprüfen.

Installation eines Programms

Um ein Programm zu installieren, starten Sie für gewöhnlich ein Installationsprogramm (Installer). Bei solch einem Installationsprogramm handelt es sich selbst um eine kleine Applikation, welche die zu installierenden Dateien des eigentlichen Programms an die richtigen Stellen im System des Macs kopiert. Normalerweise finden Sie die installierten Applikationen im Ordner *Programme* wieder. Es gibt aber auch kleinere Programme, die gar keinen Installationsvorgang benötigen und die man stattdessen direkt in den Ordner *Programme* kopieren kann. Ein Installationsprogramm erkennt man meist schon am Symbol und der Endung ».dmg«.

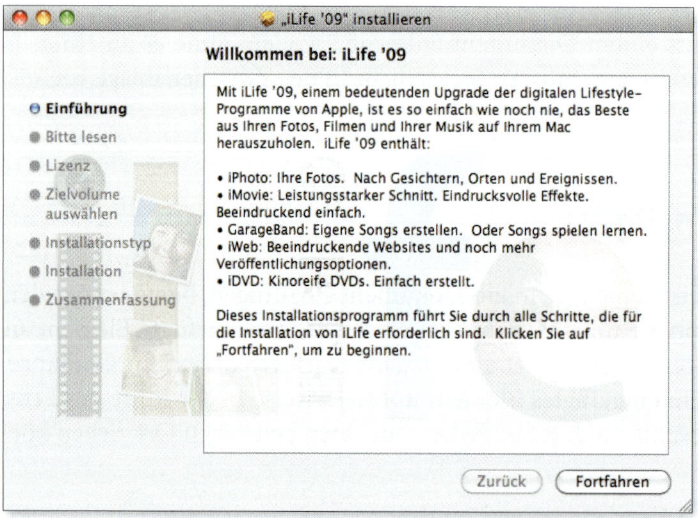

Ein typisches Installationsfenster

1. Wird das Installationsprogramm gestartet, werden in drei Schritten erst Einführungstexte, dann Instruktionshinweise angegeben und eine Bestätigung der Lizenzbedingungen gefordert.
2. Anschließend wählen Sie das Zielvolumen, also die Festplatte und/oder den Speicherort im System. Normalerweise ist das der Ordner *Programme*, es sei denn, es handelt sich um Ausnahmen wie ein Systemupdate. Update bedeutet, dass es für ein bereits vorhandenes Programm oder einen Bestandteil des Betriebssystems eine neuere Version gibt, die bei der Installation ausgetauscht wird.
3. Nach dem Auswählen des Zielorts können Sie eventuell noch den Installationstyp wählen, also bestimmen, ob nur ein Teil der möglichen Komponenten installiert werden soll oder ob es sich gar um eine *Deinstallation* handelt. Bei einer *Deinstallation* wird ein Programm mit allen seinen Komponenten vom Rechner gelöscht.
4. Danach fragt das Installationsprogramm nach dem Passwort des installationsberechtigten Benutzers (Administrator). Das ist sinnvoll, damit zum Beispiel Kinder den heimischen Computer nicht mit allerlei Spielen bestücken und so wertvollen Speicherplatz – zumindest aus Sicht der Eltern – verschwenden.
5. Haben Sie die Administrationsrechte oder kennen das Passwort, können Sie mit der eigentlichen Installation beginnen. Ein länger werdender blauer Balken gibt einen optischen Hinweis auf den Fortschritt der Installation. Die Dauer hängt von der Größe des zu installierenden Programms ab und kann auch schon mal länger dauern – also am besten ein Snickers bereithalten.
6. Abschließend bestätigen Sie den Abschluss der Installation. Das Installationsprogramm brauchen Sie nun nicht mehr, es sei denn, Sie wollen das Programm noch auf einem anderen Rechner installieren.

Aber wie werde ich ein Programm wieder los?

Um ein Programm wieder vom Rechner zu löschen, genügt es häufig, es einfach in den Papierkorb zu schieben. Dabei bleiben allerdings alle Preferences und Systemdateien des Programms erhalten und belegen unter anderem wertvollen Speicherplatz. Außerdem »müllen« sie auf Dauer den Rechner zu und verlangsamen somit das System. Deshalb sollte man es, wenn möglich, richtig »deinstallieren«. Dabei werden alle Programmteile, die sich oft auf das ganze System verteilen, entfernt. Meist bietet ein Installationsprogramm auch eine Deinstallation an oder es liegt ein eigenes Deinstaller-Programm bei. Im Internet findet man auch kostenlose Software, die Abhilfe in Form ultimativer Deinstaller bringt.

Hilfe

Was tun, wenn Sie einmal auf ein Problem stoßen und dieses Buch nicht bereitliegt oder nicht weiterhilft? Oft wird vergessen, dass Mac OS X selbst Hilfe beim Lösen von Problemen bietet. In der Menüleiste steht das Menü *Hilfe* (⇧ - ⌘ - 7) bereit und birgt Informationen zu allen Apple-Programmen und dem Betriebssystem. Hier können Sie einen Überblick über neue Funktionen erhalten und finden auch Antworten auf häufig gestellte Fragen.

Suche

Snow Leopard ist mit einer Hilfefunktion ausgestattet, die Ihnen einen optischen Hinweis auf das Gesuchte gibt. Tippen Sie einen Begriff in das Suchfeld, und noch während der Eingabe listet das System verschiedene Lösungen auf. Hierbei unterscheidet es zwei Arten: zum einen die *Hilfsthemen*, zum anderen die *Menüpunkte*.

- Wählen Sie ein *Hilfsthema*, springt ein Fenster auf, in dem uns Informationen zu dem gesuchten Begriff erläutert werden.
- Wählen Sie mit dem Zeiger einen *Menüpunkt* aus, so wird mit einem großen, blauen, kreisenden Pfeil auf den Menüpunkt in unserem Betriebssystem hingewiesen. So wissen Sie sehr schnell, wo sich z.B. der Befehl *Drucken…* verbringt.

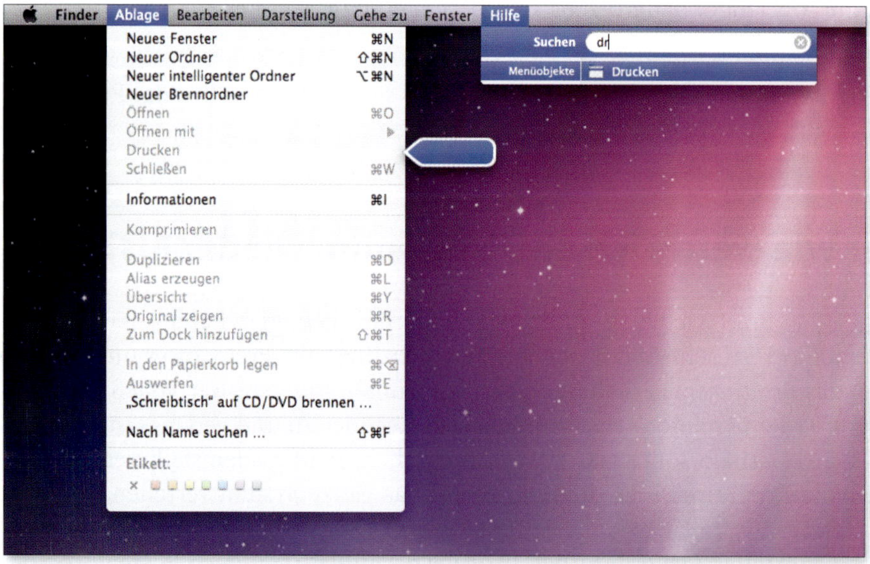

Snow Leopard bietet einen optischen Hinweis auf das Gesuchte.

Sie können das Hilfemenü auch jederzeit direkt mit der Tastenkombination ⌘ – ? aufrufen. Der Tastaturbefehl ist hier allerdings etwas verwirrend und sollte eigentlich eher ⌘ – ⇧ – ß heißen. Snow Leopard bietet diese Hilfe zu allen Apple-Programmen an und stellt auf diesem Weg viele Erklärungen und Anleitungen bereit.

Das Hilfemenü ist auch noch an anderen sinnvollen Stellen des Systems präsent. In den Systemeinstellungen finden Sie es immer wieder als rosa Button mit einem Fragezeichensymbol.

Außerdem stehen auch weiterführende Links ins Internet zur Verfügung. Apples *Support Webseite* (http://www.apple.com/de/support/) bietet weitere Möglichkeiten, Antworten auf Fragen über Apple Soft- und Hardware zu erhalten.

Hilfe im Web

Überhaupt bietet das Internet eine große Plattform, um Hilfe zu finden, man muss nur an den richtigen Stellen suchen. Als deutschsprachiger Mac-User bieten sich die Foren von »macnews.de« oder »macnemo.de« als erstklassige Informationsquelle von Usern für User an. Es ist zwar eine Anmeldung erforderlich, um selbst Beiträge schreiben zu können, aber dieser Aufwand lohnt sich. Irgendwann können Sie dies dann auch nutzen, um anderen Mac-Neulingen zu helfen. Ansonsten sollte man sich vielleicht in der Region umschauen, um eine der zahlreichen Apple-User-Groups zu finden. Eine gute Übersicht der deutschsprachigen User-Groups findet sich im Internet unter www.apple.com/de/usergroups/.

Die Systemeinstellungen

Sämtliche Systemeinstellungsmöglichkeiten sind in Mac OS X in ein übersichtliches Menü gepackt worden. Ob Sie nun Ihren Internetzugang konfigurieren oder einfach einen anderen Schreibtischhintergrund wählen möchten – Sie finden alle Steuerelemente in vier sinnvolle Gruppen *Persönlich*, *Hardware*, *Internet & Netzwerk* und *System* zusammengepackt an einem zentralen Ort. Die Systemeinstellungen öffnen Sie entweder über das entsprechende Symbol im Dock oder Sie wählen *Systemeinstellungen* im Apfelmenü aus.

Einige Einstellungen erfordern das Administrator-Kennwort und sind mit einem Schlosssymbol in der linken unteren Ecke gesichert. Sie können erst Änderungen vornehmen, indem Sie dieses Schlosssymbol durch einen Doppelklick und die Eingabe des Administrator-Kennworts öffnen. Der erste auf dem Mac eingerichtete Benutzer verfügt automatisch über administrative Rechte.

Über die übersichtlich sortierten Systemeinstellungen können sämtliche Einstellungen vorgenommen werden.

Dock

In diesem Menü steuern Sie das Dock und können sowohl entscheiden, wie groß das Dock am Bildschirmrand erscheinen soll und wie groß die Vergrößerung der Symbole ist, wenn Sie mit der Maus darüber fahren. Außerdem können Sie wählen, ob Ihr Dock wie üblich am unteren Bildschirmrand erscheint oder links oder rechts. Auch der Effekt beim Ablegen eines Fensters, die Animation beim Starten eines Programms und das automatische Ein- und Ausblenden können hier bestimmt werden.

Erscheinungsbild

Die Systemeinstellung *Erscheinungsbild* bietet ein paar nützliche Optionen für den täglichen Gebrauch des Systems an. So ist standardmäßig die Farbe »Blau« als Auswahlfarbe gewählt. Das mag den meisten so gefallen, ist aber manchmal etwas ungünstig, so z.B. beim Markieren von Texten auf Webseiten mit ähnlich farbigem Hintergrund. Hier können Sie also ganz einfach eine andere Auswahlfarbe wählen und behalten den Überblick.

Ebenso können Sie hier die Positionen der Rollpfeile und Wirkung der Rollbalken festlegen sowie die Schriftenglättung einstellen. Schriftenglättung (auch Anti-Aliasing genannt) rundet die Kanten und Ecken von Schriften bei der Bildschirmanzeige ab, so dass diese nicht so pixelig dargestellt und angenehmer zu lesen sind. Das System bietet hier verschiedene Grundeinstellungen an, die Sie ausprobieren und auf Ihre persönlichen Bedürfnisse abstimmen sollten.

Exposé und Spaces

Siehe dazu Kapitel 4: »Grundfunktionen in Mac OS X«.

Schreibtisch & Bildschirmschoner

Über die Systemeinstellungen *Schreibtisch & Bildschirmschoner* gelangen Sie in einen eigenen Dialog, über den Sie diese nach Ihren Wünschen einstellen können.

Schreibtisch

Natürlich ist es möglich, ein eigenes Schreibtischbild festzulegen, um den Finder individuell zu gestalten. Zur Auswahl gibt es zahlreiche attraktive Bilder von Apple und natürlich Ihre eigenen Fotoaufnahmen. Diese werden in den Systemeinstellungen aus iPhoto oder auch Aperture übernommen und ebenfalls aufgelistet. Sie können auch eigene Ordner mit Bildern von Ihrer Festplatte hinzufügen. Auf Wunsch werden die Bilder automatisch in selbst festgelegten Zeitabständen gewechselt.

Bildschirmschoner

Es gibt außerdem verschiedene Bildschirmschoner, die im Ruhezustand oder bei Verlassen des Rechners aktiviert werden können. Ursprünglich wurden die Bildschirmschoner – wie der Name schon verrät – genutzt, um ein Einbrennen der Bildröhre zu verhindern. Heute sind sie entweder Spielerei oder können durch Aktivierung einer Passwortabfrage den Zugriff von neugierigen Fremden verhindern. Über eine Checkbox können Sie sich auch die Uhrzeit einblenden lassen – damit Sie auch wissen, wann die Pause vorbei ist!

Wem die Bildschirmschonerauswahl von Apple nicht genügt, der findet im Internet zahlreiche Erweiterungsmöglichkeiten.

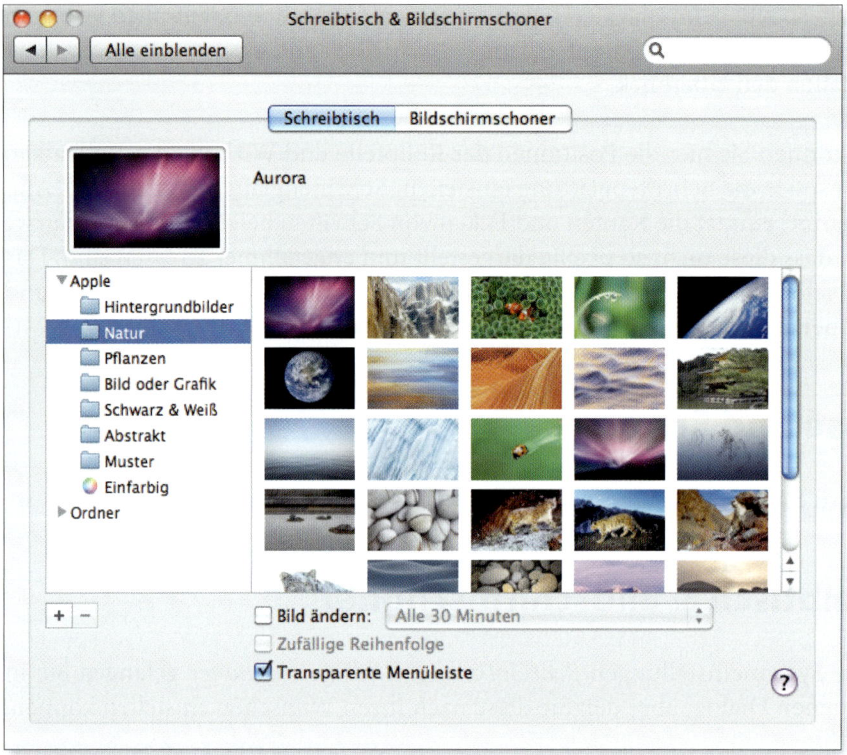

Hier können Sie ein Hintergrundbild für Ihren Schreibtisch oder einen neuen Bildschirmschoner auswählen.

TIPP

RSS-Nachrichten als Bildschirmschoner

Apple hat dem System einen wunderschönen und zugleich sehr nützlichen Bildschirmschoner spendiert. Der *RSS Visualizer* zeigt die zehn neuesten Nachrichten eines vorher ausgewählten RSS-Feeds aus Safari durchnummeriert als rotierenden Text an. Interessiert einen die Nachricht, kann man durch Drücken der entsprechenden Ziffer auf der Tastatur direkt auf die Website springen.

RSS-Feeds gibt es von allen großen Nachrichtenportalen. Man erkennt sie an dem blauen RSS-Logo rechts in der Adresszeile von Safari. Durch einen einfachen Mausklick auf dieses Symbol zeigt Safari den RSS-Feed der entsprechenden Seite an. Dieser kann dann als ganz normales Lesezeichen gespeichert werden und steht ab sofort auch für dem *RSS Visualizer* zur Verfügung.

Sicherheit

Hinter der Systemeinstellung Sicherheit verbergen sich nicht zu unterschätzende Optionen, die Ihre Datensicherheit angehen.

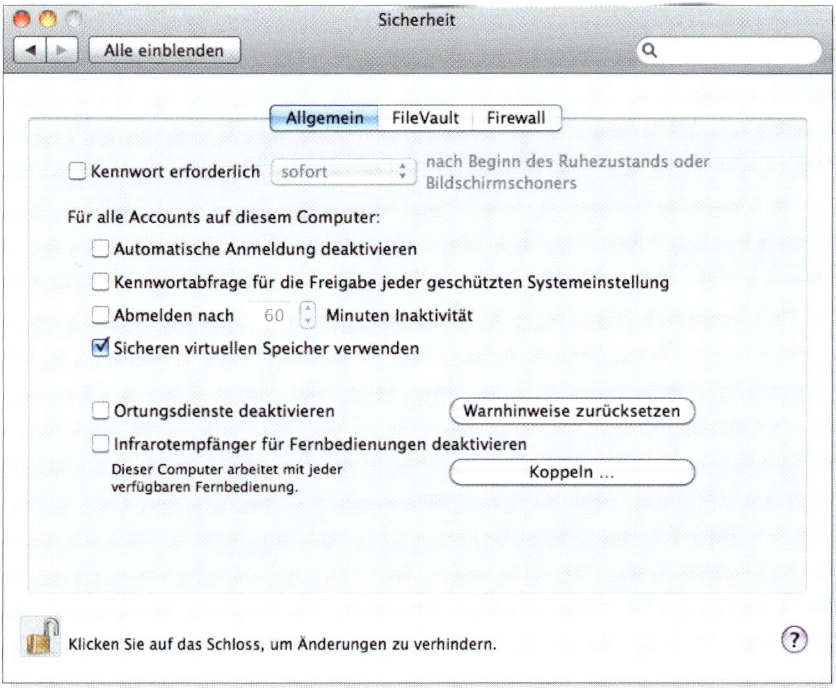

Sicherheit geht vor: Aktivieren Sie hier die Kennwortabfrage beim Beenden des Ruhezustands.

Allgemein

Im Reiter *Allgemein* können Sie die Kennwortabfrage beim Beenden des Ruhezustands oder des Bildschirmschoners aktivieren. Setzen Sie dazu einfach ein Häkchen vor die entsprechende Option. Ebenso können Sie das automatische Anmelden beim Hochfahren des Macs deaktivieren und die Kennwortabfrage bei jeder geschützten Systemeinstellung aktivieren. Diese Einstellungen sind sicher sinnvoll, wenn Sie in einem Büro mit viel Durchgangsverkehr arbeiten.

FileVault

FileVault verschlüsselt Ihren kompletten Benutzerordner und alle sich darin befindlichen Daten. Das bedeutet, dass niemand etwas mit Ihren Daten anfangen kann, wenn er nicht Ihr Benutzerpasswort kennt. Die Daten werden beim Anmelden nämlich automatisch entschlüsselt, um damit arbeiten zu können. Sie müssen sich Ihr Passwort aber ganz genau merken, denn sonst kommen auch Sie nicht mehr an Ihre Daten heran.

Firewall

Schützen Sie sich und Ihre Daten, indem Sie die *Firewall* Ihres Macs aktivieren. Dies tun Sie über den Reiter *Firewall*. Über den Button *Weitere Optionen…* können Sie auch den Tarn-Modus aktivieren, der Ihren Mac im Netz versteckt und sicherstellt, dass unerwünschter Datenverkehr keine Antwort erhält.

Spotlight

Lesen Sie hierzu Kapitel 4 : »Grundfunktionen in Mac OS X«.

Sprache & Text

Mac OS X ist ein echtes Multiusersystem und versteht sich auf eine Menge verschiedener Sprachen. In den Einstellungen für *Sprache & Text* wählt man die Sprache und die landesübliche Darstellung von Datum, Uhrzeit, Zahlen und Tastatur aus.

Sprachen

Wählen Sie die Sprachen in der von Ihnen bevorzugten Reihenfolge aus.

Text

Über den Reiter *Text* können Sie Symbol- und Textersetzungen für das komplette System festlegen. Setzen Sie dazu einfach ein Häkchen vor die entsprechenden Vorschläge. Sie können hier über das *Plus*-Symbol auch gerne eigene Einstellungen festlegen. Ebenso legen Sie in diesem Kontrollfeld die automatische Rechtschreibprüfung, Wortgrenze und intelligente Anführungszeichen fest.

Formate

Hier legen Sie die Region sowie die Anzeige von Datum, Uhrzeit und Zahlen fest. Ebenso die Währung und Maßeinheiten. Normalerweise erkennt der Mac aber automatisch die richtige Region und wählt die landesüblichen Einstellungen.

Eingabequellen

In den *Eingabequellen* verstecken sich neben der gewünschten Eingabemethode auch die *Tastatur* und *Zeichenübersicht*. Diese beiden praktischen Helfer können durch ein Häkchen aktiviert werden und erscheinen dann systemweit in der Menüleiste links zwischen Lautstärke und dem Datum.

Beide Paletten haben die Eigenheit, dass sie immer im Vordergrund bleiben, egal, welches Programm Sie gerade benutzen.

Tastaturübersicht

Die *Tastaturübersicht* zeigt die Zeichen an, die erscheinen, sobald Sie eine Taste drücken. Drücken Sie z.B. die Taste ⇧ oder ⌥ auf der Tastatur, ändert sich die Anzeige in der Palette. Gedrückte Tasten werden dunkel angezeigt. Damit ist es ein Leichtes, ein Sonderzeichen wie z.B. »Ω« zu finden. Sie können die Zeichenpalette unten rechts anfassen und beliebig groß aufziehen.

Zeichenpalette

Doch nicht alle Zeichen lassen sich per Tastenkombination erzeugen. Abhilfe schafft da die *Zeichenpalette*, die Unmengen von Symbolen und Zeichen zur Verfügung stellt. In der Seitenleiste können Sie nach verschiedenen Kategorien suchen. Haben Sie ein Symbol gefunden, klicken Sie es einfach mit der Maus an. Klicken Sie unten in der *Zeichenplatte* auf das kleine Pfeilchen vor *Schriftvariante*, öffnet sich ein Untermenü, welches die Zeichensätze anzeigt, in denen das gewünschte Symbol vorhanden ist. Hier müssen Sie Obacht geben, welchen Zeichensatz Sie gerade in einem Dokument benutzen. Schreiben Sie z.B. in Word gerade einen Brief und klicken einfach nur den *Einsetzen*-Button unten rechts in der *Zeichenpalette*, so wird zwar das Symbol an der Stelle in Ihren Brief eingesetzt, aber eventuell nicht richtig angezeigt, da der Zeichensatz, den Sie in Word gerade für einen Brief benutzen, dieses Symbol nicht unterstützt. Um dies zu vermeiden, wählen Sie in dem Untermenü eine der *Schriftvarianten* aus, denn so verwandelt sich der *Einsetzen*-Button in *Mit Schrift einsetzen*, das Symbol wird mit dem gewählten Zeichensatz eingefügt und dadurch auch richtig angezeigt. Dann müssen Sie nur noch darauf achten, beim Weiterschreiben wieder auf den eigentlichen Zeichensatz zu wechseln.

CDs & DVDs

Dieses Menü ist sehr knapp gehalten und bestimmt einfach, was passiert, wenn eine bestimmt CD oder DVD in das CD/DVD-Laufwerk eingelegt wird.

Drucken & Faxen

Über das Menü *Drucken & Faxen* können Sie Drucker und Faxgeräte einrichten. Um ein neues Gerät zu konfigurieren, klicken Sie auf das Plus-Zeichen links unter der Liste. Mac OS X sucht über sämtliche Schnittstellen nach verfügbaren Geräten und listet diese für Sie auf. Sie müssen sich nur noch den gewünschten Drucker aussuchen. Normalerweise wird Ihnen zuhause natürlich nur ein Drucker – nämlich Ihrer – angezeigt.

Ein neues Feature in Snow Leopard sucht Ihnen automatisch aus dem Internet den aktuellsten Treiber und installiert diesen. Sie müssen dazu nichts weiter tun, der Drucker steht für Sie bereit.

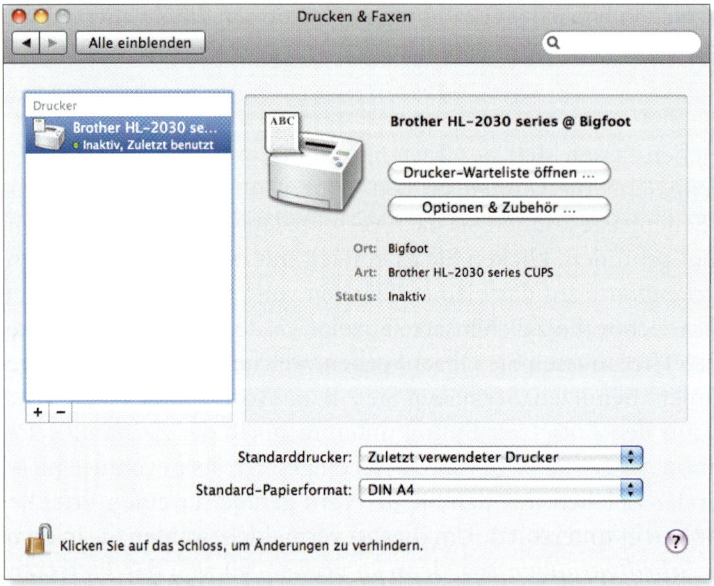

Snow Leopard erkennt in den meisten Fällen den angeschlossenen Drucker und lädt automatisch den passenden Treiber.

Drucker einrichten

1. Um einen neuen Drucker einzurichten, öffnen Sie die Systemeinstellungen und wählen den Punkt *Drucken & Faxen*. Gegebenenfalls müssen Sie das Schloss unten links mit dem Administratorkennwort öffnen.

2. Dann klicken Sie links unter der Spalte mit den aufgelisteten Druckern den Plus-Button, um einen neuen Drucker anzulegen. Daraufhin öffnet sich ein Menü und bietet eine Auswahl an möglichen Druckern. Den gewünschten Drucker wählen Sie durch Anklicken mit dem Cursor aus. Hängt Ihr Mac an einem Netzwerk, können durchaus mehrere Druckermodelle in der Liste angezeigt werden. Das Menü bietet hier auch speziellere Drucker- oder Faxgeräte via IP, Bluetooth oder auch Windows-Drucker über das Netzwerk an.

3. In den *Systemeinstellungen* im Bereich *Drucken & Faxen* legen Sie nun die *Standard-Papiergröße* auf das deutsche DIN-A4-Format fest und aktivieren Ihren eben neu angemeldeten Drucker als *Standarddrucker*. Dieser wird Ihnen dann automatisch in allen Programmen als Erstes angeboten, falls Sie tatsächlich über mehrere Drucker verfügen.

4. Nun können Sie aus jedem Programm auf Ihren Drucker zugreifen, um Dokumente, Bilder etc. auszudrucken. Dies tun Sie über das Menü *Ablage* und den Befehl *Drucken...* oder schnell per Tastenkürzel ⌘ – P.

Drucken

Nichts ist schöner, als seine mehr oder weniger aufwendig erstellten Dokumente oder Fotos auf Papier zu bringen. Den Befehl *Drucken...* finden Sie im Menü *Ablage* oder Sie wählen die Tastenkombination ⌘ – P.

Ein Aufklappmenü bietet verschiedene Auswahl- und Einstellungsmöglichkeiten. Angefangen bei Kopien & Seiten lassen sich hier unter anderem Anzahl, Qualität und Format einstellen. Außerdem haben Sie Zugriff auf die verschiedenen Einstellungsmöglichkeiten, die Ihr Drucker bietet. Allerdings unterscheiden sich diese von Drucker zu Drucker.

Möchten Sie gern etwas Spezielleres als ein einfaches DIN-A4-Textdokument drucken, beispielsweise eine Postkarte mit einem Bild aus iPhoto, empfiehlt es sich, vorher das Papierformat zu überprüfen und in den Druckereinstellungen gegebenenfalls das richtige Medium und die Ausgabequalität einzustellen.

Welches Papier möchten Sie verwenden? Normales (80g/m2), Karton (160g/m^2) oder spezielles Fotopapier? Die Drucker bieten meist auch eine hohe Auflösung für qualitativ hochwertigere Ausdrucke. All das sollten Sie vor dem Drucken bedenken und festlegen.

Um vor dem Druck auf Papier zu überprüfen, ob die Seiteneinstellungen passen, können Sie im Druckmenü unten links den Button *Vorschau* nutzen. Es öffnet sich dann ein Vorschaudokument, das anzeigt, wie der Druck später aussehen müsste. Stimmt die Vorschau nicht mit Ihrem Dokument überein, sollten Sie noch einmal Ihre Druckereinstellungen überprüfen.

TIPP

Schreibtischdrucker

Unter Mac OS 9 war er sehr beliebt, unter Mac OS X ist er ein bisschen in Vergessenheit geraten, aber doch präsent: Der Schreibtischdrucker

In Snow Leopard öffnet man dazu einfach die *Systemeinstellungen* und wählt den Punkt *Drucken & Faxen*. Anschließend zieht man per Maus den gewünschten Drucker aus der Liste auf den Schreibtisch. Das war es schon. Nun kann man Dokumente drucken, indem man sie einfach im Finder per Drag & Drop auf das Druckersymbol zieht. Das ist z.B. ganz nützlich, wenn man schnell mal ein Textdokument oder ein paar Bilder drucken möchte, ohne vorher das Programm öffnen zu müssen.

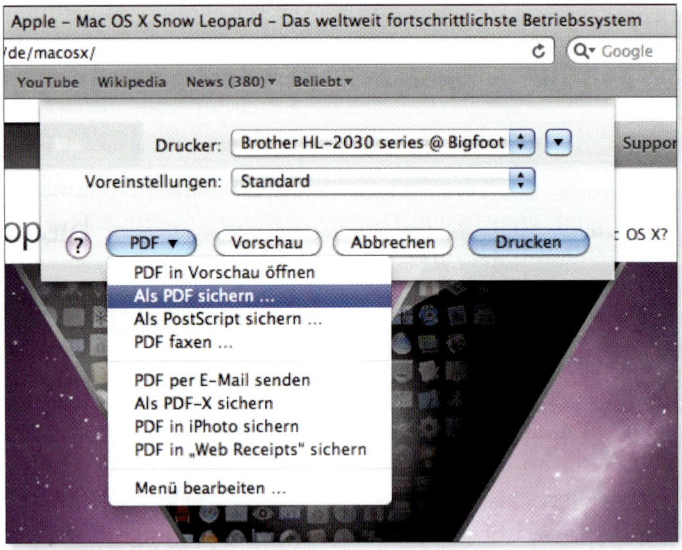

Leicht lassen sich aus dem Druckdialog PDF-Dokumente erzeugen.

Ein PDF-Dokument aus dem Druckmenü erstellen

Über den Button *PDF* und den Befehl *Als PDF sichern...* lassen sich direkt aus einem Druckdialog heraus PDF- oder PostScript-Dateien erstellen. So können Sie Ihre Arbeiten, Webseiten, Mails oder auch Tabellenkalkulationen – egal, aus welcher Anwendung heraus – bequem in ein plattformübergreifendes PDF-Format bringen und beispielsweise per Mail verschicken oder bei einem Online-Einkauf die Bestellbestätigung für eine spätere Rückversicherung auf die Festplatte abspeichern.

TIPP

Druckersymbol nach Druckgang aus dem Dock entfernen

Unter Snow Leopard bleibt das Druckersymbol nach einem erledigten Druckauftrag im Dock stehen. Klicken Sie das Symbol im Dock mit der rechten Maustaste (oder gedrückter ctrl-Taste) an und wählen Sie im aufspringenden Kontextmenü den Befehl *Automatisch beenden* aus. Das war es schon.

Energie sparen

Ihr Mac braucht für den laufenden Betrieb Strom, genauso wie jedes andere elektrische Gerät in Ihrem Haushalt. Doch man kann Strom sparen, indem man den Mac in Ruhezustand versetzt, sobald er nicht genutzt wird. Das kommt ja öfter mal vor, z.B., wenn Sie sich einen Kaffee machen oder telefonieren. In dieser Zeit tut Ihr Mac meistens nichts, also kann er in den Ruhezustand versetzt werden, um Strom zu sparen – das gilt besonders für Notebooks, deren Akkulaufzeit ja begrenzt ist.

In den Systemeinstellungen *Energie sparen* können Sie festlegen, nach welcher Zeit der Inaktivität Ihr Mac automatisch in den Ruhezustand geht. Durch Drücken einer Taste auf der Tastatur oder durch eine Bewegung mit der Maus wacht Ihr Mac wieder auf. Wählen Sie eine sinnvolle Zeit aus, damit der Mac nicht bei jeder kurzen Unterbrechung in den Ruhezustand geht.

Durch Anklicken der Checkbox *Wenn möglich Ruhezustand der Festplatte aktivieren* wird ebenso Ihre Festplatte heruntergefahren, was ebenfalls Strom spart. Beim Aufwachen dauert es dann aber ein paar Sekunden länger. Über den Zeitplan können Sie sogar festlegen, wann Ihr Mac automatisch starten bzw. wieder ausgeschaltet werden soll.

Wenn Sie ein Notebook besitzen, können diese Einstellungen getrennt für *Batterie* oder *Netzteil* eingestellt werden. So haben Sie die Möglichkeit, den Stromverbrauch auf Ihre Bedürfnisse anzupassen.

Monitore

Normalerweise ist die Standardeinstellung für das Displays Ihres Macs schon in Ordnung, aber vielleicht gefällt nicht jedem die eingestellte Farbumgebung. In diesem Menü können Sie den Monitor an Ihre Bedürfnisse anpassen.

Monitor

Der Reiter *Monitor* bietet Ihnen verschiedene Auflösungen an, die Ihr Monitor darstellen kann. Normalerweise sucht sich Mac OS X aber automatisch die optimale Auflösung. Im Aufklappmenü *Farben* können Sie die Anzahl der gezeigten Farben wählen. Alles andere als in der höchsten Variante mit 16,7 Millionen Farben wäre aber wenig sinnvoll, da die Qualität der Benutzeroberfläche doch arg leiden würde.

Viel interessanter ist da der Button *Monitore erkennen*. Dieser ist oft sehr hilfreich, wenn Sie mehrere Monitore oder einen Beamer an den Mac angeschlossen haben. Der Mac ist dazu durchaus in der Lage und bietet jedem Monitor die für ihn optimalen Einstellungen an. So kann z.B. an einem MacBook Pro das Bild 16:10 in einer Auflösung von 1440 x 900 Pixeln angezeigt und gleichzeitig ein Beamer mit 1280 x 1024 angesteuert werden. Ebenso kann bestimmt werden, ob das Bild gespiegelt wird (also auf beiden Monitoren das Gleiche gezeigt wird) oder ob beide

Monitore zusammengenommen werden. Das ist z.B. bei Präsentationen per Beamer sehr praktisch: Die Zuschauer sehen die Folien, während der Referent auf seinem Display zusätzlich noch die verbleibende Zeit, die nächsten Folien und seine Notizen sieht.

Farben

Hier haben Sie die Wahl zwischen verschiedenen Farbprofilen. Farbprofile sind eine Wissenschaft für sich und sie zu erklären, das ginge weit über die Ansprüche dieses Buches hinaus. Aber gerade in Grafikstudios oder Berufen, in denen es auf echte Farbverbindlichkeit ankommt, ist eine richtige Kalibrierung und Abstimmung des Monitors auf die Ausgabegeräte ein Muss.

Apple bietet ein Standardprofil für seine Macs und zudem unterschiedliche Farbprofile von anderen Herstellern an. Probieren Sie es einfach aus und wählen Sie mal ein anderes Profil, dann werden Sie schon sehen, was auf Ihrem Monitor passiert.

Vielleicht trauen Sie sich ja zu, Ihren Mac selbst zu kalibrieren und ein eigenes Farbprofil zu erstellen. Klicken Sie hierzu einfach auf den Button *Kalibrieren…*

Tastatur

Über die Systemeinstellung *Tastatur* können Sie – wie der Name schon verrät – Ihre Tastatur auf Ihre Bedürfnisse anpassen.

Tastatur

Auch Tastatur ist nicht gleich Tastatur. Stellen Sie die *Wiederholungsrate* und *Ansprechverzögerung* auf Ihre Bedürfnisse ein. Notebookbesitzer können hier auch die Funktionstasten frei schalten. Dies ist nötig, da eine Notebooktastatur mangels Größe nicht über die gleiche Anzahl an Tasten verfügt wie eine normale Tastatur. Ebenso wird hier die Tastaturbeleuchtung eines MacBook Pro gesteuert.

Tastaturkurzbefehle

Hier finden Sie sämtliche Kurzbefehle (ShortCuts) aufgelistet. Durch einen Doppelklick in die Liste können Sie diese verändern oder über einen Mausklick auf das Pluszeichen unter der Liste neue, eigene Kurzbefehle hinzufügen. Seit Snow Leopard sind diese nun getrennt für unterschiedliche Systembereiche steuerbar.

Über den Button *Bluetooth-Tastatur konfigurieren…* können Sie ebendies tun.

Erstellen Sie sich Ihre eigenen Kurzbefehle.

Maus

Dem einen ist die Maus zu langsam, dem anderen die Scrollbewegung zu schnell. Dies alles kann hier geregelt werden. In diesem Menü können Sie auch die Belegung der Tasten auf Ihrer Maus nach Belieben verändern. Viele werden die sekundäre (rechte) Maustaste vermissen, die standardmäßig deaktiviert ist. Über den Button *Bluetooth-Maus konfigurieren…* können Sie ebendies alles für Sie passend einstellen.

Trackpad (nur bei Notebook)

Über die Systemeinstellung *Trackpad* steuern Sie die Geschwindigkeit der *Zeigerbewegung*, des *Doppelklick-Intervalls* und des *Scrollens*. Ebenso aktivieren Sie die *Zwei- bzw. Dreifingerbewegung*, das *Klicken* und den *Sekundärklick*. Bei einem Multitouch-Trackpad, über welches die neueren MacBooks verfügen, sehen Sie auf der rechten Seite der Einstellungen kleine Videos, die Ihnen die richtigen Fingerbewegungen näher bringen.

Ton

Das Menü *Ton* verfügt über drei Reiter, über die Toneffekte sowie der Audio-Ein- bzw. Ausgang geregelt werden.

Toneffekte

Aus einer Liste an Warntönen können Sie sich hier einen aussuchen. Klicken Sie einfach einen Ton in der Liste an, um ihn zu hören. Ebenso können hier die Lautstärke für Warntöne und die Gesamtlautstärke der Tonausgabe gesteuert werden. Durch Anklicken der Checkboxen mit der Maus können Sie die Toneffekte für die Benutzeroberfläche, Lautstärke und Front Row ein- bzw. ausschalten.

Ausgabe

In der Liste werden Ihnen sämtliche Tonausgänge des Macs angeboten; im Normalfall die integrierten Lautsprecher. Da aber jeder Mac auch mindestens über einen Kopfhörerausgang verfügt, wird dieser angezeigt, sobald ein Kopfhörer oder externe Lautsprecher daran angeschlossen werden. Zusätzlich kann man den Mac auch über externe USB/FireWire-Hubs um weitere Tonaus- bzw. -eingänge erweitern.

Eingabe

Dasselbe wie für den Ausgang gilt auch für den Eingang. In der Liste werden alle Toneingänge aufgelistet. Das ist zumindest der Line-In-Anschluss, über den z.B. ein Mikrofon angeschlossen werden kann. Macs mit eingebauter iSight-Kamera verfügen zusätzlich noch über einen internen Mikrofoneingang – nämlich den der iSight. Über den Eingangspegel können Sie die Eingangslautstärke bestimmen und gegebenenfalls korrigieren. Dies könnte interessant sein, wenn Sie z.B. über einen Plattenspieler Ihre alte Schallplattensammlung mit GarageBand aufnehmen möchten.

TIPP

Lautstärke fein justieren

In Mac OS X ist es möglich, die Lautstärkeregelung per Tastatur feiner zu justieren. Halten Sie beim Drücken der Lautstärketasten die Tasten ⇧ – ⌥ gedrückt, lässt sich jeder Lautstärkebalken in vier zusätzlichen Stufen regulieren.

Halten Sie nur ⇧ fest, bleibt der Kontrollton stumm. Halten Sie ⌥, öffnet sich die Systemeinstellung *Toneffekte*.

MobileMe

Das MobileMe-Menü ist nur für Besitzer eines kostenpflichtigen Apple-MobileMe-Accounts (79,-€ pro Jahr) interessant. Falls Sie keinen Account besitzen, können Sie MobileMe kostenlos 60 Tage testen. Mit einem MobileMe Account erhalten Sie eine me.com-E-Mail-Adresse sowie die Möglichkeit, Ihre Mails, Kontakte, Kalender, Fotos und Dateien online zu sichern und mit anderen Macs, PCs, dem iPhone oder iPod touch zu synchronisieren.

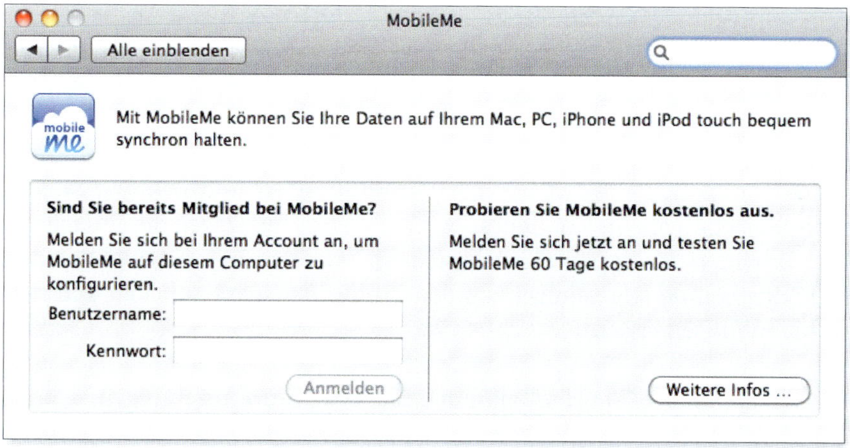

Um MobileMe nutzen zu können, benötigen Sie einen kostenpflichtigen Account. Diesen können Sie aber 60 Tage kostenlos ausprobieren.

Account

Hier werden Ihnen Ihre Account-Daten aufgelistet. Welcher MobileMe-Name, welcher Account-Typ, seit wann Sie Mitglied sind und wie viel Speicherplatz Ihnen zur Verfügung steht. Dazu die Information, wann Ihr Account wieder verlängert wird.

Sync

Über den Reiter *Sync* können Sie festlegen, welche Daten mit der MobileMe-online-»Wolke« synchronisiert werden sollen. Setzen Sie einfach ein Häkchen in die entsprechende Checkbox und starten Sie die Synchronisation mit einem Mausklick auf den Button *Sync starten*.

iDisk

iDisk zeigt Ihnen an, wie viel Platz Ihre »Wolke« noch bietet. Außerdem können Sie die Rechte für Ihren öffentlichen Ordner festlegen. Zudem können Sie ein Backup Ihrer iDisk auf dem Computer starten, d.h., alle Ihre Online-Daten werden zusätzlich nochmals auf dem Mac gesichert.

Grundlegendes

Zugang zu meinem Mac

Wenn Sie den Dienst *Zugang zu meinem Mac* starten, können Sie über das Internet auf Ihren Mac mit allen seinen Daten zugreifen. Vorraussetzung ist aber, dass Ihr Mac angeschaltet ist und der Computer, von dem aus Sie zugreifen möchten, ebenfalls diesen Dienst unterstützt, wie z.B. ein anderer Mac. Mehr über MobileMe erfahren sie übrigens in Kapitel 7 »Tipps und Tricks«.

Netzwerk

Um in Mac OS X den Zugang zum Netz einzurichten, sei es nun in das interne Ethernet-Netzwerk (LAN) oder als einfacher Zugang zum Internet, begeben Sie sich in die Netzwerkeinstellungen.

Wählen Sie aus der Liste die gewünschte Verbindungsart und nehmen Sie die eigentlichen Einstellungen im Konfigurationsmenü vor. Hier tragen Sie einfach die Daten Ihres Providers ein. Wenn Sie sich nicht so gut auskennen, können Sie den Assistenten nutzen, indem Sie einfach auf den Button *Assistent…* klicken und sich durch das Menü führen lassen.

Über das Aufklappmenü *Umgebung* können Sie sich Ihre Einstellungen sichern und so z.B. verschiedene Einstellungen für »Zuhause«, »Unterwegs« und »Arbeit« schaffen.

Bluetooth

Per Bluetooth können verschiedene externe Geräte an den Mac angeschlossen werden: Maus oder Tastatur, das Handy oder eine Kamera. In den Systemeinstellungen *Bluetooth* werden die Geräte angemeldet, damit sie beispielsweise mit dem Programm *iSync* synchronisiert werden, oder Sie mit dem Dienstprogramm *Bluetooth-Datenaustausch* Bilder und Töne auf Ihr Handy spielen können. Ebenso wird Ihnen hier der aktuelle Ladezustand der Geräte angezeigt.

Um ein neues Gerät anzumelden, klicken Sie auf den Button *Neues Gerät konfigurieren…* und lassen sich vom Assistenten durch das Menü führen.

Melden Sie z.B. Ihr Handy an, um Ihre Adressbuchdaten zu synchronisieren.

Freigaben

Mit den *Freigaben* (ehemals *Sharing*) können Sie verschiedene Bestandteile Ihres Macs für andere freigeben. Natürlich können Sie per Mausklick wählen, was Ihr Mac freigeben soll. Über das Textfeld *Gerätename* vergeben Sie den Namen, mit dem Ihr Mac anschließend im lokalen Netzwerk erscheint.

Einige der Dienste sind sehr nützlich und sinnvoll. Mit der Option *Druckerfreigabe* können Sie beispielsweise Ihren Drucker für andere nutzbar machen, mit *Dateifreigabe* den Zugriff auf einen Ordner erlauben. Mehr zu Freigaben finden Sie in Kapitel 4 »Grundfunktionen in Mac OS X Snow Leopard«.

DVD- oder CD-Freigabe

Geben Sie Ihr DVD-Laufwerk für andere Benutzer frei, so ist es Ihnen z.B. möglich, eine CD auf Ihrem Mac zu brennen, da Ihr Mac kein Laufwerk besitzt.

Bildschirmfreigabe

Geben Sie Ihren Bildschirm frei, damit ein Freund direkt über das Internet Ihren Mac steuern und Ihnen z.B. bei einem Problem helfen kann.

Dateifreigabe

Aktivieren Sie *Dateifreigabe*, indem Sie ein Häkchen in die Checkbox davor setzen. Jeder eingerichtete Benutzer verfügt über einen *Öffentlichen Ordner*. Dieser kann zum Datenaustausch genutzt werden. Über die Liste *Freigegebene Ordner* können Sie aber auch selber neue Ordner zum Datenaustausch für das Internet freigeben. In der Liste *Benutzer* können Sie jeweils die Rechte für die freigegebenen Ordner einstellen. So darf z.B. standardmäßig – außer dem Besitzer des Ordners – jeder Besucher die sich darin befindenden Daten nur *lesen*. Sie könnten sich aber auch eine Art Briefkasten einrichten, in den jeder Besucher Daten nur *schreiben* darf, aber nicht lesen. *Lesen* bedeutet in diesem Fall, der Besucher darf die Daten herauskopieren. *Schreiben* bedeutet, dass der Besucher eine Datei in dem Ordner ablegen darf.

Setzen Sie ein Häkchen vor Dateifreigabe, um Dateien mit anderen Macs auszutauschen.

Drucker- bzw. Scannerfreigabe

Geben Sie Ihren Drucker oder Scanner frei, damit andere Macs über das Netzwerk darauf zugreifen und drucken bzw. scannen können.

Bluetooth-Freigabe

So können Sie zwischen Macs oder anderen Geräten per Bluetooth Daten austauschen.

Bedienungshilfen

Lesen Sie hierzu das spezielle Kapitel 6 »Bedienungshilfen«.

Benutzer

Mac OS X ist ein Mehrbenutzersystem, das heißt, es können mehrere Benutzer (User) an ein und demselben Rechner arbeiten, jeder in seiner eigenen, persönlichen Umgebung. Jeder Benutzer verfügt über seinen eigenen Bereich mit seinen eigenen Einstellungen, mit eigenem Schreibtisch und eigenen Ordnern. Mac OS X unterstützt mehrere Sprachen, daher ist es möglich, die Umgebungen in unterschiedlichen Sprachen anzulegen, womit einem multikulturellen Mac in einer WG nichts im Wege steht.

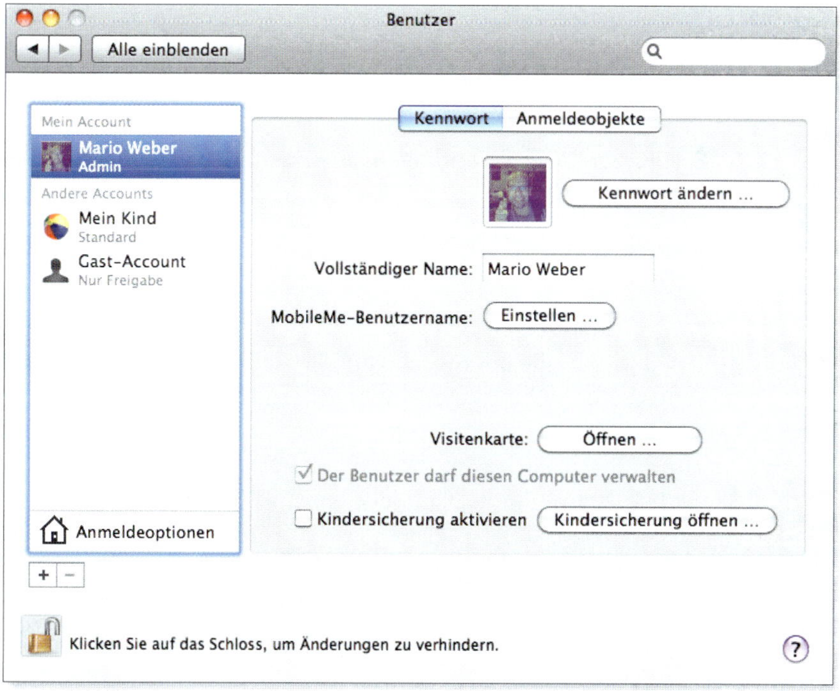

Der Administrator hat die Möglichkeit, neue Benutzer anzulegen und mit unterschiedlichen Rechten auszustatten.

Kennwort

Wenn Sie Ihren Mac das erste Mal starten, sind Sie automatisch als Administrator angemeldet. Es empfiehlt sich aber nicht, als Administrator auf dem Mac zu arbeiten, da man sonst vielleicht ungewollt wichtige Dateien löscht oder die falschen Programme zulässt. Gerade für einen Neuling am Mac ist es daher ratsam, sich für die alltäglichen Arbeiten eine eigene Benutzerumgebung einzurichten. Dies erledigen Sie ganz schnell und einfach in den Systemeinstellungen unter dem Punkt *Benutzer*.

1. In der linken Spalte sehen Sie alle eingerichteten Benutzer. Um einen neuen Benutzer anzulegen, müssen Sie erst das Schloss unten links öffnen. Hierfür benötigen Sie das Administratorkennwort. Es ist dasselbe, mit dem Sie sich am Rechner anmelden. Haben Sie noch kein Passwort vergeben oder sind neu am Mac, sollten Sie spätestens jetzt eines festlegen.

2. Mit dem Pluszeichen unter der linken Spalte lässt sich nun ein neuer Account einrichten. Mit dem Minuszeichen können Sie einen vorhandenen Account löschen. Sie werden aufgefordert, einen Namen und ein Kennwort für den neuen Benutzer zu vergeben. Das Kennwort müssen Sie zur Sicherheit noch einmal bestätigen. Sie sollten sich den Namen und das Kennwort gut einprägen.

3. Die Checkbox *Der Benutzer darf diesen Computer verwalten* sollten Sie nicht aktivieren, denn sonst vergeben Sie damit wieder gewisse Administrationsrechte, die Sie durch das Anlegen des neuen Benutzers ja eben vermeiden möchten.

4. Nun ist der neue Benutzer angelegt und kann mit einem der angebotenen Bilder zum leichteren Erkennen versehen werden. Wenn Sie einen Mac mit eingebauter iSight-Kamera haben, können Sie einfach direkt ein spontanes Foto von sich (oder dem jeweiligen Benutzer) machen.

Sie sehen also, es ist kinderleicht, einen neuen Benutzer einzurichten. Sie können dies nun auch für Ihre ganze Familie erledigen, wenn Sie möchten. Haben Sie Kinder? Dann denken Sie an dieser Stelle an die Kindersicherungsoptionen.

Anmeldeoptionen

Wichtig ist es nun, die Anmeldeoptionen zu ändern. Sie finden diese ganz unten in der linken Spalte mit dem Häuschensymbol. Diese sind standardmäßig so eingestellt, dass der Rechner sich automatisch mit dem letzten Benutzer anmeldet. Lassen Sie sich eine Liste der Benutzer anzeigen, wobei sich der jeweilige Benutzer durch ein Bild identifiziert kann. Das kann das Anmelden wesentlich erleichtern, besonders für junge Benutzer.

Auch ist es bei mehreren Benutzern sinnvoll, den schnellen Benutzerwechsel zu ermöglichen. Ist dieser aktiviert, erscheint immer der Name des gerade angemeldeten

Benutzers oben rechts in der Menüleiste neben dem Spotlightsymbol. Um die Umgebung zu wechseln, klickt man einfach auf den Namen und wählt in dem aufspringenden Menü den gewünschten Benutzernamen aus. Schon wird mit einem schön anzusehenden Würfeleffekt in die neue Umgebung gewechselt.

Anmeldeobjekte

Über den Reiter *Anmeldeobjekte* können Sie Programme oder auch Dokumente festlegen, die automatisch geöffnet werden, sobald der Mac gestartet bzw. Ihre Benutzerumgebung aufgerufen wird. Damit können Sie es sich sparen, jedes Mal *Mail* und *Safari* oder andere Programme extra anklicken zu müssen, um sie zu starten. Klicken Sie hierfür einfach auf das Pluszeichen unter *Feld* und wählen die entsprechenden Programme und Dokumente aus. Benötigen Sie eines der Programme nicht mehr, wählen Sie es mit der Maus aus der Liste aus und entfernen es mit dem Minuszeichen.

Eine andere Möglichkeit, ein Programm dem Anmeldeobjekte hinzuzufügen, bietet das Dock. Ist das Programm geöffnet, können Sie mit einem Klick auf das Programm-Symbol im Dock und gedrückter Maustaste über das aufspringende Kontextmenü den Befehl *Bei der Anmeldung öffnen* wählen. Schon wird das entsprechende Programm der Liste der Anmeldeobjekte hinzugefügt.

Datum & Uhrzeit

Das Menü *Datum & Uhrzeit* bietet anhand von drei Reitern Zugriff auf *Datum & Uhrzeit*, *Zeitzone* und *Uhr*.

Datum & Uhrzeit

Sie können Datum und Uhrzeit manuell einstellen oder einfach automatisch, ähnlich einer Funkuhr, über das Internet abgleichen lassen.

Zeitzone

Setzen Sie ein Häkchen vor *Zeitzone automatisch anhand des Aufenthaltsorts festzulegen*. Mit der Core Location-Technologie findet Snow Leopard bekannte Wi-Fi-Hotspots und setzt auf dieser Grundlage die Zeitzone automatisch fest, in der Sie sich gerade befinden. So wird auf Ihrem Mac immer die richtige Zeit angezeigt. Sie können das aber auch gerne selber tun, indem Sie mit der Maus in die Karte klicken.

Uhr

Über den letzten Reiter *Uhr* können Sie die optische Darstellung Ihrer Systemuhr festlegen und sich auch akustisch über die aktuelle Uhrzeit informieren lassen.

Kindersicherung

Snow Leopard bietet tolle Möglichkeiten zum Thema *Kindersicherung*. Durch die immer größer werdende Gefahr schlechter Einflüsse aus dem Netz sollte man hier Vorsorge treffen und die Kinder in ihrem Entdeckungsdrang gewissenhaft und sinnvoll einschränken.

Die Kindersicherung bietet zahlreiche Einstellungsmöglichkeiten, um für die Sicherheit Ihrer Kinder zu sorgen.

Nachdem Sie erst mal eine eigene Benutzerumgebung für Ihr Kind angelegt haben, können Sie über die Systemsteuerung den Dialog *Kindersicherung* aufrufen. Um einen Benutzer per Kindersicherung einzuschränken, müssen Sie allerdings über Administratorrechte verfügen. Öffnen Sie unten links das Schloss, und schon kann es losgehen.

Snow Leopard bietet Ihnen die Möglichkeit, mit ein paar einfachen Klicks genau festzulegen, was Ihr Kind darf und was nicht. Über die Reiter *System, Inhalt, Mail & iChat, Zugriffzeiten* und *Protokolle* behalten Sie den Überblick.

System

Hier bestimmen Sie, welche Programme Ihr Kind benutzen darf und ob es Zugriff auf den Drucker oder das CD/DVD-Laufwerk bekommen soll. Auch hier können Sie einen vereinfachten Finder aktivieren.

Inhalt

Über den Reiter *Inhalt* können Sie bestimmte Webseiten festlegen, die Ihr Kind besuchen darf. Auch lassen sich anstößige Wörter aus dem Lexikon ausblenden.

Mail & iChat

Hier können Sie den Kontakt Ihres Kindes auf bestimmte Personen begrenzen.

Zugriffszeiten

Hier legen Sie fest, wie lange die Kinder pro Tag am Rechner sitzen dürfen und wann Schlafenszeit ist. Das Feature Nachtruhe erlaubt Ihnen, genau festzulegen, zu welchen Uhrzeiten Ihr Kind auf keinen Fall den Mac bedienen darf.

Protokolle

Außerdem protokolliert das System alle Aktivitäten Ihrer Kinder und verhindert so, dass Sie den Überblick und die Kontrolle verlieren. Das Ganze hat schon ein bisschen was von Orwells »1984«, aber ein verantwortungsbewusster Erziehungsberechtigter sollte in der heutigen Zeit schon ein bisschen genauer aufpassen – vor allem auf sein Passwort!

Softwareaktualisierung

Apple veröffentlicht von Zeit zu Zeit neue Softwareupdates für das Betriebssystem und die Apple-Programme. Das bedeutet, es werden an der bestehenden Software kleine Dinge ergänzt oder Fehler behoben. Das ist vor allem bei erkannten Sicherheitslücken sehr ratsam.

Die Updates können über die *Softwareaktualisierung* automatisch geladen und installiert werden. Die umständliche Suche im Internet entfällt, weil diese Erweiterung automatisch feststellt, welche Updates nötig sind. Setzen Sie einfach ein Häkchen vor *Nach Updates suchen* und wählen Sie einen für sich optimalen Zeitraum. Über den Reiter *Installierte Updates* können Sie jederzeit nachsehen, welche Updates schon installiert wurden.

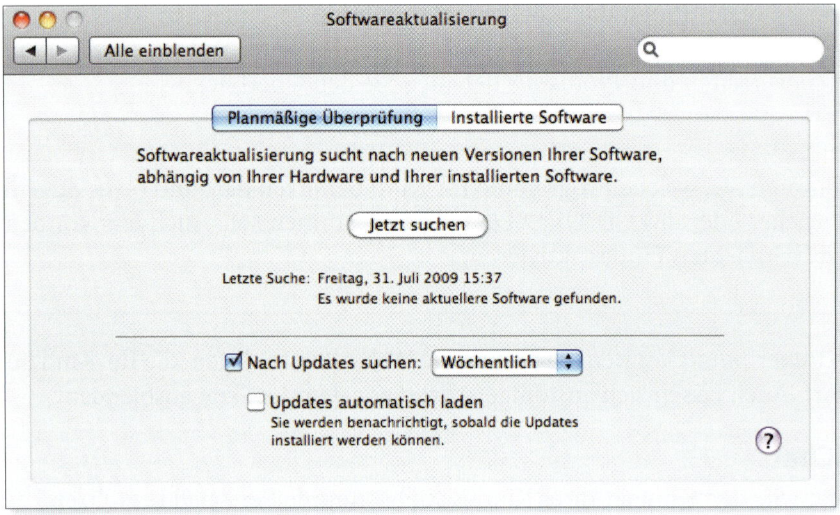

Mit einem Mausklick immer aktuell bleiben

Sprache

Der Punkt *Sprache* erlaubt es Ihrem Mac, gesprochene Befehle auszuführen oder Ihnen Texte und Mails vorzulesen. Eigentlich eine schöne Sache, die aber leider nur in englischer Sprache funktioniert. Das bedeutet, Sie müssen die Befehle in Englisch aufsagen. Ebenso klingt das Vorlesen eines deutschen Textes mit englischer Spracherkennung doch sehr merkwürdig. Probieren Sie es aus und lassen Sie sich mal eine Mail vorlesen. Den entsprechenden Befehl finden Sie in der Menüleiste *Bearbeiten | Sprachausgabe | Sprachausgabe starten.* Klingt komisch, oder? Wie Sie eine deutsche Stimme von Drittanbietern besorgen können, erfahren Sie in Kapitel 6 »Bedienungshilfen«.

Vielleicht sind aber die Hinweise bei Warnungen oder wenn ein Programm Ihre Aufmerksamkeit benötigt, ganz interessant.

Startvolumen

Hier können Sie bestimmen, mit welchem System der Mac beim nächsten Einschalten gestartet wird. Das Kontrollfeld zeigt alle funktionsfähigen Betriebssysteme, die auf den intern oder extern angeschlossenen Festplatten installiert sind. Per Mausklick entscheiden Sie einfach, welche Festplatte mit welchem System als nächstes Startvolumen dienen soll. Im Normalfall ist natürlich nur ein System auf der internen Festplatte installiert.

Time Machine

Lesen Sie hierzu Kapitel 4 : »Grundfunktionen in Mac OS X«.

Kapitel

Grundfunktionen in Mac OS X

4

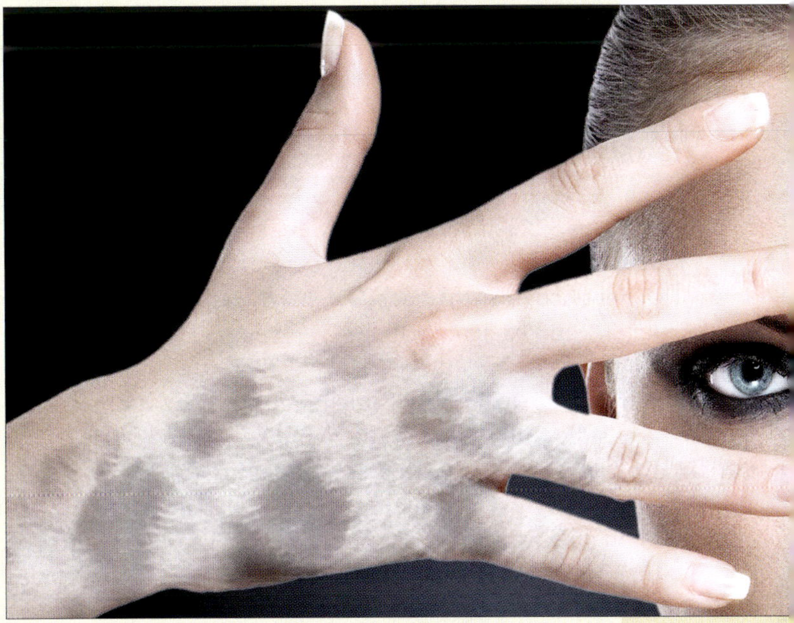

Die Grundfunktionen in Snow Leopard - dazu zählen Spotlight, Exposé, Spaces u. v. m. - sichern das effektive Arbeiten mit Mac OS X. In diesem Kapitel sollen diese Funktionen vorgestellt werden unter den Aspekten: Was leisten sie? Wie setzt man sie sinnvoll ein? Wie lassen sie sich konfigurieren? Ein Schwerpunkt liegt dabei bei Time Machine, Apples geniales Tool, um die Daten vor Verlust zu schützen.

Grundfunktionen in Mac OS X

Ein Betriebssystem soll dafür sorgen, dass der Anwender mit dem Computer kommunizieren kann, d.h. diesen zu veranlassen genau dass zu tun, was der Anwender will. In den folgenden Abschnitten dieses Kapitels wird gezeigt, wie leicht diese Kommunikation mit Mac OS X zu realisieren ist.

Spotlight – Suchen und Finden

Können Sie Dateien nicht finden, sind Sie bei Spotlight an der richtigen Adresse. Dabei handelt es sich um die ins Betriebssystem integrierte Suchfunktion. Neben der einfachen Suche nach Dateinamen werden von Spotlight auch Inhalt und Metadaten von Dateien nach dem jeweiligen Suchbegriff durchforstet.

Damit eine Suche in ausreichender Geschwindigkeit durchgeführt werden kann, greift die Software auf einen Index zurück, der beim ersten Anschließen eines Laufwerks erstellt wird. Dies erkennt man an einem blinkenden Punkt innerhalb des Spotlightsymbols am rechten Rand der Menüleiste, und es kann vorübergehend zu einer starken Auslastung von Prozessor und Festplatte führen. Ist die Indizierung einmal fertig, verhält sich der Computer wieder normal. Der Index wird jeweils um neue Einträge erweitert, falls weitere Dateien gespeichert oder verändert werden. Obwohl schon im Ausgangszustand auch Dateien wie Word- oder PDF-Dokumente durchsucht werden können, verfügt die Suchmaschine außerdem über eine Plugin-Architektur. Diese erlaubt es, Spotlight weitere Dateiformate beizubringen.

Zum ersten Mal in das Betriebssystem integriert wurde Spotlight mit Mac OS X 10.4 Tiger. Neben eher kosmetischen Veränderungen wurde die letzte große Neuerung mit Mac OS X 10.5 eingeführt. Spotlight kann seitdem auch Laufwerke durchsuchen, die nicht direkt an den eigenen Computer angeschlossen, sondern nur über das Netzwerk zu erreichen sind.

Verwenden von Spotlight

Die automatische Indizierung kann unter *Systemeinstellungen | Spotlight* über den Punkt *Privatsphäre Ordner* für ganze Laufwerke und Ordner von der Suche ausgeschlossen werden – einfaches Hinzufügen zur dort zu findenden Liste genügt. Ferner lassen sich Einstellungen vornehmen, ob bestimmte Kategorien von Dateien nicht bei den Suchergebnissen angezeigt werden sollen. Wer eine Textdatei sucht, wird zum Beispiel auf Bilder, Musik und Videos verzichten können.

Zur Durchführung der eigentlichen Suche wird unter Mac OS X standardmäßig am rechten Ende der Menüleiste ein Lupensymbol eingeblendet. Klickt man mit dem Mauszeiger auf dieses Symbol, erscheint ein Eingabefeld für den Suchbegriff. Alternativ erreicht man das Suchfeld durch die Tastenkombination ⌘ – Leertaste.

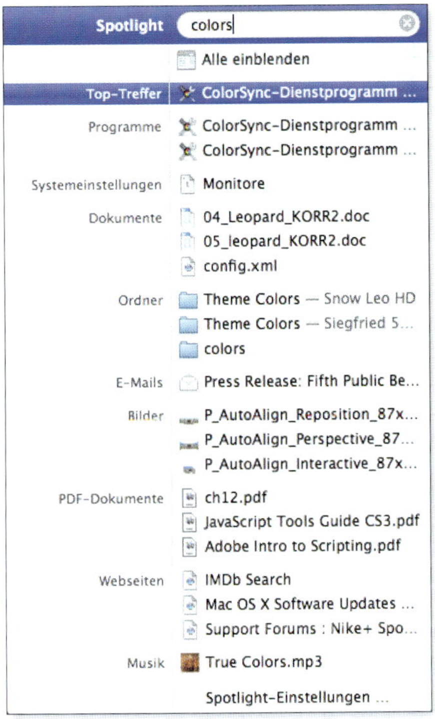

Spotlight passt die Suchergebnisse noch während der Suche an.

Schon während der Eingabe des Suchbegriffs werden »live« die ersten Ergebnisse der Suche eingeblendet, so dass diese verfeinert werden können, bis eine akzeptable Anzahl von Suchergebnissen übrig bleibt. Am oberen Ende der Liste werden die Toptreffer eingeblendet. Das ist jeweils die Datei, welche Spotlight für das beste Suchergebnis hält.

In der Menüleiste werden jedoch immer nur die wahrscheinlichsten Treffer angezeigt. Über den Befehl *Alle einblenden* erscheint schließlich ein spezielles Spotlightfenster, das alle Suchergebnisse enthält. Diese lassen sich wie gewohnt nach Namen, Dateityp, Datum usw. ordnen. Beim Anklicken einer Datei wird zudem der entsprechende Pfad angezeigt. Zudem lassen sich in diesem Fenster per Mausklick weitere Kriterien für die Suche hinzufügen wie beispielsweise das Erstellungsdatum und die Art der Datei. Dazu finden Sie im Spotlightfenster direkt über den Suchergebnissen eine Leiste mit erweiternden Kriterien. So lässt sich zunächst per Knopfdruck festlegen, wo Dateien gesucht werden und ob diese nach Namen oder Inhalt durchsucht werden sollen. Über ein kleines *Plus*-Symbol am rechten Rand dieser Leiste lassen sich weitere Kriterien hinzufügen, wie etwa das Alter oder die Art einer Datei – die Möglichkeiten sind vielfältig.

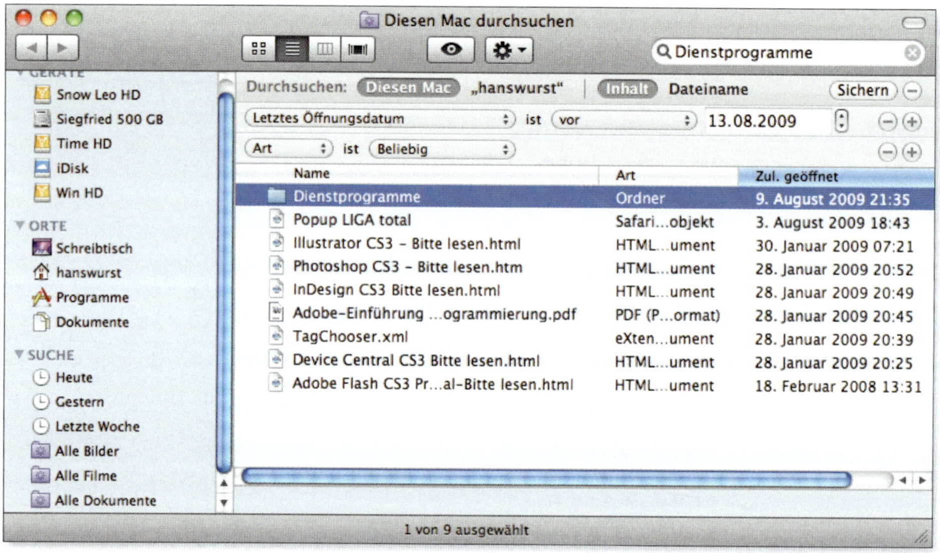

Suchen können im Spotlightfenster detailliert verfeinert werden.

Da man häufig ähnliche Suchanfragen durchführt und durchaus eine kleine Weile vergehen kann, bis eine solch verfeinerte Suche erstellt ist, kann man diese schließlich durch einen Mausklick auf die Schaltfläche *Sichern* für späteren Gebrauch abspeichern. Auf diese Weise lässt sich eine Art intelligenter Ordner erstellen, der jederzeit direkt über den Finder abgerufen werden kann.

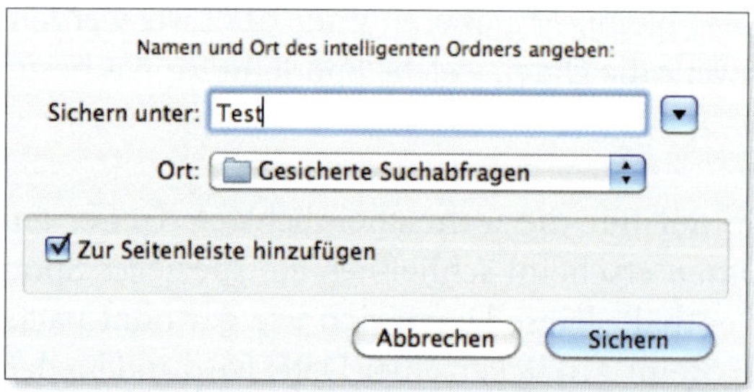

Suchanfragen lassen sich als Ordner im Finder speichern.

Relativ neu ist die Möglichkeit, die Suche mit Booleschen Operatoren zu verfeinern. Dabei handelt es sich um logische Verknüpfungen wie Und (»AND«), Oder (»OR«) und Nicht (»NOT«). Ein »-« bedeutet zudem »Und Nicht«. Gibt man also beispielsweise die Wendung »Buch -Leopard« in Spotlight ein, werden alle Dokumente gesucht, die das Wort »Buch« enthalten und gleichzeitig nicht das Wort »Leopard«.

Spotlight erlaubt die Verknüpfung von Suchanfragen mit Operatoren.

Attribute in Spotlight

Eine Suche in Spotlight kann man mit Hilfe von Attributen, die man hinter dem Suchbegriff einfügt, genauer definieren. Man verhindert so, dass einen die Vielzahl von Ergebnissen zu einem Begriff »erschlägt«. Sucht man zum Beispiel eine Präsentation mit dem Begriff »Jugendbuch«, so trägt man in das Spotlight-Suchfeld Folgendes ein:

Jugendbuch Art:Präsentation

Spotlight zeigt als Suchergebnis dann alle Präsentationen an, die das Wort »Jugendbuch« enthalten. Als Präsentationen gelten dabei (sofern man die entsprechenden Programme auf seinem Mac hat) sowohl Keynote- als auch PowerPoint-Präsentationen.

Auch die Suche nach Dateien von einem bestimmten Verfasser oder nach Dateien, die zu einem bestimmten Datum verfasst oder geändert wurden, ist möglich. Die folgende Auflistung nennt die wichtigsten Arten von Spotlight-Attributen:

- »Art:«
  Gemeint ist die Art des Dokuments. Die gebräuchlichsten Einträge, die ohne Leerzeichen nach dem Doppelpunkt folgen sollten, heißen:
  Dokument (u.a. für Pages- und Word-Dateien), Präsentation, Bild, PDF, Mail, Film, Aufgabe (für iCal-Aufgaben), Ereignis (für iCal-Termine), Kontakt (für Adressbuch-Einträge, Lesezeichen, Musik (u.a. für MP3-Dateien), Ordner, Programm, Schrift und Systemeinstellung.
  Bsp: *"Imogen Heap" Art:Musik*

Gezielte Spotlight-Suche nach Audio-Dateien

Das Suchergebnis für einen iCal-Termin

- »Autor:«
  Nach dem Doppelpunkt folgt der Name des Verfassers.
  Bsp.: *Jugendbuch Autor:Ulf*
- »Datum:«
  Hier kann das Erstellungsdatum einer gesuchten Datei oder bei iCal-Ereignissen das Kalenderdatum angegeben werden.
  Bsp.: *Jugendbuch Datum:25.10.2007 oder Besprechung Datum:morgen*
- »Geändert:«
  Hier lassen sich an, vor oder zu einem bestimmten Datum geänderte Dateien suchen.
  Bsp: *Jugendbuch geändert:<=25.10.07 oder Jugendbuch geändert:>09.09.07*

Um die Suche genauer einzugrenzen, ist es auch möglich, mehrere Attribute hintereinander – getrennt durch ein Leerzeichen – anzugeben. Vorsichtig muss man sein, weil Spotlight bei der Eingabe ein bisschen pingelig ist: Man sollte den Attributnamen großschreiben und darf nach dem Doppelpunkt kein Leerzeichen einfügen.

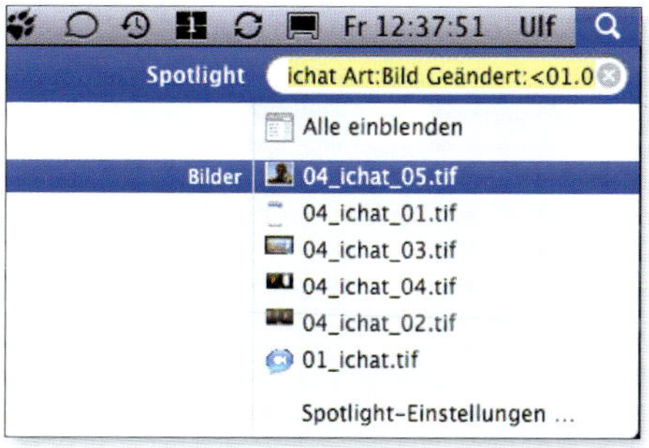

Spotlight erlaubt auch das Aneinanderreihen von mehreren Attributen (hier »Bild« und »Geändert«).

Spotlight als Programmstarter

In Kapitel 10 »Die besten Free- und Sharewareprogramme für Snow Leopard« werden Quicksilver und LaunchBar vorgestellt – zwei Programme, mit denen man komfortabel über die Tastatur Programme starten und Dateien öffnen kann. Doch das geht – in abgespeckter Art und Weise – auch mit Spotlight.

Das Standardtastaturkürzel, um die Spotlightsuche zu aktivieren, lautet ⌘ – Leertaste. Angenommen, Sie möchten Safari öffnen, so geben Sie nach Aktivierung von Spotlight einfach einmal die ersten Buchstaben von »Safari« ein. Sie sehen nun folgendes Fenster, in dem als Top-Treffer bereits Safari markiert ist. Nun brauchen Sie nur noch die ↩-Taste zu drücken, schon wird Safari geöffnet. Ähnliches geht mit allen anderen Programmen.

Spotlight kann man als Programmstarter verwenden.

Sollte ein Programm dabei von Spotlight nicht automatisch als Top-Treffer vorgestellt werden, so wird es in der Regel zumindest bei den Einträgen unter *Programme* aufgeführt. Navigieren Sie mit den Pfeiltasten zur entsprechenden Stelle und drücken Sie dann ↩. Das Tolle daran ist, dass Spotlight sich Ihre Wahl merkt und beim nächsten Aufruf von Spotlight mit den gleichen Kürzeln das Programm fortan als Top-Treffer führt.

Gleiches geht natürlich auch mit Dateien. Wenn Sie ein bestimmtes Dokument öffnen wollen, so geben Sie die ersten Buchstaben des Dateinamens an – Spotlight nennt Ihnen mit großer Wahrscheinlichkeit die Datei als Top-Treffer oder zumindest unter Dokumenten. Öffnen können Sie die Datei dann wieder auf die oben beschriebene Weise.

Spotlight als Taschenrechner

Spotlight lässt sich auch als schneller Taschenrechner benutzen – zumindest für einfache Rechnungen. Aktivieren Sie hierzu wieder die Spotlight-Suche und geben Sie einfach eine Rechnung ein. Sobald ein Plus-, Minus-, Multiplikations- oder Divisonszeichen auftaucht, erkennt Spotlight, dass es sich um eine Berechnung handelt und gibt Ihnen das Ergebnis im Fenster an.

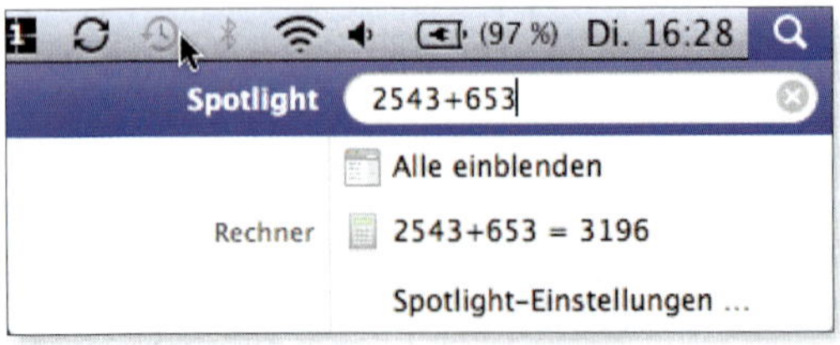

Spotlight erkennt selbständig, dass hier gerechnet werden soll.

Selbst mehrkettige kleinere Berechnungen sind möglich, Spotlight berücksichtigt dabei sogar die Rechenregel »Punkt vor Strich«. Wichtig ist, dass das Divisionszeichen nicht über den Doppelpunkt, sondern über den Schrägstrich eingegeben werden muss.

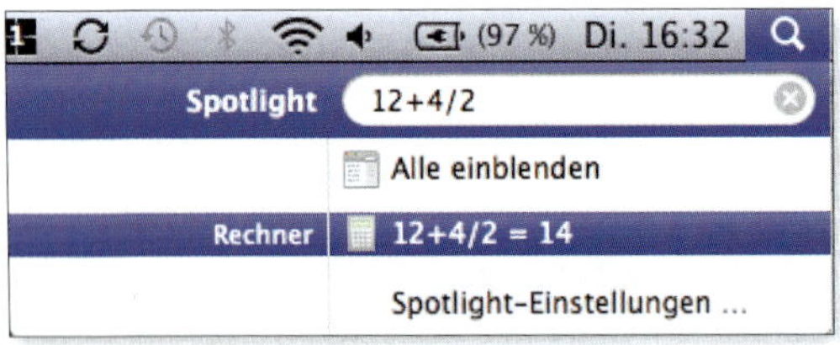

Selbst »Punkt vor Strich« wird beachtet.

Das Multiplikationszeichen erreichen Sie über den Stern auf der Plus-Taste (also mit ⇧ – +).

In Spotlight die Reihenfolge der Suchergebnisse ändern

Kommen wir noch zu zwei interessanten Konfigurationsmöglichkeiten von Spotlight. Was kaum jemand weiß, ist, dass man die Reihenfolge der Suchergebnisse generell ändern kann, und das, obwohl das augenfällig in den Systemeinstellungen zu Spotlight erwähnt wird.

Spotlight zeigt seine Suchergebnisse im Ergebnis-Fenster immer nach Kategorien geordnet an: Zuerst kommen Programme, dann Systemeinstellungen, anschließend Dokumente, Ordner, Mails etc. Die Reihenfolge ist so vorgegeben, wie man sie in den Systemeinstellungen von Mac OS X unter dem Eintrag *Spotlight* vorfindet:

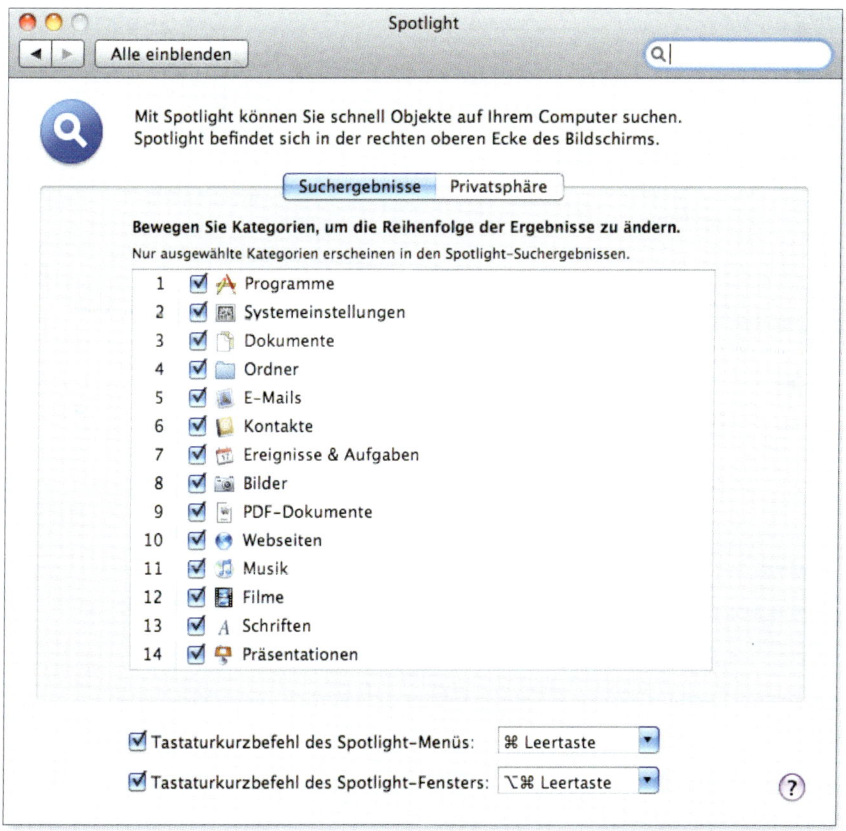

Der Eintrag zu Spotlight in den Systemeinstellungen von Mac OS X.

Wer jedoch z.B. hauptsächlich Präsentationen mit PowerPoint oder Apples Keynote verwendet oder weiß, dass er vor allem Bilder sucht, freut sich, wenn diese nicht erst am Ende, sondern am Anfang des Spotlight-Fensters angezeigt werden. Und das lässt sich ganz einfach bewerkstelligen:

Ziehen Sie den gewünschten Eintrag im Spotlight-Fenster (z.B. *Präsentationen*) bei gedrückter linker Maustaste nach oben an eine vordere Stelle. Dabei ist es sinnvoll, »Programme« und »Systemeinstellungen« auf Platz 1 und 2 zu belassen – aber danach kann »Ihr Favorit« folgen.

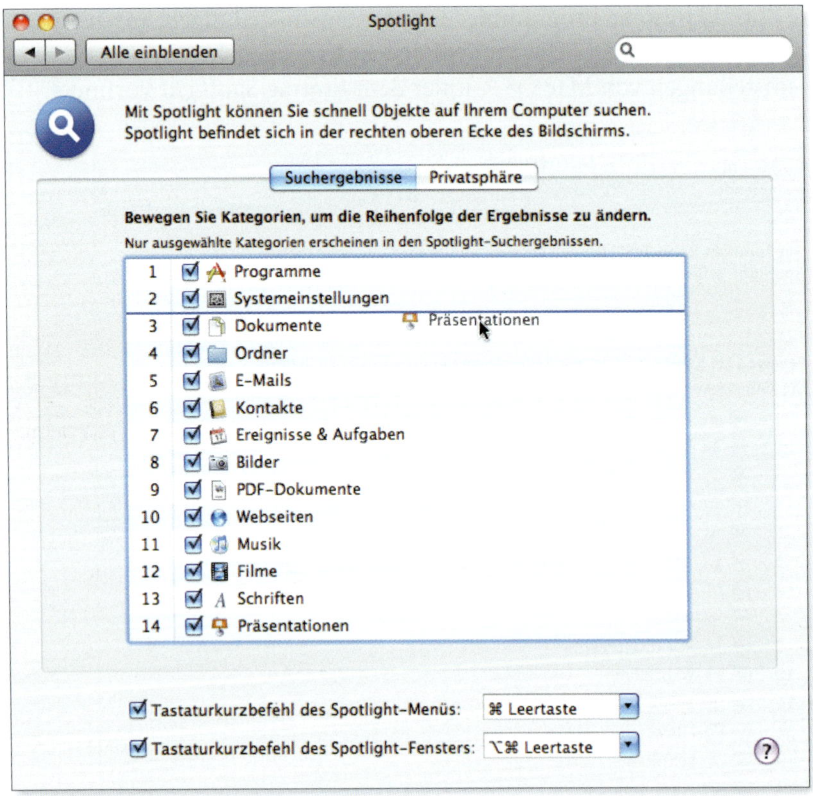

Die Reihenfolge der Suchergebnisse in Spotlight lässt sich einfach verändern.

Ab sofort werden Präsentationen in Spotlight gleich unter Programmen und Systemeinstellungen angezeigt.

Ordner oder Laufwerke von der Spotlight-Suche ausschließen

Es gibt auf einem Mac u.U. Daten, die man nicht von Spotlight durchsucht haben will. Spotlight kann man so einstellen, dass bestimmte Laufwerke oder Ordner nicht in die Suche eingeschlossen werden. Nähern wir uns dem anhand eines Beispiels:

Der Mac Pro des Autors hat in einem seiner vier Laufwerksschächte eine Festplatte, die mit Hilfe des Backup-Programms SuperDuper!, das in Kapitel 10 näher vorgestellt wird, automatisch jeden Abend eine Sicherungskopie des Systemlaufwerks anfertigt (dabei werden übrigens in der Shareware-Variante von SuperDuper! nur die geänderten Dateien ausgetauscht, was deswegen relativ schnell geht).

So sinnvoll dieses Backup ist, Spotlight findet somit alle Dateien zweimal auf dem Computer vor – was natürlich nicht wünschenswert ist. In den Systemeinstellungen von Mac OS X kann man unter dem Eintrag *Spotlight* Laufwerke und Ordner von der Spotlight-Indizierung ausschließen, und genau das wurde mit dem Sicherungslaufwerk gemacht.

Das Ausschließen von Laufwerken oder Ordnern geht ganz einfach: Öffnen Sie in den Spotlight-Einstellungen den Reiter *Privatspäre*. Über das *Plus*-Symbol links unter der Ausschluss-Liste können Sie nun Ordner oder Laufwerke hinzufügen, die von Spotlight nicht durchsucht werden sollen. In einem Finder-Dialogfenster suchen Sie nun einfach den gewünschten Ort aus und bestätigen dies mit einem Mausklick auf *OK*. Anschließend müssten Sie das ausgewählte Laufwerk oder die festgelegten Ordner automatisch in der Ausschluss-Liste vorfinden. Das war es schon.

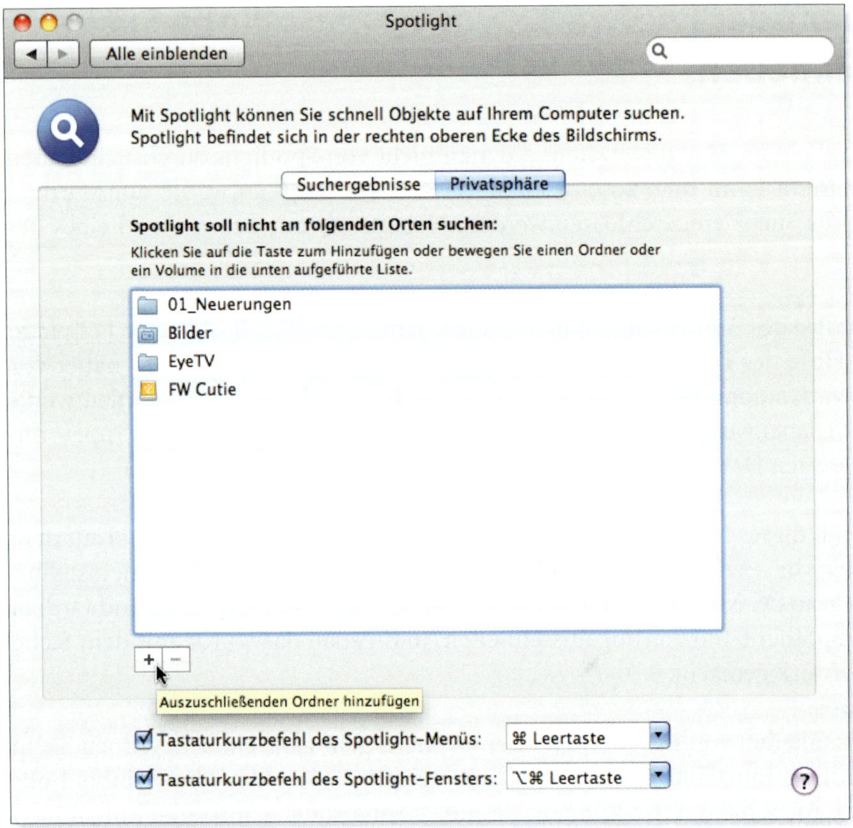

Die im Fenster eingetragenen Ordner und Laufwerke werden von Spotlight nicht indiziert.

Einen irrtümlichen Eintrag werden Sie ganz einfach wieder los, indem Sie diesen in der Liste markieren und anschließend auf das *Minus*-Symbol klicken.

Und noch etwas: In Snow Leopard sollte, sofern Sie Time Machine verwenden, das Time Machine-Laufwerk automatisch in der Ausschluss-Liste eingetragen sein, fügen Sie es andernfalls manuell hinzu. Auch andere Programme ergänzen hier – u.U. ohne Nachfrage – Ordner und Objekte. Im Screenshot können Sie z.B. einen Eintrag von Elgatos Fernseh-Software EyeTV sehen, den das Programm selbständig hinzugefügt hat.

Time Machine

Time Machine ist ein besonders stark von Apple beworbenes Feature von Mac OS X. Es handelt sich dabei um eine Backupsoftware, also ein Programm zur Automatisierung der Datensicherung. Apple setzt dabei auf inkrementelle Datensicherung. Das bedeutet, dass nach einer einmaligen Erstellung eines Backups nur noch diejenigen Daten gesichert werden, die sich seit dem letzten Backup geändert haben.

Time Machine zeichnet sich durch eine besonders komfortable Bedienung aus, die es erlaubt, direkt aus dem Finder heraus einzelne Dateien wiederherzustellen. Es können sogar Änderungen in einzelnen Programmen wie etwa dem Adressbuch oder dem Kalender widerrufen werden.

Konfiguration

Um Voreinstellungen an Time Machine vorzunehmen und die Software zu aktivieren, begeben Sie sich bitte zu *Systemeinstellungen | Time Machine*.

Time Machine in den Systemeinstellungen

An dieser Stelle können Sie das Laufwerk angeben, welches zum Sichern der Daten benutzt werden soll, dabei können auch Laufwerke im Netzwerk verwendet werden. Es ist allerdings darauf zu achten, dass Laufwerke im Format HFS+ formatiert sind, falls sie zur Speicherung eines Backups verwendet werden sollen.

Ferner können unter dem Punkt *Optionen* Ordner und Laufwerke angegeben werden, die von der automatischen Datensicherung ausgeschlossen werden sollen. Weitere Einstellungsmöglichkeiten sind an dieser Stelle nicht vorgesehen.

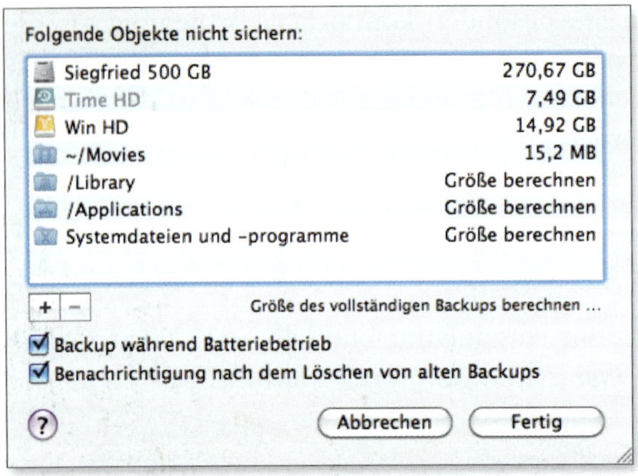

Durch Ausschließen von Ordnern lässt sich Platz beim Backup sparen.

Aktiviert wird Time Machine über einen gut sichtbaren Schalter im linken Bereich des Einstellungsfensters. Für den ersten Start sollten Sie etwas Zeit einplanen, da einmalig der gesamte Datenbestand gesichert werden muss.

Wiederherstellung von Daten

Das eigentliche Programm Time Machine findet sich standardmäßig im Dock. Sollte es dort nicht mehr vorhanden sein, suchen Sie es bitte im Ordner *Programme* auf und starten es.

Nach dem Start wird alles bis auf das gerade im Vordergrund befindliche Programm- oder Finder-Fenster ausgeblendet. Dieses erscheint in der Folge in einer Art animiertem Zeitreisetunnel, der frühere Versionen des entsprechenden Fensters hintereinander anordnet. So kann man durch ältere Versionen des entsprechenden Fensters blättern und auf diese Weise zum Beispiel eine Datei wiederfinden, welche man zu einem gewissen Zeitpunkt gelöscht oder verändert hat. Hat man die gewünschte Version einer Datei wiedergefunden, genügt es, diese mit einem Mausklick auszuwählen. Über einen Klick auf die Schaltfläche *Wiederherstellen* werden die gewünschten Daten in der Folge restauriert.

Gleiches funktioniert etwa auch für Kalendereinträge oder Änderungen an einer bestimmten Datei.

Hübsch anzusehen und praktisch: Time Machine

Wiederherstellung des kompletten Systems

Beispielsweise durch einen Festplattendefekt oder einen Virus kann es auch einmal zu einem schwerwiegenden Datenverlust kommen, der das gesamte System betrifft. Auch in einem solchen Fall können Sie das von Time Machine angelegte Backup benutzen, um die verlorengegangenen Daten wiederherzustellen. Aber Achtung: Ein komplettes System kann nur dann wiederhergestellt werden, wenn es zuvor auch tatsächlich komplett gesichert wurde. Diese Option funktioniert also nur dann richtig, wenn Sie beim Backup keine Ordner ausgeschlossen haben.

Vor dem Start sollten Sie natürlich zuerst die defekte Festplatte ersetzen beziehungsweise sicherstellen, dass kein Hardwaredefekt vorliegt. Nun schließen Sie die Festplatte mit dem Backup an den Mac an und legen die Installations-DVD von Snow Leopard ein und starten das Installationsprogramm so, als ob Sie ein neues System installieren würden. Sie dürfen die Installation jedoch nicht tatsächlich durchführen. Stattdessen sollten Sie nach dem Erscheinen des Begrüßungsbildschirms in der

Menüleiste *Dienstprogramme | System von der Datensicherung wiederherstellen…* auswählen. Danach wird Ihnen eine Liste mit den angeschlossenen Backup-Medien angeboten. Hier wählen Sie die gewünschte Festplatte aus und anschließend haben Sie meist noch die Möglichkeit, zwischen mehreren Backups zu wählen – im Normalfall ist es sinnvoll, einfach das letzte Backup auszuwählen.

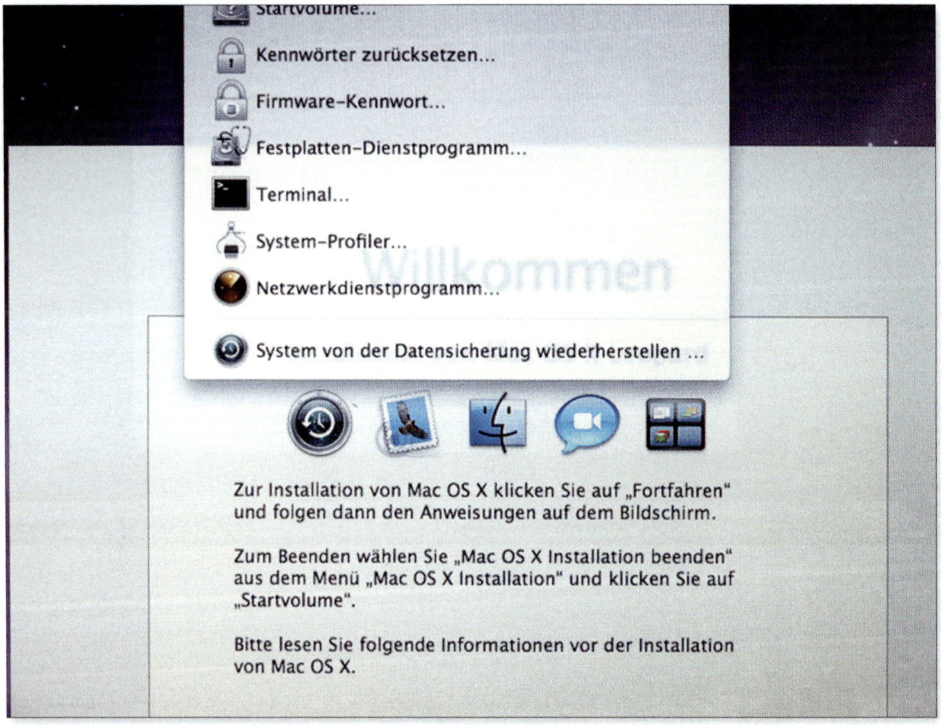

Die Wiederherstellung eines Systems funktioniert direkt über den Installer.

Exposé und Spaces

Die Funktionen Exposé und Spaces widmen sich beide demselben Problem: Was mache ich mit zu vielen Fenstern? Dabei werden zwei unterschiedliche Lösungsansätze verfolgt.

Exposé

Mit Exposé hat man in Mac OS X 10.3 Panther bereits im Jahr 2003 eine Funktion eingeführt, die den Umgang mit einer großen Anzahl von Fenstern erleichtern soll und für Snow Leopard noch einmal verbessert wurde.

Konfiguration

Um Exposé zu konfigurieren, öffnet man in den Systemeinstellungen den Unterpunkt *Exposé & Spaces*.

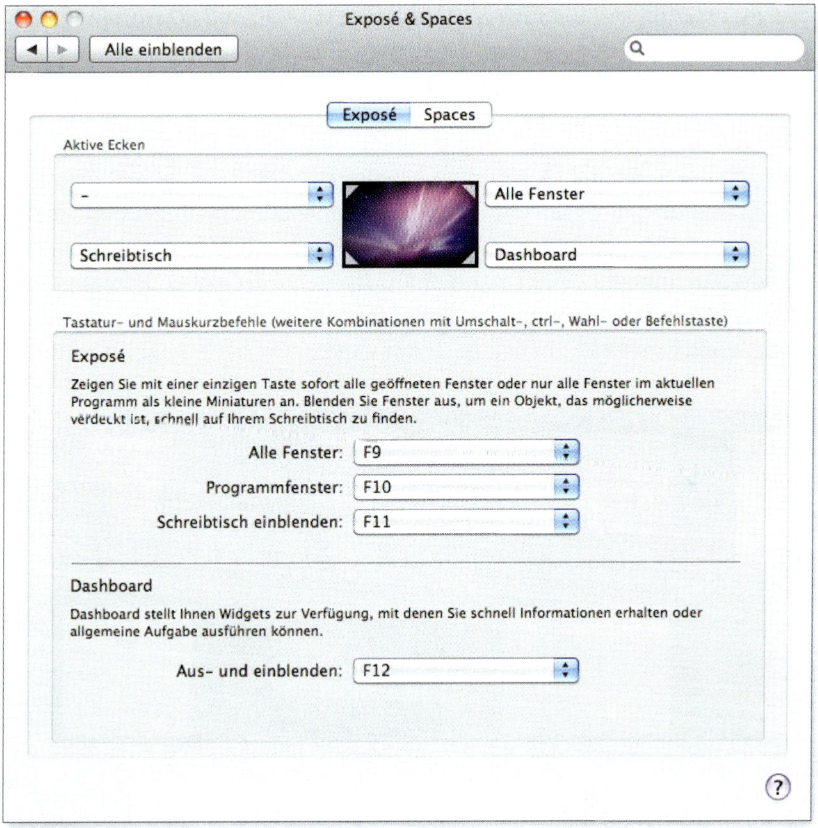

Exposé in den Systemeinstellungen

Hier können Exposé nun Funktionstasten zugewiesen werden. Alternativ lassen sich auch Aktive Ecken des Bildschirms bestimmen. Dies bedeutet, dass eine bestimmte Funktion ausgeführt wird, sobald man den Mauszeiger in eine entsprechende Ecke des Bildschirms bewegt. Neben den Exposé-Funktionen sind an dieser Stelle auch Einstellungen für Dashboard und den Bildschirmschoner möglich.

Standardmäßig sind die Funktionstasten wie folgt belegt:

- F9: *Alle Fenster:* Es werden alle Programmfenster angezeigt.
- F10: *Alle Fenster eines Programms:* Es werden nur die Fenster des gerade aktiven Programms verkleinert dargestellt.
- F11: *Schreibtisch zeigen:* Alle Fenster werden zur Seite geschoben, so dass Sie den Schreibtisch sehen.

Funktionsweise

Exposé kann Programmfenster auf unterschiedliche Weise anzeigen. Die gewünschte Option wählt man entweder durch Druck einer Funktionstaste, einer Tastenkombination oder durch die Bewegung des Mauszeigers in eine vorgegebene Bildschirmecke aus.

- F9: Eine allgemeine Übersicht kann man erhalten, indem man sich alle gerade geöffneten Fenster aller Programme anzeigen lässt. Dazu schrumpft Exposé die entsprechenden Fenster so zusammen, das sie als Übersichten nebeneinander auf den Bildschirm passen. Nun kann man das gewünschte Fenster auswählen. Alternativ gelangt man auch durch erneutes Drücken der entsprechenden Funktionstaste/aktiven Ecke zurück in den normalen Betriebssystemmodus.

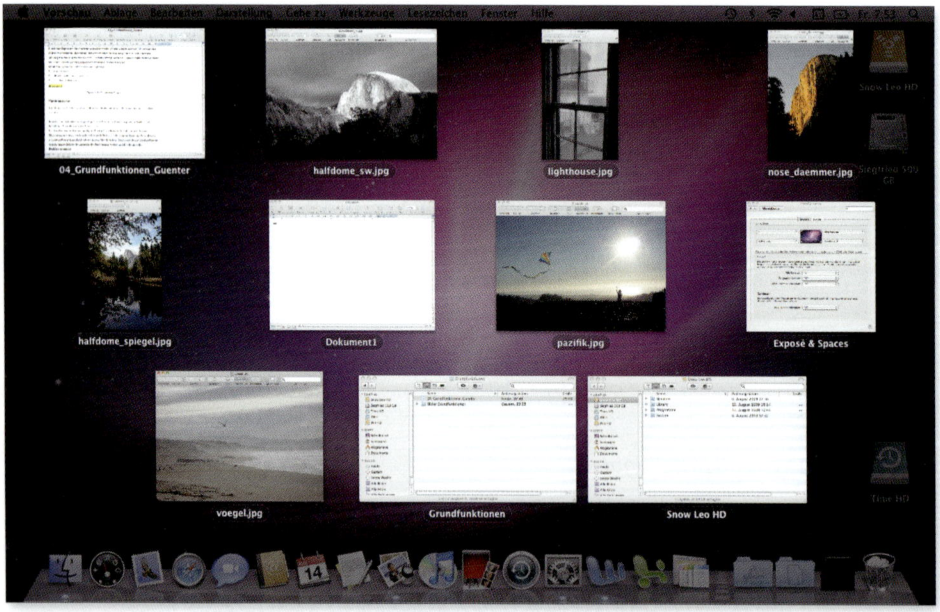

Exposé bietet schnelle Übersicht, wenn mal wieder Durcheinander herrscht.

- F10: Alternativ lassen sich auch nur die Fenster eines einzelnen Programms einblenden. Dies geschieht durch Aufrufen der entsprechenden Funktion, wenn das gewünschte Programm im Vordergrund ist. Neu in Mac OS X 10.6 hinzugekommen ist dabei, dass alle Fenster eines Programms auch eingeblendet werden, wenn man mit der linken Maustaste auf das Programmsymbol im Dock klickt und die Taste gedrückt hält.
- Eine Art Mischung der beiden bisher beschriebenen Funktionen ist ebenfalls möglich. Dazu lässt man sich zuerst alle Fenster aller Programme von Exposé anzeigen. Während dieser Anzeige kann man nun mit der Tastenkombination ⌘ – ⇥ zwischen den einzelnen geöffneten Programmen wechseln, so dass nur jeweils die Fenster eines Programms angezeigt werden.
- F11: Eine letzte mit Exposé gelieferte Option schafft Platz, indem sämtliche Fenster an den Bildschirmrand verschoben werden, damit der Blick auf den Schreibtisch frei wird.

Spaces

Seit Mac OS X 10.5 Leopard ist Spaces ins System integriert. Diese Funktion ermöglicht es, Programme in Gruppen einzuteilen, die anschließend in einer Art von virtuellen Schreibtischen zusammengefasst werden. Zwischen diesen lässt sich per Tastatur und Maus schnell und einfach wechseln. Man tut sozusagen so, als ob man mehrere Bildschirme besitzen würde.

Aktiviert und konfiguriert wird Spaces unter *Systemeinstellungen | Exposé und Spaces | Spaces*.

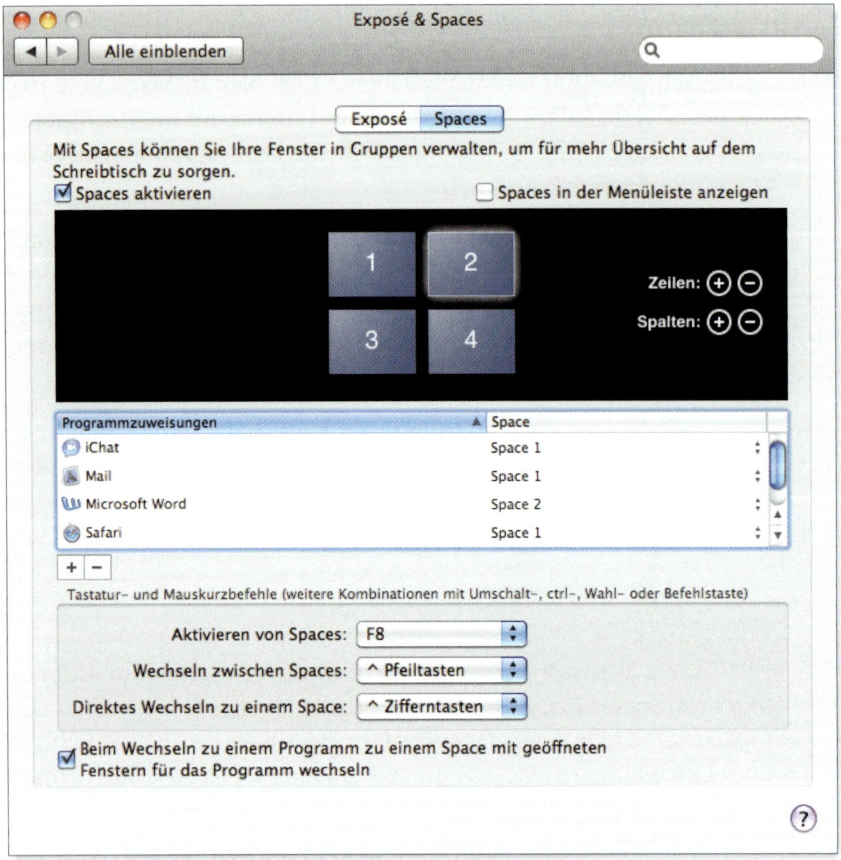

Programme werden über eine Liste unterschiedlichen Spaces zugeteilt.

Hier wählt man die gewünschte Anzahl an virtuellen Schreibtischen und weist diesen einzelnen Spaces anschließend Programme zu (das wird weiter unten noch genauer beschrieben). So kann beispielsweise ein Space für Office-Anwendungen, ein weiterer fürs Internet, ein dritter für Musik und Spiele eingestellt werden. Die Möglichkeiten sind vielfältig, die maximale Anzahl der Spaces ist mit 16 wohl mehr als ausreichend.

Die praktische Anwendung sieht wie folgt aus: Als Erstes aktiviert man Spaces über die zugewiesene Funktionstaste (Voreinstellung ist F8) oder durch das Programmsymbol. Als Folge erscheinen sämtliche virtuellen Schreibtische nebeneinander auf dem Bildschirm. Mit Pfeiltasten oder der Maus lässt sich nun der gewünschte Space auswählen.

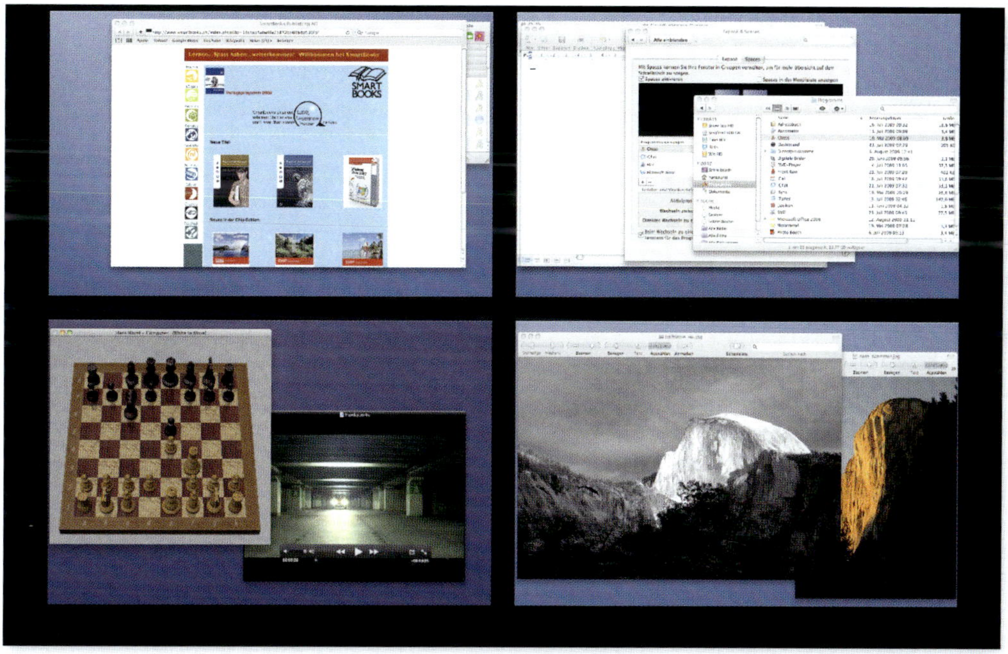

Per Knopfdruck erhält man Überblick über die einzelnen Spaces.

Fenster eines Programms in einen anderen Space verschieben

Angenommen, Sie haben in Safari ein oder mehrere Fenster geöffnet und wollen eines davon oder alle in ein anderes Spaces-Fenster verschieben, so lässt sich das ganz einfach bewerkstelligen. Öffnen Sie Spaces mit dem Standard-Tastaturkürzel F8 – Sie sehen nun auf dem Bildschirm eine Übersicht aller Spaces. Es werden die in jedem Space geöffneten Fenster angezeigt.

Wollen Sie nur das oben aufliegende Fenster eines Programms in einem anderen Spaces-Fenster haben, so können Sie dieses einfach mit der Maus anklicken, die Maustaste gedrückt halten und anschließend in den gewünschten Space ziehen, um es dort loszulassen.

Wollen Sie jedoch, dass alle Safari-Fenster z.B. von Space 1 in Space 4 verschoben werden, so gehen Sie genauso wie eben vor, halten Sie dabei jedoch die ⇧-Taste gedrückt. Schon werden alle Safari-Fenster in Space 4 platziert.

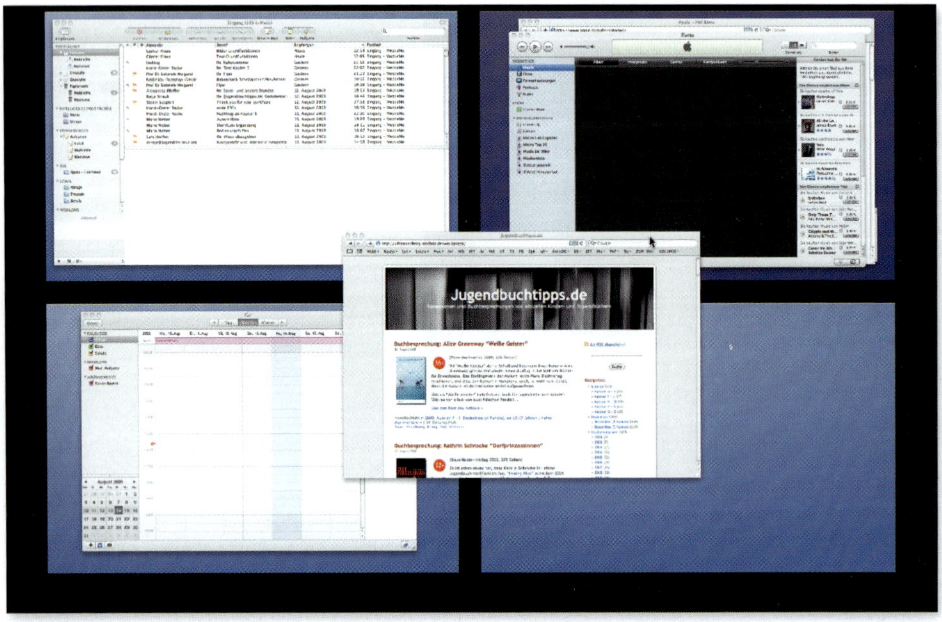

Über Spaces lassen sich Fenster zwischen den virtuellen Schreibtischoberflächen hin- und herschieben.

Koppelung von Programmen an ein bestimmtes Spaces-Fenster

Mit Spaces lassen sich bestimmte Programme an einen der virtuellen Schreibtische binden, sie werden dann immer in dem zugewiesenen Spaces-Fenster geöffnet.

Und das geht so: Öffnen Sie das Spaces-Einstellungsfenster in den Systemeinstellungen von Mac OS X. Unter der grafischen Darstellung der ausgewählten Anzahl von Spaces sehen Sie einen anfangs leeren, weißen Bereich. Wenn Sie nun darunter auf das *Plus*-Symbol klicken, so öffnet sich ein Finder-Auswahldialog, in dem Sie ein Programm auswählen können. Wollen Sie also z.B. Safari immer in Space 2 geöffnet haben, so wählen Sie im Finder-Dialogfenster das Programm aus und schließen Sie das Dialogfenster mit einem Klick auf *Hinzufügen*. Anschließend finden Sie das Programm in der weißen Fensterfläche wieder. Dort können Sie nun in der zweiten Spalte, die *Space* heißt, auswählen, in welchem Spaces-Fenster das Programm standardmäßig geöffnet werden soll.

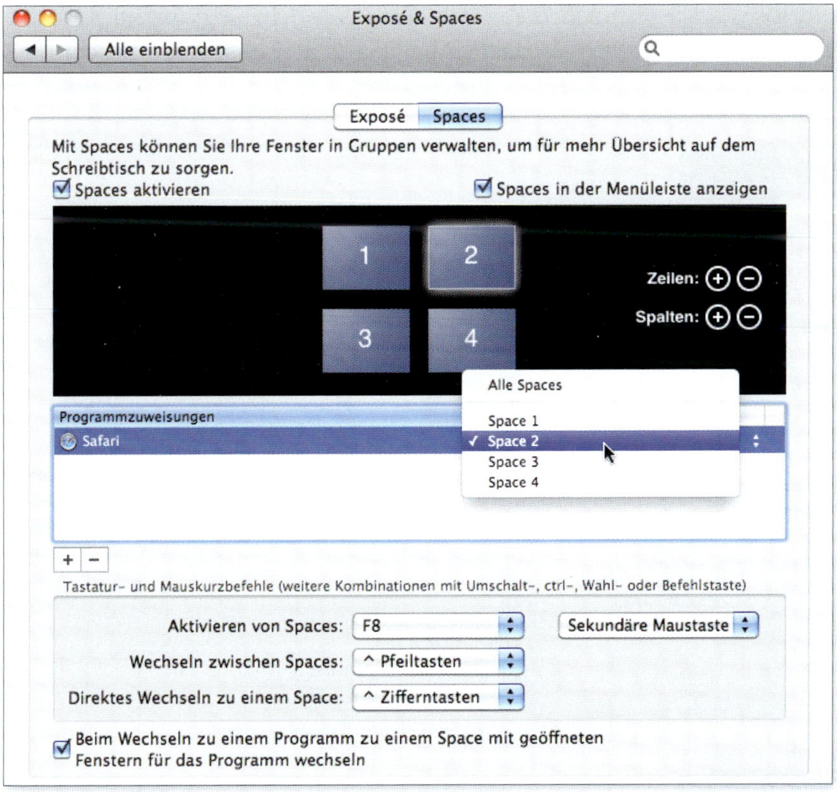

In den Systemeinstellungen lassen sich Programme an ein bestimmtes Spaces-Fenster koppeln.

Man kann dabei auch einstellen, dass ein Programm in allen Spaces angezeigt wird. Das ist z.B. für iChat sehr praktisch. Denn wenn iChat auf allen virtuellen Desktops sichtbar ist, entgeht einem auch nicht, dass gerade ein Freund oder eine Freundin im Chat erschienen ist, den/die man sowieso noch sprechen wollte. Wäre man jedoch gerade in Space 4 »unterwegs« und befindet sich iChat im Spaces-Fenster 1, so würde man das u.U. gar nicht mitbekommen.

Eine alternative Möglichkeit, ein Programm fest einem Spaces-Fenster zuzuweisen, besteht in dem folgenden Vorgehen: Öffnen Sie zunächst die Systemeinstellungen zu Spaces, anschließend im Finder den Programme-Ordner Ihrer Festplatte. Vom Finder-Fenster aus können Sie nun ein beliebiges Programm mit der Maus auf das gewünschte Spaces-Fenster in den Systemeinstellungen ziehen – Sie sehen sofort, dass dieses Programm nun fest an das entsprechende Spaces-Fenster gekoppelt ist.

Das geht übrigens auch mit mehreren Programmen gleichzeitig, indem Sie diese vorher markieren (Auswahl per Mausklick bei gedrückter ⌘-Taste) und dann gemeinsam auf das gewünschte Spaces-Fenster ziehen.

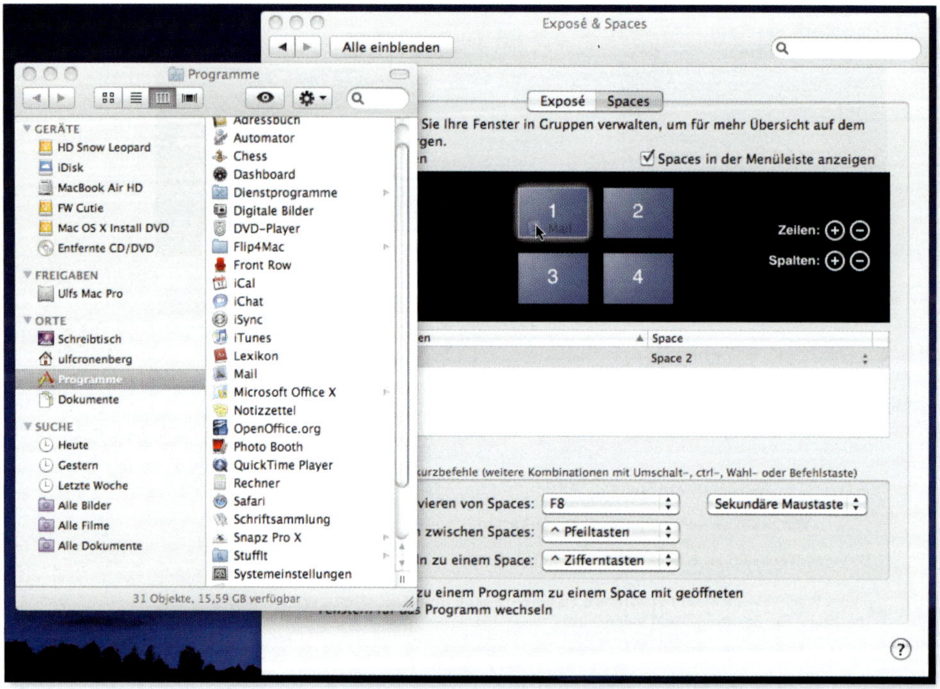

Per Drag & Drop aus dem Finder auf die Spaces-Einstellungen lassen sich Programme auch einem Space zuordnen.

Dashboard

Dashboard hielt bereits mit der Version 10.4 Einzug ins Mac-Betriebssystem. Diese Funktion zaubert auf Knopfdruck ein virtuelles »Armaturenbrett« auf den Bildschirm, in dem sich allerlei kleine Helferlein unterbringen lassen. Bei diesen sogenannten Widgets handelt es sich um kleine Programme, die meist nur einer einzigen, relativ einfachen Aufgabe dienen. Eine ähnliche Funktion hat mittlerweile auf dem PC mit Windows Vista Einzug gehalten.

Schicke Miniprogramme – das ist Dashboard.

Apple liefert Mac OS X mit einer kleinen Auswahl solcher Widgets aus. Auf die Vorstellung jedes einzelnen dieser Miniprogramme soll an dieser Stelle verzichtet werden. Zu den interessantesten gehören:

- **Widgets**: Dieses Widget kann alle anderen Widgets verwalten, das heißt, hiermit können Widget eingeblendet, ausgeblendet und entfernt werden. Mit einem Mausklick auf die Schaltfläche *Weitere Widgets* werden Sie zum Widgetverzeichnis auf der Homepage von Apple weitergeleitet.
- **Notizzettel**: Dient, kaum verwunderlich, dem Anlegen von Notizen, die in Form von einzelnen kleinen Post-Its auf dem Bildschirm erscheinen. Ihre alten Klebezettel haben also ausgedient.
- **iCal**: Das Widget zeigt Ihnen das aktuelle Datum und eine Übersicht über den aktuellen Monat. Klicken Sie ein- oder zweimal auf das aktuelle Datum, wird das Aussehen des Widgets verändert. Sie können in einem dritten Bereich so auch die aktuellen Termine aus iCal anzeigen lassen.
- **Übersetzen**: Kein einfaches Wörterbuch, sondern ein Übersetzer, der von der Firma Systran bereitgestellt wird. Ebenso wie für das Widget Weather ist hierfür eine aktive Internetverbindung nötig.
- **Weather**: Nett anzuschauendes Widget, welches das aktuelle Wetter sowie eine Wettervorhersage auf den Bildschirm bringt.

- **Rechner**: Ein kleiner Taschenrechner darf unter den Miniprogrammen natürlich auch nicht fehlen. Wissenschaftliche Funktionen sucht man allerdings vergebens.
- **WebClip**: Mit diesem unter Mac OS X 10.5 neuen Widget lassen sich beliebige Internetseiten oder Teile von Internetseiten im Dashboard verstauen. Erstellt werden diese Webclips in Safari (siehe Kapitel 5 unter »Safari«), die Funktion der Seiten bleibt voll erhalten. So lässt sich beispielsweise eine Wikipedia-Suchmaske für den einfachen Zugriff im Dashboard verstauen.

Den besonderen Reiz von Dashboard machen aber erst die vielen zusätzlichen Widgets aus, die man sich von Drittherstellern aus dem Internet laden kann.

Ausgewählte Bezugsquellen für Widgets sind:

- Apple : www.apple.com/de/downloads/dashboard/
- MacUpdate: www.macupdate.com/dashboard.php

Beispielhaft sollen zumindest fünf interessante Widgets von Drittherstellern an dieser Stelle erwähnt werden.

- **Das Telefonbuch:** Es greift bei der Suche nach Telefonnummern auf die Daten der Deutschen Telekom zurück. Gefundene Daten können per Mausklick ins eigene Adressbuch übernommen werden. Sollte neben der Telefonnummer auch eine Adresse hinterlegt sein, lässt sich zusätzlich eine Übersichtskarte der Umgebung einblenden. (Internetlink: http://www.iwelt.de/softwareentwicklung/dastelefonbuch-widget.html)
- **iStat Pro:** Mit diesem Widget lassen sich die unterschiedlichsten Daten über den eigenen Rechner erhalten. So überwacht iStat Pro die Auslastung von Prozessor, Speicher und Festplatte. Auch Netzwerkverkehr, Prozessortemperatur, Aktivität der Lüfter und Uptime lassen sich beobachten. (Internetlink: www.islayer.com)
- **Wetter:** Ein Widget, das im Gegensatz zu Apples mitgeliefertem Weather-Widget eine recht zuverlässige Wettervorhersage (insbesondere für Deutschland, aber auch Orte aus anderen Ländern können eingegeben werden) liefert, ist das Wetter-Widget von Frank Merl. Es greift auf die Datenbank von www.wetter.com zurück. (Internetlink: http://www.merl.ws/db-widgets/wetter)
- **Teltarif.de**: Sie suchen die günstigsten Vorwahlen für Telefonate in Deutschlands Nachbarländer oder zu Mobilfunkbetreibern? Das Teltarif.de-Widget gibt Ihnen einen Überblick über die zur aktuellen Uhrzeit billigsten Anbieter. (Internetlink: http://www.apple.com/downloads/dashboard/business/teltarifde.html)

- **Asteroid Watch:** Etwas ausgefallener geht es bei Asteriod Watch zu. Dieses Widget richtet sich vor allem an Kunden, die nach dem Anschauen von Filmen wie Deep Impact oder Armageddon nicht schlafen können. Es zeigt an, welche Asteroiden in den nächsten Tagen in der Nähe unseres Heimatplaneten vorbeifliegen. Die Information beinhalten die Entfernung zur Erde, Datum des Vorbeiflugs und Größe des Asteroiden. Ein Klick auf den entsprechenden Kandidaten leitet zu einer Internetseite mit weiteren Informationen. (Internetlink: http://www.jpl.nasa.gov/asteroidwatch/)

Widgets gibt es auch zu ausgefallenen Themen.

Dashboard verwenden

Um Dashboard zu starten, drückt man standardmäßig die Funktionstaste F12 (auf den neueren Tastaturen von Apple die Taste F3 – u.U. bei gleichzeitig gedrückter fn-Taste) oder das entsprechende Programmsymbol im Dock. Daraufhin dunkelt sich der normale Bildschirminhalt etwas ab, und Sie befinden sich im Dashboard. Hier werden nun die erwähnten Widgets dargestellt. Ein weiterer Weg zum Starten des Dashboards wäre das Anlegen einer aktiven Ecke. Dies ist unter dem Punkt *Exposé & Spaces* in den *Systemeinstellungen* möglich.

Um die von Apple getroffene Vorauswahl zu verändern und Widgets hinzuzufügen und zu entfernen, klicken Sie mit der Maus auf das kleine *Plus*-Symbol am linken unteren Bildschirmrand. Daraufhin erscheint eine Aufstellung aller installierten Widgets, welche sich per Mausklick aktivieren und anschließend an beliebiger Stelle auf dem Bildschirm platzieren lassen.

Einige Widgets bieten weitere Einstellungsmöglichkeiten. Diese erreichen Sie wie folgt: Bewegt man den Mauszeiger über ein Widget, welches weitere Einstellungen erlaubt, so erscheint ein kleines »i«, meist rechts unten in dem Widget-Fenster. Ein Mausklick auf dieses Symbol bringt den Einstellungsdialog zum Vorschein.

Das »i« weist den Weg zu den Einstellungen.

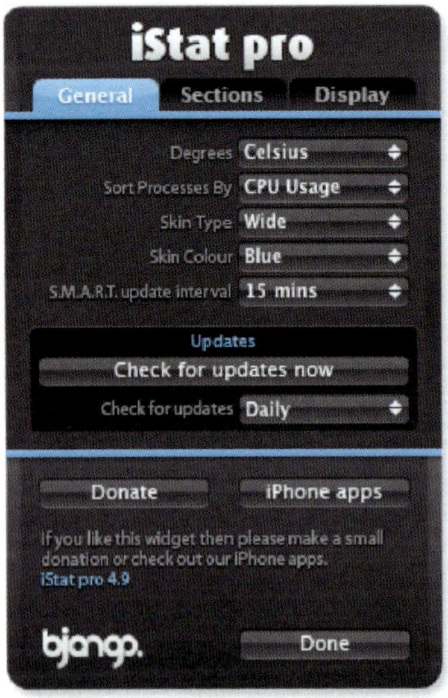

Der Einstellungsdialog verbirgt sich auf der Rückseite jedes Widgets.

Bildschirmfotos erstellen

Unter Mac OS X gibt es verschiedene Möglichkeiten, ein Bildschirmfoto (Screenshot) zu erstellen. Mit der Tastenkombination ⌘ – ⇧ – 3 erzeugen Sie ein Bild des kompletten Bildschirms. Um nur einen bestimmten Bereich zu fotografieren, wählen Sie die Tasten ⌘ – ⇧ – 4. Sie sehen dann eine Art Fadenkreuz, an dessen unterer rechter Ecke die Pixelkoordinaten des Bildschirms angezeigt werden. Mit der Maus können Sie einen Startpunkt wählen und dann mit gedrückter Maustaste einen Bereich aufziehen, der dann fotografiert wird. Bevor Sie aber die Maustaste loslassen und damit das Foto machen, können Sie noch einige Änderungen an der Auswahl vornehmen. Bei gedrückter Leertaste kann der Auswahlbereich auf dem Monitor verschoben werden. Bei gedrückter Shift-Taste (⇧) bleiben entweder die horizontalen oder die vertikalen Linien stehen, je nachdem, in welche Richtung Sie die Maus bewegen. Eine gedrückte ⌥-Taste legt den Bezugspunkt der Auswahl in die Mitte.

Möchten Sie keinen Bereich, sondern z.B. ein Fenster oder Menü fotografieren, drücken Sie zusätzlich zur Tastenkombination ⌘ – ⇧ – 4 einfach die Leertaste. Wenn Sie nun mit der Maus über den Bildschirm fahren, werden Sie bemerken, dass alle Fenster oder Menüs, über die Sie mit dem Cursor fahren, blau markiert werden. Diese Markierung zeigt an, welche Bereiche fotografiert würden, wenn Sie nun die Maustaste drücken würden. Übrigens wird dann nicht nur das Fenster, sondern gleich dessen transparenter Schatten mit fotografiert. Die so gemachten Bildschirmfotos werden als »Bild 1«, »Bild 2« usw. durchnummeriert auf dem Schreibtisch als PNG-Datei abgelegt.

Eine andere Möglichkeit, Screenshots anzufertigen, besteht darin, das Dienstprogramm *Bildschirmfoto* zu bemühen. Hier haben Sie dann sogar die Möglichkeit, ein Foto mit Selbstauslöser zu machen. Diese zusätzliche Funktion ist sehr nützlich, um Fotos während eines laufenden Prozesses zu machen, und in manchen Situationen ist sie unabdingbar. Den Selbstauslöser können Sie in der Menüleiste *Foto | Selbstauslöser* des Programms Bildschirmfoto (Tastaturkürzel ⌘ – ⇧ – Z) aufrufen. Sie haben dann 10 Sekunden bis zur Aufnahme Zeit.

Über die Menüleiste können Sie den Selbstauslöser aktivieren.

Netzwerke mit Mac OS X

Wir leben in einer vernetzen Welt – heißt es zumindest. Während der Zugriff auf Rechner rund um die Welt über das Internet zum Alltag gehört, sieht das zumindest in privaten Haushalten mit dem Rechner im Zimmer nebenan oft anders aus. Im Folgenden wollen wir Ihnen in aller Kürze ein paar Grundlagen zum Herstellen von lokalen Netzwerkverbindungen vermitteln.

Die Anschlussmöglichkeiten

Zunächst einmal stellt sich die Frage, wie die Verbindung hergestellt werden soll.

- Für ein kabelgebundenes Netzwerk bietet sich der Ethernet-Anschluss an. Über diesen verfügen sämtliche Macs (das MacBook Air nur über einen USB-Ethernetadapter, den man kaufen kann). Die Verbindung kann zum einem direkt zwischen zwei Rechnern mit einem einzelnen Kabel hergestellt werden. Dazu genügt ein gewöhnliches Ethernet-Kabel, ein sogenanntes CrossOver-Kabel ist bei den neueren Rechnergenerationen im Gegensatz zu früher nicht mehr notwendig. Zum anderen kann die Verbindung über einen Verteiler, an dem mehrere Rechner gleichzeitig angeschlossen werden, aufgebaut werden (z.B. über einen Router).

- Für drahtlose Netzwerke verwendet man am Mac den Standard Airport. Airport ist der applespezifische Begriff für WLAN bzw. WiFi, es handelt sich hierbei um die gleiche Technologie. Zumindest alle halbwegs aktuellen Macs haben ein Airport-Modul von Haus aus integriert. Zur Herstellung eines Netzwerks über Airport brauchen Sie außerdem eine Basisstation. Dabei kann es sich um eine Apple Airport-Basisstation oder einen beliebigen WLAN-Router eines anderen Herstellers handeln. Eine dritte Möglichkeit wäre, einen Mac zur Softwarebasisstation umzufunktionieren. Klicken Sie hierfür in der Menüleiste auf das Airport-Symbol und wählen den Punkt *Netzwerk anlegen* aus (unter Umständen müssen Sie Airport hierfür erst aktivieren). Um sich mit einem Airport-Netzwerk zur verbinden, klicken Sie einfach auf das entsprechende Symbol in der Menüleiste (siehe Abbildung), Mac OS X sucht dann automatisch nach Netzwerken in Ihrer Reichweite. Wählen Sie das gewünschte Netzwerk aus, und die Verbindung wird hergestellt. Eventuell müssen Sie vorher noch ein Passwort eingeben, falls es sich um ein geschütztes WLAN handelt.

Für eine WLAN-Verbindung müssen Sie Airport erst aktivieren.

Das Airportsymbol ist blau hinterlegt – hier können Sie auch ein Netzwerk anlegen.

TIPP

Wenn Sie kein Netzwerkkabel zur Verfügung haben, können Sie auch per FireWire-Kabel eine sehr schnelle Direktverbindung zwischen zwei Macs herstellen. Weitere Optionen für diese Verbindung können Sie (wie bei allen Netzwerken) über *Systemeinstellungen* | *Netzwerk* erreichen.

Daten gemeinsam nutzen

Der Sinn von Netzwerken besteht in erster Linie im gemeinsamen Nutzen von Dateien. Nachdem Sie sich mit einem Netzwerk verbunden haben, können Sie in der Seitenleiste des Finders Computer und deren freigegebene Ordner erreichen. Alternativ können Sie eine Verbindung mit einem anderen Computer im Finder über *Gehe zu* | *Mit Server verbinden* herstellen. Hierbei haben Sie den Vorteil, dass Sie beim Auftreten von Problemen nicht nur automatisch nach einem Server suchen lassen können, sondern auch von Hand eine Netzwerkadresse eingeben können. Auch hier haben Sie natürlich wieder nur Zugriff auf entsprechend freigegebene Ordner.

Freigegebene Ordner sind solche, die vom Benutzer des entsprechenden Computers zur gemeinsamen Nutzung vorgesehen wurden. Der Benutzer erlaubt Ihnen sozusagen, auf diese Ordner zuzugreifen. Dies geschieht wie folgt:

Freigeben: der voreingestellte Weg

Sie haben, ohne dass Sie das u.U. wissen, bereits einen Ordner in Ihrem Benutzerkonto, auf den andere Anwender im Netzwerk zugreifen können. Dieser Ordner hat den Namen *Öffentlich* und befindet sich direkt in der ersten Ebene Ihres Home-Verzeichnisses. Dateien, die von Ihnen in diesem Ordner abgelegt werden, können von anderen Anwendern abgerufen, aber nicht verändert oder gelöscht werden. Zusätzlich befindet sich im Ordner *Öffentlich* ein weiterer Ordner mit dem Namen *Briefkasten*. Hier können andere Anwender Dateien für Sie ablegen, sie haben jedoch keinen Zugriff auf den Inhalt des Ordners und können darin gespeicherte Dateien nicht sehen.

Freigeben: der flexible Weg

Eine zweite, komfortablere Möglichkeit ist das Freigeben eines beliebigen Ordners. Dies ist auf zwei unterschiedlichen Wegen möglich.

- Öffnen Sie die Systemeinstellungen. Hier haben Sie unter *Freigaben* die Möglichkeit, diese zu konfigurieren. Wählen Sie nun den Punkt *Dateifreigabe* aus. Anschließend erscheint eine Liste, über die Sie Ordner zur Freigabe hinzufügen und entfernen können. Als zusätzliche Möglichkeit können Sie an dieser Stelle auch bestimmen, was ein Anwender mit den Dateien in diesem Ordner anfangen darf. So können Sie *Lesen & Schreiben* oder nur eine der beiden Tätigkeiten erlauben.

Freigaben setzt man über die gleichnamige Funktion in den Systemeinstellungen.

- Die zweite Möglichkeit zur Freigabe besteht über das Aufrufen des zu einem Ordner gehörigen Informationsdialogs. Wählen Sie dazu im Kontextmenü des Ordners, das Sie mit einem Rechtsklick auf das Ordner-Icon erreichen, den Punkt *Informationen* aus oder benutzen Sie bei ausgewähltem Ordner die Tastenkombination ⌘ – I. In dem nun geöffneten Fenster können Sie unter *Freigabe & Zugriff* angeben, welcher Anwender was mit diesen Dateien anstellen darf. Dabei können Sie nicht nur Rechte für Gruppen von Anwendern vergeben, sondern auch einzelne Personen mit bestimmten Rechten versehen. Um Zugriffsrechte für einen neuen Benutzer festzulegen, gehen Sie bitte wie folgt vor (die folgenden Abbildungen verdeutlichen das Vorgehen): Klicken Sie zunächst auf das *Plus*-Symbol unten links im Informationsfenster, anschießend können Sie einen Benutzer aus einer Liste mit bereits vorhandenen Benutzern und Gruppen auswählen. Alternativ können Sie einen Namen aus dem Adressbuch auswählen oder über *Neue Person* einen neuen Benutzer mit Namen und Passwort belegen.

Über das Plus-Symbol unten links fügen Sie neue Benutzer, die den Ordner verwenden dürfen, hinzu.

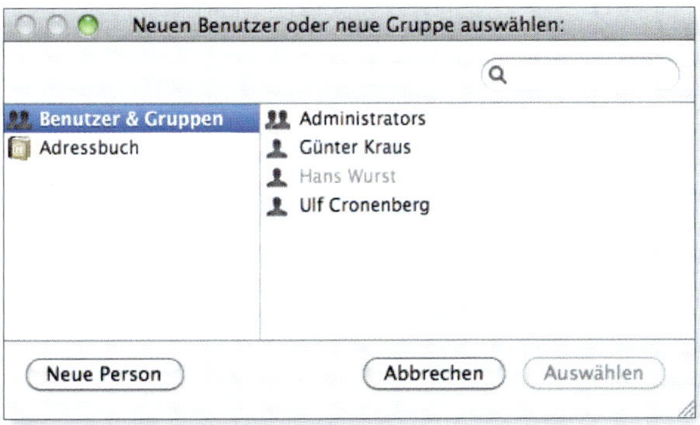

Wählen Sie nun einen vorhandenen Benutzer aus oder fügen über den entsprechenden Button eine Neue Person hinzu.

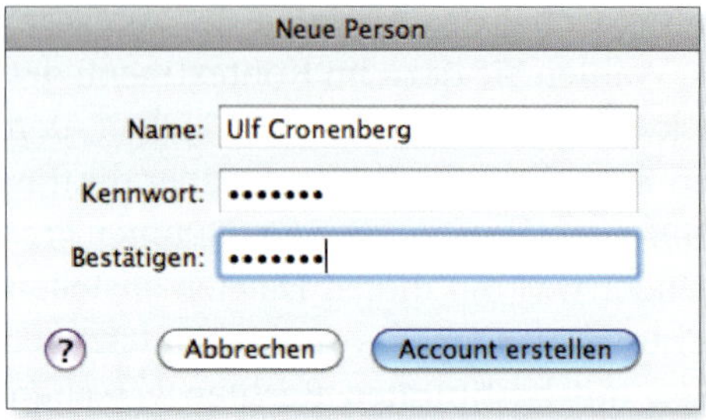

Geben Sie einen Namen und ein Passwort für den neuen Benutzer des Ordners an.

Direktverbindung zwischen zwei Computern

Nachdem Sie zunächst eine Verbindung zwischen beiden Computern hergestellt haben, indem Sie deren Netzwerkanschlüsse über ein Ethernetkabel verbinden, müssen Sie im Finder über die Menüleiste den Punkt *Gehe zu | Mit Server verbinden* (Tastaturkürzel im Finder: ⌘ – K) auswählen. Im nun erscheinenden Dialogfenster klicken Sie am einfachsten auf *Durchsuchen.* – es öffnet sich ein Finder-Fenster, in dem nach kurzer Zeit der gewünschte Mac erscheinen sollte. Nachdem Sie diesen ausgewählt haben, können Sie sich mit Benutzernamen und Passwort anmelden, indem Sie auf den Button *Verbinden als…* anklicken (u.U. müssen Sie das – wie die Erfahrung zeigt – zweimal tun).

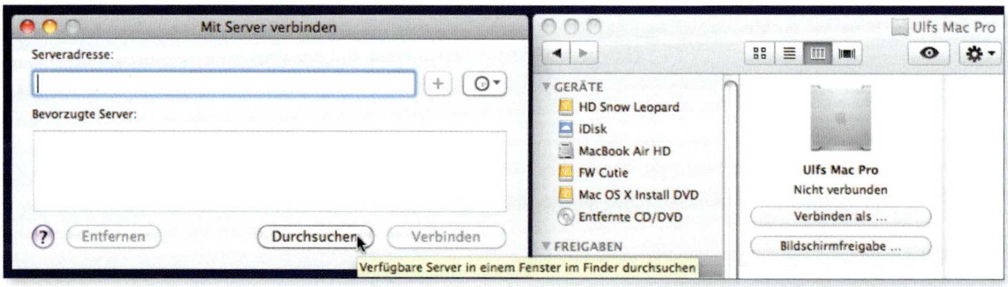

Klicken Sie auf ***Durchsuchen****, dann werden im Finder-Fenster verbundene Macs angezeigt.*

(Selbstverständlich sehen Sie nur die für den entsprechenden Benutzer freigegebenen Dateien des anderen Macs. Ändern Sie also ggf. dort – wie oben beschrieben – die Freigaben.)

Mac OS und Windows im Netzwerk

Es soll ja tatsächlich den Fall geben, dass sich in einem Netzwerk auch Windows-Rechner befinden. Natürlich können Sie auch mit diesen Computern Daten austauschen.

- Um auf am Windows-Rechner freigegebene Daten zuzugreifen, gehen Sie einfach wie bereits oben beschrieben vor. Falls der Rechner nicht erscheint, versuchen Sie es über *Gehe zu | Mit Server verbinden* und geben explizit die IP-Adresse des Rechners an, mit dem Sie sich verbinden wollen. Achten Sie darauf, dass Sie das richtige Format verwenden, vor die eigentliche Adresse sollte ein *smb://* gestellt sein.
- Wenn Sie Daten für einen PC freigeben wollen, funktioniert das ebenfalls wie bereits oben für den Mac beschrieben. Sie müssen die Einstellung jedoch über den ersten oben beschriebenen Weg, also über die Systemeinstellungen durchführen. Wenn Sie hier nun einen Ordner freigeben, ist es zusätzlich nötig, in dem über die Schaltfläche *Optionen* erreichbaren Menü *Dateien und Ordner über SMB freigeben* zu aktivieren.

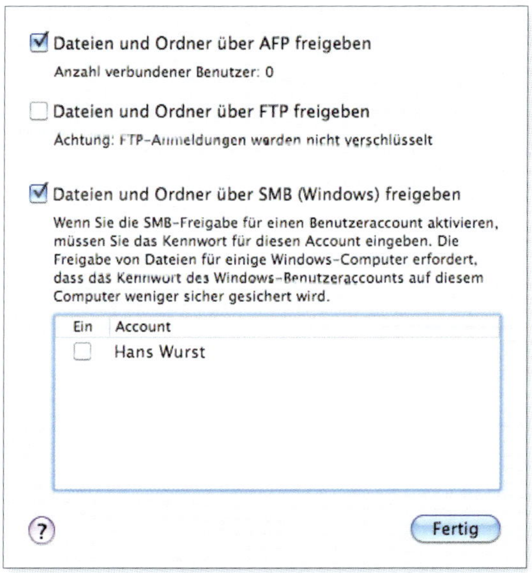

Dateien müssen für Windows über SMB freigegeben werden.

EXKURS

Federleicht und in einen Briefumschlag passend: das MacBook Air

Ein Raunen ging durch das Auditorium, als Steve Jobs am 15. Januar 2008 auf der Macworld in San Francisco das neueste Mac-Modell aus einem Briefumschlag zog: das **MacBook Air**. Ausgestattet mit einem 13,3-Zoll-Bildschirm liegt dessen Höhe zwischen 4 und 19,4 Millimetern, und sein Gewicht beträgt gerade einmal 1,36 Kilogramm – trotzdem ist das MacBook Air ein vollwertiges Notebook mit fast allem, was man benötigt. Nur ein DVD-Laufwerk fehlt – hierfür bietet Apple das sogenannte MacBook Air Superdrive an, das über USB an das Gerät angeschlossen werden kann.

Natürlich ist das MacBook Air eher spartanisch ausgestattet: Als Anschlüsse hält es neben einem MiniDisplay Port (beim ersten Modell noch einen Mini-DVI-Anschluss) für einen externen Bildschirm gerade mal noch einen Kopfhörerausgang sowie einen USB-Port bereit. Doch ansonsten übertrumpft es sonstige Netbook-Modelle wie den Asus Eee PC in eigentlich allen Belangen: 2 GB Arbeitsspeicher (fest auf die Hauptplatine gelötet), ein speziell von Intel gefertigter stromsparender CoreDuo-Prozessor mit Taktraten zwischen 1,6 und 2,16 GHz sowie eine einigermaßen leistungsfähige Onboard-Grafikkarte (erst von Intel, inzwischen von Nvidia) lassen das MacBook Air unter den Mini-Laptops herausstechen.

Das formschöne Gehäuse aus Aluminium sieht nicht nur schick aus und ist recht stabil – nein, vor allem für Vielreisende ist das MacBook Air wegen des geringen Gewichts äußerst praktisch. Mit der integrierten iSight-Kamera lässt sich sogar aus der Ferne mit den Liebsten zu Hause videochatten.

Angesichts des fehlenden DVD-Laufwerks drängt sich die Frage auf, wie man eigentlich Software auf dem MacBook Air installiert. Auch daran hat Apple gedacht: Über WLAN kann man ganz einfach auf in anderen Computern eingelegte DVDs zugreifen. Somit ist das MacBook Air eindeutig ein Zweit-Computer – allerdings einer der schönsten, die Apple je gebaut hat.

EXKURS

Apfeltaste

Viele neue Mac-User suchen auf Ihrer Tastatur vergeblich die ominöse »Apfeltaste«. Diese Taste gibt es in dieser Form nicht mehr, sie wird inzwischen im Apple-Deutsch »Befehls«- oder auch »Command«-Taste genannt. Die Taste findet man auf aktuellen Mac-Tastaturen zweimal: links und rechts neben der Leertaste mit dem Kürzel »cmd« und einem Schleifensymbol (⌘) darauf.

Die Apfeltaste tauchte das erste Mal 1980 bei einem Apple III-Computer auf und es gab sie damals sogar in zwei Varianten. Einmal als offener und einmal als geschlossener Apfel, wobei die eine Taste nur der Umriss, die andere Taste ein voll ausgefülltes Apple-Logo () zeigte. Aus dem geschlossenen Apfel wurde später die Wahltaste (auch Alt- oder Options-Taste genannt).

Steve Jobs befürchtete eine Entwertung des Firmen-Logos, weshalb das Apfelsymbol 1984 bei der Einführung des Macintosh ganz von der Tastatur verschwand. Als Ersatz wurde das heute noch verwendete Schleifensymbol (⌘) eingeführt und tauchte erstmals 1984 beim legendären Apple Macintosh 128k auf. Es verhalf der Befehlstaste zu weiteren Spitznamen wie z. B. Propeller-, Kleeblatt- oder Blumenkohltaste.

1986 führte Apple mit dem Apple IIgs den neuen Apple Desktop Bus für Tastaturen und Mausanschlüsse ein. Dadurch konnten dieselben Tastaturen bei Apple- und Macintosh-Modellen benutzt werden. Aus diesem Grund erschien auch wieder zusätzlich das Apfel-Symbol auf der Befehlstaste – eigentlich nur für die Apple II-Benutzer. Als diese Modellreihe 1993 eingestellt wurde, blieb das Apfelsymbol trotzdem erhalten – bis 2008, als es wohl endgültig von den Apple-Tastaturen verschwand. Für viele eingefleischte Apple-User wird die Befehlstaste jedoch für immer die »Apfeltaste« bleiben …

Das ist übrig geblieben von der Apfeltaste (rechts unten) – Ausschnitt der MacBook Air-Tastatur

Kapitel 5

Grundprogramme in Mac OS X

Snow Leopard bringt wie die Vorgängerversionen eine Vielzahl an Programmen mit, die in das Betriebssystem integriert sind. Neues ist hier allerdings nicht hinzugekommen – einige der Programme haben jedoch eine mehr oder weniger umfangreiche Überarbeitung erfahren.

Grundprogramme in Mac OS X

Kapitel 5 stellt die wichtigsten Programme von Mac OS X in der Fassung von Snow Leopard vor, so dass Sie effektiv damit arbeiten können. Sie werden sehen, dass hier wirklich an fast alles gedacht ist, was man als Computernutzer braucht – abgesehen von einem leistungsfähigen Office-Paket mit Textverarbeitung, Tabellenkalkulation und Präsentationssoftware. (Kapitel 10 gibt Ihnen weiterführende Hinweise für zusätzliche Software, die in Snow Leopard nicht enthalten ist.)

Safari

Mit Mac OS X 10.3 (Panther) führte Apple erstmals Safari, den Browser mit der Kompassrose als Icon, den es inzwischen sogar für Windows gibt, ein. Safari löste damals den Internet Explorer von Microsoft, den es in einer viel verwendeten Version auch für Macs gab, ab. Schlank, schnell im Seitenaufbau und einfach zu bedienen, hat sich Safari schon bald zum Standard bei Mac-Usern entwickelt. Aus dem Außenseiter ist ein ernster Konkurrent für Firefox und den Internet Explorer erwachsen. Im Sommer 2009 hatte der Browser bereits einen Marktanteil von über acht Prozent und belegte damit nach den beiden anderen genannten Programmen weltweit Platz drei in der Liste der meistverwendeten Browser.

Safari ist nicht nur ein sehr zuverlässiger Browser, der sich an die Standards für Webseiten hält, sondern zudem ein sehr schneller Browser, der in Vergleichstests immer Spitzenplätze belegt. Wenn es doch einmal Probleme bei der Darstellung einer Internetseite gibt (was meist an der Webseite liegt), kommt man in der Regel mit Firefox oder Camino als Browser (siehe Kapitel 10 »Die besten Free- und Sharewareprogramme«) weiter.

Schon vor dem Erscheinen von Snow Leopard ist Safari in Version 4, die auch Mac OS X 10.6 beiliegt, erschienen (der Browser wird unabhängig vom Betriebssystem entwickelt), und diese beinhaltet einige zusätzliche Features, die im Folgenden neben den Grundfunktionen erläutert werden sollen.

Die Benutzeroberfläche von Safari mit ihren einzelnen Elementen – Sie wollen ja wissen, wovon wir im Folgenden sprechen – ist in der folgenden Abbildung sowie der erläuternden Liste erklärt:

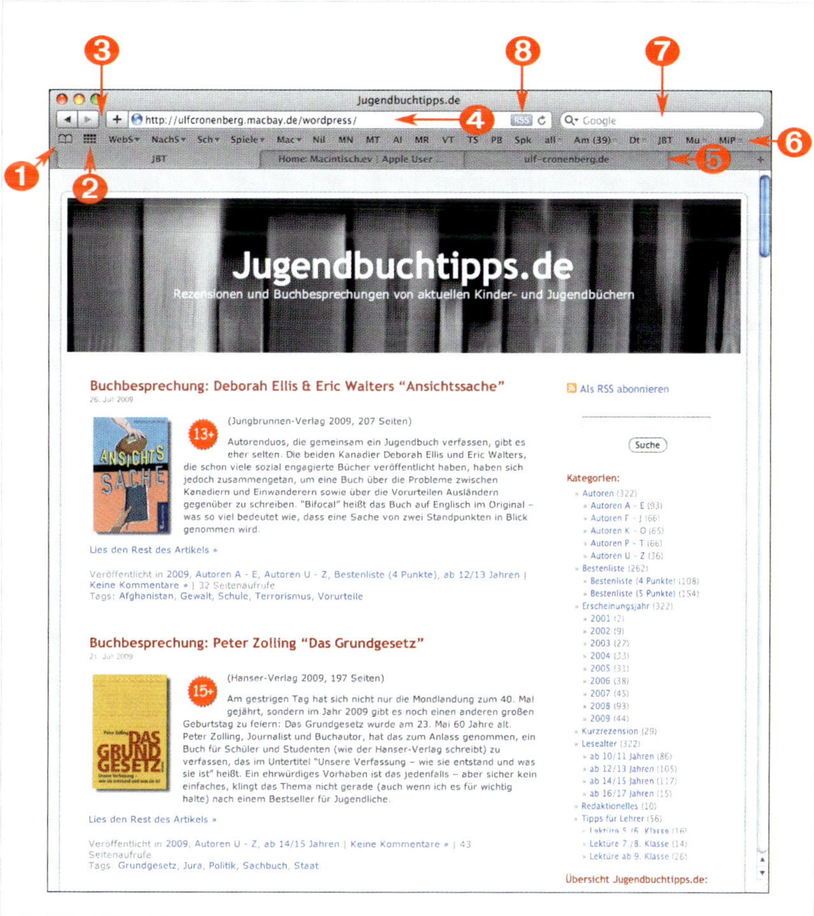

Die Benutzeroberfläche von Safari

1. Linksammlungen (alle Lesezeichen einblenden)
2. Top Sites einblenden
3. Symbolleiste (kann mit einem Rechtsklick darauf und dem Befehl *Symbolleiste anpassen* ergänzt und verändert werden)
4. Adressfeld (zur Eingabe der Internetadresse)
5. Tab-Leiste (inaktive Tabs sind dunkler dargestellt als der aktive Tab)
6. Lesezeichenleiste
7. Suchfeld für Google
8. RSS-Indikator (zeigt an, ob eine Seite auch als Newsfeed dargestellt werden kann)

Aufrufen von Internetseiten

Nach dem Start von Safari sieht man in der Mitte oben das große, weiße **Adressfeld** – hier gibt man (ein Mausklick in das Feld genügt) die gewünschte Internetadresse ein. Die Protokollbezeichnung (»http://«) kann man getrost weglassen – es reicht, wenn man die Adresse beginnend mit »www« einträgt (z.B.: www.jugendbuchtipps.de). Merken sollte man sich das Tastenkürzel, um in das Adressfeld zu gelangen. Es lautet: ⌘ – L. So spart man sich den Weg mit der Hand zur Maus.

Rechts vom Adressfeld findet man das praktische Suchfeld, das dem Anwender das Aufrufen der Google-Startseite erspart. Hier kann man einen oder mehrere Begriffe eingeben. Mit ↩ öffnet sich daraufhin das Ergebnis zu Ihrer Suchanfrage auf der Google-Webseite. Auch das Suchfeld ist mit einem Tastenkürzel erreichbar, und zwar mit: ⌥ – ⌘ – F.

TIPP

Sollten Sie im Suchfeld nicht Google, sondern andere Suchmaschinen einsetzen wollen, so können Sie dies u. a. erreichen, indem Sie eines von zwei kostenlosen Safari-Plugins installieren: **Inquisitor** (http://www.inquisitorx.com/safari/) und **Glims** (http://www.machangout.com/). Beide Plugins arbeiteten zur Drucklegung des Buches problemlos mit Safari 4 zusammen.

Lesezeichen-Verwaltung

Für häufig besuchte Webseiten – vor allem mit langen und komplizierten URLs (Uniform Resource Locator, so nennt man eine Internetadresse auch) – ist die manuelle Eingabe von Internetadressen sehr umständlich. Zur Vereinfachung kennt inzwischen jeder Browser Bookmarks – oder wie es auf Deutsch (auch in Safari) heißt: Lesezeichen.

Probieren Sie es aus: Rufen Sie eine Internetseite auf, warten Sie, bis diese geöffnet ist, und ziehen Sie anschließend die Adresse aus dem Adressfeld (am besten vorne am Favicon, dem kleinen Bildchen vor der eigentlichen Adresse) auf die gewünschte Stelle in der Lesezeichenleiste unter dem Adressfeld. (Sollten Sie die Lesezeichenleiste nicht sehen, so können Sie diese über das Menü *Darstellung* einblenden.)

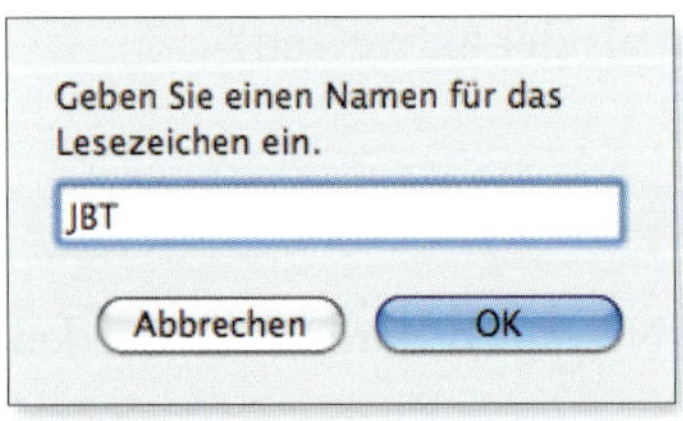

Lesezeichen sollten benannt werden.

Ein Fensterchen öffnet sich und fragt Sie, wie das Lesezeichen genannt werden soll. Geben Sie einen kurzen Namen ein und bestätigen Sie mit *OK*. Um die Internetseite später wieder aufzurufen, müssen Sie nun nur noch auf den Eintrag in der Lesezeichenleiste klicken und nicht mehr die Adresse eintippen. So einfach ist das!

TIPP

Wenn Sie mit Kürzeln von zwei oder drei Buchstaben arbeiten (z.B. »JBT« für www.jugendbuchtipps.de), passen in Ihre Lesezeichenleiste sehr viele Bookmarks. So haben Sie schnellen Zugriff auf Ihre bevorzugten Webseiten.

Wenn Sie Einträge aus der Lesezeichenleiste löschen wollen, so klicken Sie mit der linken Maustaste darauf, halten die Maustaste gedrückt und ziehen den Eintrag dann aus der Leiste heraus. Wenn Sie nun die Maustaste loslassen, wird der Eintrag entfernt, was durch ein kleines Löschwölkchen animiert wird.

In der Lesezeichenleiste können Sie auch Lesezeichen-Ordner einrichten. Nach einem Rechtsklick auf eine leere Stelle der Leiste (oder genau zwischen zwei Einträgen) können Sie im Kontextmenü den Eintrag *Neuer Ordner* auswählen und dann dem Ordner einen Namen geben. So wie Sie neue Lesezeichen in die Lesezeichenleiste aufgenommen haben, können Sie nun auch Lesezeichen in einem Ordner platzieren, indem Sie die Linkadresse am Favicon der Adresszeile auf den entsprechenden Ordner ziehen. Ordner erkennt man in der Lesezeichenleiste übrigens daran, dass rechts von ihnen ein kleines, abwärts gerichtetes Dreieck zu sehen ist.

Mit Hilfe von Ordnern können Sie den Platz in der Leiste optimal nutzen und haben immer einen schnellen Zugriff auf Ihre Lesezeichen. Um einen Eintrag aus einem Ordner zu öffnen, klicken Sie mit der linken Maustaste auf den Ordner. Es klappt ein Menü auf, in dem Sie das gewünschte Lesezeichen wiederum mit einem Mausklick auswählen können.

Es lassen sich im Übrigen auch alle Lesezeichen eines Ordners gleichzeitig öffnen. Als erste Nennung im Ordner-Menü, das Sie mit einem Rechtsklick auf den Ordner aufklappen können, sehen Sie den Eintrag *In Tabs öffnen*. Schauen Sie (am besten bei einem Ordner mit nicht so vielen Lesezeichen), was passiert, wenn Sie diesen Eintrag auswählen. Genau: Alle Webseiten des Ordners werden gleichzeitig in Tabs (siehe unten) geöffnet. Das ist sehr praktisch, denn so ist es beispielsweise möglich, in einem Ordner eine Liste von Lesezeichen mit Webseiten anzulegen, die Sie zum Beispiel jeden Abend durchschauen wollen. Mit zwei Klicks (einem mit der rechten Taste auf den Ordner, dem zweiten mit der linken Taste auf *In Tabs öffnen*) werden in Safari alle gewünschten Seiten aufgerufen.

Vielleicht haben Sie sich schon gefragt, was das kleine Buchsymbol am linken Rand der Lesezeichenleiste zu bedeuten hat. Beim Klick auf das Buchsymbol (Tastenkürzel: ⌥ – ⌘ – B) öffnet sich die ausführliche Linksammlung, in der Hunderte bis Tausende von Lesezeichen Platz haben. Sollte Ihnen also der Platz in der Lesezeichenleiste unter dem Adressfeld nicht ausreichen, so können Sie dort umfangreiche Linksammlungen anlegen und diese in Ordnern gruppieren. Gerade für Webseiten, die Sie nicht häufig besuchen, aber dennoch nicht vergessen wollen, ist diese Linksammlung ideal.

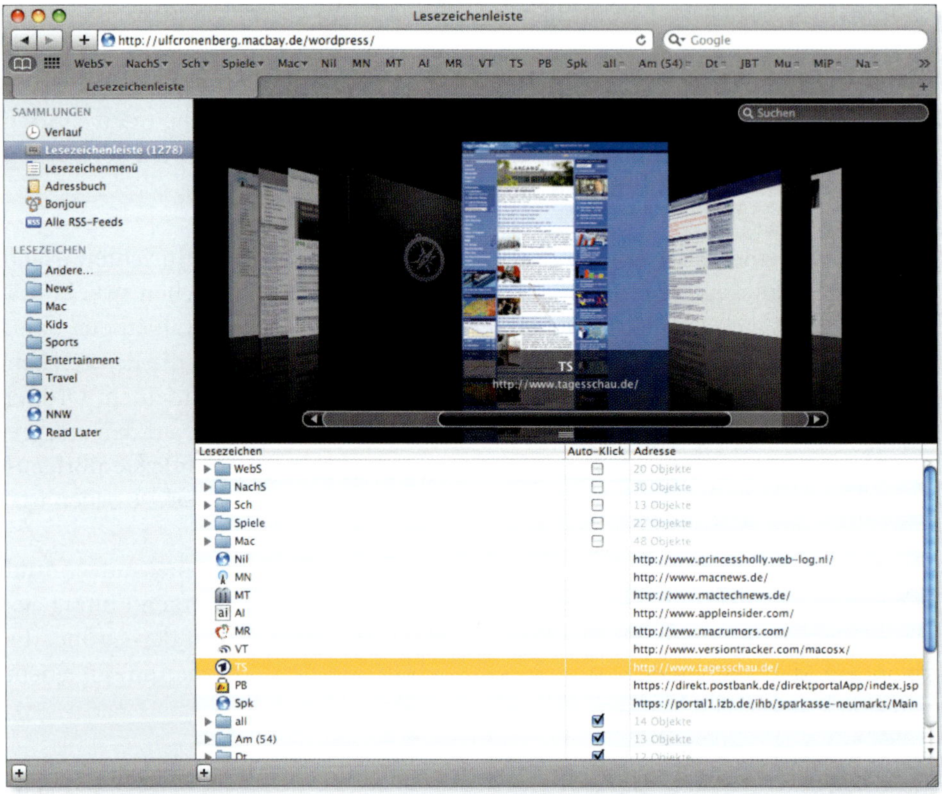

Die ausführliche Linksammlung von Safari kann Hunderte von Internetadressen beherbergen.

In dieser ausführlichen Linksammlung sehen Sie übrigens in der linken Fensterhälfte bereits verschiedene Einträge. So sind unter Adressbuch alle Webseiten eingetragen, die Sie in Ihrem Mac OS X-Adressbuch bei den Kontakten angegeben haben. Unter *Verlauf* können Sie nachschauen, welche Webseiten Sie heute und in den Tagen davor aufgerufen haben (das geht auch über das Safari-Menü, wo es einen eigenen Punkt *Verlauf* gibt). Ansonsten sind einige Ordner zu finden, in denen von Apple mitgelieferte Internetadressen zu bestimmten Themen enthalten sind.

Solche Ordner können Sie selbst anlegen, indem Sie am unteren Ende der Spalte auf das *Plus*-Symbol klicken.

Neue Einträge fügen Sie der Linksammlung wie folgt hinzu:

- Öffnen Sie die Internetseite in Safari.
- Lassen Sie anschließend die Linksammlung anzeigen – entweder mit einem Klick auf das Buchsymbol der Lesezeichenleiste oder über das Standardtastaturkürzel ⌥ – ⌘ – B.
- Navigieren Sie in der Linksammlung an die gewünschte Stelle, wo Sie die Internetadresse ablegen wollen.
- Ziehen Sie nun die URL der Internetseite, indem Sie diese an dem Favicon anfassen, bei gedrückter linker Maustaste an die gewünschte Stelle oder auf den entsprechenden Ordner Ihrer Einträge.

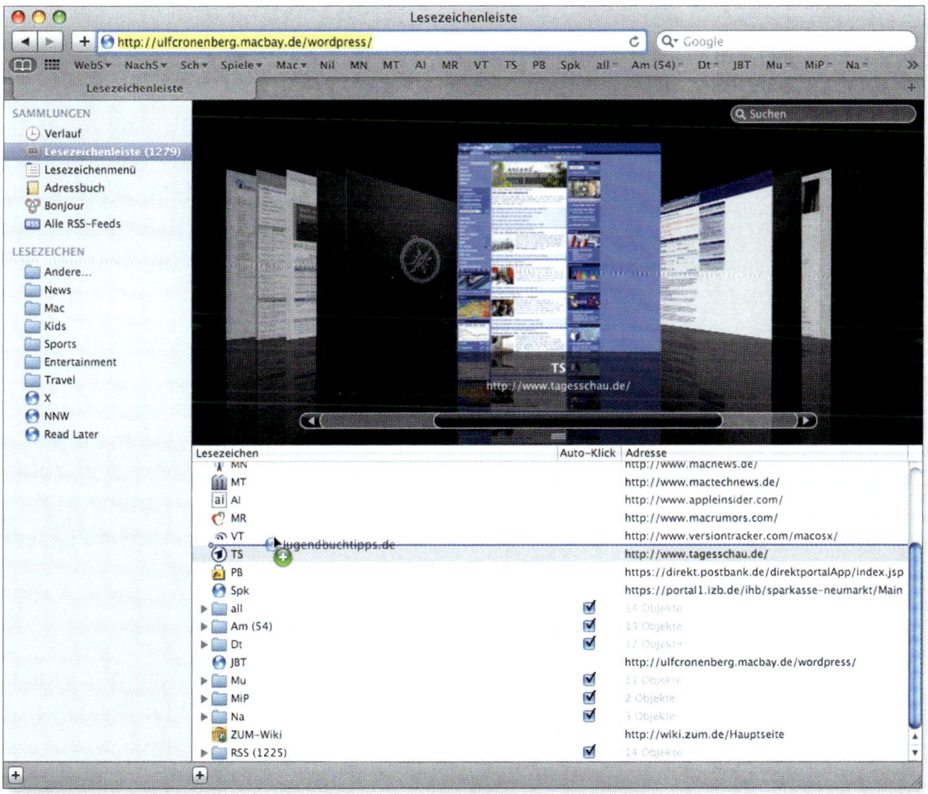

Durch Ziehen der Internetadresse an den gewünschten Ort in der Linksammlung können dort Webseiten hinzugefügt werden.

Außerdem neu in Safari 4 ist die **Vorschau** von Webseiten in der aus iTunes bekannten Cover Flow-Ansicht. Haben Sie eine Mighty Mouse von Apple, die mit dem Rädchen auch horizontales Scrollen erlaubt, können Sie hier auch durch die Vorschau-Seiten blättern, indem Sie das Mausrad nach rechts oder links bewegen. Haben Sie die gewünschte Seite gefunden, so genügt ein Mausklick auf die Vorschau, um die Seite im Browserfenster zu öffnen.

Ansonsten öffnen Sie eine Internetseite aus der Linksammlung ganz einfach, indem Sie auf das Lesezeichen in der breiten rechten Spalte doppelklicken. Schon geht das Sammlungsfenster zu, und die Webseite wird angezeigt.

Die ausführliche Linksammlung hat übrigens ein praktisches **Suchfeld** rechts oben im Vorschau-Fenster. Dieses können Sie nutzen, wenn Sie nicht mehr wissen, in welchem Ordner Ihrer Linksammlung Sie eine Internetadresse abgelegt haben. Von daher ist es wichtig, dass Sie Ihre in der Linksammlung abgelegten Lesezeichen sinnvoll benennen.

Übrigens gibt es noch eine dritte Variante, Internetadressen in Safari abzulegen – und zwar im Menü unter *Lesezeichen*. Somit hat man (neben der Lesezeichenleiste und der Lesezeichensammlung) einen dritten Ablageplatz für Links, auf die man mit zwei Mausklicks zugreifen kann. Einträge ins Menü *Lesezeichen* fügt man nach dem Aufrufen der gewünschten Webseite hinzu, indem man im Menü den Eintrag *Lesezeichen hinzufügen…* (Tastaturkürzel ⌘ – D) wählt. Zum Aufrufen der dort abgelegten Internetseiten klickt man auf den Internetseiten-Eintrag wie bei anderen Einträgen im Menü.

In der Linksammlung finden Sie übrigens auch den **Verlauf** (in vielen Browsern auch *History* genannt), in dem die von Ihnen besuchten Websites festgehalten werden. Wenn Sie links oben in der Leiste den Eintrag *Verlauf* auswählen, so sehen Sie rechts nicht nur die Liste der zuletzt besuchten Internetseiten, sondern darüber auch die Miniaturen der Webseiten, die Sie mit dem Scrollrad der Mighty Mouse bequem durchgucken können. Um eine bereits besuchte Webseite wieder zu öffnen, müssen Sie nur auf deren Eintrag oder auf deren Vorschaubild klicken.

Surfen mit Tabs

Fast alle modernen Browser haben inzwischen **Tabs**, um mehrere Seiten in einem einzigen Programmfenster geöffnet zu halten (selbst Microsoft konnte sich mit dem neuen Internet Explorer 7 für Windows nach längerer Verleugnung diesem Feature nicht mehr verschließen). Tabs würde man auf Deutsch als »Registerkarte« oder »Karteireiter« bezeichnen.

Das Prinzip ist ganz einfach: Man kann mehrere Internetseiten in einem Programmfenster öffnen – diese werden in den Karteireitern (also den Tabs) unter der Lesezeichenleiste angezeigt. Der aktive Tab ist dabei heller und wirkt grafisch nach vorne geschoben. Um zu einem anderen Tab zu wechseln, reicht es, wenn man mit der Maus auf den gewünschten Tab klickt. Auch mit der Tastatur lässt sich zwischen den einzelnen Tabs hin- und her wechseln. Verwenden Sie hierzu ctrl – ⇥ (Tabulatortaste), um zum nächsten Tab rechts zu gelangen, oder ⇧ – ctrl – ⇥, um den Tab links vom derzeit aktiven auszuwählen.

Tabs sind deswegen so sinnvoll, weil man von einer Ausgangsseite (zum Beispiel einem Google-Suchergebnis) aus neue Links in einem neuen Tab-Fenster öffnen kann, ohne dass die Ausgangsseite verloren geht.

Probieren Sie es aus. Suchen Sie in Google nach einem Stichwort, klicken Sie dann auf eines der angezeigten Suchergebnisse und halten Sie beim Klicken die ⌘-Taste gedrückt. Je nachdem, ob Sie in den Einstellungen von Safari unter Tabs den Eintrag *Tabs und Fenster nach dem Anlegen auswählen* markiert haben oder nicht, öffnet sich der neue Tab im Vorder- oder im Hintergrund. Die Google-Seite bleibt in einem Tab erhalten – Sie können jederzeit zu dem Suchergebnis zurückkehren.

TIPP

Wenn Sie in den Einstellungen von Safari im Bereich Tabs *Neue Tabs oder Fenster im Vordergrund öffnen* nicht aktiviert haben, können Sie bei gedrückter ⌘-Taste von einem Suchergebnis gleichzeitig mehrere Links anklicken – diese werden im Hintergrund in neuen Tabs geöffnet. Anschließend können Sie die aufgerufenen Seiten nacheinander anschauen. Ist *Neue Tabs oder Fenster im Vordergrund öffnen* in der Checkbox markiert, müssen Sie zum Öffnen von Webseiten in nicht aktiven Tabs die ⇧- und die ⌘-Taste beim Aufrufen der URL gleichzeitig gedrückt halten.

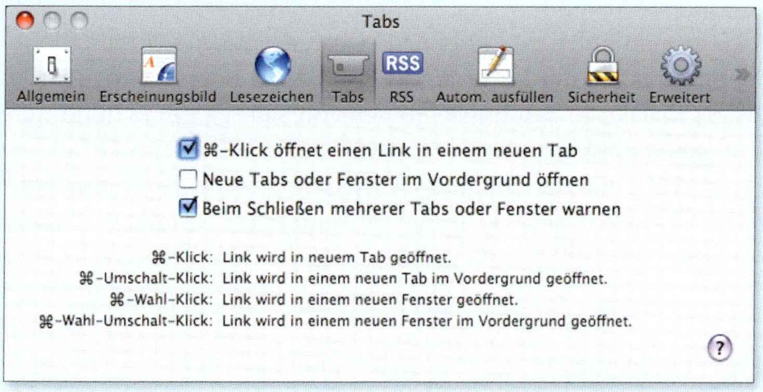

Top Sites

Eine der großen Neuerungen in Safari 4 ist die Einführung von **Top Sites**. Darunter versteht Apple eine Übersicht von besonders häufig mit Safari benutzten Webseiten, die grafisch ansprechend in einem Browserfenster angezeigt werden:

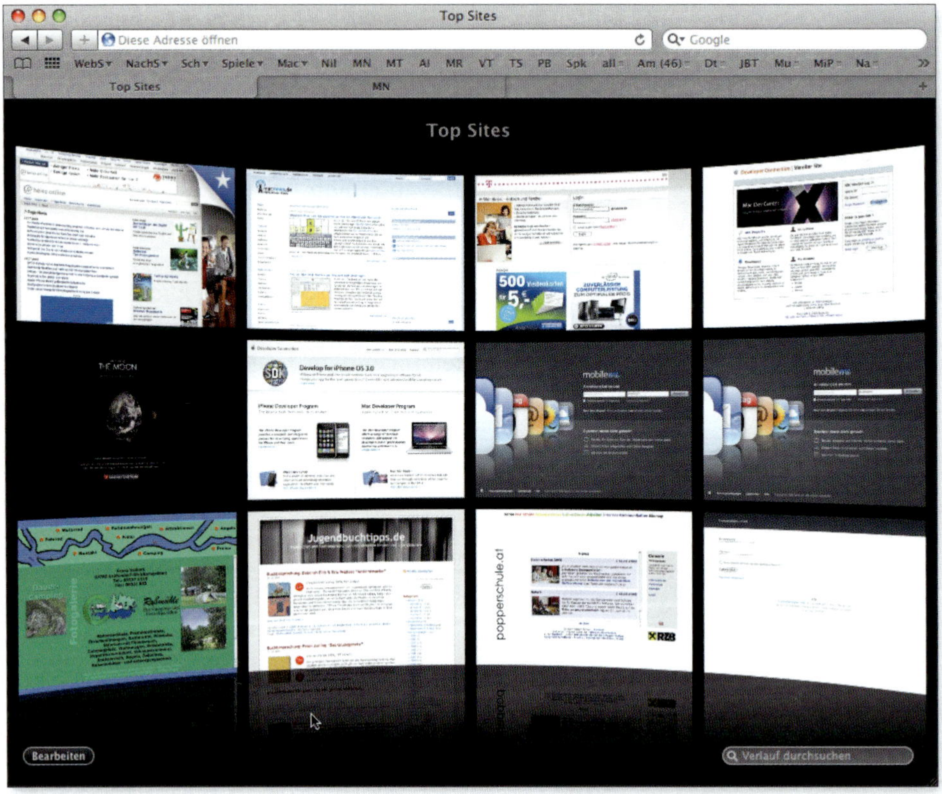

Die Darstellung der Top Sites sieht nicht nur gut aus, sondern ist auch praktisch.

Seine Top Sites kann man aufrufen, indem man auf den bereits vorgestellten Button (der zweite von links) in der Lesezeichenleiste klickt oder das Standardtastaturkürzel ⇧ – ⌘ – 1 drückt. In den Einstellungen von Safari kann man im Bereich *Allgemein* auch angeben, dass man beim Start von Safari oder beim Öffnen neuer Browserfenster und -Tabs von der Top Sites-Ansicht begrüßt wird. Dadurch sehen Sie eine praktische Übersicht der von Ihnen besonders oft benutzten Webseiten und können mit einem Mausklick auf ein Vorschaubild eine dieser Webseiten öffnen.

Das Beste an Top Sites ist jedoch, dass Sie sich hier auch von Ihnen vorgegebene Webseiten, sozusagen Ihre Favoriten, anzeigen lassen können. Und das geht so:

1. Öffnen Sie, wie oben beschrieben, die Top Sites-Ansicht und klicken Sie nun auf den Button *Bearbeiten* links unten im Browserfenster. In jeder Webseiten-Miniatur sehen Sie nun einen »X«, um die Seite aus den Top Sites zu entfernen.
2. Das Hinzufügen anderer Webseiten funktioniert wie folgt: Geben Sie die Internetadresse der gewünschten Webseite in die Adresszeile von Safari ein, ohne sie jedoch mit der ↵-Taste zu öffnen.
3. Ziehen Sie anschließend das Weltkugelsymbol (oder Favicon) vor der Internetadresse in der Adresszeile mit gedrückter linker Maustaste an die gewünschte Stelle der Top Sites-Darstellung. Die anderen angezeigten Webseiten-Miniaturen machen nun für Ihren neuen Eintrag Platz.
4. Lassen Sie dann die Maustaste los – Ihre gewünschte Webseite ist nun fest bei den Top Sites aufgenommen.

Auf diese Art und Weise können Sie nun nach und nach Ihre eigenen Top Sites, sozusagen Ihre Webseiten-Favoriten zusammenstellen. Schließen Sie die Bearbeitung mit einem Klick auf den Button *Fertig* links unten im Browserfenster ab. Ab sofort haben Sie über die Funktion *Top Sites* immer schnellen Zugriff auf Ihre Lieblingswebseiten.

Vielleicht haben Sie außerdem schon bemerkt, dass sich rechts unten in der Top Sites-Darstellung ein dreigeteilter Button mit den Einträgen *klein*, *mittel* und *groß* befindet. Was es damit auf sich hat, ist schnell erklärt (Sie können es auch einfach selbst ausprobieren): Beim Eintrag *klein* werden 6 mal 5 Webseiten angezeigt – Sie können also die Anzahl der in Top Sites angezeigten Webseiten somit auf 30 erhöhen – allerdings zu Ungunsten der Größe der Vorschauminiaturen, die dann schlechter zu erkennen sind. Bei der normalen Einstellung *mittel* sehen Sie 4 mal 3 (also 12) Webseiten, während *groß* die Anzahl der Webseitenminiaturen auf 6 (3 mal 2) verringert.

RSS

Wenn Sie sich schon ein bisschen mit Safari vertraut gemacht haben, ist Ihnen vielleicht aufgefallen, dass nach dem Laden mancher Internetseiten im Adressfeld am rechten Rand folgendes Symbol mit den Buchstaben RSS zu sehen ist:

RSS (Really Simple Syndication) ist ein Protokoll für Newsreader. Das sind spezielle Programme, mit denen sich Nachrichtenseiten bequem nach neuen Meldungen durchsuchen lassen.

Versuchen Sie einmal Folgendes: Rufen Sie beispielsweise www.apfelwahn.de auf. Nach dem Laden der Seite sehen Sie rechts in der Adressleiste das blaue RSS-Feld. Klicken Sie darauf. Es öffnet sich eine Übersichtseite mit den aktuellen Berichten auf Apfelwahn.de.

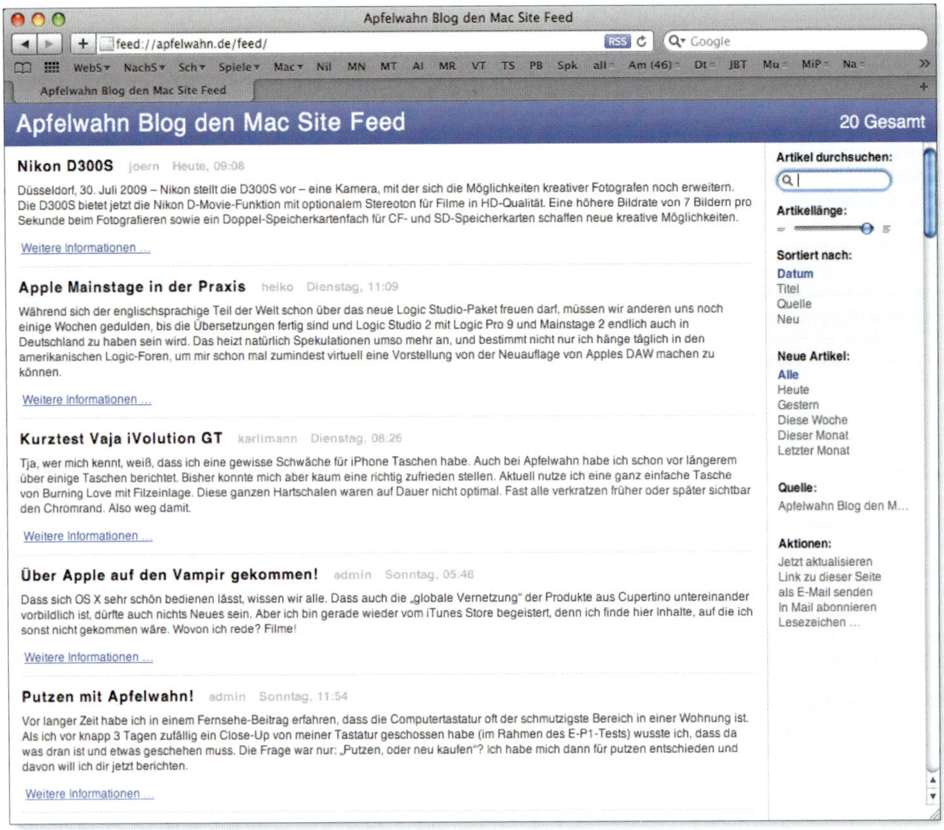

Die Nachrichtenübersicht von Apfelwahn.de in der RSS-Ansicht

Man sieht die jeweiligen Überschriften der Meldungen, darunter bei den meisten Webseiten auch den Beginn des dazugehörigen Nachrichtentextes. In der rechten, grauen Spalte der RSS-Seite können Sie die Nachrichten im Übrigen nach verschiedenen Kriterien (Datum, alphabetisch nach Titeln etc.) ordnen oder nur bestimmte Nachrichten anzeigen lassen (etwa vom heutigen oder gestrigen Tag).

Wenn Sie den ganzen Beitrag einer Nachricht lesen wollen, so können Sie entweder auf die Überschrift des Eintrags oder auf den blauen Link am Ende (*Weitere Informationen…*) klicken. Wenn Sie dabei die ⌘-Taste gedrückt halten, wird die Nachricht in einem neuen Tab geöffnet.

RSS-Seiten können übrigens genauso wie normale Internetseiten in der Lesezeichenleiste abgelegt werden. Das Besondere an RSS-Seiten ist, dass Safari sie automatisch im Hintergrund alle 30 Minuten aktualisiert (Sie können in den Einstellungen von Safari unter *RSS* auch einen anderen Zeitraum für die Aktualisierung auswählen). Wenn hinter einem RSS-Lesezeichen in Klammern eine Zahl steht, so heißt dies, dass seit dem letzten Aufrufen der RSS-Seite so viele neue Nachrichten hinzugekommen sind. Neue Einträge auf der RSS-Seite sind durch einen blaugrauen Rahmen hervorgehoben.

Etwas komplizierter wird es, wenn man in Safari mehrere RSS-Seiten gleichzeitig in einer Browserseite anzeigen lassen will. Da dies aber sehr nützlich ist, sei das Vorgehen hierfür beschrieben:

1. Legen Sie in der Lesezeichenleiste einen neuen Ordner an, den Sie beispielsweise »RSS-Übersicht« nennen.
2. Rufen Sie mehrere Internetseiten mit RSS auf und wählen Sie bei jeder Seite die RSS-Ansicht. Schieben Sie dann den Link jeder Internetseite aus der Adressleiste in den »RSS-Übersicht« genannten Ordner.
3. Klicken Sie anschließend am Anfang der Lesezeichenleiste auf das Buchsymbol für die Lesezeichensammlung.
4. Wählen Sie nun in der linken Spalte den Eintrag *Lesezeichenleiste* mit der Maus aus.
5. Jetzt sehen Sie in der rechten, breiten Spalte den Ordner *RSS-Übersicht*. Klicken Sie hier rechts neben dem Ordnernamen auf das Kästchen für *Auto-Klick*, so dass dieses markiert ist. Sie sehen nun, dass in der Lesezeichenleiste neben dem Ordner *RSS-Übersicht* nicht mehr ein dreieckiges Ordnersymbol, sondern ein kleines Quadrat zu sehen ist.

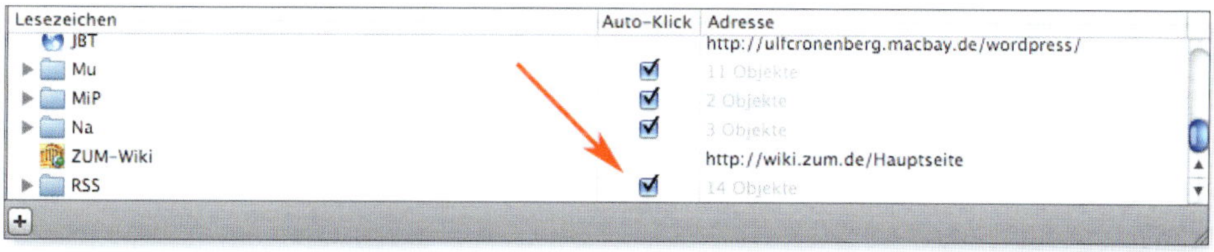

6. Verlassen Sie nun die Lesezeichensammlungen mit einem Klick auf das Buchsymbol.
7. Wenn Sie nun auf den Ordnernamen *RSS-Übersicht* klicken, öffnet sich eine RSS-Übersichtsseite, auf der die Nachrichten aller in den Ordner geschobenen RSS-Seiten zusammengefasst sind.

Dashboard-Widgets von Internetseiten

Schon in Version 3 von Safari wurde ein neues Feature integriert, das auch in der aktuellen Version enthalten ist: Teile von Internetseiten lassen sich als **Dashboard-Widget** abspeichern. Wollen Sie zum Beispiel regelmäßig überprüfen, ob auf einer

Webseite neue Einträge hinzugekommen sind, so müssen Sie nicht mehr Safari öffnen. Sie können stattdessen in Safari einmal ein Dashboard-Widget der Webseite erstellen und fortan über Dashboard überprüfen, ob es neue Meldungen gibt.

Wie das funktioniert, lässt sich am besten an einem Beispiel veranschaulichen:

Öffnen Sie zum Beispiel www.tagesschau.de. Hier findet man immer die Hauptnachricht des Tages am Anfang des mittleren Nachrichtenblocks. Wie Sie diese Hauptnachricht in einem Dashboard-Widget anzeigen lassen können, soll nun erläutert werden.

1. Wählen Sie im Menü *Ablage* den Eintrag *In Dashboard öffnen*. Sie sehen, dass die Webseite abgedunkelt und gleichzeitig ein weißes Auswahlfenster sichtbar wird, das sich mit dem Mauszeiger beim Bewegen über die Webseite unter Umständen verschiebt.
2. Wählen Sie so den Webseitenbereich, aus dem später ein Widget werden soll. (Wenn er nicht genau Ihren Vorstellungen entspricht, können Sie den Bereich später noch im nächsten Schritt verändern.) Klicken Sie dann mit der linken Maustaste auf den ausgewählten Bereich.

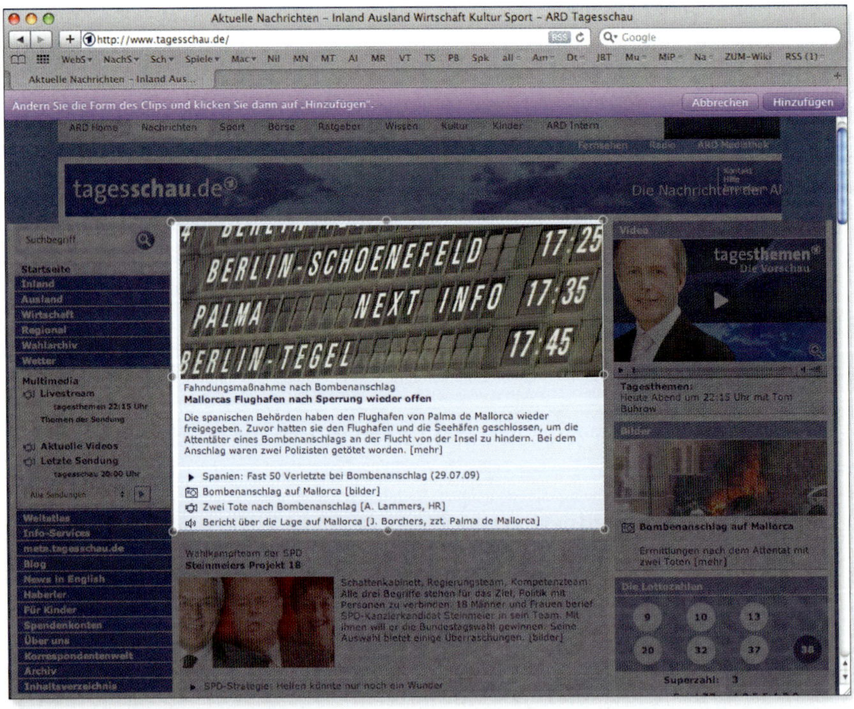

Mit Safari ein Dashboard-Widget von einer Internetseite erstellen: Der weiße Auswahlbereich kann mit Hilfe der Tastpunkte beliebig vergrößert werden.

3. Sie sehen nun Tastpunkte an den Seiten und Ecken des ausgewählten Bereichs und können den Bereich noch genauer anpassen, indem Sie die Tastpunkte verschieben und damit den späteren Widget-Bereich verändern.
4. Klicken Sie anschließend mit der Maus rechts oben in der lila Leiste auf den Button *Hinzufügen*. Es öffnet sich hierauf Dashboard, und der ausgewählte Bereich der Webseite wird in Dashboard geladen und angezeigt. Schon ist Ihr individuelles Dashboard-Widget fertig.

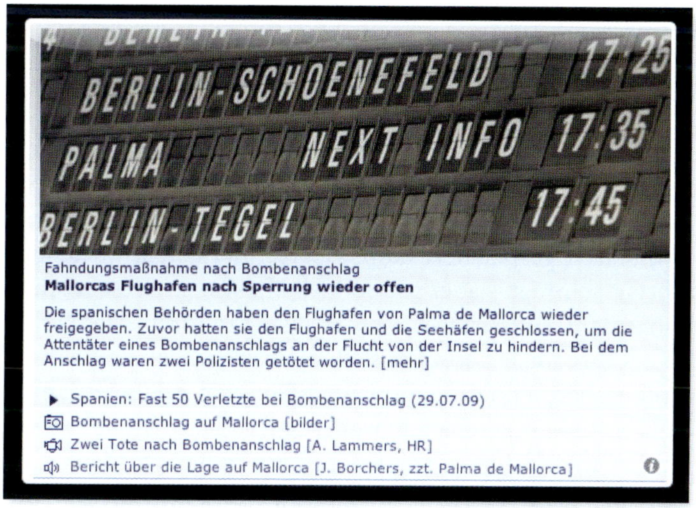

Der Teilbereich einer Webseite als Dashboard-Widget

Sie können es noch mit einem anderen Rahmen versehen, indem Sie mit der Maus über die rechte untere Ecke des Widgets fahren und auf das dann sichtbare »i«-Symbol klicken. Das Widget wird umgedreht und bietet eine Auswahl an Rahmen an.

Wollen Sie nun überprüfen, ob es auf der Tagesschau-Webseite eine neue Hauptnachricht gibt, so müssen Sie fortan nicht mehr Safari öffnen, sondern können das auch über die Aktivierung von Dashboard (z.B. mit der Dashboard-Taste auf Apples neueren Tastaturen) tun. Sehr praktisch!

Übrigens: Viele Kinder mögen Browserspiele (wobei es ja auch Erwachsene geben soll, die ab und zu ein Spiel wagen) – und auch diese lassen sich in Safari in den meisten Fällen auf dem oben beschriebenen Weg in ein Dashboard-Widget umwandeln. Man muss dann den Auswahlrahmen für das zu erstellende Widget eben um das Browserspiel herum setzen.

Einstellungen

Safari bietet sehr viele weitere Einstellungsmöglichkeiten, einige davon (zum Beispiel zu Tabs und zu RSS) wurden bereits erwähnt und erläutert. Da die meisten Einstellmöglichkeiten selbsterklärend sind, können Sie sich selbst auf Safari begeben und gucken, welche der eigentlich selbsterklärenden Einstellungsmöglichkeiten Sie favorisieren. Vier Tipps dazu dennoch:

- Unter **Erscheinungsbild** können Sie die Schriftart und -größe für die Darstellung von Internetseiten angeben. Eine besonders gut lesbare Schrift für Webseiten, die der Autor dieser Ausführungen bevorzugt, ist Lucida Grande in der Größe 14. (Die meisten Webseiten geben aber die Schrift inzwischen sowieso vor und lassen somit dem Browser keine Wahl.)
- Mit den Einstellungen unter **Automatisch ausfüllen** sollten Sie vorsichtig umgehen. Dies gilt insbesondere für Benutzernamen und Kennwörter. Lassen Sie Safari Kennwörter speichern, so wird zum Beispiel Ihre Kreditkartennummer in verwendeten Formularen gespeichert (wobei Safari bei jedem Speichern eines neuen Kennworts nachfragt – aber wie schnell klickt man versehentlich auf *OK* …). Sollte also jemand anderes als Sie auch Zugang zu Ihrem Mac haben, so könnte die Person auf Ihre Kosten etwas bestellen. Deswegen lässt man diese praktische, aber wenig sichere Funktion zum Ausfüllen von Benutzernamen und Kennwörtern am besten ausgeschaltet (wobei es durchaus Kinder geben soll, die sich über eine solche Nachlässigkeit Ihrer Eltern freuen würden).
- Sehr praktisch ist unter der Einstellung *Sicherheit* die Funktion **Pop-Ups unterdrücken** – so werden Sie von vielen nervigen Werbefenstern, die beim Besuch mancher Webseiten automatisch aufgehen, verschont. Manchmal verhindert man dadurch aber leider auch, dass notwendige Zusatzfenster von Internetseiten geöffnet werden können. Deaktivieren Sie dann gegebenenfalls diese Funktion kurzfristig im Menü *Ablage* oder mit dem Tastenkürzel ⇧ – ⌘ – K.
- Auch wenn man sich fragen mag, wer hier was zu verstecken hat: Safari kennt seit Version 3 das sogenannte **Private Surfen** – d. h., dass nicht im Verlauf aufgezeichnet wird, welche Webseiten von Ihnen besucht werden. Sie aktivieren diese Funktion über das Menü *Safari* mit dem Eintrag *Privates Surfen …* Wenn Sie die Funktion aufrufen, wird Ihnen in einem Bestätigungsfenster erst noch einmal genau erläutert, was es damit auf sich hat.

Erweiterungen für Safari

Safari ist ein schlanker Browser, der einige Features, die sich fortgeschrittene Computernutzer wünschen, vermissen lässt. Doch glücklicherweise lässt sich Safari durch Plugins erweitern, die dem Browser weitere Möglichkeiten spendieren. Bereits weiter oben wurden zwei Erweiterungen für das Suchfeld (Inquisitor und

Glims) erwähnt. Einige Plugins, die sich einiger Beliebtheit erfreuen, seien hier kurz vorgestellt:

- Werbeblocker: Werbung auf Webseiten ist nicht jedermanns Sache – und kann außerdem zwiespältig betrachtet werden. Einerseits werden durch Werbebanner viele kostenlose Internetseiten finanziert, andererseits gibt es Seiten, die so mit Werbung überfrachtet sind, dass die Inhalte beinahe zur Nebensache zu werden scheinen.
  Der bekannteste kostenpflichtige Werbeblocker für Safari ist wohl **PithHelmet** (http://www.culater.net/software/PithHelmet/). Leider pflegt der Autor das bis dato sehr wirksame Plugin in letzter Zeit nicht mehr ausreichend, so dass PithHelmet manchmal nur noch mit Tricks, über die man sich u.a. bei www.ratschlag24.com informieren kann, mit gerade neu erschienenen Safari-Versionen zusammenarbeitet. Zwei kostenlose Alternativen zu PithHelmet sind **SafariBlock** und **Safari AdBlock**, die Sie u.a. bei www.macupdate.com herunterladen können. Aber auch hier mag es das Problem geben, dass Sie mit der jeweils neuesten Version von Safari nicht zusammenarbeiten.
- Eine weitere beliebte Erweiterung, die jedoch auch einen kleinen Obolus erfordert, ist **Saft**. Das Plugin erweitert Safari u.a. um eine Vollbildschirmdarstellung, stellt beim erneuten Öffnen von Safari den Zustand der letzten Safari-Sitzung wieder her (mit allen geöffneten Fenstern und Tabs) und hält auch einen etwas weniger zuverlässigen Werbeblocker bereit. Herunterladen können Sie das Plugin hier: http://haoli.dnsalias.com/Saft/
- Für sicherheitsbewusste Computernutzer lässt auch Safari 4 eine umfassende Cookie-Verwaltung vermissen. Was Cookies sind? Wenn Amazon Ihnen heute beim Aufrufen der Webseite zufällig auf der Startseite die Bücher und DVDs präsentiert, über die Sie sich gestern beim Internetversandhandel informiert haben, so liegt das daran, dass Amazon auf Ihrer Festplatte eine kleine Textdatei abgelegt hat, die speichert, welche Amazon-Seiten Sie besucht haben. Solche Textdateien nennt man Cookies – und viele Computernutzer stört es, dass solche Daten gesammelt werden. In vielen Browsern kann man einstellen, dass Cookies, die z.B. für das automatische Einloggen in einem Forum durchaus sinnvoll sind, nur von bestimmten Webseiten angelegt werden dürfen – in Safari geht das jedoch nicht. Abhilfe schafft das noch nicht ganz fertiggestellte, aber schon jetzt tadellos funktionierende Plugin **Safari Cookies**. Damit lässt sich einstellen, welche Cookies dauerhaft gespeichert und welche beim Beenden von Safari gelöscht werden sollen.

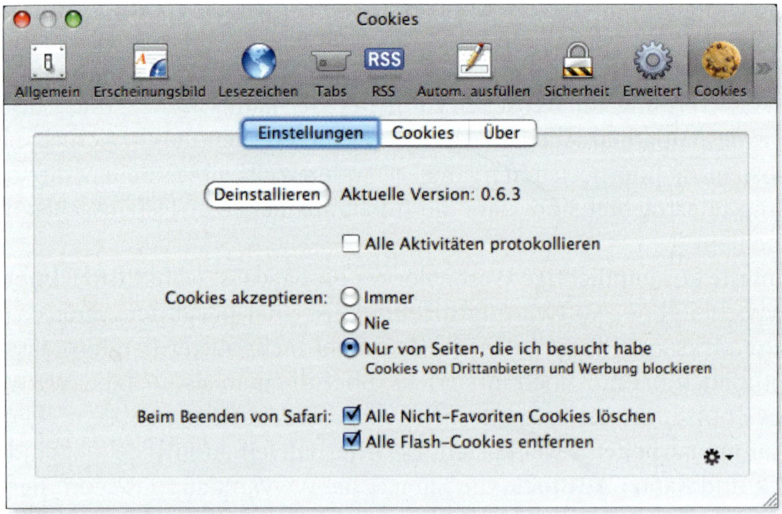

Die Einstellungsmöglichkeiten des Plugins Safari Cookies

POWER USER

Auf vielen Webseiten muss man – z.B. um eine Nachricht für den Betreiber einer Webseite zu hinterlassen – Texte in Formularfelder eingeben. Doch oft sind die dafür vorgesehenen Felder recht klein, was das Eingeben und die spätere Korrektur des Geschriebenen etwas kompliziert macht.

Doch mit Safari ist das kein Problem mehr, denn solche Texteingabefelder lassen sich schnell und einfach in einer Webseite vergrößern. Hierzu muss man lediglich den Taster in der rechten unteren Ecke des Eingabefeldes (dort, wo sich im Screenshot der Mauszeiger befindet) mit gedrückter linker Maustaste nach unten und/oder nach rechts schieben – schon ist das Texteingabefeld deutlich größer.

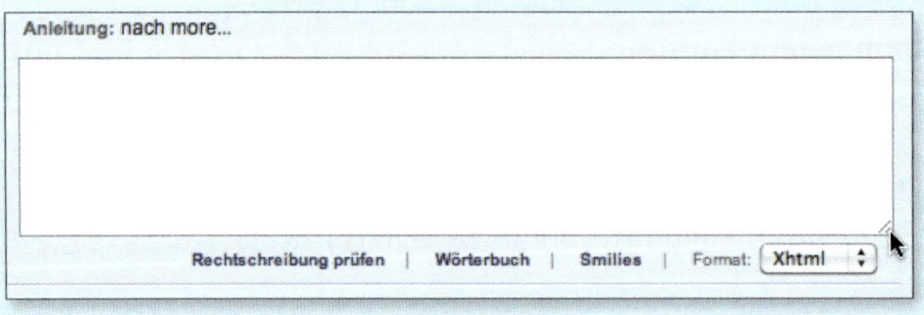

Der Rest der Webseite passt sich automatisch an die neuen Einstellungen an. Sehr praktisch!

Mail

Um es gleich vorwegzunehmen: Man braucht schon eine Lupe, um Neuerungen in Apples E-Mail-Programm Mail im Vergleich zu der Version von Mac OS X 10.5 Leopard zu finden. Neue Features sind eigentlich keine zu erkennen – nur ein paar Nebensächlichkeiten (z.B. in den Einstellungen) sind an Änderungen zu bemerken. Außerdem ist anzunehmen, dass der Code für das Programm optimiert wurde. Aber ansonsten wird man nichts Aufsehenerregendes bemerken ... Aber gut: Mail war und ist ein ausgereiftes Programm, mit dem man gerne und komfortabel arbeiten kann.

Neben einem Browser zum Internetsurfen gehören Mail-Programme sicher zu der am häufigsten verwendeten Software. Apples Mail-Programm trägt den schlichten, aber treffenden Namen »Mail« und bringt eigentlich alles mit, was der normale Computernutzer benötigt. Auch in der Version von Mac OS X 10.6 ist Mail mehr als nur ein reines Mailprogramm – man kann damit auch Notizen und Aufgaben verwalten, außerdem RSS-Nachrichten anzeigen lassen. Mit den integrierten Vorlagen kann man zudem ansehnliche Mails verfassen.

Viele Computernutzer schreiben ihre Mails noch immer im Browser bei ihrem Mail-Anbieter (z.B. Web.de oder GMX) – das ist praktisch, wenn man viel unterwegs und an verschiedenen Computern arbeitet. Doch wirklich komfortabel ist das Schreiben und Verwalten von Mails erst, wenn man hierfür ein spezielles Mail-Programm nutzt, denn damit kann man ältere Mails archivieren und über die Suchfunktion schnell wiederfinden. Wenn man häufig auf Reisen ist, so ist es weiterhin möglich, das Webmail-Interface eines Providers zu verwenden, gesendete und empfangene Mails werden trotzdem in Mail gespeichert (vorausgesetzt, man hat hierfür die richtigen Einstellungen gewählt).

Bevor wir uns die Möglichkeiten von Mail anschauen, sollten Sie sich mit der Benutzeroberfläche des Programms in der folgenden Abbildung vertraut machen.

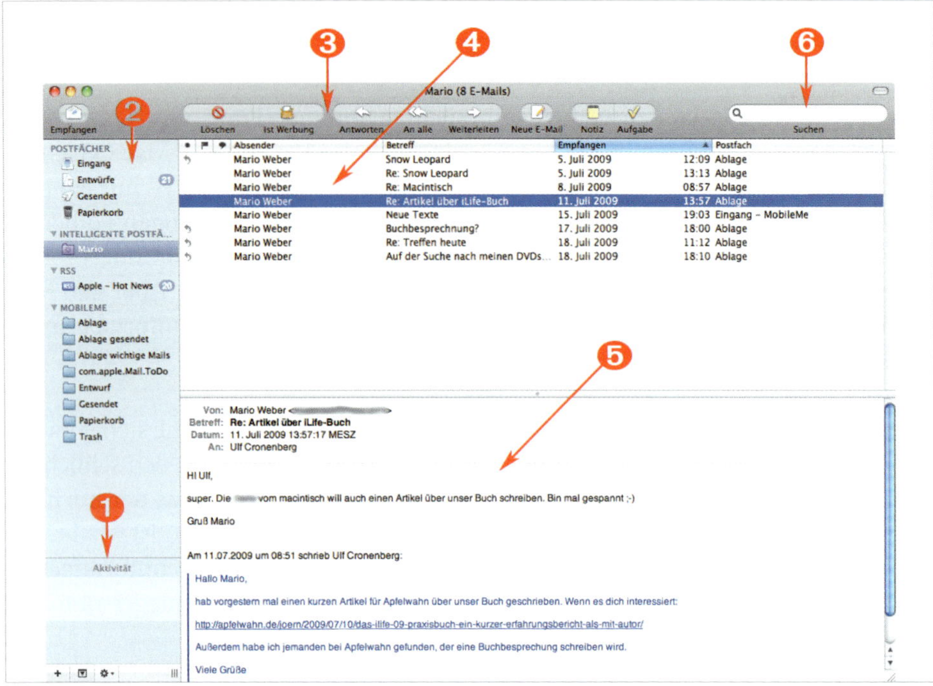

Die Benutzeroberfläche von Mail

1. Aktivitätsanzeige (Information über Netzwerkaktivität von Mail)
2. Postfach-Leiste
3. Symbolleiste (kann mit einem Rechtsklick auf einen leeren Bereich über die Funktion *Symbolleiste anpassen …* verändert werden)
4. Nachrichten-Übersicht (die unten angezeigte Mail ist markiert dargestellt)
5. Anzeige der ausgewählten E-Mail (oben der sogenannte Header mit den Daten, unter dem Trennstrich der Mailtext)
6. Suchfeld

Einrichten von Mail-Accounts

Um Mails empfangen und senden zu können, muss zunächst ein Mail-Account eingerichtet werden. Die meisten Provider (wie T-Online oder Arcor), über die man sich ins Internet einwählt, bieten gratis zu dem Online-Zugang auch einen oder mehrere Mail-Accounts an. Sollten Sie trotzdem noch keinen Account haben, so können Sie sich bei einem der kostenlosen Freemail-Anbieter (z.B. Web.de, GMX oder Freenet) übers Internet eine E-Mail-Adresse besorgen. Besonders komfortabel ist ein MobileMe-Account von Apple, doch dieser ist kostenpflichtig.

Um in Mail einen E-Mail-Konto einzurichten, öffnen Sie bitte über das Menü *Mail* und den Eintrag *Einstellungen* das Einstellungsfenster. Das Tastenkürzel hierfür lautet ⌘ – , (Komma). Wählen Sie dort den Eintrag *Accounts* aus.

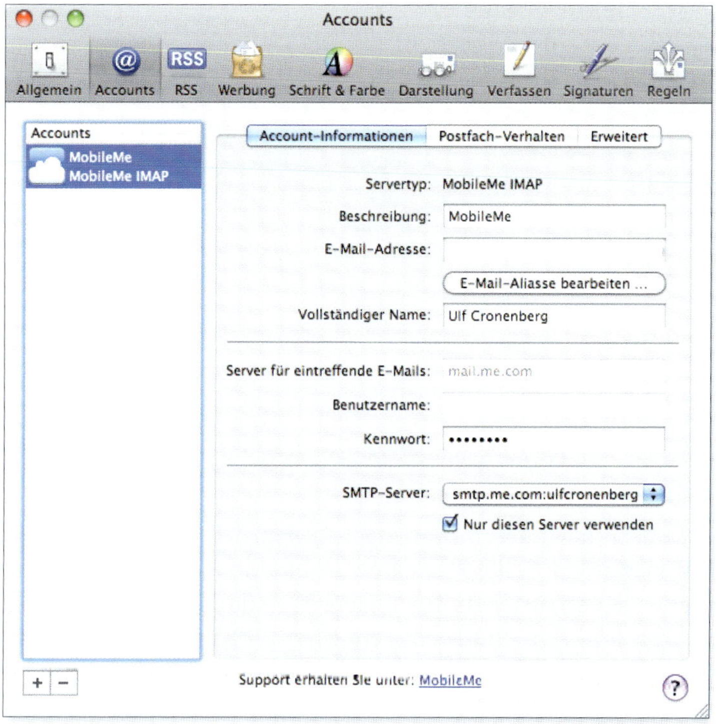

In den Einstellungen von Mail können unter Accounts neue Mail-Konten angelegt werden.

GRUNDLAGEN

Sollten Sie Mail das erste Mal starten, nachdem Sie Snow Leopard ganz neu auf Ihrem Mac eingerichtet haben, so kann es sein, dass automatisch ein Dialog zum Einrichten eines Mail-Accounts gestartet wird.

Im Fenster sehen Sie links unten ein Plus-Zeichen, auf das Sie klicken sollten, um Mail ein neues bzw. weiteres Mail-Konto hinzuzufügen. Es öffnet sich ein Fenster, in dem einige Eintragungen vorzunehmen sind. Spielen wir das an einem Account bei Web.de einmal durch:

Tragen Sie zunächst Ihren Namen (z.B. »Michaela Muster«), darunter die Mailadresse (»Michaela.Muster@web.de«) und schließlich Ihr Passwort für den Mail-Account ein.

Das Dialogfenster zum Einrichten eines neuen Mail-Accounts

Über den Button *Fortfahren* gelangen Sie ins nächste Fenster. Nun müssen Sie oben den Account-Typ auswählen. Sollten Sie einen MobileMe-Account von Apple haben, so ist nicht mehr viel einzustellen, für unsere Web.de-Probe-Mailadresse wählen wir jedoch als Account-Typ »POP« aus (ein Mail-Protokoll, das eigentlich bei allen Mail-Adressen funktioniert). Unter *Beschreibung* setzen Sie einen Namen für den Account ein, z.B. »Web.de-Mails«.

Die nun folgenden Eintragungen müssen Sie u.U. bei Ihrem Provider erfragen (oder sich im Internet über eine Suchmaschine kundig machen – z.B. über die Suchbegriffe »Mailserver web.de«). Bei Web.de heißt der Server für eintreffende Mails z.B. pop3.web.de. Tragen Sie den Namen des Servers ein. Der Username ist meist der Teil der Mail-Adresse vor dem @-Zeichen, in unserem Fall also »Michaela.Muster«. In der nächsten Zeile steht möglicherweise schon das Passwort geschützt in Punkten, wenn nicht, geben Sie Ihr Mail-Passwort noch einmal ein.

Die Eintragungen für den Beispiel-Account bei Web.de

Nachdem Sie auf *Fortfahren* geklickt haben, überprüft das Programm kurz, ob eine Verbindung zum Mailserver möglich ist. Wenn Sie alle Eintragungen richtig vorgenommen haben, erscheint kurz darauf das nächste Fenster mit dem Titel *Sicherheit für eintreffende E-Mails*. Hier können Sie angeben, ob die SSL-Verschlüsselung für eintreffende Mails verwendet und welche Identifizierungsmethode eingesetzt werden sollen. Dass Mails verschlüsselt über das Internet übertragen werden, ist sinnvoll – und die meisten Provider unterstützen das Verfahren auch. Lassen Sie also *SSL verwenden* aktiviert. Als Identifizierungsmethode ist normalerweise *Kennwort* die richtige Wahl.

Nach einem Mausklick auf den Button *Fortfahren* gelangen Sie zum nächsten Fenster, in dem der Server für ausgehende Mails eingetragen werden muss. Geben Sie hier zunächst einen Namen für den ausgehenden Server, den Sie selbst wählen können (z.B. Web.de-Ausgang), ein und tragen Sie im nächsten Feld die Serveradresse ein. Bei Web.de heißt der Ausgangsserver smtp.web.de. Bei anderen Mail-Anbietern müssen Sie das über den Anbieter oder über das Internet herausfinden. Die Checkbox *Nur diesen Server verwenden* sollte markiert sein. Sicherheitshalber sollten Sie außerdem *Identifizierung verwenden* einschalten, auch wenn das bei den meisten Mail-Accounts unnötig ist (schaden kann es aber nicht). *Benutzername* und *Passwort* sind in der Regel bereits eingetragen (ergänzen Sie beides ggf.).

Die Server-Einstellungen für ausgehende Mails

Sagte jemand, dass das kompliziert ist? Keine Sorge – gleich haben Sie es geschafft. Nach einem Klick auf *Fortfahren* werden Sie noch einmal gefragt, ob Sie auch für ausgehende Mails SSL (also die Verschlüsselung) verwenden wollen. Setzen Sie im Zweifelsfall das Häkchen und wählen Sie wieder *Kennwort* als Identifizierungsmethode. Abschließend werden Sie nun mit einer Zusammenfassung der von Ihnen eingetragenen Daten belohnt – ganz unten sollten Sie darauf achten, dass die Checkbox *Account online schalten* mit einem Häkchen versehen ist. Beenden Sie den Assistenten – und schon müssten Sie Ihre Mails mit Mail empfangen können.

Haben Sie mehrere Mail-Accounts, so wiederholen Sie diese Einrichtungsschritte einfach – Mail kann mehrere Mailadressen gleichzeitig beherbergen.

Sollte Ihr Provider es übrigens erlauben, Mails über das IMAP-Protokoll abzurufen und zu senden, so sollten Sie dieses Protokoll verwenden. Jedoch ist dies nur bei einigen Freemailern möglich (bei Web.de z.B. schon, bei GMX dagegen nicht). Die Einrichtung eines IMAP-Accounts funktioniert ähnlich wie oben beschrieben – nur gelten für IMAP-Konten meist andere Serveradressen (bei Web.de heißt der Server für eingehende Mails z.B. »imap.web.de«).

Kleine Liste der Serveradressen verschiedener Provider/Freemailanbieter

Provider	Eingangsserver (POP / IMAP)	Ausgangsserver
AOL (nur IMAP)	– / imap.de.aol.com	smtp.de.aol.com
Arcor	pop3.arcor.de / imap.arcor.de	mail.arcor.de
Chello	pop.chello.at / –	mgate.chello.at
Freenet	mx.freenet.de / mx.freenet.de	mx.freenet.de
GMX (IMAP kostenpfl.)	pop.gmx.net / imap.gmx.net	mail.gmx.net
Google Mail	pop.googlemail.com / imap.googlemail.com	smtp.googlemail.com
Hotmail	pop3.live.com / –	smtp.live.com
Macnews.de	webmail.macnews.de / webmail.macnews.de	webmail.macnews.de
MobileMe (nur IMAP)	– / mail.me.com	smtp.me.com
Mymail.ch	mail.mymail.ch / mail.mymail.ch	mail.mymail.ch
T-Online	pop.t-online.de / imap.t-online.de oder: popmail.t-online.de / secure-imap.t-online.de	mailto.t-online.de oder: smtpmail.t-online.de
Web.de	pop3.web.de / imap.web.de	smtp.web.de
Yahoo	pop.mail.yahoo.de / –	smtp.mail.yahoo.de

(Nach Servereinstellungen für weitere Provider müssen Sie im Internet oder in Ihren Providerunterlagen suchen.)

Einstellungen in Mail

Mail ist ein Programm, das sich vielfältig in den Einstellungen konfigurieren lässt (Sie erinnern sich: Das Tastenkürzel, um das Einstellungsfenster schnell aufzurufen, heißt ⌘ – ,). Die wichtigsten Tipps hierzu seien im Folgenden zusammengefasst:

Stellen Sie das automatische **Zeitintervall** zum Empfangen von Mail auf einen sinnvollen Wert – der Eintrag hierfür befindet sich im Bereich *Allgemein* des Einstellungsfensters. Wählen Sie dort bei *Empfang von Mails* die Vorgabe *Alle 15 Minuten* aus. Die Erfahrung zeigt, dass viele Freemail-Anbieter (z.B. Web.de) nur jede Viertelstunde eine Abfrage von Mails erlauben. Haben Sie ein kürzeres Zeitintervall gewählt, so kann es beim Mail-Empfang zu Fehlermeldungen kommen.

Natürlich können Sie auch manuell nach neuen Mails schauen, indem Sie in der Symbolleiste von Mail auf den Button *Empfangen* ganz links klicken. Beim Start von Mail überprüft das Programm außerdem automatisch Ihre Mail-Konten nach neuen Nachrichten.

Unter **Accounts** können Sie bei Ihren Mail-Konten noch weitere Einstellungen vornehmen – wählen Sie hierfür in der Liste links den entsprechenden Account aus und gehen Sie auf der rechten Seite die einzelnen Reiter (*Account-Information, Postfach-Verhalten* und *Erweitert*) durch. Allerdings sind die Standardeinstellungen, die Mail hier bei POP-Accounts automatisch anlegt, sinnvoll gewählt. (Bei IMAP-Konten dagegen sollte man selbst entscheiden, ob man Mail-Entwürfe und gesendete Mails auf dem Server oder im Mail-Programm gesichert haben will. Im Zweifelsfall ist das Sichern auf dem Server sinnvoll, weil Sie dann auch an anderen Computern über den Browserzugang zu Ihrem Account darauf zugreifen können.)

Unter **RSS** können Sie das Standard-RSS-Programm auswählen. Da meiner Meinung nach Safari hierfür das sinnvollere Programm in Mac OS X ist, sollten Sie dieses und nicht Mail eintragen.

Mail enthält einen sogenannten **Spam-Filter** zum automatischen Aussortieren von lästigen Werbe-Mails. Diesen aktiviert man im Einstellungsfenster unter *Werbung*. Da ein Werbefilter zunächst trainiert werden muss, um »erwünschte« von »unerwünschten« Mails zu unterscheiden, sollten Sie zunächst die Einstellung *Als unerwünschte Werbung markieren, aber im Posteingang belassen* aktivieren. Vermeintliche Werbe-Mails werden dann in Ihrem Posteingang mit brauner Schrift angezeigt. Mit einem Mausklick können Sie fälschlich als Werbe-Mail deklarierte Nachrichten im Anzeige-Fenster der Mail über den Button *Ist keine Werbung* oder den Button *Keine Werbung* in der Symbolleiste (Tastaturkürzel ⇧ – ⌘ – J) korrigieren. Hat Mail eine Nachricht nicht als Spam-Mail erkannt, so sollten Sie dies manuell selbst tun: entweder über das Menü *E-Mail / Markieren / Als unerwünschte Werbung*, den Button *Ist Werbung* in der Symbolleiste oder mit dem Standardtastaturkürzel ⇧ – ⌘ – J (das »J« steht übrigens – das sei als Merkhilfe erwähnt – für das englische »Junk«). Mail wird so nach und nach trainiert, Spam-Mails richtig zu erkennen. Alle anderen Einträge im Einstellungsfenster unter *Werbung* sollten Sie – wie von Mail vorgeschlagen – belassen.

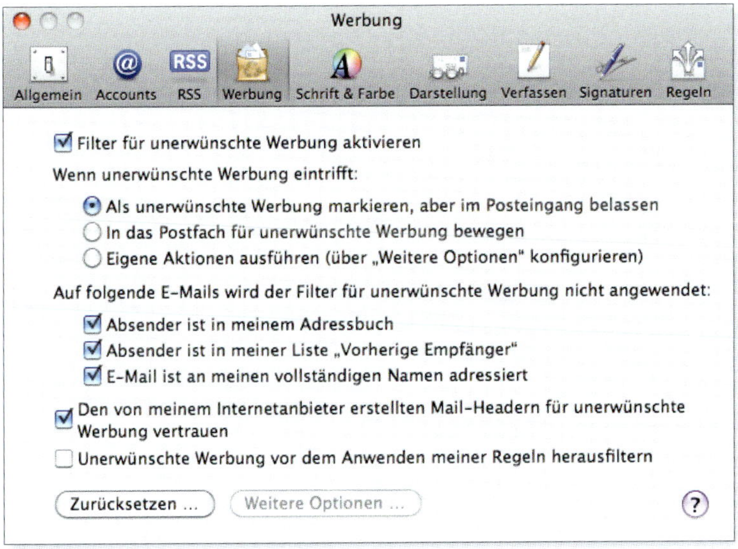

Die Einstellungen des Spam-Filters in Mail

Nach einer Trainingszeit von mehreren Wochen können Sie – wenn Sie den Eindruck haben, dass der Werbe-Filter schon recht zuverlässig arbeitet – dazu übergehen, dass Mail Werbung in ein eigenes Postfach sortiert (Einstellung: *In das Postfach für unerwünschte Werbung bewegen*). Schauen Sie dennoch ab und zu nach, ob in dem Mail-Ordner *Werbung* nicht versehentlich erwünschte Post an Sie enthalten ist.

Unter **Schrift & Farbe** können Sie z.B. die Schriftart und -größe in Mails verändern – das ist sinnvoll, wenn Ihnen die von Mail gewählte Standardschrift nicht gefällt oder diese für Sie schlecht zu lesen ist.

Der Eintrag **Verfassen** im Mail-Einstellungsfenster beinhaltet ebenfalls wichtige Konfigurationsmöglichkeiten. Mailpuristen z.B. verwenden als E-Mail-Format *Reiner Text* – die meisten Computernutzer bevorzugen jedoch *Formatierten Text*, denn nur so ist es möglich, in Mails fettgedruckten oder kursiven Text einzufügen und auch die Schriftart und -größe innerhalb einer Mail zu verändern. Außerdem können Sie in diesem Einstellungsfenster bestimmen, wie in Antwort-Mails mit dem Text der empfangenen Mail verfahren werden soll.

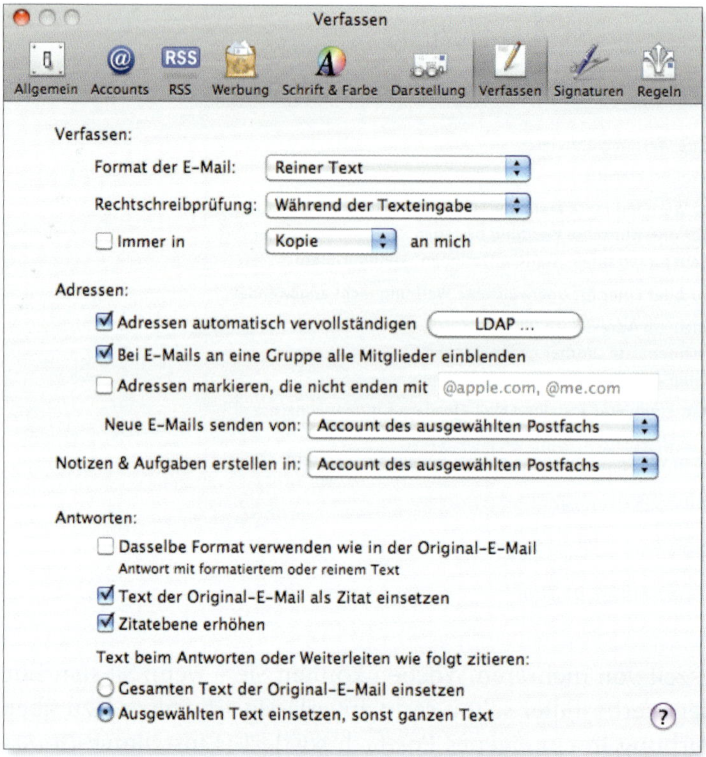

Sinnvolle Mail-Einstellungen unter Verfassen – zumindest für Mailpuristen …

Wollen Sie am Ende Ihrer Mails jeweils Ihre Adressdaten (oder einen schlauen Spruch) anfügen, so können Sie dies im Einstellungsfenster unter **Signaturen** automatisieren, indem Sie dort eine Signatur erstellen. (Übrigens beginnen Signaturen einem Mailstandard gemäß mit zwei Bindestrichen und einem Leerzeichen, worauf der eigentliche Text in der nächsten Zeile folgt.) Sie können hier mehrere Signaturen eingeben und diese auch an ein bestimmtes Ihrer Mailkonten koppeln.

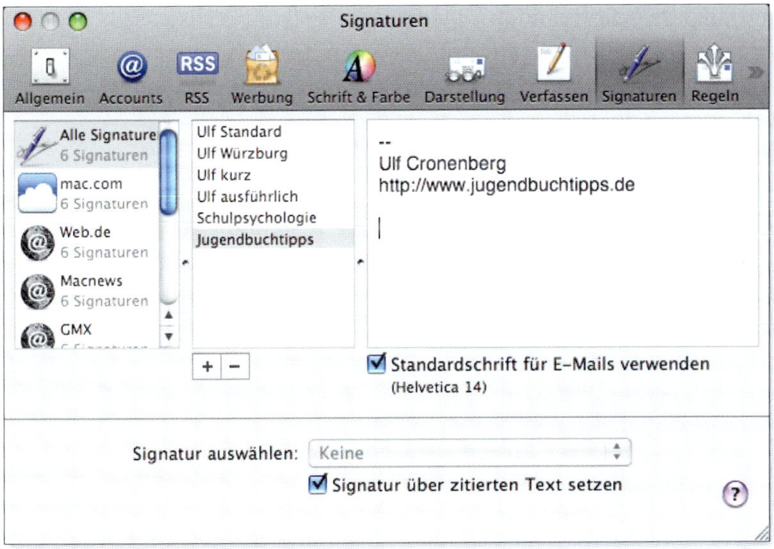

In Mail lassen sich mehrere Signaturen erstellen und an bestimmte Mail-Adressen binden.

Ganz unten im Einstellungsfenster *Signaturen* können Sie in einem Ausklappmenü übrigens eine Standardsignatur auswählen, die unter jeder Mail erscheint.

Der letzte Eintrag im Einstellungsfenster heißt **Regeln**. Ohne dies genauer zu erläutern die Einrichtungsdialoge hierfür sind selbsterklärend –, können Sie hier z.B. festlegen, dass Mails von Ihrer Kollegin automatisch in einen eigenen Ordner einsortiert oder Nachrichten von Ihrem Chef immer in Rot angezeigt werden (hoffentlich wählen Sie diese Farbe nicht, weil Sie bei Ihrem Chef immer »Rot sehen« oder »rot werden«). Das Beispiel für eine solche Regel sehen Sie in der folgenden Abbildung.

Alle Mails, die Sie an Ihren Chef schreiben, werden Rot markiert und automatisch in den Ordner »Chef« verschoben.

Nach der Erläuterung der grundlegenden Dinge sollten Sie dafür gerüstet sein, bequem mit Mail arbeiten zu können. Wenden wir uns deswegen dem Schreiben von Mails zu – und hier sollen Sie mit allen Kniffen vertraut gemacht werden, die dazu nötig sind.

Verfassen von Mails

Um eine **neue Mail** zu schreiben, können Sie entweder in der Symbolleiste mit der Maus auf den Butten *Neue E-Mail* klicken oder das Tastenkürzel ⌘ – N verwenden. Geben Sie nun im Fenster, das sich geöffnet hat, zunächst die Mailadresse des Empfängers ein (Sie können hierbei auch über den Button *Adressbuch* auf Ihre Adressbuchdaten in Mac OS X zurückgreifen und in dem sich öffnenden Fenster eine oder mehrere Mailadressen auswählen). Mail unterstützt Sie bei der manuellen Eingabe der Mailadresse, indem es bekannte Adressen, die im Adressbuch vorliegen oder von denen Sie bereits eine Mail bekommen haben, automatisch vervollständigt. Werden hier mehrere Vorschläge unterbreitet, so wählen Sie in dem Ausklapp-Menü mit der Maus (oder den Pfeiltasten – dann mit ↩ bestätigen) die gewünschte Mailadresse aus. Ist der Empfänger in Ihr Adressbuch eingetragen, so reicht es, wenn Sie den Namen der Person eintippen. Soll Ihre Mail an mehrere Empfänger gesendet werden, so fügen Sie diese nacheinander ein – Sie sollten bei Mailadressen, die Mail noch nicht kennt, dann zwischen diese ein Komma setzen.

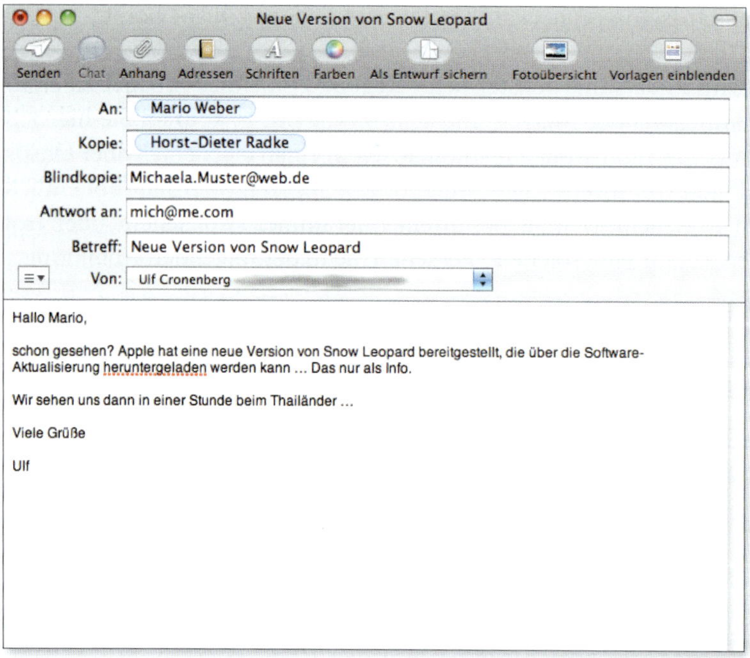

Das Fenster für eine neue Mail - eingeblendet sind auch die Einträge Blindkopie sowie Antwort an.

Unter **Kopie** können Sie weitere Mailadressen eingeben, an die die Mail in Kopie gehen soll. Der Empfänger der Mail sieht in seiner Nachricht dann, wer diese Mail außerdem erhalten hat. Außerdem gibt es die Möglichkeit, sogenannte **Blindkopien** zu versenden – in diesem Fall bekommt der Empfänger nicht mit, dass die Mail noch an jemand anderen verschickt wurde. Sollte das Blindkopie-Feld nicht zu sehen sein, so können Sie es im Menü *Darstellung* | *Adressfeld „Blindkopie"* aktivieren.

Möchten Sie, dass der Empfänger seine Antwort-Mail nicht an Ihre Versandadresse schickt, so gibt es die Möglichkeit, eine andere Antwort-Adresse anzugeben. Das Feld, um diese eingeben zu können, müssen Sie unter Umständen erst wieder im Menü *Darstellung* unter *Adressfeld „Antwort an"* sichtbar machen.

In der **Betreffzeile** sollten Sie nun möglichst kurz und prägnant den Inhalt der Mail zusammenfassen. Überprüfen Sie schließlich, bevor Sie den Mail-Text schreiben, ob Ihre Mail über den richtigen Mail-Account (sofern Sie mehrere Mailadressen haben) und mit der richtigen Signatur verschickt wird. Hierfür gibt es unter der Betreffzeile entsprechende Ausklapp-Menüs. Nun können Sie mit dem Schreiben der Mail in dem Text-Fenster beginnen …

TIPP

Für »Maus-Muffel« ist der Hinweis hilfreich, dass man sehr schnell von einem Eingabefeld ins andere springen kann, indem man die Tabulatortaste (⇥) drückt. Sie gelangen vom Empfänger- ins Kopie-Feld und von dort weiter zum Betreff-Feld so nämlich wesentlich schneller, als wenn Sie erst immer zur Maus greifen.

Sollten Sie die Mail zunächst einmal aufsetzen wollen, so können Sie diese als Entwurf sichern – entweder über den Button in der Symbolleiste der Mail oder über das Tastenkürzel ⌘ – S. Die Mail wird dann in Ihrem Entwurf-Ordner gespeichert und kann bei Bedarf wieder geöffnet und weitergeschrieben werden. Der Clou der ganzen Bemühungen ist jedoch, dass man geschriebene Mails auch versenden kann: Wer hätte gedacht, dass das im Fenster der Mail mit Hilfe des Buttons *Senden* (oder über das Standardtastaturkürzel ⇧ – ⌘ – D) geht? Zurücknehmen lässt sich das nicht mehr – und deswegen sollte man mit diesem Button nicht leichtfertig umgehen …

TIPP

Angenommen, Sie wollen eine Rundmail an alle Ihre Freunde schreiben – oder noch besser: Sie haben eine Webseite, zu der es eine abonnierbare Info-Mail gibt. Mit Hilfe von Mail können Sie über eine Adressbuchgruppe (siehe unten) diese Mail automatisch an alle Empfänger senden. Das Problem dabei ist jedoch, dass jeder Empfänger die Mailadressen der anderen Adressaten sehen kann, wenn Sie diese im Empfänger-Feld eingetragen haben. Und das ist oft nicht unbedingt erwünscht.

Die Lösung des Problems ist eigentlich ganz einfach: Schicken Sie die Mail an eine Ihrer eigenen Mailadressen und fügen Sie die anderen Empfänger im Feld *Blindkopie* hinzu. So wird die Mail an alle Adressaten geschickt, aber diese bleiben für die anderen unsichtbar.

Vorlagen in Mail

Mit Mac OS X 10.5 Leopard wurde eingeführt, dass Ihnen für das Schreiben von Mails **Vorlagen** zur Verfügung stehen. Snow Leopard bringt hier keine Neuerungen mit.

Vorlagen können aufgerufen werden, indem Sie im Mail-Fenster rechts oben auf den Button *Vorlagen einblenden* klicken. Schauen Sie die nach Stichwörtern sortierten Vorlagen einfach mal durch und probieren Sie das Schreiben einer Mail mit Vorlage aus.

Eine Mail, die mit Hilfe einer Vorlage erstellt wird: Bild und Text wurden bereits angepasst.

Hierzu müssen Sie einfach eine der Vorlagen anklicken, sie wird automatisch im Textfenster eingefügt. Wie Sie sehen, enthalten die meisten Vorlagen Beispielbilder und -text. Um diese an Ihre Wünsche anzupassen, sollten Sie Folgendes tun:

- Wählen Sie im Finder oder in der *Fotoübersicht* (der Button ist rechts oben im Mail-Fenster zu finden) ein Bild aus und ziehen Sie dieses auf den Bildplatzhalter. Unter Umständen fügt sich Ihr Bild nicht ganz in den vorgegebenen Rahmen ein – aus diesem Grund können Sie die Platzierung des Bilds, nachdem Sie einmal mit der linken Maustaste darauf klicken (das sich evtl. öffnende Fotoübersichtsfenster schließen Sie einfach wieder), anpassen. Nun können Sie bei gedrückter linker Maustaste das Bild innerhalb des Vorgaberahmens verschieben, außerdem den Bildausschnitt über den Schieberegler der Masken-Schwebepalette über dem Bild verändern.

Über den Schieberegler können Sie den Bildausschnitt vergrößern oder verkleinern.

- Den Text ändern Sie, indem Sie das Textfeld anklicken und den vorhandenen Text durch eigenen ersetzen. Wollen Sie die Größe des Textes oder die Schriftart verändern, so markieren Sie den Text und drücken ⌘ – T. Es öffnet sich das systemweite Schriftfenster, wo Sie nun u.a. Schriftart, -stil und Schriftgröße Ihren Wünschen anpassen können.

Im Schriftenfenster kann in Mail-Vorlagen der Text angepasst werden.

Eigene Mail-Vorlagen erstellen

Mit gewissen Grundkenntnissen in der Bildbearbeitung und HTML (der Auszeichnungssprache, die Internetseiten zugrunde liegt) lassen sich recht einfach persönliche Vorlagen für Mail erstellen. Die Vorlagen in Mail basieren auf normalen HTML-Dokumenten, die man mit ein paar Tricks an seine eigenen Bedürfnisse anpassen kann. Zuerst muss man allerdings wissen, wo die Vorlagen im System versteckt sind. In der systemweiten Library wird man fündig: *[Festplattenname] | Library | Application Support | Apple | Mail | Stationary | Apple | Contents | Resources.*

Der Pfad zu den im System gut versteckten Mail-Vorlagen

Die Vorlagen sind dort nach Themen sortiert abgelegt. Da hier beschrieben wird, wie eine vorhandene Vorlage verändert wird, sollte man sich die Vorlagen vorher in Mail ansehen, um eine geeignete herauszusuchen. In diesem Beispiel wurde die Vorlage *Flower.mailstationery* aus dem Unterordner *Stationery | Contents | Resources* an oben beschriebener Stelle gewählt.

Mit einem Mausklick auf die rechte Taste (oder mit Linksklick bei gedrückter ctrl-Taste) wählt man über das Kontextmenü den Befehl *Duplizieren* und erstellt erst einmal eine Bearbeitungskopie. Dieser gibt man am besten gleich einen neuen Namen, damit es später keine Verwechslungen gibt. Um den Namen zu ändern, klickt man das Icon der Kopie an und drückt die ↩-Taste – nun kann der neue Name (in unserem Beispiel *MacMann2.mailstationery*) eingegeben werden.

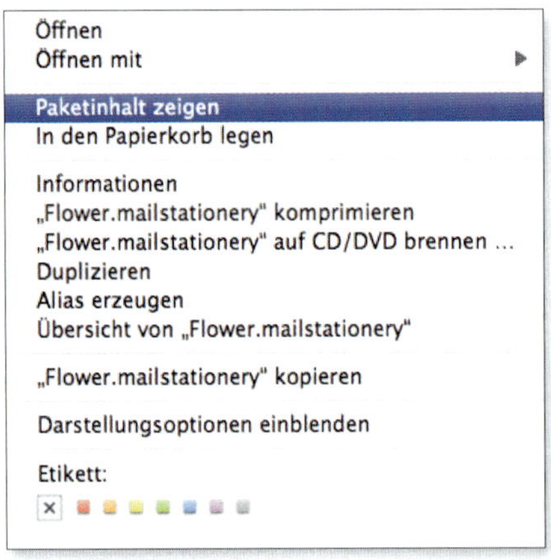

Um nun die kopierte Vorlage zu verändern, muss man erst einmal an den Inhalt des Pakets herankommen. Über das Kontextmenü der Datei (mit Rechtsklick auf das Icon) wählt man nun den Befehl *Paketinhalt zeigen*.

Es öffnet sich ein neues Fenster, in dem man sich wieder durch zwei Ordner klicken muss, um an den eigentlichen Inhalt heranzukommen. Im Ordner *Contents | Resources* liegen die zu verändernden Dateien.

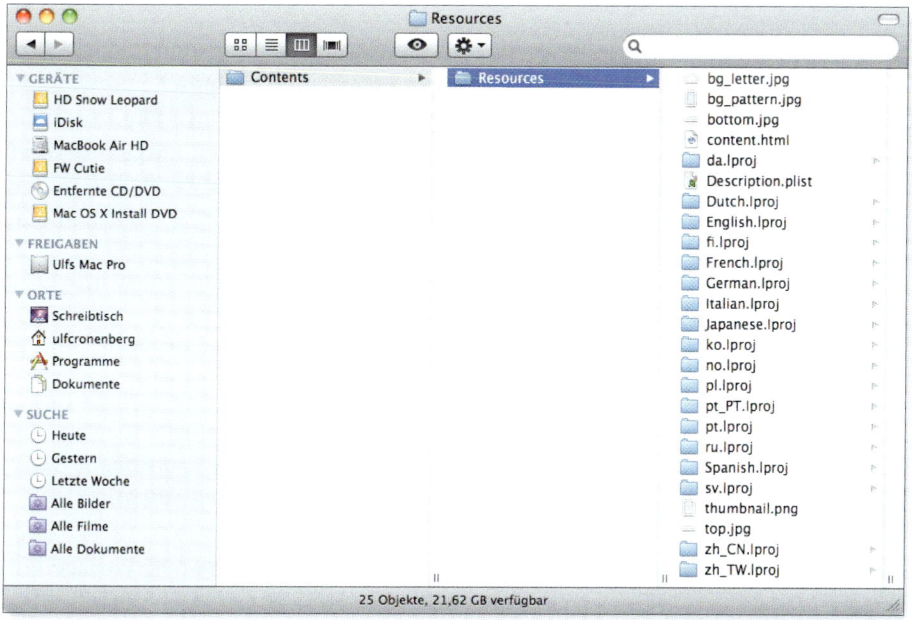

Im Finder finden Sie die Dateien, die Sie für eine persönliche Vorlage verändern müssen.

Hier liegen unter anderem vier jpg-Dateien, die der Vorlage ihr Aussehen geben (*bg_letter.jpg*, *bg_pattern.jpg*, *bottom.jpg* und *top.jpg*). Diese können mit einem Bildbearbeitungsprogramm (wie z.B. Adobe Photoshop oder GraphicConverter) entsprechend verändert werden. Man muss jedoch aufpassen, dass hinterher wieder alles zusammenpasst. Man sollte daher am besten nichts an der Bildgröße ändern und den Bilddateien auch keine neuen Namen geben. Die Datei *content.html* zeigt uns die Mail-Vorlage komplett an.

Um zu überprüfen, wie die Änderungen aussehen, kann diese Datei einfach auf das Docksymbol von Safari oder einem anderen Browser gezogen werden. Sollte es Probleme mit der Darstellung geben, können diese mit einem Texteditor (z.B. TextEdit, das Sie im Programme-Ordner von Mac OS X finden) korrigiert werden.

Die Datei »thumbnail.png« stellt übrigens die Vorschau der Vorlage in Mail dar und sollte deswegen auch an das neue Layout angeglichen werden. Machen Sie von der Datei *content.html*, die Sie nach fertiggestellter Bearbeitung in Safari öffnen, einen Screenshot des wichtigsten Abschnitts (Tastaturkürzel für den Screenshot eines Bereiches: ⇧ – ⌘ – 4; Genaueres finden Sie im dritten Kapitel »Grundlegendes zu Mac OS X«) und verkleinern Sie diesen dann z.B. mit dem Programm Vorschau (dort im Menü *Werkzeuge | Größenkorrektur …*) auf eine Breite von 66 Pixel.

In dem Ordner *German.lproj* befindet sich das Script, das der neuen Vorlage in Mail den Namen gibt. (Sollten Sie Mac OS X in einer anderen Sprache verwenden, müssen Sie das Skript im entsprechenden Sprachordner anpassen.) Die Datei *DisplayName.strings*, die sich in diesen Ordnern befindet, lässt sich einfach in TextEdit öffnen und bearbeiten. Ändern Sie hier den Begriff am Ende des Textes in den Anführungszeichen in den von Ihnen gewünschten um, in unserem Beispiel von »Blume« in »MacMann 2«.

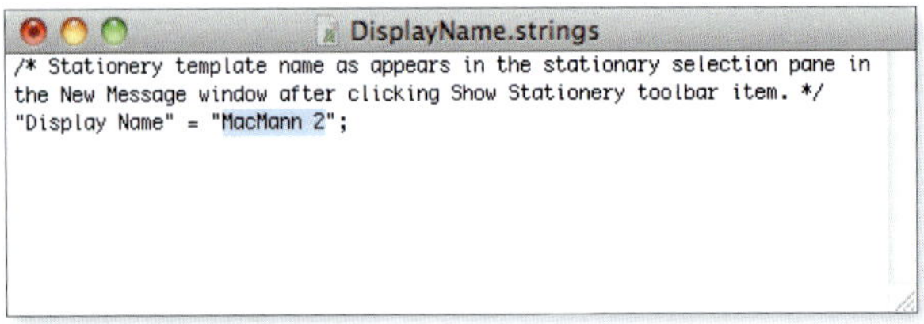

Die in TextEdit geänderte Datei DisplayName.strings

Auch in der Datei *Description.plist* sollten Sie den Namen der neuen Vorlage korrigieren.

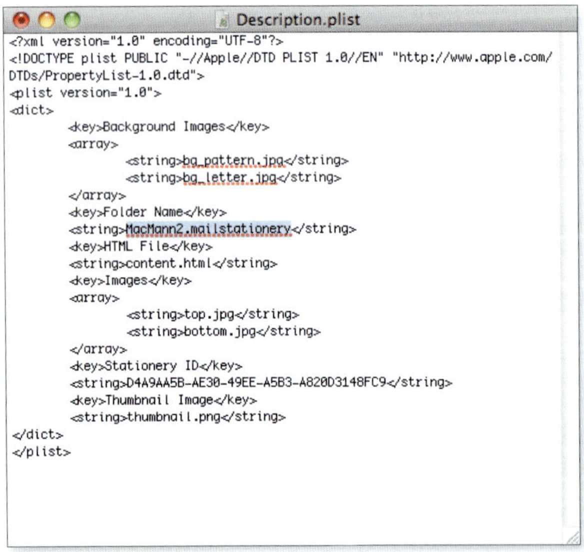
Description.plist

```
<?xml version="1.0" encoding="UTF-8"?>
<!DOCTYPE plist PUBLIC "-//Apple//DTD PLIST 1.0//EN" "http://www.apple.com/DTDs/PropertyList-1.0.dtd">
<plist version="1.0">
<dict>
	<key>Background Images</key>
	<array>
		<string>bg_pattern.jpg</string>
		<string>bg_letter.jpg</string>
	</array>
	<key>Folder Name</key>
	<string>MacMann2.mailstationery</string>
	<key>HTML File</key>
	<string>content.html</string>
	<key>Images</key>
	<array>
		<string>top.jpg</string>
		<string>bottom.jpg</string>
	</array>
	<key>Stationery ID</key>
	<string>D4A9AA5B-AE30-49EE-A5B3-A820D3148FC9</string>
	<key>Thumbnail Image</key>
	<string>thumbnail.png</string>
</dict>
</plist>
```

Die Datei Description.plist nach der Änderung in TextEdit

Nach einem Neustart von Mail kommt die Belohnung für die langen Mühen: Die neue Vorlage sollte in der Auswahl erscheinen.

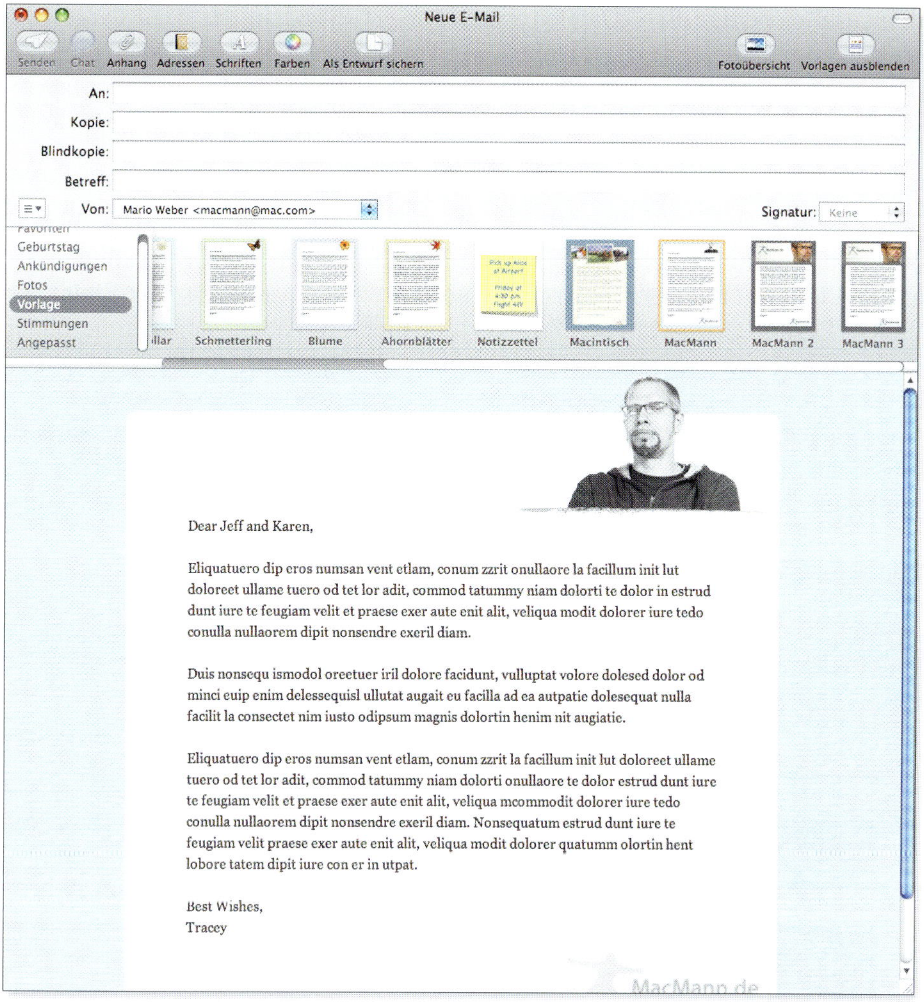

Die geänderte Vorlage kann sich sehen lassen … – die Arbeit hat sich gelohnt.

Hat alles geklappt, können Sie sich auch an eine etwas kompliziertere Vorlage mit mehreren Fotos heranwagen.

Dateien an Mails anhängen

Kommen wir noch zu einem weiteren wichtigen Punkt: dem **Hinzufügen von Dateianhängen** (engl. Attachment). Auch das geht in Mail ganz einfach: Verwenden Sie hierzu entweder den Button *Anhang* in der Symbolleiste der Mail, die Sie gerade schreiben, und wählen Sie dann die entsprechende Datei im Finder-Dialogfenster aus. Oder ziehen Sie – das geht noch einfacher – aus dem Finder eine Datei auf das Mail-Textfenster – sie wird dann automatisch als Anhang hinzugefügt.

Bilder und einseitige PDF-Dateien werden meist direkt in der Mail dargestellt, während zum Beispiel Text-Dokumente in Form eines Icons mit Dateinamen zu sehen sind. Natürlich können Sie auch mehrere Anhänge mit einer Mail verschicken. Wiederholen Sie die Einfügeschritte hierfür einfach (oder ziehen Sie mehrere markierte Dateien gleichzeitig auf die Mail).

Sollten Sie übrigens einer Mail **Bilder** aus iPhoto oder Aperture (Apples Bildverwaltungsprogrammen) bzw. aus Photo Booth hinzufügen wollen, so können Sie auch den Button *Fotoübersicht* in der Symbolleiste zum Auswählen der Bilder verwenden. Es öffnet sich ein Foto-Browser, der Ihnen in Alben geordnet die Bilder aus den von Ihnen verwendeten Programmen anzeigt. Auch ein Suchfeld ist vorhanden – mit dem man aber leider nicht nach Schlagworten aus iPhoto oder Aperture, sondern nur nach Dateinamen (und die sind meist von der Digitalkamera einfach durchnummeriert) suchen kann. Aus dem Fotoübersicht-Fenster heraus können Sie die gewünschten Bilder dann per Drag & Drop in eine Mail einfügen.

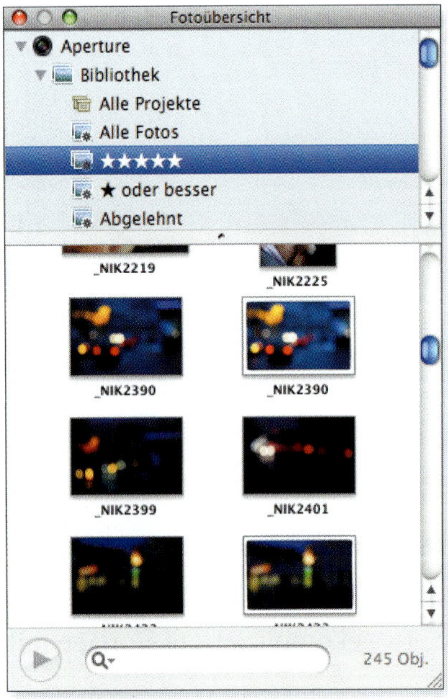

Mit der Fotoübersicht können Sie komfortabel Bilder aus iPhoto und Aperture in Mails einfügen.

TIPP

Hat man eine oder mehrere Bilddateien auf die zu versendende Mail gezogen, so gibt einem die Statusleiste am Ende der Mail links unten Aufschluss darüber, wie viel Speicherplatz die angehängten Dateien benötigen. Gerade, wenn man viele Bilddateien anhängt, so überschreitet man schnell die zulässige Größe für Dateianhänge, die je nach Mail-Account unterschiedlich ist (Apples MobileMe erlaubt derzeit z.B. 20 MB, viele Provider allerdings nur 3 oder 5 MB). Jedoch lässt sich die Dateigröße der verschickten Bilddateien auch direkt in Mail ändern – und zwar rechts in der Statusleiste in einem Aufklappmenü.

Hier können Sie die Einstellungen *groß*, *mittel* und *klein* wählen – die Veränderung der Dateigrößen können Sie jeweils links in der Statusleiste erkennen. Ist Ihre Ausgangsbilddatei recht groß, so hilft oft schon eine Reduzierung der Einstellung auf *groß*. Verschickt man mehrere Bilder, so ist meist *mittel* die Einstellung der Wahl. Bei der Einstellung *klein* – das sollte man bedenken – werden allerdings nur recht kleine Miniaturen der Bilder verschickt, deren Größe man in der Mail sehen kann. Ist Ihnen das zu klein, so können Sie auch nachträglich wieder auf *mittel* oder *groß* zurückgehen.

Ein paar Tipps für das Beantworten von Mails …

Wenn Sie auf eine Mail antworten wollen, dann verwenden Sie hierfür den Symbolleisten-Button *Antworten* (Tastenkürzel ⌘ – R – das »R« steht für das englische »Reply«). Das erspart Ihnen das Eingeben der Mailadresse und einer eigenen Betreffzeile (sie wird mit einem vorangestellten Re: übernommen). Außerdem wird der Mailtext der empfangenen Mail als zitierter Text in die Mail eingefügt. In den Einstellungen von Mail finden Sie unter *Verfassen* hierzu Konfigurationsmöglichkeiten: u.a. ob die Originalmail zitiert werden soll und ob deren Text im Ganzen oder nur der vorher ausgewählte Text angefügt werden soll.

Ist die Mail, die Sie bekommen haben, an mehrere Empfänger gesendet worden und wollen Sie, dass Ihre Antwort auch an alle anderen Empfänger geschickt wird, so wählen Sie für die Antwort in der Symbolleiste den Button *An Alle* (Tastaturkürzel ⇧ – ⌘ – R).

Antworten oder weitersenden?

Um eine erhaltene Mail an jemand anderen weiterzuschicken, gibt es die sogenannte Weiterleitungsfunktion. Sie ist über den Button *Weiterleiten* oder das Tastaturkürzel ⌘ – F zu erreichen. In der Betreffzeile wird dann automatisch ein »Fwd« (für englisch »Forward«) vorangestellt. Bilder und sonstige Anhänge der ursprünglichen Mail werden mit weitergeleitet.

POWER USER

Wäre es nicht schön, beim Empfangen einer Mail immer mit dem strahlenden Lächeln des Absenders begrüßt zu werden? Das geht in Mail über das Adressbuch von Mac OS X ganz einfach, denn ist der Absender im Adressbuch mit Foto gespeichert, wird dessen Bild beim Empfangen einer E-Mail in der Kopfzeile der Mail angezeigt.

Um einem Kontakt ein Foto zuzuweisen, öffnet man einfach das Adressbuch und sucht die entsprechende Visitenkarte heraus. Dann klickt man unten auf den Button *Bearbeiten* und zieht entweder ein Foto per Drag & Drop auf den dafür vorgesehenen Platzhalter der Karteikarte oder öffnet durch einen Doppelklick auf den Platzhalter ein Dialogfenster, über das ein Foto hinzugefügt werden kann. Dann kann eine bereitliegende Bilddatei gewählt oder direkt ein Foto mit der iSight aufgenommen werden.

Ist der Absender noch gar nicht im Adressbuch vertreten, kann man direkt aus Mail einen neuen Kontakt anlegen, indem man die Mailadresse des Empfängers mit der rechten Maustaste anklickt und über den entsprechenden Eintrag im aufspringenden Kontextmenü dem Adressbuch hinzufügt.

Verwaltung von Mails in Postfächern

Mail zeigt auf der linken Seite die Postfächer-Leiste, die eines genaueren Blicks bedarf:

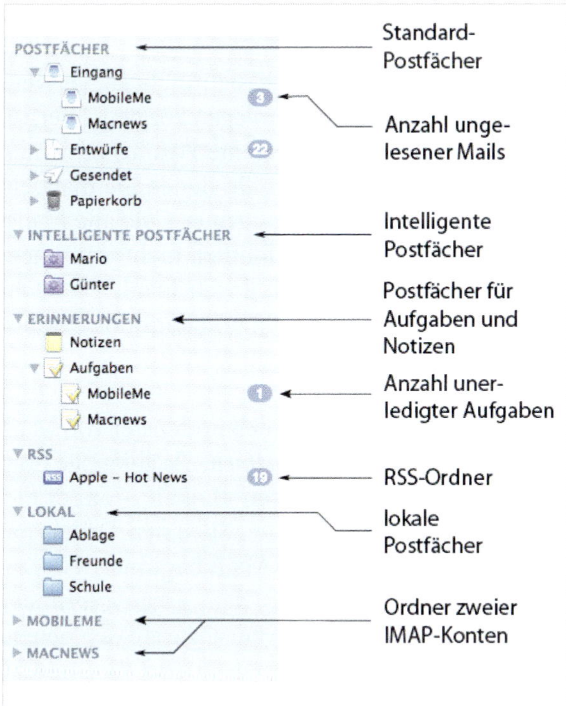

Die Mail-Postfachleiste zeigt mehr als nur einfache Mailablagen.

Ganz oben sehen wir die Standard-Postfächer *Eingang*, *Entwürfe*, *Gesendet* und *Papierkorb* – hat man mehrere Mail-Konten, so können diese Postfachordner mit einem Klick auf das davor stehende Dreieck aufgeklappt werden – es werden dann die Ordner der einzelnen Mail-Accounts angezeigt. Wollen Sie also z.B. nur die empfangenen Mails Ihres Accounts bei Macnews anschauen, so wählen Sie einfach das entsprechende Postfach unter *Eingang* aus. Gleiches gilt für Entwürfe, gesendete Mails und den Papierkorb.

Sind in einem Eingangsordner ungelesene Mails, so steht rechts neben dem Postfach in einem dunkelgrauen Feld deren Anzahl (die Zahl der ungelesenen Mails im Eingangspostfach zeigt Mail übrigens auch in seinem Dock-Icon an).

Unter diesen Postfächern folgen in der Liste weitere Eintragungen: die Postfächer für *Erinnerungen* (Notizen und Aufgaben – sie erscheinen erst, wenn Sie Notizen und/oder Erinnerungen angelegt haben) und etwas weiter unten die Kategorie RSS (möglicherweise mit Unterordnern). Dazwischen steht – je nachdem, ob Sie bereits intelligente Postfächer (siehe unten) angelegt haben oder nicht – unter Umständen noch der Eintrag *Intelligente Postfächer* mit seinen Unterordnern. Als Nächstes folgen – sofern vorhanden – lokale Ordner. Das sind Ordner, die Sie in Mail erstellen und die nicht direkt etwas mit Ihren Mailkonten zu tun haben. (Sollten Sie in Mail IMAP-Konten verwalten, so werden diese separat am Ende auch noch aufgelistet.)

Die Postfächer-Liste ist nicht statisch, sondern Sie können sie für Ihren Verwendungszweck verändern – das heißt, dass Sie lokale Ordner anlegen können. Hierfür gibt es zwei Möglichkeiten: normale Postfächer und intelligente Postfächer. Unter **normalen Postfächern** werden Ordner in Mail verstanden, in denen Sie manuell bestimmte Mails zusammenfassen können – z.B. in einem Ordner *Chef* alle Mails, die Ihr uns schon bekannter Vorgesetzter (bei dem Sie hoffentlich nicht Rot sehen oder rot werden) Ihnen geschrieben hat. Sie können beliebig viele lokale Postfach-Ordner, die wieder weiter unterteilt werden können, anlegen und damit Ihre Mails ordnen.

Um einen Ordner hinzuzufügen, klicken Sie links unten im Hauptfenster von Mail auf das *Plus*-Symbol und klicken auf den Eintrag *Neues Postfach…* Wählen Sie nun in dem aufspringenden Fenster den Speicherort (am besten »Lokal« – außer Sie wollen einen IMAP-Unterordner anlegen) aus und vergeben Sie einen Ordnernamen. Das war's! Nun können Sie mit dem Einsortieren der Mails beginnen. Hierzu müssen Sie eine Mail bei geöffnetem anderem Ordner (z.B. dem *Eingangsordner*) in der Mailübersicht auswählen und mit gedrückter linker Maustaste auf den neuen Ordner ziehen. Die Mails werden aus dem Herkunftsordner entfernt und in den ausgewählten Ordner kopiert. Mehrere Mails können auch verschoben werden – hierfür müssen Sie die Mails vorher markieren (entweder bei gedrückter ⇧-Taste die erste und die letzte Mail anklicken oder bei gedrückter ⌘-Taste die einzelnen Mails auswählen) und dann erst in den neuen Ordner ziehen.

Doch normale Mailordner haben einen Nachteil: Man muss die Mails (außer man macht dies mit einer Regel) mit der Maus manuell in den Ordner schieben. Um dies automatisch zu erledigen, gibt es die sogenannten **intelligenten Postfächer**. Dabei handelt es sich um Mail-Ordner, in denen – nach selbst festgelegten Regeln – alle Mails des Programms automatisch angezeigt werden.

Probieren Sie das aus: Klicken Sie wieder auf das *Plus*-Symbol links unten und wählen Sie *Neues intelligentes Postfach …* aus. Tippen Sie in das Fenster, das erscheint, einen Namen ein (z.B. »Chef«) und definieren Sie darunter die Regeln für das Einsortieren von Mails in diesen Ordner. Wenn Sie also die Mails Ihres Chefs dort sammeln wollen, so geben Sie Folgendes ein:

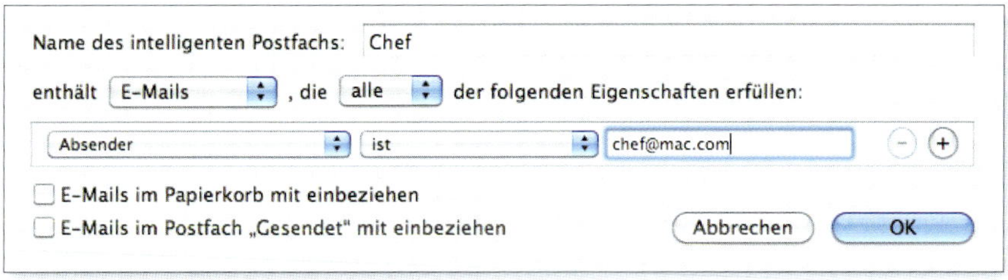

Intelligente Postfächer erstellen ihren Inhalt selbst nach den vorgegebenen Regeln.

Entscheiden Sie nun noch, ob auch Mails im Papierkorb und im Postfach *Gesendet* mit einbezogen werden sollen. Ebenso könnten Sie über das *Plus*-Symbol rechts von Ihrer Regel noch eine zweite Bedingung hinzufügen, z.B. *E-Mail wurde beantwortet*. Mit einem Klick auf *OK* ist Ihr intelligentes Postfach fertig. Statt »chef@mac.com« sollten Sie natürlich einen Mailabsender verwenden, von dem Sie Mails bekommen haben.

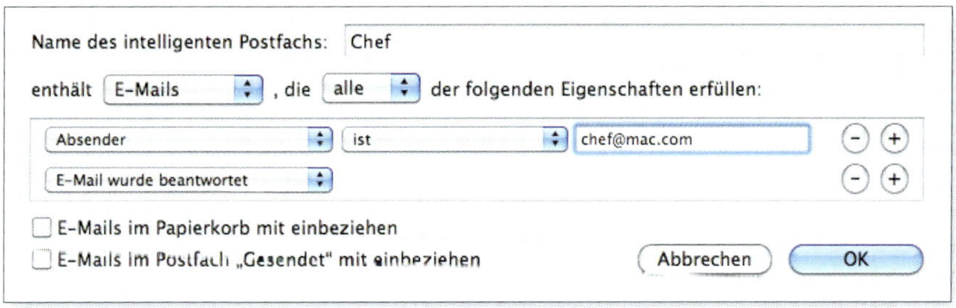

Selbst kompliziertere Vorgaben sind bei intelligenten Postfächern möglich.

Im *Postfach*-Ordner sehen Sie nun ein lila Ordner-Symbol mit einem Rädchen darin, das den Namen Ihres neuen intelligenten Postfachs trägt. Überprüfen Sie, ob die in der Regel definierten Mails enthalten sind – das sollten sie!

GRUNDLAGEN

Beachten Sie, dass bei intelligenten Postfächern die Mails nicht verschoben, sondern nur in dem Postfach angezeigt werden. Sie verbleiben an ihrem Ursprungsort. Verschieben Sie dagegen eine Mail in einen lokalen Ordner, so wird sie vom ursprünglichen Ort entfernt.

Mit intelligenten Postfächern können Sie aber noch mehr machen: Mails von mehreren Personen, z.B. einer Arbeitsgruppe, sammeln (hierfür müssen Sie mehrere Regeln definieren mit der Bedingung, dass eine von ihnen erfüllt sein muss), Mails zusammenfassen, die von Ihnen an eine bestimmte Person geschrieben wurden, etc. Schauen Sie sich einfach die Möglichkeiten bei der Erstellung von Regeln genauer an.

Suchen von Mails

Auch in Mail gibt es ein **Suchfeld**, das sich links oben in der Symbolleiste befindet und nicht nur mit der Maus, sondern ebenso mit dem Tastaturkürzel ⌥ - ⌘ - F erreichen lässt. Sollte es ausgeblendet sein, müssen Sie u.U. das Mail-Fenster vergrößern oder mit einem Rechtsklick auf die Symbolleiste diese anpassen. Geben Sie hier z.B. versuchsweise einen Begriff ein, von dem Sie wissen, dass er in einer Mail, die Sie bekommen haben, vorkommt. Sie sehen nun, dass unter der Symbolleiste eine neue Leiste erscheint. Hier können Sie Ihre Suche genauer definieren – u.a. ob in allen Postfächern oder nur im ausgewählten Postfach gesucht werden soll, ob Mail dafür die gesamten Mails oder nur das Empfänger-, Sender- oder Betreff-Feld durchforsten soll.

Über das Suchfeld und die Leiste darunter können Sie Ihre Suche in Mail genauer definieren.

Unter dieser Suchleiste finden Sie dann alle Mails, die Ihren Suchkriterien entsprechen, aufgelistet. Diese können Sie mit einem Klick auf den entsprechenden Feldeintrag unterschiedlich sortieren lassen (z.B. nach dem Empfangsdatum). Um wieder in die normale Mail-Ansicht zurückzukommen, klicken Sie im Suchfeld rechts auf das runde *Schließen*-Zeichen mit dem »x«.

Notizen in Mail

Mail unterstützt seit Mac OS X 10.5 Leopard auch die Erstellung von Notizen in karteikartenähnlichen Fenstern. Mail macht damit (und mit dem im nächsten Abschnitt vorgestellten Aufgaben-Feature) einen Schritt in Richtung Informationsmanager.

Eine in Mail erstellte Notiz

Die **Erstellung und Verwendung von Notizen** ist eigentlich ganz einfach: Klicken Sie auf den Notiz-Button in der Symbolleiste (Tastenkürzel ctrl – ⌘ – N) und schreiben Sie im sich öffnenden Fenster, das wie eine Karteikarte gelb und liniert ist, Ihre Notiz. Dateianhänge und Bilder können genauso wie in Mails per Drag & Drop hinzugefügt werden. Beenden Sie Ihre Notiz mit einem Mausklick auf den Button *Fertig*, schon ist sie in Ihrem Notizen-Ordner abgelegt und wird, sollten Sie einen MobileMe-Account haben, auch dort im Eingangspostfach angezeigt. Über den *Senden*-Button können Sie die Notiz auch an andere Personen schicken.

Aufgaben in Mail

Ebenfalls mit Mac OS X 10.5 wurde die Möglichkeit hinzugefügt, mit Mail **Aufgaben** zu definieren, und an diesem Feature hat sich seitdem eigentlich nichts geändert. Probieren Sie es einfach mal aus: Erstellen Sie über den Button *Aufgabe* in der Symbolleiste oder über das Tastenkürzel ⌥ – ⌘ – Y eine neue Aufgabe – es öffnet sich der *Aufgaben*-Ordner, und Sie können die Aufgabe nun in dem automatisch ausgewählten Feld benennen. In der gleichen Zeile können Sie außerdem ein Fälligkeitsdatum (manuell oder über ein praktisches Pulldown-Menü), die Priorität in vier Schritten und den Kalendernamen in iCal auswählen. Außerdem können Sie die Erinnerungsfunktion aktivieren und sich damit automatisch zu einem wählbaren Zeitpunkt an den Termin erinnern lassen.

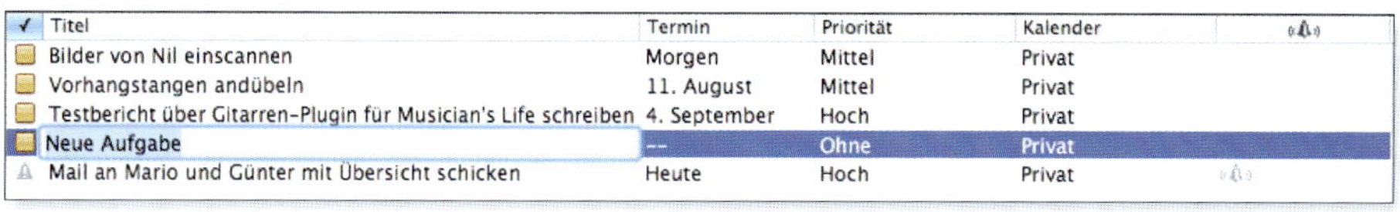

✓ Titel	Termin	Priorität	Kalender
Bilder von Nil einscannen	Morgen	Mittel	Privat
Vorhangstangen andübeln	11. August	Mittel	Privat
Testbericht über Gitarren-Plugin für Musician's Life schreiben	4. September	Hoch	Privat
Neue Aufgabe	--	Ohne	Privat
Mail an Mario und Günter mit Übersicht schicken	Heute	Hoch	Privat

Das Aufgaben-Fenster in Mail – zunächst drei noch offene Aufgaben, dann eine neue, die gerade eingegeben wird, schließlich eine überfällige Aufgabe

Die Aufgaben-Funktion ist praktisch, wenn Sie z.B. eine Mail von Ihrem Chef bekommen, der möchte, dass Sie bis zur nächsten Woche einen Bericht fertig machen. Wollten Sie sich in Mac OS X 10.4 einen Tag vorher von Ihrem Mac daran erinnern lassen, mussten Sie iCal öffnen und die Aufgabe dort eingeben. Das können Sie jetzt auch in Mail erledigen. Die Aufgabe wird automatisch in iCal übernommen und dort in der Aufgaben-Liste angezeigt. Das Aufgaben-Postfach in Mail enthält übrigens automatisch auch in iCal erstellte Aufgaben (und – wie gesagt – umgekehrt). Snow Leopard greift bei beiden Listen auf die gleiche betriebssysteminterne Datenbank zurück.

Somit sollten Sie gut für die Verwendung von Mail gerüstet sein, die wichtigsten Möglichkeiten und Einstellungen wurden erläutert. Der letzte Abschnitt zur Erstellung von Aufgaben in Mail hat schon übergeleitet zu Apples Kalender-Programm iCal – und das schauen wir uns nun genauer an.

iCal

Apples Kalenderprogramm iCal ist eines der Programme, die in Snow Leopard weder eine grafische Überarbeitung erfahren noch wesentliche neue Grundfunktionen spendiert bekommen haben. Es ist also bei den bewährten Fähigkeiten geblieben.

Für Macs gibt es eine Vielzahl anderer leistungsfähiger Kalenderprogramme, z.B. Microsofts Entourage, ein persönlicher Informationsmanager, der Mail-, Aufgaben- und Kalenderprogramm vereint. Aber was für iCal spricht, ist vor allem die Anbindung an das Betriebssystem, darunter Apple-Programme wie Mail und Adressbuch. Auch die Möglichkeit, Kalender im Internet zu veröffentlichen und andere Kalender zu abonnieren (dazu später mehr), sind keine selbstverständlichen Features anderer Kalenderprogramme.

Bevor erläutert werden soll, wie man iCal einsetzen kann, sollten Sie sich kurz die Benutzeroberfläche des Programms in folgendem Screenshot anschauen.

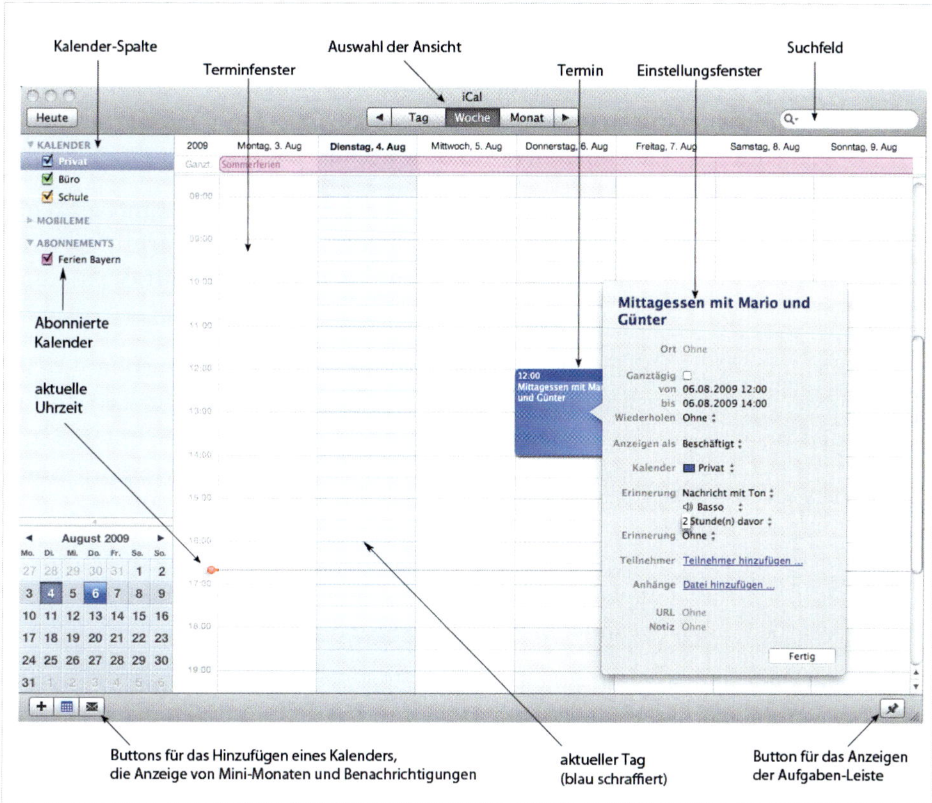

Die Benutzeroberfläche von iCal

Für iCal gibt es drei verschiedene Ansichten, die man in der Symbolleiste auswählen kann: eine Tagesansicht (auch mit ⌘ – 1 zu erreichen), die im Screenshot zu sehende Wochenansicht (⌘ – 2) sowie die Monatsansicht (⌘ – 3). Links unten im Fensterbereich findet sich ein kleiner Übersichtskalender des aktuellen Monats, in dem der aktuelle Tag graublau und der in iCal gerade aktive Tag blau hervorgehoben sind. Über die Pfeile links und rechts des Monatsnamens können Sie zu einem anderen Monat wechseln. Der Bereich des Übersichtskalenders lässt sich auch vergrößern (so dass mehrere Monate angezeigt werden), indem Sie direkt darüber den Balken mit dem Punkt in der Mitte nach oben ziehen.

Erstellung von Terminen

Nach dem ersten Start von iCal öffnet sich das Programm mit zwei voreingestellten Kalendern, die Sie in der Kalenderliste links sehen: »Büro« und »Privat«. Wir spielen das Erstellen eines Termins an einem Beispiel mal durch:

1. Gehen Sie zunächst in die Wochenansicht (die beim ersten Programmstart automatisch angezeigt wird). Wählen Sie den Kalender *Büro* in der linken Übersichtsleiste aus, indem Sie darauf klicken, und erstellen Sie nun einen neuen Termin, indem Sie in der Wochenansicht am gewünschten Tag und zur entsprechenden Uhrzeit einen Doppelklick mit der Maus ausführen.

2. Im Programmfenster wird nun ein farbiges Feld geöffnet, der Eintrag *Neues Ereignis* ist bereits markiert. Tippen Sie nun den Text für den Termin ein (z.B. »Treffen mit Herrn Müller«) und beenden Sie die Eingabe mit der Return-Taste.

3. Ihr Termin ist damit aber unter Umständen nicht fertig. Sie können nun weitere Einstellungen vornehmen. Die Länge des Termins lässt sich am einfachsten mit der Maus verändern. Gehen Sie mit dem Mauszeiger auf die untere Linie des Termins (er verwandelt sich in ein Ziehsymbol) und ziehen Sie den Termin mit gedrückter linker Maustaste bis zur gewünschten Uhrzeit nach unten.

4. Steht Ihr Kalendereintrag nicht an der richtigen Stelle, so können Sie ihn im oberen Bereich, wo die Uhrzeit steht, mit der Maus anfassen und neu positionieren. Auch auf einen anderen Tag können Sie ihn verschieben.

5. Weitere Einstellungen sind möglich: Doppelklicken Sie doch einmal da, wo die Uhrzeit zu sehen ist, auf den Termin – es öffnet sich ein Einstellungsfenster, das auch bereits in der Abbildung oben von iCals Benutzeroberfläche zu sehen war.

   Hier können Sie den Termin wunschgerecht konfigurieren. Mit dem Häkchen bei »ganztägig« wird der Termin von einer Uhrzeit losgekoppelt (er erscheint dann im iCal-Fenster ganz oben beim entsprechenden Tag), auch können Sie einen Ort eingeben, der dann im Terminfenster eingeblendet wird. Weiterhin können Sie Terminbeginn und -ende genauer einstellen (mit der Maus geht das nur in Viertelstunden-Schritten). Außerdem können Sie bestimmen, ob und in welchem Intervall der Termin wiederholt werden soll, zu welchem Kalender er gehört und ob Sie zu einem bestimmten Zeitpunkt an den Termin erinnert werden sollen. Schließlich können Sie noch eine Internetadresse und eine Notiz anhängen. All das ist eigentlich selbsterklärend.

6. Mit einem Klick auf den Button *Fertig* beenden Sie die genauere Bearbeitung des Termins.

Das ist eigentlich schon fast alles, was zur Erstellung von Terminen zu sagen ist. Wenn der Termin beispielsweise erst in zwei Monaten stattfinden soll, so müssen Sie über die Pfeil-Buttons in der Symbolleiste, über die einblendbare Kalenderübersicht (Menü *Darstellung* | *Mini-Monate einblenden*) oder über den *Gehe zum Datum*-Eintrag im Menüpunkt *Darstellung* (Tastenkürzel: ⇧ – ⌘ – T) zum entsprechenden Tag springen.

Arbeit mit mehreren Kalendern

Eine Besonderheit von iCal ist, dass man in dem Programm **mehrere Kalender** parallel führen kann. In iCal werden diese verschiedenen Kalender (z.B. *Arbeit*, *Privat*, *Sportverein*, *MacUser-Gruppe* etc.) dann in unterschiedlichen Farben angezeigt. Einen weiteren Kalender erstellen Sie, indem Sie im Menü *Ablage* auf *Neuer Kalender* | *Lokal* (oder sofern Sie einen MobileMe-Account haben: *MobileMe*) klicken. Wollen Sie die Farbe dieses Kalenders ändern, so markieren Sie diesen mit einem Mausklick darauf und öffnen dann mit ⌘ – I das Einstellungsfenster.

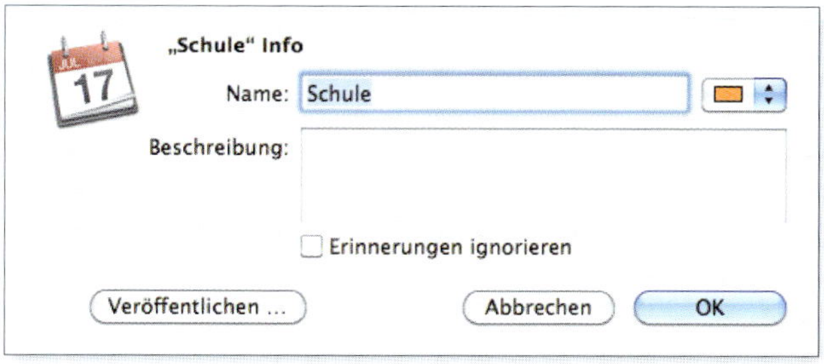

Im Einstellungsfenster für einen Kalender können Sie auch die Anzeigefarbe ändern.

Um einen neuen Termin für einen bestimmten Kalender einzufügen, sollten Sie den entsprechenden Kalender zunächst in der Leiste links auswählen und dann den Termin wie oben beschrieben erstellen – oder Sie nehmen die Zuordnung zu einem Kalender später über das Informationsfenster des Termins vor. Auch die intuitive Alternative funktioniert, indem Sie nach der Erstellung eines Termins diesen mit gedrückter linker Maustaste auf den entsprechenden Kalender links in der Leiste ziehen und dann die Maustaste loslassen.

Über die Checkboxen in der Kalenderleiste können Sie übrigens auch bestimmen, welche Kalender angezeigt werden sollen, Nur mit einem Häkchen versehene Kalender werden im iCal-Fenster dargestellt.

Aufgaben

iCal ist kein sehr komfortables und leistungsfähiges Programm zur Verwaltung von **Aufgaben**, aber es leistet das, was der normale Nutzer braucht. Im Abschnitt über Mail wurde ja schon beschrieben, dass man dort Aufgaben definieren kann, die automatisch in iCal übernommen werden. Natürlich kann man Aufgaben aber auch in iCal hinzufügen und dort vor allem übersichtlicher verwalten.

Die Aufgabenanzeige ist beim ersten Programmstart nicht automatisch aktiviert, kann aber über den Menüpunkt *Darstellung* oder das Tastenkürzen ⌥ – ⌘ – T eingeblendet werden. Ganz oben in der Aufgabenleiste, die in iCal rechts zu finden ist, können Sie zunächst angeben, nach welchem Kriterium Ihre Aufgaben bei der Darstellung sortiert werden.

Die Aufgabenleiste von iCal

Für die **Darstellung der Aufgaben** in dieser Liste (siehe Abbildung) gibt es ein paar Regeln: Vor jeder Aufgabe ist eine kleine quadratische Checkbox in der Farbe des dazugehörenden Kalenders zu sehen. Neben der Checkbox steht, sofern es sich um eine Aufgabe mit Terminangabe handelt, das Datum (ebenfalls in der entsprechenden Kalenderfarbe). Ist der Termin überfällig (also das angegebene Datum bereits verstrichen), so verwandelt sich das Quadrat in ein Dreieck mit Ausrufezeichen. Das Zeichen am Ende der Aufgabenzeile drückt schließlich aus, welche Priorität, also welche Wichtigkeit, die Aufgabe hat. Die Skala geht in vier Stufen von *ohne* (kein Strich eingefärbt) bis *hoch* (drei eingefärbte Striche).

Eine neue Aufgabe können Sie auf drei verschiedenen Wegen erstellen:

- entweder über das Menü *Ablage | neue Aufgabe,*
- über das Standardtastaturkürzel ⌘ – K
- oder indem Sie einfach auf eine leere Stelle der Aufgabenleiste klicken.

Bereits erstellte Aufgabe können Sie bearbeiten, indem Sie auf den Aufgabentext doppelklicken. Es öffnet sich wie bei den Terminen ein Einstellungsfenster.

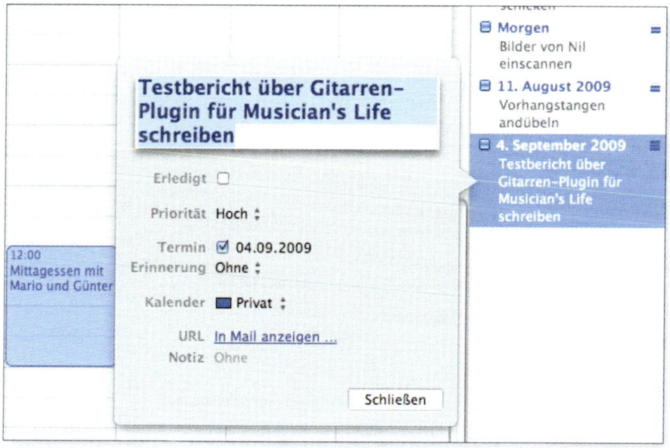

Das Einstellungsfenster für Aufgaben ist über einen Doppelklick auf den Eintrag zu erreichen.

Ist eine Aufgabe abgeschlossen, so klicken Sie mit der Maus auf das dreieckige oder quadratische Symbol vor dem Aufgaben-Datum, Mit dem Setzen eines Häkchens kann die Aufgabe von Ihnen als erledigt markiert werden.

TIPP

Übrigens: In den *Einstellungen* von iCal (zu erreichen über das Menü *iCal* oder das Tastenkürzel ⌘ – , (Komma) können Sie unter *Erweitert* u.a. bestimmen, wie viele Tage Aufgaben nach ihrer Erledigung noch in der Liste verbleiben sollen.

Weitere Funktionen in iCal

Natürlich können Sie in iCal auch **nach Terminen suchen** (Tastaturkürzel ⌘ – F). Hierfür gibt es in der Symbolleiste das aus anderen Programmen bekannte Suchfeld. Wenn Sie das Lupensymbol im Suchfeld anklicken, können Sie auch genauer angeben, wo iCal suchen soll, ob z.B. nur bei den Aufgaben, nur bei Ereignissen oder bei beidem.

Eine weitere Besonderheit von iCal ist, dass man Kalender auch im Internet **veröffentlichen** kann – hierzu benötigt man allerdings einen Internetserver mit Speicherplatz. Am komfortabelsten geht das mit einem MobileMe-Account von Apple, aber auch auf anderen WebDAV-Servern ist dies grundsätzlich möglich, jedoch nicht ganz so einfach. Mit einem MobileMe-Account wird dem Anwender das Veröffentlichen jedenfalls besonders leicht gemacht:

1. Wählen Sie den gewünschten Kalender in der Übersichtsleiste aus.
2. Gehen Sie anschließend im Menü *Kalender* auf *Veröffentlichen*. iCal präsentiert Ihnen nun ein Fenster, in dem Sie Genaueres einstellen können: den Namen des Kalenders, den Speicherort, ob der Kalender von iCal automatisch bei Veränderungen aktualisiert werden soll etc.

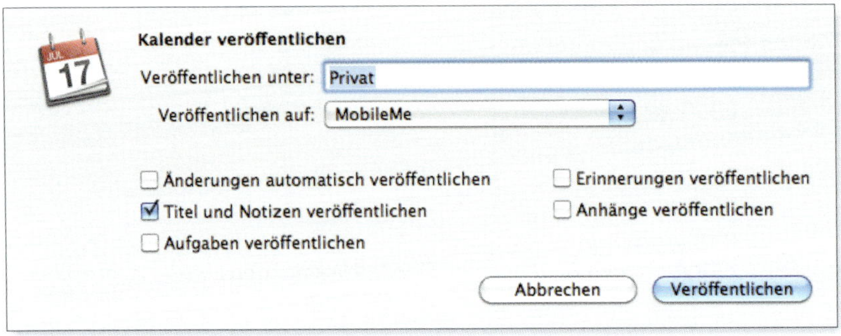

Das Einstellungsfenster zum Veröffentlichen eines Kalenders im Internet

3. Klicken Sie schließlich auf den Button *Veröffentlichen*. den Rest erledigt iCal von selbst und nennt Ihnen dann den Link zum Kalender, den Sie z.B. per E-Mail an andere weitergeben können.

Das Veröffentlichen eines Kalenders ist beispielsweise für Vereine eine tolle Möglichkeit, Termine an andere weiterzugeben. Die Termine der Würzburger Mac-UserGroup »Macintisch e.V.« können so z.B. von allen Vereinsmitgliedern im Blick behalten werden. Den Kalender kann man nicht nur im Browser ansehen, sondern auch abonnieren, so dass er automatisch in iCal mit angezeigt wird.

Um den veröffentlichten Kalender anderen bekanntzugeben, gibt es im Menü *Kalender* einen eigenen Eintrag: *E-Mail zur Veröffentlichung senden …* Wählt man ihn aus, öffnet sich in Mail automatisch ein Mailfenster mit den entsprechenden Daten: einem Browser- und Abonnierungslink. Sie brauchen nur noch den Empfänger einzutragen und die Mail abzuschicken – schon ist Ihr veröffentlichter Kalender auch anderen bekannt. Wie praktisch!

Das Veröffentlichen eines Kalenders kann übrigens auch rückgängig gemacht werden, hierfür finden Sie nach dem Auswählen des entsprechenden Kalenders im Menü *Kalender* den Eintrag *Veröffentlichung rückgängig machen …*

TIPP

Überlegen Sie im Übrigen gut, ob Sie einen Kalender ins Internet stellen wollen, denn dieser ist grundsätzlich für jeden zugänglich, auch wenn die entsprechende Internetadresse nicht so leicht herauszufinden ist. Sensible Daten (z.B. Telefonnummern von Personen) gehören nicht in einen öffentlichen Kalender!

Im Internet findet man eine große Anzahl an öffentlichen Kalendern, die man **abonnieren** kann. Schauen Sie sich doch mal um auf der Webseite http://www.icals.de/, dem größten deutschen Portal für öffentliche iCal-Kalender. Dort finden Sie für alle Themen und Bereiche Kalender, die Sie in iCal anzeigen lassen können – seien es sportliche Kalender (Formel 1, Fußball etc.), Ferien- und Feiertagskalender oder Kalender mit kulturellen Ereignissen. Um einen gewünschten Kalender in iCal zu importieren, müssen Sie lediglich bei www.icals.de auf *abonnieren* klicken, den Rest erledigt iCal für Sie, dazu gehört auch die automatische Aktualisierung, wenn sich der Kalender geändert hat.

Abonnierte Kalender werden in der Kalender-Leiste links unter einem eigenen Überpunkt angezeigt. Nach dem Abonnieren eines neuen Kalenders sollten Sie diesen übrigens konfigurieren. Klicken Sie mit der rechten Maustaste auf den entsprechenden Kalender und wählen Sie im Kontextmenü den Eintrag *Informationen* (Alternative: Tastenkürzel ⌘ – I)

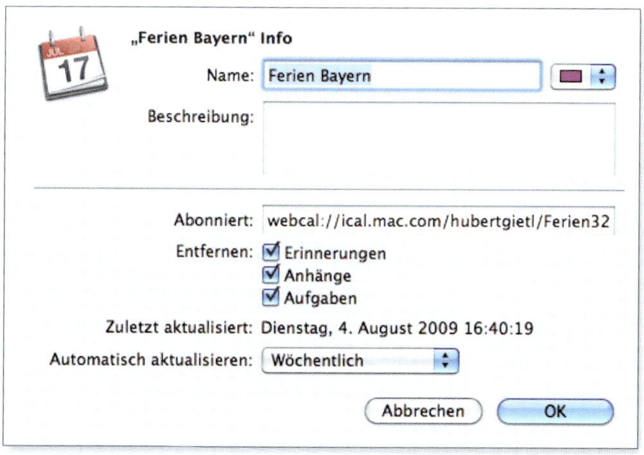

Das Einstellungsfenster für einen abonnierten Kalender. Vergessen Sie nicht, die automatische Aktualisierung zu aktivieren.

Hier können Sie nicht nur die Anzeigefarbe für den Kalender auswählen, sondern Sie sollten vor allem beim Zeitintervall die automatische Aktualisierung einstellen. Diese ist nämlich standardmäßig nicht unbedingt aktiv.

Damit sind eigentlich die wesentlichen Funktionen von iCal erläutert. In den *Einstellungen* von iCal findet man noch ein paar weitere Möglichkeiten, schauen Sie diese einfach mal durch. Dass iCal z.B. mit verschiedenen **Zeitzonen** umgehen kann, ist für Vielreiser mit Laptop eine wichtige und sinnvolle Funktion.

Noch ein Letztes zur **Erinnerungsfunktion** bei Terminen und Aufgaben, die im Einstellungsfenster zu Terminen und Aufgaben eingestellt werden kann (siehe oben): Besonders sinnvoll sind hier die Erinnerungsmöglichkeiten *Nachricht* und *Nachricht mit Ton*, denn Mac OS X zeigt dann die Terminerinnerung automatisch in einem kleinen Fensterchen zur eingestellten Zeit an – probieren Sie es einfach mit einem Probetermin aus. Sie können bei der Erinnerungsfunktion auch angeben, dass ein bestimmtes Programm oder eine angegebene Datei geöffnet wird, ebenso, dass ein Skript gestartet oder eine Erinnerungs-Mail verschickt wird. Man kann die Erinnerungsfunktion z.B. so nutzen, dass man täglich zu einer bestimmten Zeit automatisch eine Text-Datei öffnen lässt, in der zu erledigende Dinge und anderes Wichtige festgehalten werden.

Damit die Erinnerungsfunktion aktiv ist, muss iCal übrigens nicht geöffnet, Ihr Mac jedoch angeschaltet sein. Gönnen Sie Ihrem Computer jedoch gerade eine Ruhepause, so werden Sie an den Termin erinnert, sobald Ihr Mac wieder läuft.

Erwähnt sei noch, dass sich iCal-Termine und -Aufgaben über iSync auch mit vielen Palm-Handhelds und Handys synchronisieren lassen. Wenn Sie darüber Genaueres wissen wollen, so öffnen Sie die iSync-Hilfe und lesen dort nach, wie das geht.

POWER USER

MobileMe-Nutzer sind bei der Synchronisierung von Terminen und Aufgaben übrigens fein raus, denn über Apples kostenpflichtigen Dienst lassen sich die Daten auf zwei oder mehr Macs sowie iPod touch und iPhone automatisch synchron halten. Die entsprechenden Einstellungen finden Sie in den Systemeinstellungen von Mac OS X im Bereich *MobileMe* und dort im Reiter *Sync*.

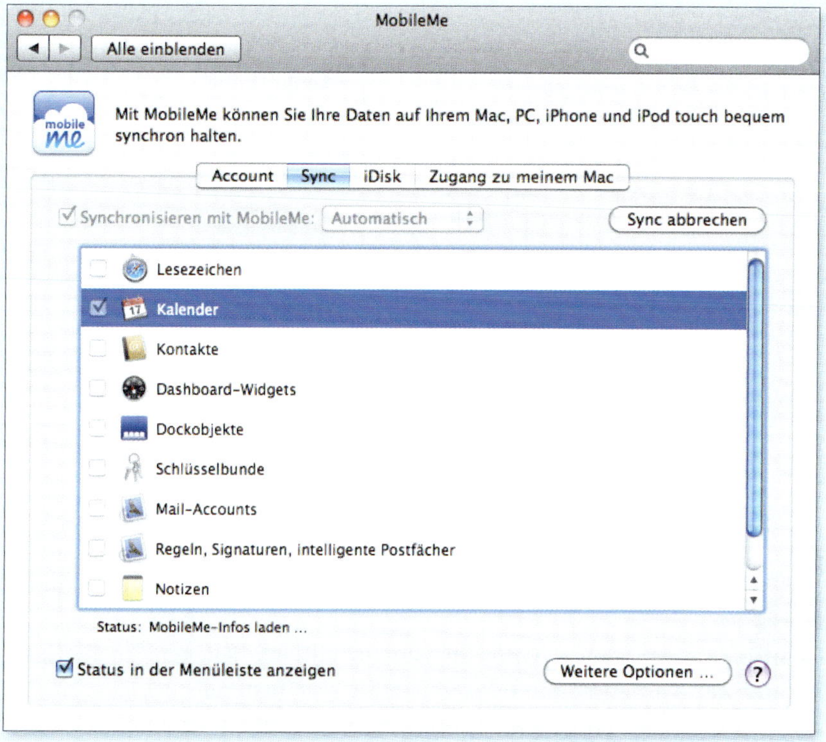

In den MobileMe-Einstellungen ist die Synchronisierung von iCal aktiviert.

Adressbuch

Man traut es sich kaum zu sagen: Aber auch das Adressbuch in Mac OS X 10.6 hat im Vergleich zu Leopard keine wesentlichen Neuerungen erfahren. Geblieben ist damit in jedem Fall der große Vorteil, dass es an viele andere Apple-Programme wie Mail, Safari oder Apples Office-Suite iWork angebunden ist. Hierdurch kann in all diesen Programmen auf die Daten des Adressbuchs zurückgegriffen werden. Und einfach zu bedienen – wie im Folgenden zu zeigen sein wird – ist das Adressbuch auch.

Anlegen von Kontakten

Wenn Sie das Adressbuch öffnen, so präsentiert sich das Programm in der Spaltenansicht: Links sind die Gruppen, in der Mitte in der Namensspalte die einzelnen Kontakte und rechts die Angaben für den ausgewählten Kontakt zu sehen.

Die Benutzeroberfläche des Adressbuchs

Das **Hinzufügen eines neuen Kontakts** ist ganz einfach: Klicken Sie auf das *Plus*-Symbol unter der Namensspalte oder geben Sie das Tastenkürzel ⌘ – N ein. Daraufhin wird in der Kontaktspalte rechts eine neue Adresskarte geöffnet. Tragen Sie nun die gewünschten Daten ein. Bei den meisten Einträgen können Sie dabei mit Klick auf das gedoppelte Dreieckssymbol bestimmen, ob es sich um einen Arbeits- oder Privateintrag handelt. Auch die Art der Telefonnummer (Mobil, Fax, etc.) kann ausgewählt werden.

Sollte ein Kontakt z.B. mehr Telefonnummern haben, als das Adressbuch mit den beiden vorgegebenen Feldern vorsieht, so lässt sich über das grüne *Plus*-Symbol vor der letzten Telefonnummer ein weiteres Telefonnummern-Feld öffnen. Dies funktioniert auch bei anderen Einträgen.

Einträge ins Adressbuch lassen sich aber auch anders hinzufügen, beispielsweise direkt aus Mail, wo es im Menü *E-Mail* den Eintrag *Absender zum Adressbuch hinzufügen* (Tastaturkürzel ⇧ – ⌘ – Y) gibt. Ebenso können vcf-Dateien und vCards (das sind Standard-Dateitypen für Adressdaten) zum Importieren auf das Docksymbol des Adressbuchs oder auf das Adressbuchfenster gezogen werden.

Per Drag & Drop lassen sich die Daten einer vCard in das Adressbuch importieren.

Das Adressbuch bietet außerdem an, dass man Daten aus Adressdateien importieren kann (Menü *Ablage | Importieren*), doch aus den Adressbüchern anderer Programme (wie z.B. Microsofts Outlook) die richtige Import-Datei zu bekommen, ist nicht gerade einfach. Am besten schaut man in Google nach, mit welchen Klimmzügen (denn die sind gerade bei Outlook nötig) das andere Anwender schon geschafft haben. Ansonsten bieten viele Adressbuch-Programme die Möglichkeit, vcf-Dateien oder vCards über die Export-Funktion zu erstellen, und diese lassen sich dann in das Adressbuch von Mac OS X meist auch problemlos importieren.

Den Kontakten lassen sich außerdem Bilder hinzufügen. Wie in den meisten Programmen müssen Sie hierzu nur eine Bilddatei auf den Platzhalter links vom Nameneintrag ziehen. Am Ende der Kontaktdaten steht schließlich noch ein Feld für Notizen zur Verfügung.

Oben die Adresskartei mit dem leeren Bild-Platzhalter, unten mit hinzugefügtem Foto

Bereits vorhandene Kontakte können Sie jederzeit ändern, indem Sie auf den Button *Bearbeiten* in der Fußleiste des Adressbuchs klicken oder das Tastenkürzel ⌘ – L verwenden.

Das Adressbuch unterscheidet im Übrigen **Personen- und Firmenkontakte**. Beim Anlegen eines neuen Kontaktes finden Sie unter dem Namenseintrag eine Checkbox, hinter der *Firma* steht. Wenn Sie diese Option markieren, wird Ihr Eintrag in einen Firmenkontakt umgewandelt. Diese haben im Adressbuch ein anderes Symbol (eine Hochhaus-Silhouette) vor dem Eintrag in der Namensspalte.

TIPP

Über das Adressbuch kann man sich sehr schön Telefonnummern vergrößert in einer Schwebepalette anzeigen lassen, so dass man sie zum Wählen gut vom Bildschirm ablesen kann. Markieren Sie hierzu mit der Maus die gewünschte Telefonnummer und klicken Sie anschließend mit der rechten Maustaste auf den Telefon-Eintrag. Wählen Sie nun den Eintrag *Große Zeichen* im Kontextmenü aus – die Telefonnummer erscheint vergrößert auf Ihrem Bildschirm.

Anzeigen lassen können Sie sich auch eine Karte der Adresse eines Kontaktes. Gehen Sie hierfür genauso vor: Markieren Sie die gesamte Adresse, öffnen Sie mit einem rechten Mausklick das Kontextmenü und klicken Sie dort auf *Karte einblenden …* Safari öffnet nun ein neues Fenster mit der Umgebungskarte der Adresse in Google Maps.

Verwaltung von Kontakten

Ähnlich den Postfächern in Mail oder den Wiedergabelisten in iTunes (aber darauf kommen wir erst noch zu sprechen) können im Adressbuch die Kontakte nach **Gruppen** sortiert werden. So lassen sich z.B. die Adressen einer Arbeitsgruppe zusammenfassen. Auch dies ist ganz einfach und lässt sich intuitiv erledigen. Um eine neue Gruppe von Personen zu erstellen, muss man auf das *Plus*-Symbol ganz links unten am Ende der Gruppenspalte klicken (oder die Tastatur mit dem Kürzel ⇧ – ⌘ – N verwenden) und dann einen Gruppennamen vergeben. In den obigen Screenshots konnten Sie bereits unter den Einträgen *Alle Kontakte* und *Letzter Import* zwei selbst angelegte Gruppen sehen: *Freunde* und *Jugendbuchtipps.de.*

Nach Erstellung der Gruppe enthält diese jedoch noch keine Adressdaten. Um Kontakte hinzuzufügen, sollten Sie zunächst die Gruppe *Alle Kontakte* auswählen und können dann mit der Maus die gewünschten Personen aus der Namensspalte auf den Gruppennamen ziehen. Das Maussymbol verwandelt sich nun in ein grünes *Plus*-Symbol. Wenn Sie die Maustaste loslassen, gehört der Kontakt ab sofort zu dieser Gruppe.

Es können auch per Drag & Drop. mehrere vorher markierte Kontakte gleichzeitig einer Gruppe hinzugefügt werden.

Beachten Sie, dass dabei der Kontakt auch in der Liste *Alle Kontakte* verbleibt, aber das ist ja auch sinnvoll. So können Personen durchaus gleichzeitig in mehreren Gruppen vorkommen, bleiben aber auch als Einzelkontakt im Adressbuch erhalten.

Das Anlegen von Adressgruppen ist insofern sinnvoll, als Sie z.B. in Mail in das Empfängerfeld nur den Gruppennamen eingeben müssen, um die Mail an einen bestimmten Personenkreis zu schicken. Die Adressen holt sich Mail dann automatisch aus dem Adressbuch. Das vereinfacht das Senden von Mails an mehrere Personen.

Wollen Sie einen Kontakt wieder aus der Gruppe entfernen, so öffnen Sie zunächst die Gruppe, wählen anschließend die entsprechende Person aus und löschen diese mit der Rückschritttaste. Das Adressbuch fragt daraufhin nach, ob Sie den Kontakt aus der Gruppe entfernen oder ganz löschen wollen.

Um einen Kontakt ganz aus dem Adressbuch zu entfernen, müssen Sie in der Gruppenspalte *Alle Kontakte* und dann den entsprechenden Eintrag auswählen. Wieder mit der Rückschritttaste kann der Kontakt (nach Bestätigung der Sicherheitsabfrage) ganz gelöscht werden.

Abschließend noch zwei kurze Tipps für die Verwendung des Adressbuchs:

In den Einstellungen des Programms können Sie die Sortierungsweise der Kontakte verändern. Die Standardeinstellung des Adressbuchs ist nicht unbedingt sinnvoll. Wählen Sie in den Einstellungen des Adressbuchs (Tastaturkürzel ⌘ – ,) unter *Allgemein* deswegen besser die Sortierung nach *Nachname* aus und lassen Sie den Vornamen nach dem Nachnamen einblenden.

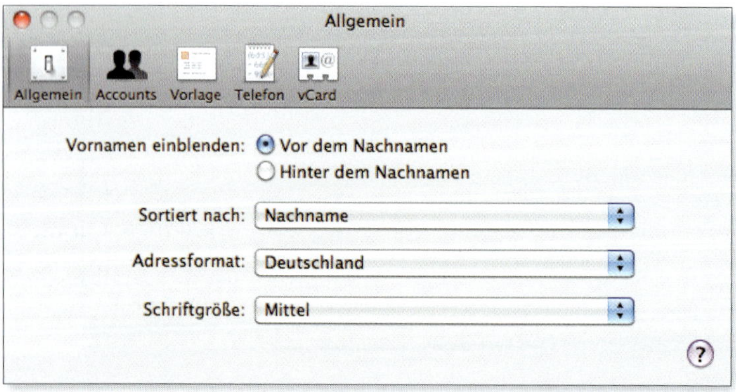

Sinnvolle Einstellungen für die Sortierung von Kontakten im Adressbuch

Im Einstellungsfenster können Sie unter *Vorlage* auch das Standardaussehen für neue Kontakte verändern: z.B. ob die Standardadresse privat oder dienstlich ist. Selbst neue Felder lassen sich hier hinzufügen.

Neu hinzugekommen ist beim Adressbuch in Snow Leopard übrigens, dass man seine Adressdaten nicht mehr nur mit MobileMe, sondern auch mit den Online-Adressbüchern von Yahoo! und Google synchronisieren kann. Die entsprechenden Einstellungen finden Sie im Einstellungsfenster unter *Accounts*. Hierfür benötigen Sie Ihre Account-Daten von Yahoo! oder Google.

POWER USER

Die Adressbuch-Daten mehrerer Macs, aber auch zu Ihrem iPod touch oder iPhone halten Sie wieder besonders komfortabel über den kostenpflichtigen MobileMe-Account synchron. In den Systemeinstellungen von Mac OS X können Sie die Konfiguration der Synchronisation unter *MobileMe | Sync* vornehmen. In Snow Leopard lassen sich Ihre Adressbücher aber auch über Yahoo! und Google (siehe letzter Absatz) synchronisieren. Dies gilt jedoch nur für das Adressbuch, nicht für Termine und Aufgaben aus iCal.

iTunes

Die wachsende Popularität von Apple-Produkten in den letzten Jahren hat viel mit dem iPod und dem iPhone zu tun, die im Oktober 2003 bzw. Juni 2007 das Licht der Welt erblickten und Apple neue Kundenkreise erschlossen. Die Software, die damit in Verbindung steht und die fast jedermann kennt, ist **iTunes**, das es inzwischen sowohl für Mac OS X als auch für Windows gibt.

Inzwischen liegt das Programm in der achten Version vor, und da die Entwicklung von iTunes nicht an die des Betriebssystems gekoppelt ist, kann es durchaus sein, dass kurz nach Drucklegung dieses Buches schon wieder eine neue Version erscheint. Deswegen sollen hier nur die Grundfunktionen von iTunes erklärt werden, die sich seit Version eins im Wesentlichen nicht geändert haben: die Benutzeroberfläche, das Importieren von CDs und MP3-Dateien sowie die Verwaltung Ihrer Musiksammlung. Schauen wir uns zunächst die Oberfläche von iTunes an.

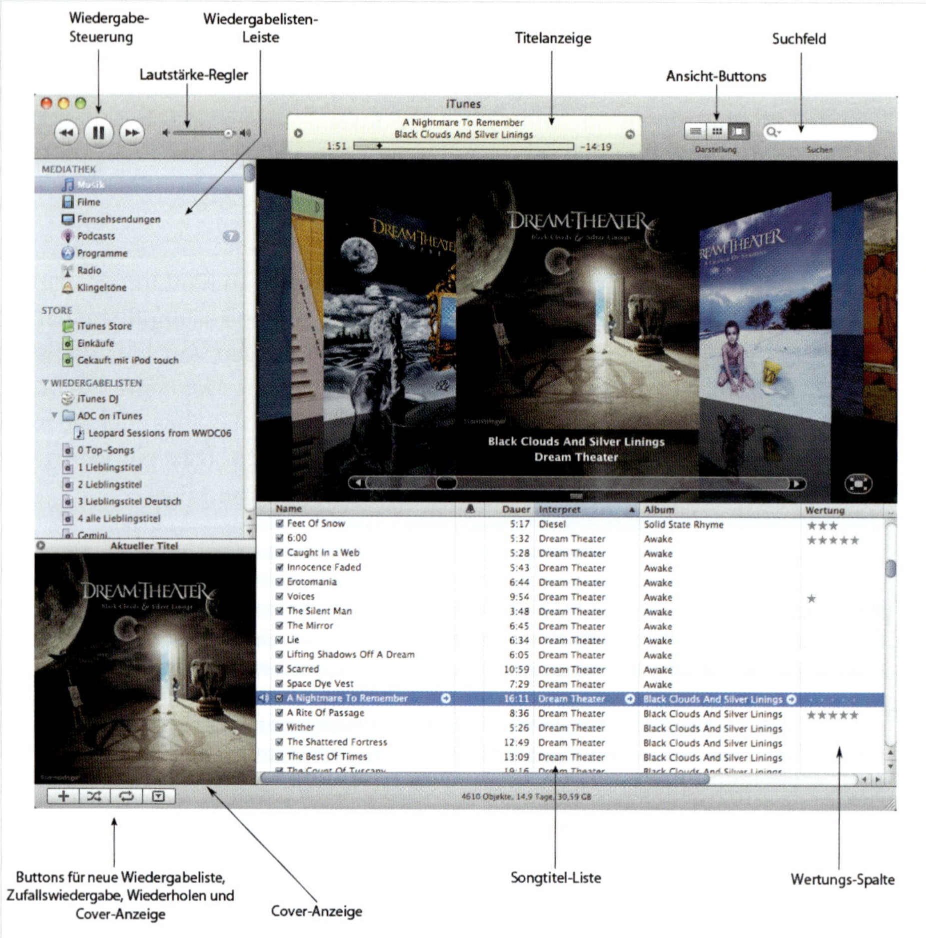

Die Benutzeroberfläche von iTunes

iTunes ist inzwischen viel mehr als ein Musikverwaltungsprogramm: Man kann im iTunes Store Songs, Videoclips, Hörbücher, Filme und Fernsehsendungen kaufen, Filme der Apple TV-Box verwalten, Podcasts herunterladen sowie Radio hören. Mit dem Erscheinen von iPod touch und iPhone ist außerdem Apples App Store hinzugekommen, in dem man Programme und Spiele für beide Geräte erwerben und downloaden kann. Doch diese erweiterten Funktionen von iTunes sollen hier außen vor bleiben.

Importieren von Songs

Das Importieren von CDs in iTunes ist eine einfache Sache. Legen Sie die gewünschte CD in Ihr Mac-Laufwerk ein und warten Sie ein paar Sekunden, bis sie eingelesen wird. Wenn Sie keine ganz ungewöhnliche CD oder einen selbstgebrannten

Song-Mix gewählt haben, zeigt iTunes nach ca. 10 Sekunden die CD- und Songtitel automatisch an (eine Verbindung ins Internet vorausgesetzt).

Klicken Sie nun rechts unten im iTunes-Fenster auf den Button *CD importieren*, der erst sichtbar ist, sobald die CD eingelesen ist:

Den Rest erledigt iTunes automatisch. Nach ein paar Minuten liegen die Musikstücke der CD komprimiert im Unterordner *Musik* Ihrer Mediathek. Auf der Festplatte finden Sie die dazu gehörigen Dateien standardmäßig im Musik-Ordner des Benutzers, und zwar dort ordentlich sortiert nach Interpreten und CD-Titeln im Unterordner *iTunes Music*.

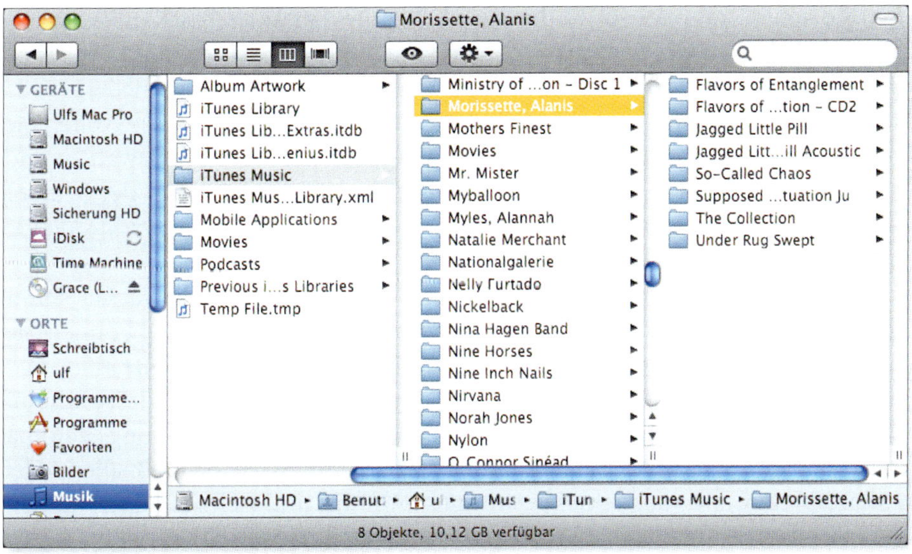

Die importierten Songs findet man im Ordner Musik | iTunes | iTunes Music sinnvoll geordnet.

Für das Importieren von Songs bietet Ihnen iTunes in den Programmeinstellungen, die Sie über das Menü *iTunes* oder das Tastaturkürzel ⌘ – , erreichen, verschiedene Möglichkeiten, und zwar im Bereich *Allgemein* über den Button *Importeinstellungen …* Als Standard ist eingestellt, dass iTunes Lieder im AAC-Format mit einer Qualität von 256 kBit/s (Kilobit pro Sekunde) einliest. Dieser Wert ist ein guter Kompromiss zwischen Wiedergabequalität und Dateigröße. Sollten Sie Ihre Songs jedoch lieber im MP3-Format importieren, das im Gegensatz zu AAC alle

MP3-Player abspielen können, so können Sie dies hier verändern. Über das erste Aufklappmenü können Sie die Codierungsweise u.a. auf MP3 oder Apple Lossless (ein vollkommen verlustfreies Codierungsformat) umstellen, im zweiten dann die Qualität einstellen. Je größer der Wert hier ist, desto qualitativ besser die Codierung. Jedoch hören so gut wie alle Menschen ab spätestens 256 kBit/s keinen Unterschied mehr zum Original. Meist reichen sogar 128 kBit/s aus.

Verwaltung Ihrer Musiksammlung

Wenn Sie mehrere CDs und MP3-Dateien importiert haben, so befinden sich bald recht viele Lieder in Ihrer Musik-Mediathek – und das wird irgendwann unübersichtlich. Deswegen sollte man die Fähigkeiten von iTunes zur Verwaltung nutzen. Und genau diese schauen wir uns jetzt an.

Wenn Sie im iTunes-Fenster links unten auf den *Plus*-Button klicken, so können Sie eine neue **Wiedergabeliste** (engl. Playlist) hinzufügen. Geben Sie ihr einen Namen, z.B. Interpret und Titel eines Albums. Die neue Wiedergabeliste ist zunächst leer. Gehen Sie nun in Ihren Musik-Ordner der Mediathek, markieren Sie mit der Maus die Lieder, die Sie zu der neuen Wiedergabe hinzufügen möchten, und ziehen Sie diese dann auf die neu angelegte Wiedergabeliste. Nun enthält Ihre Wiedergabeliste die gewünschten Songs (sie verbleiben aber auch in der Mediathek). Wollen Sie die Lieder der Wiedergabeliste anhören, so können Sie diese gezielt auswählen und die Musikwiedergabe mit einem Klick auf den Wiedergabe-Button in der Symbolleiste oder mit der Leertaste starten.

Doch es gibt noch weitere Möglichkeiten. Wie Mail intelligente Postfächer kennt, so gibt es in iTunes auch **intelligente Wiedergabelisten**. Eine solche können Sie erstellen, indem Sie im Menü unter *Ablage* den Eintrag *Neue intelligente Wiedergabeliste …* (Tastenkürzel ⌥ – ⌘ – N]) anklicken. Im Fenster, das sich daraufhin öffnet, können Sie nun Regeln definieren, mit denen die gewünschten Songs automatisch in die Wiedergabeliste aufgenommen werden. So lassen sich z.B. alle Lieder eines Interpreten, alle Songs eines bestimmten Albums und vieles mehr auswählen. Wollen Sie, dass die intelligente Wiedergabeliste immer aktuell ist, so sollten Sie die Checkbox *Automatisch aktualisieren* markiert lassen.

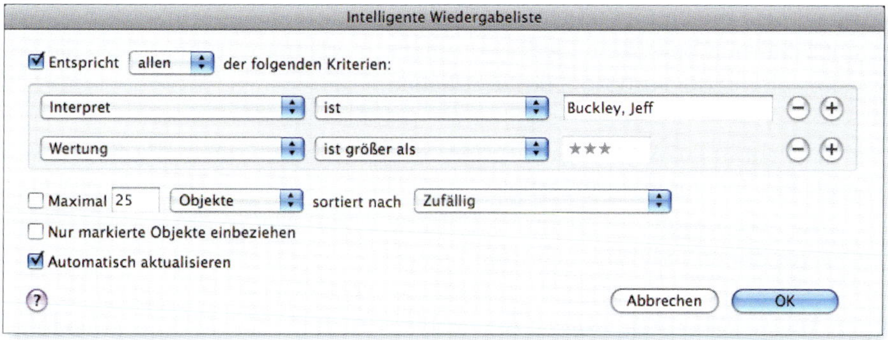

Das Fenster, in dem Sie die Regeln für intelligente Wiedergabelisten erstellen können

Darüber hinaus können Sie Ihre Songs auch **bewerten**. Dies geht am leichtesten in der Songübersicht des iTunes-Fensters, wo es eine Spalte mit der Bezeichnung *Wertung* gibt. Unter Umständen müssen Sie die Wertungsspalte erst sichtbar machen. Klicken Sie hierzu mit der rechten Maustaste auf einen Eintrag der Spaltenbenennung am oberen Rand der Songtitel-Liste und wählen Sie im Menüfenster, das daraufhin erscheint, *Wertung* aus. Um einen Song zu bewerten, müssen Sie in der Wertungsspalte einmal eher links auf die Zeile des gewünschten Songs klicken. Sie sehen, dass hier Sterne erscheinen. So können Sie einen Song mit einer Bewertung zwischen 0 und 5 Sternen versehen. 5 Sterne kann man z.B. an seine absoluten Lieblingslieder vergeben, 4 Sterne für alle guten Lieder etc.

Wozu solche Bewertungen sinnvoll sind? Hier kommen wieder die intelligenten Wiedergabelisten ins Spiel, denn Sie können damit eine Wiedergabeliste definieren, in der z.B. Ihre Songfavoriten, die Sie mit 5 Sternen bewertet haben, zusammengefasst sind. Die Regel hierfür sieht so aus:

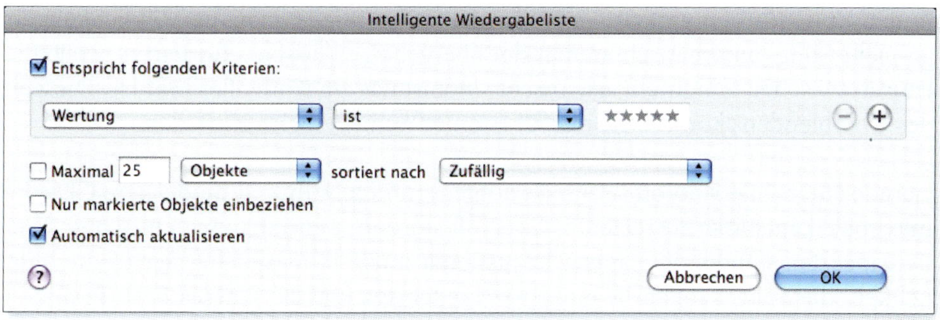

Intelligente Wiedergabelisten können auch auf Basis individueller Wertungen erstellt werden.

Der Vorteil einer solchen intelligenten Wiedergabenliste liegt darin, dass neu von Ihnen mit 5 Sternen bewertete Lieder automatisch ergänzt werden, sofern Sie bei der Regelerstellung die Funktion aktiviert haben.

Wie Sie vielleicht in der Wiedergabenlisten-Spalte von iTunes bemerkt haben, enthält iTunes bereits einige vorgefertigte intelligente Wiedergabelisten: u.a. *Meine Lieblingstitel* (alle Lieder mit mehr als 3 Sternen) und *Meine Top 25* (die 25 am häufigsten von Ihnen in iTunes gehörten Lieder).

Bei Ihren Wiedergabelisten können Sie übrigens auch die Sortierungsreihenfolge verändern. Dies geht ganz einfach, indem Sie in der Songliste auf die Spaltennamen klicken: Ein Klick heißt absteigend, ein zweiter Klick aufsteigend sortiert. Außerdem ist es möglich, dass Sie iTunes die Reihenfolge der Lieder in einer Wiedergabeliste zufällig auswählen lassen. Um diesen sogenannten **Shuffle-Modus** zu aktivieren, müssen Sie links unten im iTunes-Fenster auf das zweite Symbol von links mit den sich überkreuzenden Pfeilen klicken. Rechts daneben finden Sie den **Repeat**-Button, über den Sie die ganze Wiedergabeliste (ein Klick auf den Button) oder einzelne Songs (zwei Klicks) in einer Schleife immer wieder abspielen lassen können. Der vierte Button in der Reihe schließlich öffnet einen Fensterbereich unter der Playlist-Spalte, in dem das **Albumcover** angezeigt wird. iTunes lädt, sofern Sie das möchten, übrigens Albumcover selbständig aus dem iTunes Store. Klicken Sie hierzu im Menü *Erweitert* auf *CD-Cover laden*. Die Cover Ihrer CDs werden dann automatisch aus dem iTunes Store eingefügt – vorausgesetzt, Sie haben einen Account beim iTunes Store, und das Album ist dort bekannt.

Sonstige Tipps zu iTunes

Abschließend seien zum Unterkapitel über iTunes noch ein paar nützliche Tipps für die Verwendung von iTunes angefügt:

In den *Einstellungen* von iTunes finden Sie unter *Wiedergabe* die Möglichkeit, abgespielte Songs automatisch ineinander übergehen zu lassen – für Partys, wo keine Pausen zwischen Songtiteln erwünscht sind, ist das ein sinnvolles Feature. Die Zeit des Überblendens können Sie hier über einen Schieberegler einstellen.

Gerade ältere CDs sind oft sehr leise aufgenommen, während modernere CDs die maximale Lautstärke ausreizen. Dies ist oft störend, wenn man in gemischten Wiedergabelisten ständig die Lautstärke justieren muss. iTunes bietet hierfür die Möglichkeit, die Song-Lautstärke einzelner Lieder anzupassen. Dieses Feature finden Sie ebenfalls in den *Einstellungen* unter *Wiedergabe*. Aktivieren Sie dort die Funktion *Lautstärke anpassen*. Erwarten Sie hiervon jedoch keine Wunder. Oft ist diese Einstellung auch störend, weil das ruhigere Lied eines Albums auf einmal im Vergleich zum vorherigen Song recht laut abgespielt wird.

In Bezug auf die Funktion *Klangverbesserung* im gleichen Einstellungsfenster sollten Sie ausprobieren, ob deren Aktivierung den Klang Ihrer Lautsprecher (bei integrierten Computerlautsprechern ist dies oft der Fall) verbessert.

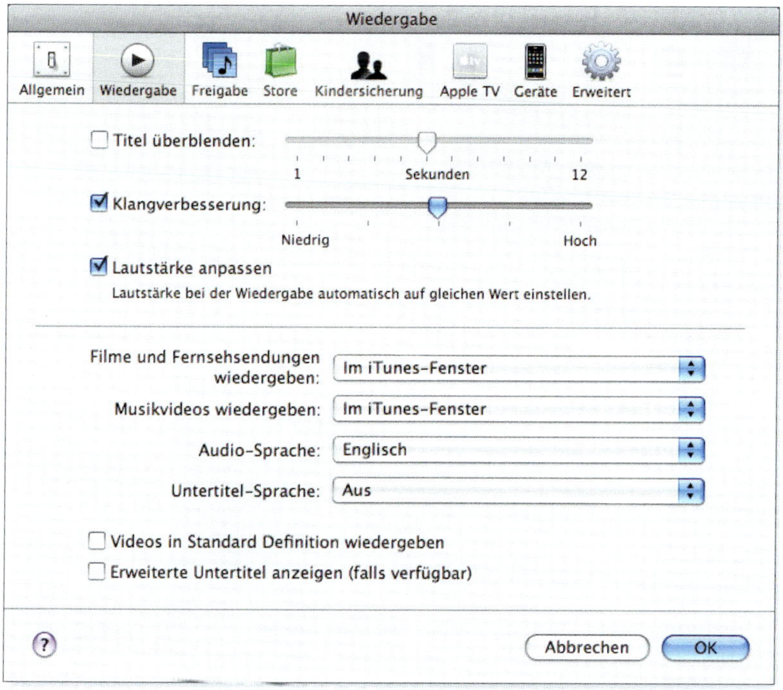

Die Wiedergabe-Einstellungen in iTunes – darunter ***Titel überblenden, Klangverbesserung*** *und* ***Lautstärke*** *anpassen*

Das Aussehen Ihres Songübersichts-Fensters können Sie ebenfalls anpassen. Hierfür gibt es in der Symbolleiste von iTunes rechts neben dem Wiedergabefenster drei Buttons. Probieren Sie es einfach mal aus und testen Sie die drei Ansichten: die einfache Listenansicht, die gruppierte Gitter-Ansicht mit Cover sowie Cover Flow. Gerade Letztere ist hübsch anzusehen. Sie können diese Einstellung übrigens für jede Wiedergabeliste individuell vornehmen, iTunes merkt sich das.

Mit der **Suchfunktion** von iTunes (Tastaturkürzel: ⌥ – ⌘ – F) sollten Sie auf Anhieb zurechtkommen, sie funktioniert ähnlich wie in anderen Apple-Programmen.

Eine letzte interessante Funktion von iTunes sei abschließend noch vorgestellt, bevor die Kurzdarstellung des Programms beendet wird: Sollten Sie zu Hause mehrere Macs in einem Netzwerk verbunden haben, sei es über ein Netzwerkkabel oder über eine Funkverbindung, so können Sie Ihre iTunes-Mediathek teilweise oder ganz für andere Macs freigeben. In den *Einstellungen* von iTunes finden Sie hierzu den Bereich *Freigabe*.

Über die Freigabe-Funktion können Sie andere Macs in einem Netzwerk an Ihren Songs und Filmen teilhaben lassen.

Wollen Sie also, dass Ihr Sohn, Ihr Ehemann oder Ihre Ehefrau auf dem eigenen Mac auch auf Ihre iTunes-Songs und -Filme zugreifen können, so aktivieren Sie diese Funktion, entweder für die ganze Mediathek oder nur für bestimmte Wiedergabelisten. Bei größeren Netzwerken ist es dabei sinnvoll, die Freigabe mit einem Kennwort zu versehen, das Sie dann nur an die dafür bestimmten Leute weitergeben sollten.

iChat

Bei iChat handelt es sich um einen Instant Messenger, d.h., die ursprüngliche Grundfunktion des Programms besteht im Versenden von kurzen Textnachrichten zwischen verschiedenen Benutzern. Dabei lassen sich private Chats mit einem oder auch mehreren Teilnehmern eröffnen. Um diese Funktion nutzen zu können, benötigen Sie einen MobileMe- (früher ».mac«) oder AIM-Account (AOL Instant Messenger). Letzteren erhalten Sie kostenlos unter www.aim.com. Weitere unterstützte Protokolle sind Jabber und Google Talk, auch hier sind entsprechende Zugangsdaten notwenig. Sollten Sie nur mit Anwendern in einem lokalen Netzwerk kommunizieren wollen, so können Sie dies ohne Anmeldung bei einem der oben genannten Dienste tun.

Neben dem Austauschen von Textnachrichten können auch Sprachverbindungen oder gar Videokonferenzen ausgeführt werden; eine ausreichend schnelle Internetverbindung und die entsprechende Hardware immer vorausgesetzt. iChat bietet Ihnen also die Möglichkeit, mit anderen Benutzern des Programms zu telefonieren und sogar Videotelefonate durchzuführen. Doch mehr dazu später.

Der erste Start

Zuerst sollten Sie sich bei einem entsprechenden Dienst anmelden, um ein Benutzerkonto zu erhalten, mit dem Sie fortan kommunizieren können (www.me.com; www.aim.com).

Die beim Anbieter erhaltenen Daten tragen Sie nun beim ersten Start von iChat ein. Sollten Sie iChat bereits verwendet haben, können Sie einen neuen Account unter *iChat* | *Einstellungen* | *Account* eintragen.

Nachdem Ihr Account nun korrekt konfiguriert ist, können Sie Ihre Bekannten zu einer Kontaktliste hinzufügen. Sollte das entsprechende Fenster nicht sichtbar sein, finden Sie es unter dem Punkt *Fenster* in der Menüleiste. Zum Eintragen eines neuen Kontaktes genügt ein Mausklick auf das kleine Plus-Symbol in der unteren linken Ecke der Kontaktliste.

Sollten Sie lediglich in einem lokalen Netzwerk kommunizieren wollen, entfällt die Einrichtung eines speziellen Benutzerkontos. In diesem Fall wird diese Arbeit von Bonjour, der automatischen Netzwerkkonfiguration übernommen. Sie müssen lediglich darauf achten, dass die Bonjour-Kontaktliste geöffnet ist und als Status in dieser Kontaktliste nicht *Getrennt* oder *Unsichtbar* ausgewählt ist. Den Status ändern Sie über das Aufklappmenü, welches Sie in der Kontaktliste direkt unter Ihrem Namen finden.

Die Statusanzeige findet sich direkt unter Ihrem Namen, ein Klick darauf öffnet ein Aufklappmenü.

Einen Chat beginnen

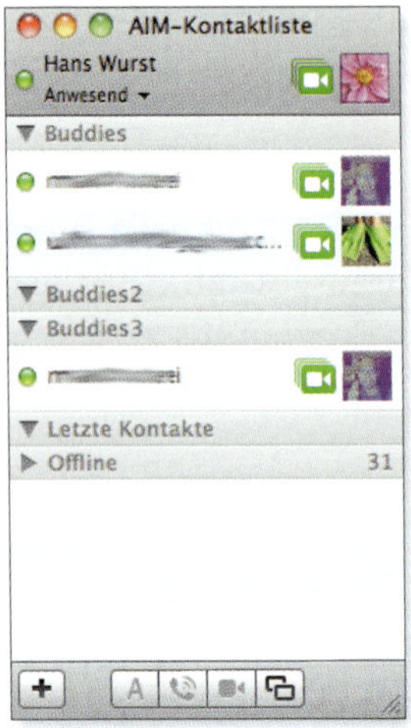

Die einfachste Methode, einen Chat zu beginnen, ist das Auswählen der gewünschten Person in der Kontaktliste. Anschließend wählen Sie in der unteren Leiste der Kontaktliste die gewünschte Art der Verbindung aus. Von links nach rechts betrachtet stehen *Text*, *Sprache*, *Video* und *Screen Sharing* zur Verfügung. Dem Punkt *Screen Sharing* kommt dabei ein Sonderstatus zu. Diese Funktion erlaubt es, den Rechner des Gegenübers fernzusteuern.

Die Kontaktliste ist die Schaltzentrale von iChat.

Während des Chats

Während eines Chats ist es möglich, weitere Personen einzuladen. Dazu klickt man auf das kleine *Plus*-Symbol am unteren Rand des Chatfensters, und der neue Teilnehmer wird daraufhin eingeladen. Ein Austausch von Dateien ist auf einfache Weise möglich, indem man das Datei-Icon mit der Maus auf den Empfänger in der Kontaktliste zieht. Eine weitere, wichtige Grundfunktion ist das Stummschalten bei Audio- und Videochats. Dies funktioniert über einen Button am unteren Rand des Chatfensters, der mit einem Mikrofonsymbol gekennzeichnet ist.

Über kleine Knöpfe am Chatfenster hat man Zugriff auf die wichtigsten Funktionen während eines Chats.

Screen Sharing

Mit Screen Sharing wird es möglich, den Computer des Gegenübers fernzusteuern. Um diese Funktion zu aktivieren, wählen Sie bitte in der Kontaktliste die gewünschte Person aus und klicken auf das entsprechende Symbol am Unterrand der Kontaktliste. Nun erscheint eine Auswahl, mit der Sie entweder Ihren eigenen Bildschirm freigeben oder eine entsprechende Freigabe Ihres Gegenübers anfordern können. Alternativ können Sie die Befehle über die Menüleiste auswählen: *Kontakte | Meinen Bildschirm freigeben* bzw. *Kontakte | Um Zugriff auf entfernten Bildschirm bitten.*

In der Praxis sieht das Ganze so aus, dass nach Aktivierung der Funktion der Schreibtisch des entfernten Macs auf dem eigenen Bildschirm im Vollbildmodus eingeblendet wird, während der eigene Bildschirm in einem kleinen Übersichtsfenster erscheint. Nun lässt sich mit Maus und Tastatur auf dem fremden Rechner arbeiten. Wie flüssig das funktioniert, hängt ganz von der vorhandenen Internetverbindung ab.

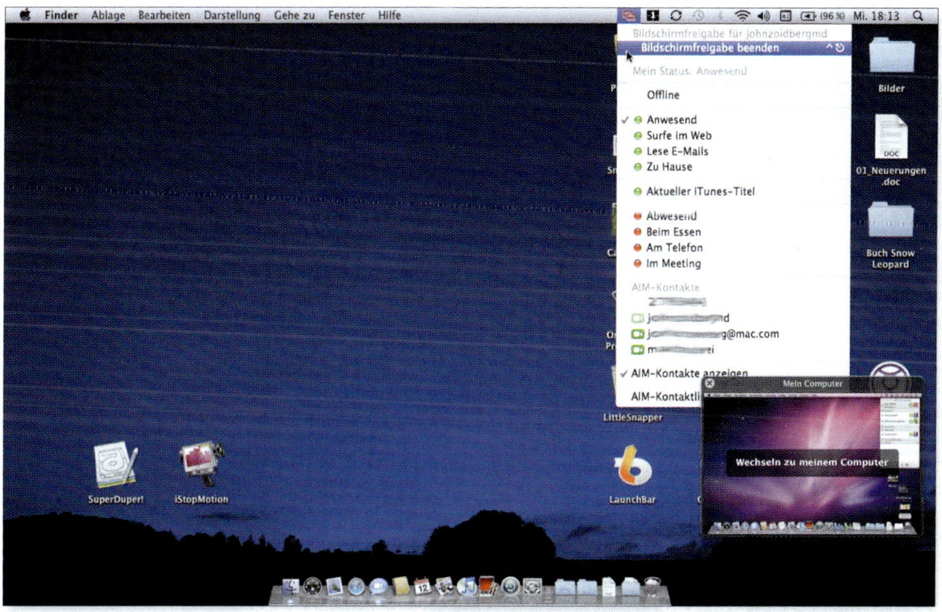

Fernsteuern leicht gemacht: mit Screen Sharing

iChat Theater

iChat Theater dient zum Durchführen einer Präsentation während eines Videochats. Dabei können Sie alles präsentieren, was unter Mac OS X mit Quick Look als Übersicht angezeigt werden kann. Dazu gehören PDF-Dateien, Keynote- bzw. Powerpoint-Präsentationen, Word-Dokumente, QuickTime-Filme und viele weitere Formate.

Eine solche Präsentation können Sie auf unterschiedliche Weise starten.

- Wenn Sie bereits einen Videochat mit der entsprechenden Person führen, genügt es, die gewünschte Datei in das Videofenster zu ziehen. Sie werden nun vor die Wahl gestellt, die Datei zu senden oder im iChat Theater gemeinsam zu nutzen.
- Sollten Sie noch keinen Videochat führen, wählen Sie bitte zuerst in der Menüleiste *Ablage | Datei für iChat Theater* freigeben aus. Nun müssen Sie zunächst die zu präsentierende Datei auswählen und anschließend einen Videochat mit der entsprechenden Person starten.

iChat Theater ermöglicht Präsentationen während eines Chats.

Videos mit Effekt

Seit Mac OS X 10.5 Leopard lassen sich auch Effekte auf Videochats anwenden, wie man sie von PhotoBooth kennt. Neben verzerrten Gesichtern lassen sich aber auch unterschiedliche Hintergründe in das eigene Bild einblenden. So sieht Sie Ihr Chatpartner beispielsweise nicht mehr im Wohnzimmer, sondern plötzlich vor dem Eiffelturm sitzen.

Einen solchen Effekt wenden Sie an, indem Sie zunächst über die Menüleiste *Video | Videoeffekte* einblenden auswählen. Nun erscheint ein Fenster mit den zur Auswahl stehenden Effekten. Ein besonderes Schmankerl hierbei ist die eingebaute Bluescreen-Funktion. Sie ersetzt den tatsächlichen Hintergrund durch ein Bild oder ein Video. Dazu müssen Sie zunächst in der Auswahl der Videoeffekte einen entsprechenden Hintergrund auswählen. Sie werden anschließend gebeten, kurz aus dem Blickfeld der Kamera zu gehen, damit iChat eine Leeraufnahme des Hintergrunds durchführen kann. Ist dies geschehen, wird in der Folge der Hintergrund wie gewünscht ersetzt. Das Ganze funktioniert, je nachdem, wie sich Ihre Kleidung vom Hintergrund unterscheidet, mehr oder weniger gut.

iChat verfügt über eine Bluescreen-Funktion.

QuickTime X

QuickTime wurde in Mac OS X 10.6 Snow Leopard umfassend überarbeitet und trägt nun den Namen **QuickTime X**. Der Hauptbestandteil von QuickTime X ist dabei der sogenannte QuickTime Player, den Sie im Programme-Ordner finden. Insbesondere die Benutzeroberfläche des QuickTime Players wurde komplett überarbeitet und bietet dem Anwender nun viele interessante Funktionen zum Betrachten und Bearbeiten von Videos, die zuvor Käufern von QuickTime Pro vorbehalten waren. Diese zuvor kostenpflichtige Version des Players entfällt mit der aktuellen Version QuickTime X. Besitzer der Vorgängerversion QuickTime 7 haben deshalb weiterhin die Möglichkeit, diese auch unter Mac OS X 10.6 zu installieren.

Im Folgenden soll etwas genauer auf die Funktionen des QuickTime Players eingegangen werden. QuickTime ist jedoch mehr, nämlich ein wichtiger Bestandteil des Betriebssystems. Diese Software trägt entscheidend zu den Multimediafähigkeiten des Betriebssystems bei. Apple stellt mit dieser Technologie auch ein Framework und eine Programmierschnittstelle bereit, welche von anderen Programmen genutzt werden, um mit Video- und Audioinhalten umzugehen.

QuickTime Player

Der QuickTime Player ist der auffälligste Bestandteil der QuickTime-Software. Es handelt sich um ein Programm zur Wiedergabe und Bearbeitung von Multimediainhalten. Es liegt sowohl als eigenständiges Programm wie auch als Erweiterung für Internetbrowser vor.

Eine Vielzahl unterschiedlicher Audio-, Video-, und Bildformate kann von dem Programm wiedergegeben werden. Dabei macht das Programm auch nicht vor Live-Inhalten aus dem Internet Halt und bietet mit QuickTimeVR ein Format zur Wiedergabe von VirtualReality-Inhalten wie Panoramafilmen. Durch die Möglichkeit, Erweiterungen (sogenannte Plugins) zu installieren, lassen sich weitere Dateiformate nachrüsten, die nicht standardmäßig von QuickTime unterstützt werden. Die am häufigsten genutzten und dennoch nicht unterstützten Formate sind DivX und das Windows-Media-Format. Entsprechende Plugins finden sich unter den folgenden Adressen:

- www.divx.com/divx/mac/
- www.flip4mac.com/ (siehe auch Kapitel 10)

Abspielen von Filmen

Das Abspielen von Filmen ist weiterhin die Hauptfunktion des QuickTime Players. Einen Film öffnen Sie am einfachsten, indem Sie die entsprechende Datei doppelklicken. In der Folge erscheint ein Fenster, welches den gewünschten Film anzeigt. Innerhalb des Anzeigefensters befinden sich nun die einzelnen Kontrollelemente, wie Abspielen, Vor- und Zurückspulen und die Lautstärkeregelung. In einer Verlaufsleiste wird zudem die aktuelle Abspielposition angezeigt, durch Ziehen der Markierungen können Sie leicht zu einer anderen Stelle des Films springen. Über eine entsprechende Schaltfläche können Sie zwischen Fenstermodus und Vollbildmodus wechseln, das entsprechende Tastenkürzel hierfür ist ⌘ – F. Weitere Abspieloptionen wie die Auswahl von Sprache und Untertiteln stehen über den Punkt *Darstellung* in der Menüleiste zur Auswahl. Die einzelnen Bedienelemente entnehmen Sie bitte der folgenden Abbildung.

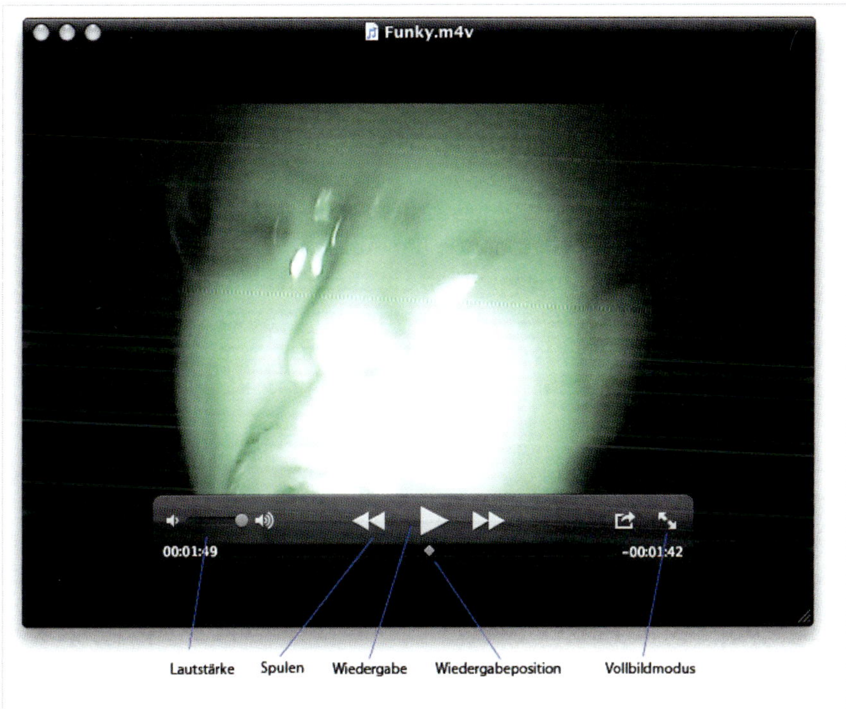

Das Abspielfenster und seine Bedienelemente

Aufnehmen von Bild und Ton

Der Player ermöglicht auch das einfache Aufnehmen von Bild und Ton. Es ist hierbei sogar möglich, eine Videoaufnahme des Bildschirms durchzuführen. Zu diesem Zweck öffnen Sie den QuickTime Player und gehen wie folgt vor:

- *Audio*: Öffnen Sie ein Fenster zur Audioaufnahme über *Ablage | Neue Audioaufnahme*. In dem sich nun öffnenden Fenster können Sie über ein Aufklappmenü, welches durch Klicken auf das Dreiecksymbol am rechten Fensterrand erscheint, noch Tonquelle (*Mikrofon*), Aufnahmequalität (*Qualität*) und Speicherort (*Sichern unter*) bestimmen. Die Lautstärke bestimmen Sie über einen entsprechenden Schieberegler, die Aufnahme starten Sie durch Drücken des roten Aufnahmeknopfes.
- *Video*: Öffnen Sie zum Aufnehmen eines Videos über *Ablage | Neue Videoaufnahme* ein entsprechendes Fenster. Nun erscheint ein Fenster, welches neben den bereits von der Audioaufnahme bekannten Bedienelementen noch eine Vorschau auf das Videobild bietet. Die eigentliche Aufnahme geschieht in gleicher Weise wie dies bei der Tonaufnahme der Fall war.
- *Bildschirmaufnahme*: Mit dem neuen QuickTime X können Sie auch einen Film von Ihrer Arbeit am Mac aufnehmen. Dies ist zum Beispiel dann sinnvoll, wenn Sie einem Bekannten einen Arbeitsschritt am Mac erklären wollen. Die Bedienelemente entsprechen denen der Aufnahme von Audio und Video. Insbesondere können Sie hier wählen, ob Sie zusätzlich zum Bildschirminhalt auch z.B einen Kommentar über ein Mikrofon aufnehmen wollen. Nach dem Start der Aufnahme verschwindet das Aufnahmefenster vom Bildschirm. Stattdessen wird nun ein Fenster mit dem Button *Aufnahme stoppen* eingeblendet.

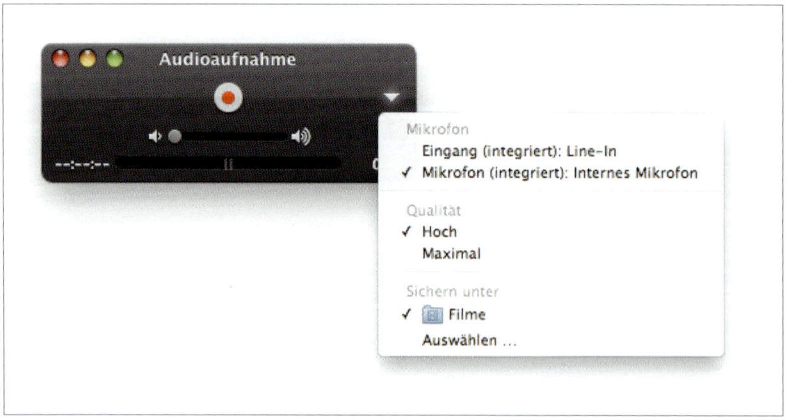

Das Aufnahmefenster samt Aufklappmenü

Filme optimieren

Auch wenn Sie bereits einen Film haben und diesen gerne etwas optimieren wollen, kann Ihnen der neue QuickTime Player weiterhelfen. Sie können vorhandene Filme zurechtschneiden und anschießend in einem passenden Format abspeichern und weitergeben.

Um einen Film zu trimmen (= zurechtschneiden), öffnen Sie diesen mit dem QuickTime Player. Anschließend müssen Sie über *Bearbeiten | Trimmen* die entsprechende Funktion aufrufen. Das Wiedergabefenster zeigt nun eine Zeitleiste an, mit deren Hilfe Sie wie gewünscht einen Start und Ende des Films angeben können. Ein anschließender Klick auf den mit *Trimmen* beschrifteten Button stutzt den Film schließlich zurecht.

Das Zurechtschneiden von Filmen geschieht durch Anpassen der Zeitleiste.

Der fertige Film kann nun auf unterschiedliche Weise bereitgestellt werden.

- Über *Ablage | Speichern unter* kann das Video in einer entweder für iPhone, iPod oder Computer optimierten Version gespeichert werden.
- Mit *Ablage | Für Web sichern* erzeugt QuickTime X automatisch verschiedene Versionen des gleichen Films, welche für unterschiedliche Endgeräte optimiert sind. Diese lassen sich dann auf einer Homepage zusammen mit einem

ebenfalls erzeugten Referenzfilm veröffentlichen. Ruft ein Anwender nun diese Homepage im Internet auf, kann der Referenzfilm zur jeweils passenden Version des Videos weiterleiten.

- Über den Punkt *Bereitstellen* in der Menüleiste ist es zudem möglich den Film in einer geeigneten Version direkt an iTunes, MobileMe oder YouTube weiterzugeben.

Filme können in unterschiedlicher Qualität direkt an iTunes weitergegeben werden.

TextEdit

Bei **TextEdit** handelt es sich um den mit Mac OS X ausgelieferten Texteditor. Neben der Funktion als reiner Texteditor kann das Programm jedoch einiges mehr: So eignet es sich durchaus als Textverarbeitung. TextEdit kann zwar nicht Programme wie Pages oder gar OpenOffice und Microsoft Word ersetzen. Für einfachere Aufgaben eignet sich diese Software jedoch durchaus, da alle grundlegenden Funktionen vorhanden sind.

Texteditor versus Textverarbeitung

TextEdit verfügt über zwei wesentliche Bearbeitungsmodi, die man kennen sollte: Einerseits kann es als Textverarbeitung dienen, in welcher man das entsprechende Dokument mit den unterschiedlichsten Formatierungen, Schriften und Bildern versehen kann. Andererseits kann TextEdit auch als reiner Texteditor verwendet werden, der Text ohne Formatierungen als reinen Text bearbeitet. Dieser Modus erlaubt es beispielsweise, HTML-Code direkt zu verändern, oder Änderungen in diversen Programmdateien vorzunehmen. Des Weiteren stellt der Umgang mit reinem Text die maximale Kompatibilität beim Austausch von Texten zwischen unterschiedlichen Systemen sicher.

Ein Umschalten zwischen diesen beiden Modi gelingt über die Menüleiste über *Format | In reinen Text umwandeln* beziehungsweise *Format | In formatierten Text umwandeln*, wenn Sie reinen Text mit Formatierungen versehen wollen. Alternativ können Sie mit der Tastenkombination ⇧ – ⌘ – T zwischen den beiden Modi wechseln. Bitte behalten Sie dabei stets im Hinterkopf, dass beim Umwandeln in reinen Text jegliche Formatierung inklusive der Schriftart und Tabellen verlorengeht.

Grundlegende Textfunktionen

An dieser Stelle sollen nur die wichtigsten Bearbeitungsfunktionen behandelt werden. An erster Stelle steht hier sicherlich das Formatieren des Textes. Unter dem Punkt *Format* finden sich in der Menüleiste alle wichtigen Funktionen.

- Um Schriftart, Größe und sonstige Veränderungen der Schrift wie etwa Unterstreichen durchzuführen, wählen Sie bitte *Format | Schrift*. Hier können Sie nun direkt auf die wichtigsten Funktionen zurückgreifen – von der Fettschrift bis zur Unterschneidung. Einen übersichtlicheren Umgang erreichen Sie jedoch, indem Sie über *Format | Schrift | Schriften einblenden* ein zusätzliches Fenster öffnen. Hier werden nun tabellarisch Schriftensammlungen, Schriften und Stile aufgeführt.

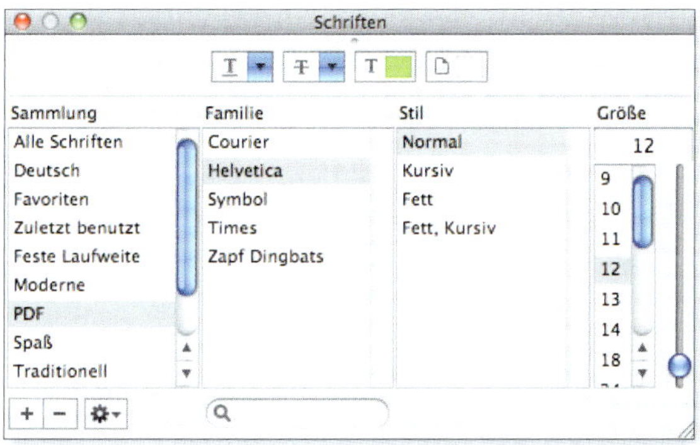

Über Schriften einblenden erhalten Sie eine übersichtliche Auswahl.

- Möchten Sie die Ausrichtung des Textes ändern, um diesen beispielsweise zu zentrieren, so finden Sie die Einstellungen dazu unter *Format | Text*. Sollten Sie nicht zufällig unter Platznot auf dem Bildschirm leiden, achten Sie darauf, dass hier die Funktion *Lineale einblenden* gewählt ist (Tastaturkürzel ⌘ – R), da sie neben der Möglichkeit, übersichtlich Tabulatoren zu setzen, auch viele Formatierungsfunktionen direkt zur Verfügung stellt.

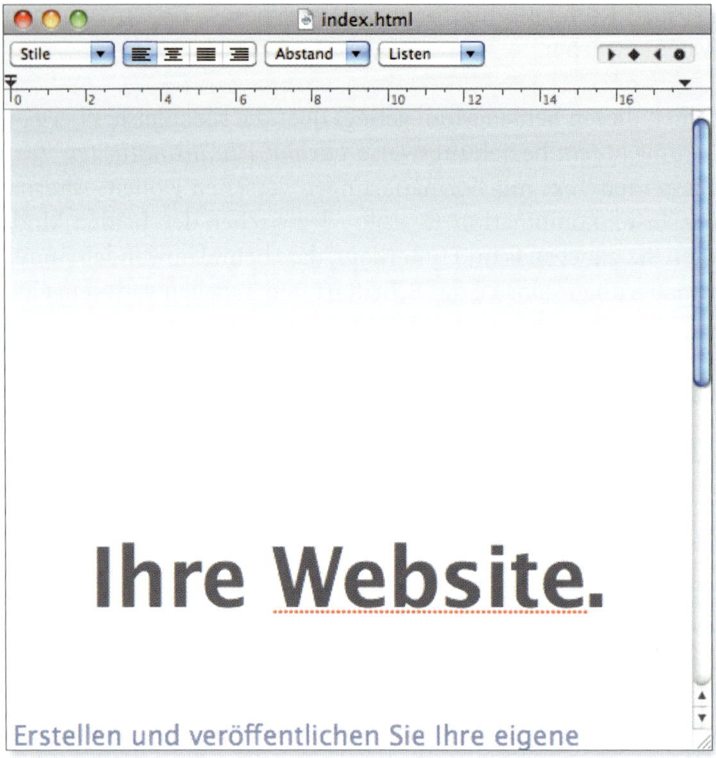

Mit dem Lineal werden am oberen Bildrand vielfältige Formatierungsoptionen eingeblendet.

- Wenn Sie die vorgefertigten Stile auf Text anwenden wollen, so können Sie dies über ein kleines Aufklappmenü oberhalb des Lineals tun. Hierüber können Sie auch eigene Stilvorgaben anlegen.
- Listen können Sie entweder über den Menüpunkt *Format* | *Liste* oder über ein Aufklappmenü oberhalb des Lineals erstellen und bearbeiten. Hierbei stehen vielfältige Symbole zur Verfügung, zusätzlich kann ein Präfix und Suffix angehängt werden.
- Tabellen lassen sich über *Format* | *Tabelle* erstellen. Daraufhin erscheint ein Fenster mit den möglichen Optionen zu der gewünschten Tabelle. Hierbei können Größe, Ausrichtung und Farbe eingestellt werden, zusätzlich lassen sich Tabellen verschachteln.

Tabellen lassen sich vielfältig verändern.

- Auch eine Prüfung von Rechtschreibung und Grammatik ist mit TextEdit möglich. Die hierbei zur Verfügung stehenden Optionen finden Sie über *Bearbeiten | Rechtschreibung und Grammatik*. Hier kann auch bestimmt werden, ob die Rechtschreibung während der Eingabe automatisch geprüft werden soll. Praktisch ist hierbei auch die Verwendung des Kontextmenüs, welches man beispielsweise über einen Klick mit der rechten Maustaste erhält. Hier findet man zu einem falsch geschriebenen Wort auch gleich die entsprechenden Verbesserungsvorschläge.

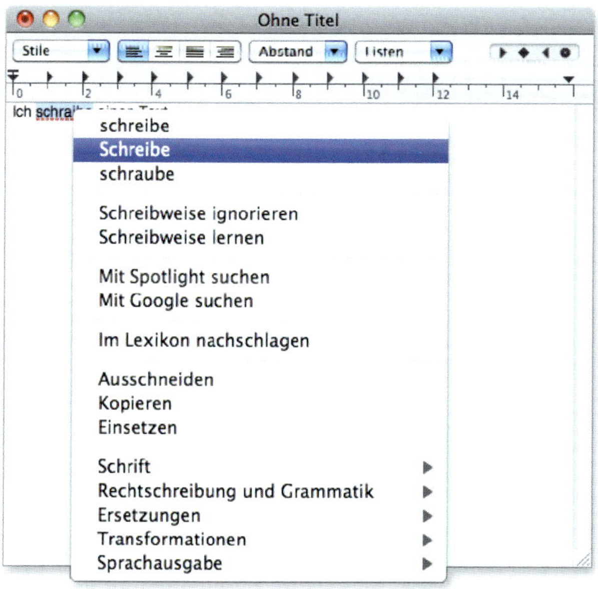

Verbesserungsvorschläge im Kontextmenü

- Suchen und Ersetzen ist ebenfalls kein Problem mit TextEdit. Zu dieser Funktion gelangt man entweder über *Bearbeiten | Suchen* oder über das Tastenkürzel ⌘ – F.

DVD-Player

Sollten Sie keinen Fernseher und kein DVD-Gerät haben, so können Sie DVDs auch an Ihrem Mac anschauen. Das Programm hierfür heißt DVD-Player. Es bietet viele sinnvolle Einstellungsmöglichkeiten, deren wichtigsten im Folgenden erläutert werden sollen.

Abspielen und Steuerung von Filmen

Normalerweise (außer Sie haben in den Systemeinstellungen von Mac OS X in der Rubrik *CDs & DVDs* etwas geändert) öffnet sich beim Einlegen einer Video-DVD automatisch der DVD-Player – und zwar im Vollbild-Modus. Sollte das nicht der Fall sein, so können Sie mit dem Tastaturkürzel ⌘ – F in den Vollbildmodus schalten, so dass Ihre Aufmerksamkeit ganz dem Film gelten kann.

Um im Vollbildmodus die **Steuerelemente** zu sehen, müssen Sie mit dem Mauszeiger an den unteren Rand des Bildschirms fahren. Hier können Sie über die entsprechenden Buttons den Film starten und stoppen, vor- und zurückspulen, zum nächsten oder vorherigen Kapitel springen, aber auch andere Einstellungen vornehmen: die Lautstärke anpassen, die Untertitel ein- und ausschalten, zum DVD-Menü springen etc. Angezeigt wird in einer Zeitleiste ganz unten auch die momentane Position im Film, sowie rechts das aktuelle Kapitel. Verlassen Sie mit der Maus den unteren Rand des Bildschirms, so werden die Steuerelemente automatisch wieder ausgeblendet.

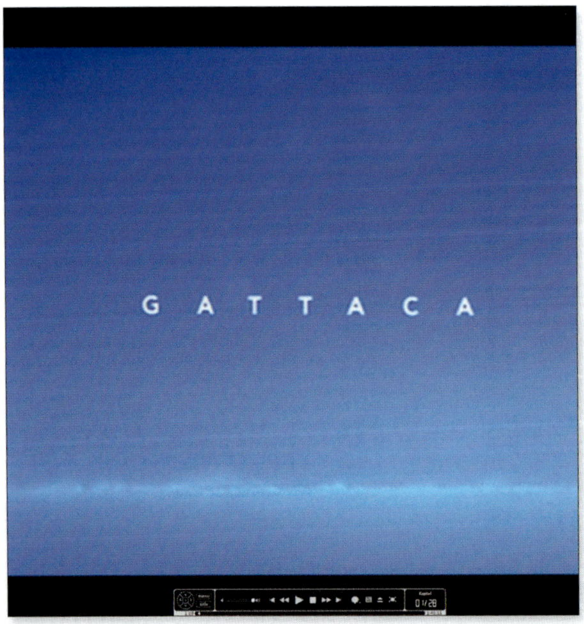

Die Steuerelemente des DVD-Players bekommen Sie im Vollbildmodus zu sehen, wenn Sie mit der Maus an den unteren Bildschirmrand fahren.

Für die Steuerung des Films gelten folgende **Tastaturkürzel**:

- Film starten / pausieren: Leertaste
- Film stoppen: ⌘ – .
- zurück- bzw. vorspulen: ⌘ – ← bzw. → (bei mehrmaligen Drücken erhöht sich die Spulgeschwindigkeit) – Stoppen des Spulens und Fortfahren mit dem Film: Leertaste
- zum vorherigen oder nächsten Kapitel springen: ← bzw. →
- Lautstärke verringern oder erhöhen: ⌘ – ↓ bzw. ↑

Wenn Sie im Vollbildmodus mit der Maus an den oberen Bildschirmrand fahren, wird Ihnen nicht nur die Menüleiste, sondern auch eine weitere Übersichtsleiste eingeblendet. In der Standardvariante sehen Sie hier die einzelnen Kapitelanfänge in Miniaturen. Mit einem Klick auf das gewünschte Kapitel können Sie im Film an die entsprechende Stelle springen. Am linken Rand enthält die Leiste außerdem drei Buttons. Der obere Button lässt in der Leiste die Kapitel anzeigen (die Standardeinstellung), der mittlere eventuell von Ihnen gesetzte Lesezeichen und der untere von Ihnen gesicherte Videoclips. Wie man Lesezeichen und Videoclips anlegt, wird gleich beschrieben.

Mit der Maus am oberen Bildschirmrand können Menüleiste und Kapitelübersicht eingeblendet werden.

Sollten Sie eine DVD nicht im Vollbildmodus anschauen wollen, so stehen Ihnen vier weitere Größeneinstellungen zur Verfügung, die Sie über das Menü *Darstellung* oder mit den folgenden Tastaturkürzeln erreichen:

- Halbe Größe (⌘ – 0)
- Originalgröße (⌘ – 1)

- Doppelte Größe (⌘ – 2)
- An den Bildschirm angepasst (⌘ – 3)

Über den Fenstertaster rechts unten können Sie die Größe des DVD-Player-Fensters jedoch auch individuell einstellen.

Sollten Sie nicht den Vollbildmodus verwenden, so werden die Steuerelemente übrigens nicht wie oben beschrieben am unteren Bildschirmrand, sondern in einer Palette, die Sie über das Menü *Fenster | Steuerung einblenden* bzw. *ausblenden* (Tastaturkürzel ⌥ – ⌘ – C) sichtbar machen bzw. entfernen können. Diese Steuerpalette können Sie auch im Vollbildmodus anzeigen lassen. Sie wird nach einer gewissen Zeit ohne Mausbewegungen ebenso wie der Mauszeiger automatisch ausgeblendet.

Lesezeichen und Videoclips anlegen

Im DVD-Player können Sie Lesezeichen – also Stellen, die Sie sich merken möchten – definieren. Das Programm speichert diese Lesezeichen, auch wenn Sie zwischendurch andere DVDs angeschaut haben. Sie können gesetzte Lesezeichen wieder aufrufen, sobald Sie die gleiche DVD wieder im Mac-Laufwerk liegt.

Lesezeichen legen Sie wie folgt an:

1. Springen Sie in einem Film an die gewünschte Stelle und drücken Sie am besten die Pausetaste.
2. Wählen Sie dann im Menü *Steuerung* den Eintrag *Neues Lesezeichen* oder drücken Sie das Tastaturkürzel ⌘ – =.
3. Sie werden nun aufgefordert das Lesezeichen zu benennen. Der Mausklick auf den Button *Hinzufügen* schließt den Vorgang ab.

Die Lesezeichen werden im Menü unter *Gehe Zu | Lesezeichen* abgelegt. Komfortabler (mit Miniaturen) können Sie diese jedoch anschauen und auswählen, wenn Sie im Vollbildmodus mit der Maus an den oberen Rand fahren und links den mittleren Lesezeichen-Button auswählen.

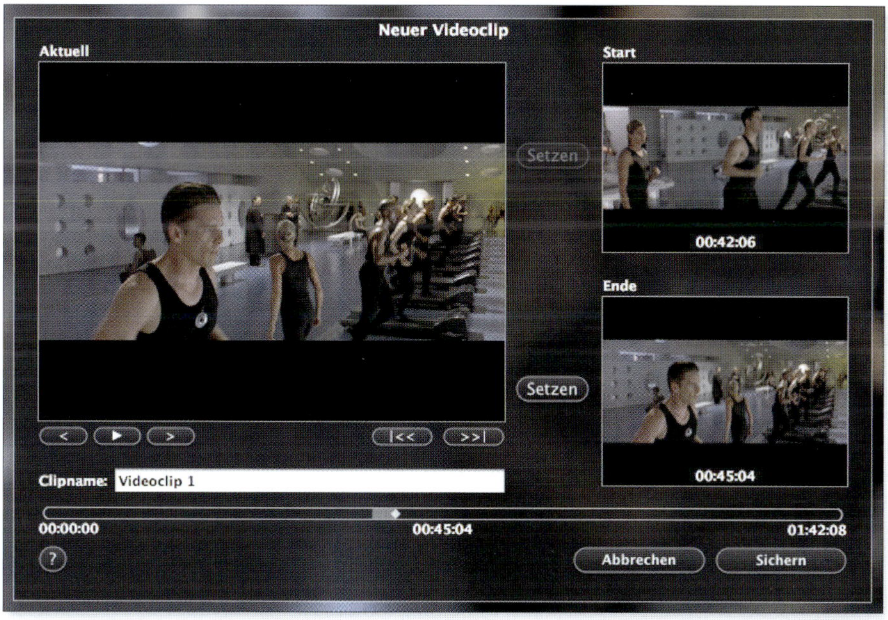

Im Vollbildmodus können Sie Ihre angelegten Lesezeichen mit Miniaturen sehen und zu ihnen springen.

Auch Szenen aus dem Film können Sie im DVD-Player über die sogenannte **Videoclip**-Funktion als Favoriten sichern. Gehen Sie hierbei wie folgt vor:

1. Springen Sie an die Stelle im Film, an der Ihr Filmausschnitt beginnen soll.
2. Wählen Sie im Menü *Steuerung* den Eintrag *Neuer Videoclip* (Tastaturkürzel ⌘ – -).
3. Im sich öffnenden Fenster können Sie nun den Clipbeginn mit einem Klick auf den Button *Setzen* oben rechts festlegen.
4. Springen Sie in der Zeitleiste des Fensters (unten) oder über die Vor- und Rückspulbuttons an das Ende der Stelle für Ihren Videoclip.
5. Legen Sie über den Button *Setzen* das Ende des Videoclips fest.
6. Geben Sie abschließend dem Clip einen aussagekräftigen Namen und klicken Sie auf den Button *Sichern*.

Auch Videoclips können Sie im Menü unter *Gehe Zu | Videoclips* oder im oberen Bereich des Vollbildmodus-Fensters einsehen und auswählen.

Im Vollbildmodus können Sie Ihre angelegten DVD-Ausschnitte sehen und zu ihnen springen.

Weitere Funktionen des DVD-Players im Überblick

Eine kleine Auswahl an weiteren Funktionen des DVD-Players seien noch in aller Kürze vorgestellt:

- Der DVD-Player hat eine **Kindersicherung**, die Sie über das Menü *Funktionen* aktivieren und wieder deaktivieren können. Ist sie eingeschaltet, muss jede neue DVD erst unter Eingabe des Administratorkennworts genehmigt werden.
- Die **Anzeige-Einstellungen** lassen sich über das Menü *Fenster* | *Video-Zoom* (Tastaturkürzel ⌘ – K) und *Videofarbe* individuell festlegen. Unter *Video-Zoom* können Sie den Bildausschnitt so verändern, dass er besser an das Seitenverhältnis Ihres Bildschirms angepasst ist. Die störenden schwarzen Balken bei vielen Filmformaten können Sie so verringern – allerdings auf Kosten dann ausgeblendeter anderer Randbereiche. Helligkeit, Kontrast sowie Farbe können Sie unter *Videofarbe* einstellen.
- Auch die Ton-Wiedergabe können Sie an Ihre Lautsprecher anpassen – und zwar über das Menü *Fenster* | *Audio-Equalizer* und die dann sichtbare Schwebepalette.
- Sollten Sie Filme als Einschlafmittel auf dem Sofa benutzen (ja, das soll es geben ...), so ist der **Timer** (Menü *Steuerung* | *Timer* | *Timer setzen* (⌘ – T) für Sie eine sinnvolle Funktion. Hier können Sie festlegen, nach welcher Zeit Ihr Mac den Film beendet und in den Ruhezustand (wie Sie ggf. bereits auf dem Sofa) versetzt wird oder herunterfährt.
- In den **Einstellungen** des DVD-Players finden Sie viele Konfigurationsmöglichkeiten: Hier kann u. a. die Standardsprache für DVDs und Untertitel ausgewählt und die Anzeigedauer des Steuerungsfenster eingestellt werden. Sie können auch bestimmen, ob eine DVD an der Stelle fortgesetzt werden soll, wo Sie das letzte Mal aufgehört haben, oder immer von Beginn abgespielt wird.

PhotoBooth

Wenn Sie Spaß haben und beispielsweise den Freundeskreis ein bisschen aufheitern wollen, kommen Sie an PhotoBooth nicht vorbei. PhotoBooth bedient sich der eingebauten iSight-Kamera (sofern Ihr Mac eine besitzt) und nimmt lustige Schnappschüsse oder auch Videos auf. Sobald Sie das Programm geöffnet haben, zeigt PhotoBooth an, was sich gerade vor der Kamera Ihres Macs abspielt. Durch einen Mausklick auf den Fotobutton in der Mitte zählt das Programm von drei herunter und nimmt einen Schnappschuss auf. Dieser wird dann unten in der Bildleiste angezeigt. Mit den drei Schaltflächen links können Sie wählen, ob Sie ein einfaches Foto, eine Serienaufnahme oder gar ein Video aufnehmen möchten.

PhotoBooth ist kinderleicht zu bedienen. Einfach mal Grimassen schneiden und ausprobieren.

Sie können gerne Grimassen schneiden, aber richtig witzig wird es erst, wenn Sie den Effektbutton ins Spiel bringen. Und PhotoBooth wartet mit einer Menge Effekten auf, die Sie einfach alle mal ausprobieren sollten. Sie werden Ihren Spaß haben – versprochen! Echt cool ist die Möglichkeit, andere Fotos oder auch Filme im Hintergrund abspielen zu lassen. PhotoBooth bittet Sie, kurz aus dem Bild zu gehen, um den Hintergrund zu analysieren. Anschließend wird dieser herausgerechnet und durch einen anderen ersetzt – ähnlich den Bluescreen-Effekten, die man aus dem Kino kennt. So können Sie sich vor dem Eiffelturm oder Big Ben ablichten lassen oder gar durch das Meer tauchen. Die Bilder und Videos, die Sie aufgenommen haben, können Sie dann an Freunde verschicken oder beispielsweise als Kontaktbild für iChat verwenden. Mit der Serienbildfunktion lassen sich auch prima animierte Bilder für das Internet erstellen.

Schriftensammlung

Was wären Computer ohne die riesige Auswahl an unterschiedlichen Schriften? Viele installierte Programme bringen neue Zeichensätze mit, und wer ein bisschen im Internet recherchiert, findet schnell schöne und oft kostenlose Schriften. Um eine Schrift unter Mac OS X nutzen zu können, genügt es, sie einfach im Ordner Fonts im Ordner *Library* abzulegen. Noch einfacher geht es mit dem Programm Schriftsammlung. Ein Doppelklick auf den Zeichensatz, und schon springt das Programm auf, zeigt eine Vorschau des Schriftbilds und bittet um Autorisierung, die Schrift installieren zu dürfen. Mit der Anwendung Schriftsammlung lassen sich die Zeichensätze ganz einfach verwalten, sammeln, aktivieren und deaktivieren. Hier können Sie sich einen Überblick über die verschiedenen installierten Schriften verschaffen.

Das Programmfenster

Die Schriftensammlung präsentiert sich, wie man es z.B. auch vom Adressbuch her kennt, in drei Spalten. In der linken Spalte finden wir die komplette Schriften-Bibliothek und die Sammlungen. Die zweite Spalte listet die installierten Schriften auf, und ganz rechts wird eine Vorschau der aktiv angewählten Schrift dargestellt.

Die Schriftensammlung ist sehr einfach zu bedienen und funktioniert nach demselben Prinzip wie iTunes oder das Adressbuch. Wählen Sie in der linken Spalte z.B. die Sammlung *Feste Laufweite*, so werden Ihnen in der zweiten alle Schriften angezeigt, die in diese Kategorie passen. Wählen Sie dann eine Schrift aus der zweiten Spalte aus, so wird Ihnen eine Vorschau davon in der rechten Spalte angezeigt. Über das *Plus*-Symbol unterhalb der zweiten Spalte können Sie ebenfalls eine neue Schrift hinzufügen. Über das *Häkchen*-Symbol daneben können Sie Schriften deaktivieren oder wieder aktivieren. Standardmäßig werden alle installierten Schriften automatisch aktiviert.

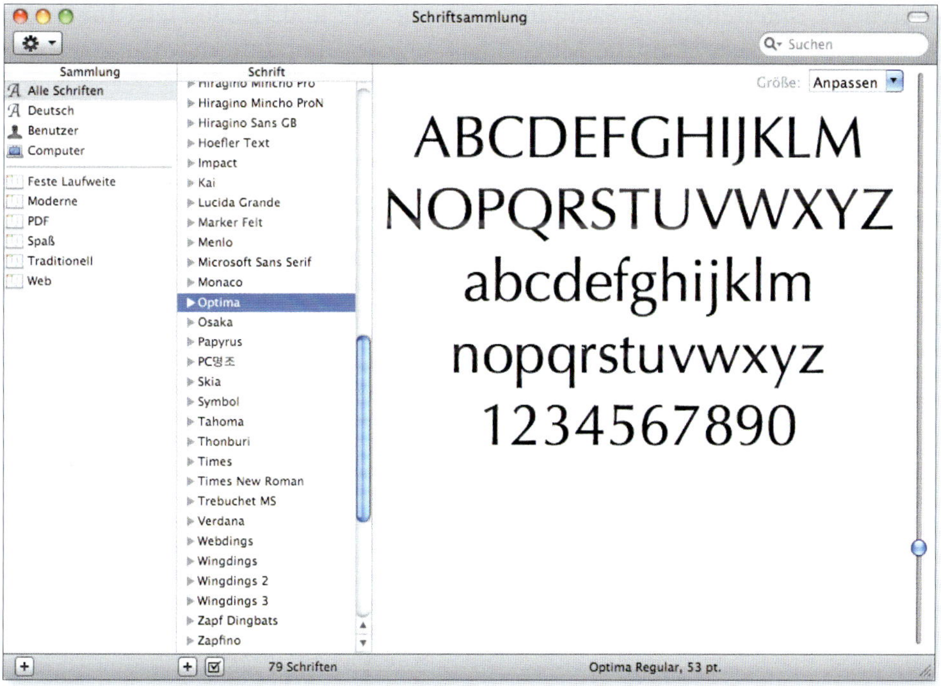

Sehr einfach und komfortabel lassen sich hier eigene Schriftsammlungen zusammenstellen und aktivieren.

Eine eigene Schriftsammlung erstellen

Mit einem einfachen Klick auf das *Plus*-Symbol unten in der Spalte für die Schriftsammlungen erstellen Sie schnell eine eigene Sammlung, die Sie dann auch selbst benennen können. Wie auch in iTunes oder dem Adressbuch nehmen Sie per Drag & Drop Ihre gewünschten Schriften in Ihre neue Schriftsammlung auf, indem Sie diese einfach auf die neue Schriftsammlung ziehen und dort loslassen.

Schriftpalette

Dies können Sie nicht nur im Programm Schriftensammlung tun, sondern direkt in der Schriftenpalette, die uns in Mail, TextEdit oder anderen Apple-Programmen zur Verfügung steht. Die Schriftenpalette wird übrigens mit dem Tastaturbefehl ⌘ – T aufgerufen.

Durch die Unterteilung in Sammlung, Familie, Stil und Größe bietet Ihnen die Schriftenpalette ebenfalls die Möglichkeit, eigene Sammlungen anzulegen oder Schriften in das Menü *Favoriten* aufzunehmen. Sie können auch eine der Standardschriftgrößen wählen oder einen Regler zum Auswählen der gewünschten Größe verwenden.

Nach dem Festlegen Ihrer Standardwerte können Sie die Schriftpalette so verkleinern, dass nur noch Einblendmenüs angezeigt werden, und dieses verkleinerte Fenster in einer Bildschirmecke positionieren.

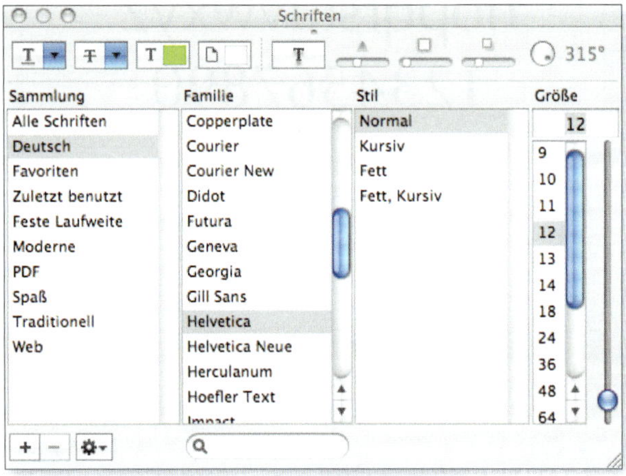

Die Schriftenpalette taucht in vielen Apple-Programmen mit der Tastenkombination ⌘ – T auf.

HILFE

Serif oder Sans Serif?

Unter einem Serif versteht man die feine Linie, die den Hauptlinienzug eines Buchstabens abschließt, wie etwa am oberen und unteren Ende eines großen »M«. Die Römer entwickelten die Serifen, um die Eleganz und Lesbarkeit von Inschriften zu verbessern. Die Serifenschrift wurde zunächst auf Stein aufgemalt und dann eingemeißelt. Serifen haben bis in die moderne Typographie überlebt, da sie zu einem schönen, klassischen Schriftbild beitragen und die Lesbarkeit von Texten durch Lenken des menschlichen Auges verbessern. Serifen eignen sich für lange Texte mit einer kleinen Schriftgröße, während Schriften ohne Serifen (oder »Sans Serif« – sans = frz. ohne) für Überschriften und andere kurze Texte geeignet sind.

Farbe

Wenn Sie zum Beispiel im Programm TextEdit oder Mail einen Text schreiben und diesen einfärben möchten, so rufen Sie dazu das Fenster *Farbe* auf.

Das Fenster *Farbe* bietet verschiedene Methoden, um die gewünschte Farbpalette auszuwählen. Sie können ein Standardfarbrad verwenden, CMYK-, RGB- oder HSB-Werte festlegen, Ihre Auswahl aus einer Farbpalette treffen oder die passende Farbe aus einem Farbspektrum suchen.

Um einen ausgewählten Textabschnitt oder ein Wort einzufärben, markieren Sie es mit gedrückter Maustaste oder halten die ⇧-Taste gedrückt und bewegen den Zeiger mit den Pfeiltasten in die gewünschte Richtung. Nun ist der Text farbig hinterlegt und damit markiert. Wenn Sie nun in der Farbpalette die gewünschte neue Farbe auswählen, bezieht sich das nur auf den von Ihnen markierten Text.

Front Row und die Apple-Remote-Fernbedienung

Früher lag vielen Macs eine kleine Fernbedienung bei, die Apple Remote genannt wird. Inzwischen muss man die Fernbedienung jedoch separat erwerben. Die Apple Remote ist nicht unbedingt gleich als Fernbedienung zu erkennen, denn sie hat nur sechs Tasten und ähnelt eher einem kleinen iPod. Damit können Sie jedoch Ihren Mac mit Hilfe der Front-Row-Oberfläche fernsteuern.

Und zwar ist das Ganze als Präsentation Ihrer Medien wie Musik, Fotos oder Filme gedacht. Setzen Sie sich auf Ihr Sofa, halten Sie die Apple-Remote-Fernbedienung auf Ihren Mac gerichtet und drücken Sie deren Menütaste. Schon aktiviert sich **Front Row**, das Display des Macs verwandelt sich in ein animiertes Menü und bietet Ihnen *Filme, Fernsehsendungen, Musik, Podcasts* und *Fotos* an. Die Auswahl wird automatisch um *DVD* erweitert, sobald Sie eine DVD eingelegt haben. Die Steuerung ist ganz einfach. Mit den Steuertasten, die man ja schon vom iPod her kennt, können Sie das gewünschte Thema auswählen. Durch einen Klick auf den *Play*-Button kommt man in ein Menü hinein, durch einen Klick auf den *Menü*-Button wieder heraus.

Im Menü *Fotos* finden Sie Ihre iPhoto-Bibliothek mit sämtlichen Ordnern wieder, die Sie anwählen und als Diashow abspielen lassen können. *Musik* zeigt die iTunes-Bibliothek und *Movies* die iMovie-Bibliothek beziehungsweise den Ordner *Filme* und die Filme, die Sie im iTunes Store gekauft haben. Unter *Podcasts* und *Fernsehsendungen* finden Sie all das, was Sie in Ihrer iTunes-Bibliothek zu diesem Thema gesammelt haben.

Natürlich können Sie auch einfach eine DVD abspielen und so steuern. Toll sind die aktuellen Filmtrailer, die über den Internetanschluss von der Apple-Website gestreamt werden. Diese finden Sie im Menü unter *Filme | Filmtrailer*. Mit Front Row verwandelt sich Ihr Mac in ein richtiges Entertainmentcenter.

Front Row können Sie übrigens auch ohne Fernbedienung über die Tastatur mit der Tastenkombination ⌘ – esc aktivieren. Mit ↑ und ↓ sowie der Return-Taste (nächstes Untermenü) sowie der esc-Taste (vorheriges Menü) können Sie die Menüführung des Programms steuern.

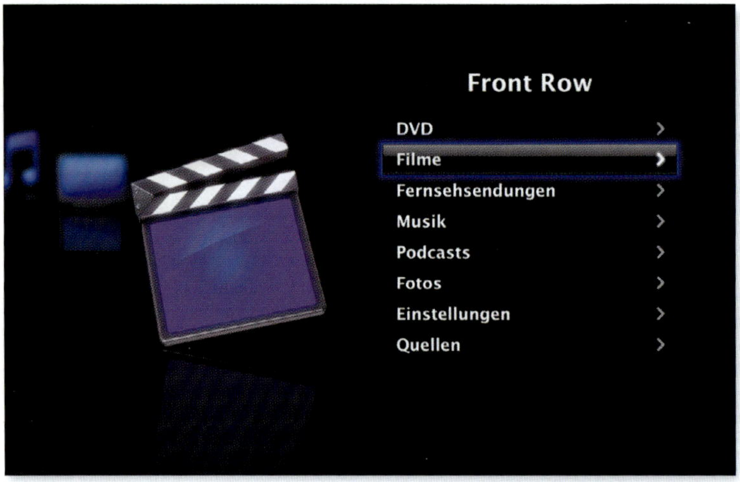

Mit Front Row können Sie Ihren Mac vom Sofa aus steuern.

TIPP

Filme von externer Festplatte über Front Row abspielen

Über Apples Programm Front Row und die Remote-Fernbedienung lassen sich Filme, Musik und Fotos bequem vom Sofa aus betrachten. Mit einem kleinen Trick funktioniert das auch mit Dateien von einer externen Festplatte. Hierfür legen Sie auf der externen Festplatte einen Alias von dem Ordner an, in dem die Filme liegen. Dazu wählt man den Befehl *Alias erzeugen* über das Menü *Ablage* im Finder oder die Tastenkombination ⌘ – L bei im Finder ausgewählter Originaldatei. Diesen *Alias-Ordner* (man erkennt den Alias an dem kleinen Pfeilsymbol unten links im Icon und der kursiven Beschriftung) zieht man dann per Drag & Drop in den *Filme*-Ordner des eigenen Benutzerverzeichnisses. Schon erscheint der *Film*-Ordner der externen Festplatte im Menü von Front Row. Die Festplatte muss natürlich am Mac angeschlossen sein, sonst führt der Link ins Leere.

Vorschau

Hinter dem Programm **Vorschau** verbirgt sich viel mehr, als es zuerst den Anschein hat. Dient das Programm doch in erster Linie dazu, um Fotos oder PDF-Dateien anzuzeigen und zu drucken, so erkennen Sie beim genaueren Hinsehen dann aber doch ein paar zusätzliche nützliche Funktionen.

Symbolleiste

Die Symbolleiste von *Vorschau* beherbergt verschiedene Tasten, mit denen Sie auf nützliche Funktionen Zugriff haben. Mit den ersten beiden *Pfeiltasten* können Sie in einem mehrseitigen Dokument auf- und abblättern. Die beiden *Zoomtasten* erlauben es Ihnen, in ein Dokument hineinzuzoomen, um einen Ausschnitt besser sehen und genauer bearbeiten zu können, bzw. wieder herauszuzoomen. Bei den nächsten drei Tasten handelt es sich um hilfreiche Werkzeuge. Wählen Sie den *Bewegen*-Button mit dem Hand-Symbol, wenn Sie sich in einem Dokument bewegen möchten. Sie können dann direkt ins Dokument klicken und es in alle Richtungen verschieben. Wählen Sie den *Text*-Button, wenn Sie Text markieren wollen. Mit dem *Auswählen*-Button (gestricheltes Quadrat) können Sie einen gewünschten Bereich des Dokuments auswählen. Der *Anmerken*-Button öffnet ein neues Menü am unteren Rand des Vorschau-Fensters, über welches Sie direkten Zugriff auf verschiedene Werkzeuge haben.

Die *Seitenleiste* können Sie über die gleichnamige Taste ein- und ausblenden. Über das *Suchen nach*-Feld können Sie nach Begriffen in Ihrem Dokument suchen.

Auch im Programm *Vorschau* haben Sie die Möglichkeit, die Symbolleiste anzupassen. Wählen Sie dazu den Befehl *Symbolleiste anpassen …* aus dem Menü *Darstellung*.

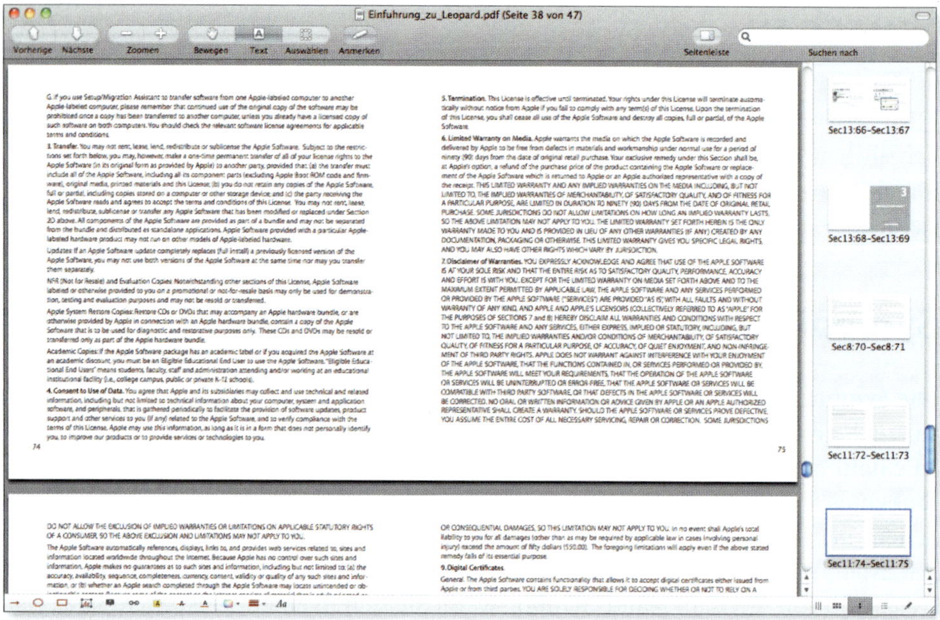

Das Vorschau-Programmfenster

Seitenleiste

Die *Seitenleiste* beherbergt Miniaturansichten der einzelnen Seiten eines Dokuments. Diese werden untereinander aufgelistet dargestellt, so dass Sie schnell zu einer anderen Seite springen können.

Reihenfolge ändern

Die Seitenleiste ermöglicht es Ihnen aber auch, die Reihenfolge der Seiten zu ändern, indem Sie eine Seite mit der Maus anfassen und dann per Drag & Drop an eine andere Stelle in der Seitenleiste ziehen. Eine rote Linie zeigt Ihnen an, an welcher Stelle die Seiten eingefügt würden. Aber das ist noch nicht alles.

PDF-Seiten einfügen

Sie können auch direkt vom Finder neue PDF-Seiten oder Bilder per Drag & Drop in ein Dokument einfügen. Ja sogar mehrseitige PDF-Dokumente lassen sich so ganz leicht einfügen. Möchten Sie nur einzelne Seiten aus einem Dokument in ein anderes kopieren, öffnen Sie es ebenfalls in Vorschau und ziehen Sie die gewünschten Seiten von einer Seitenleiste in die andere. Das Ganze lässt sich wirklich sehr einfach durchführen.

Danach müssen Sie das Dokument natürlich speichern, um die Änderungen zu behalten.

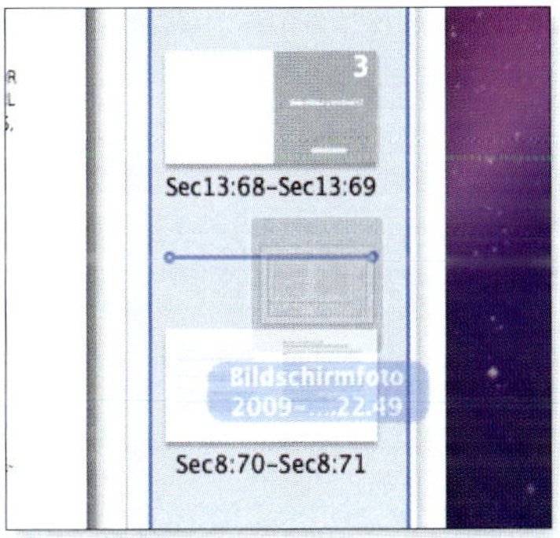

Fügen Sie neue Seiten einfach per Drag & Drop ein.

TIPP

Größe von PDF-Dokumenten reduzieren

PDF-Dokumente können hohe Dateigrößen erreichen, gerade wenn viele Bilder eingebunden sind. Mit Apples Programm *Vorschau* ist es sehr einfach, die Dateigröße zu reduzieren, um sie dann z.B. per Mail verschicken zu können.

Öffnen Sie zunächst das PDF-Dokument in Vorschau, anschließend können Sie es über den Befehl *Sichern unter ...* im Menü *Ablage* unter anderem Namen und an einem anderen Ort abspeichern. Im Dialogfenster des Speicherbefehls versteckt sich hinter den Pull-Down-Menü *Quartz-Filter* die Option *Reduce File Size*. Dadurch wird die Größe der Bilder im Dokument herunter gerechnet und die Datei wird kleiner. Aber Sie dürfen nicht vergessen, dass die Qualität der Bilder dadurch natürlich leidet.

Das Ganze funktioniert übrigens auch direkt aus dem *Drucken*-Dialog heraus aus jedem anderen Programm. Wählen Sie einfach im *Drucken*-Dialog unten links den Button *PDF* und die erste Option *PDF in Vorschau öffnen ...* Schon öffnet sich der Inhalt aus dem anderen Programm als PDF in Vorschau, wo Sie es dann in reduzierter Größe abspeichern können.

Menüleiste

In der Menüleiste finden wir noch ein paar versteckte, sehr nützliche Funktionen.

Grundprogramme

Ablage

Das Menü *Ablage* beherbergt nicht nur die üblichen *Speichern*- und *Drucken*-Befehle, sondern bietet auch hier die Möglichkeit eines *Bildschirmfotos*. Ebenso ist es möglich, über den Befehl *Aus Scanner importieren* Fotos direkt mit Vorschau einzuscannen.

Bearbeiten

Dahinter verbirgt sich außer den üblichen *Ausschneiden-*, *Kopieren-* und *Einfügen*-Befehlen auch die Möglichkeit, eine leere Seite einzufügen bzw. eine einzelne Seite aus einem PDF-Dokument zu löschen.

Darstellung

Hier können Sie die Symbolleiste anpassen, die Seitenleiste einblenden oder in Ihr Dokument zoomen. Außerdem haben Sie aber noch die Möglichkeit, eine *Diashow* abzuspielen. Diese Funktion können Sie z.B. nutzen, wenn Sie mehrere Bilder gleichzeitig in Vorschau geöffnet haben. Bei einem PDF-Dokument werden einfach die einzelnen Seiten abgespielt.

Gehe zu

Über den Menüpunkt *Gehe zu* können Sie Seiten vor- und zurückspringen oder eine bestimmte Seite direkt auswählen.

Werkzeuge

Hier finden Sie gleich mehrere nützliche *Werkzeuge*. Die *Informationen-Palette* liefert Ihnen sämtliche Infos über das aktuell geöffnete Dokument. Ebenso können Sie Farbkorrekturen bei Bildern vornehmen. *Vorschau* greift dabei auf die schon aus iPhoto bekannte *Farbkorrektur* zurück. Ebenso können Sie die Größe eines Bildes über den Befehl *Größenkorrektur ...* anpassen.

Auch finden Sie Befehle zum *Drehen*, *Spiegeln* und *Beschneiden* von Dokumenten. Sie können zudem *Markierungen* und *Anmerkungen* setzen und einem Foto ein Farb-*Profil* zuweisen.

Markierungen

Möchten Sie z.B. jemanden auf eine bestimmte Stelle im Text des PDF-Dokuments aufmerksam machen, eignen sich hierfür die Markierungen. Klicken Sie dazu in der Symbolleiste auf den Button mit dem »A«-Symbol für *Text* und markieren die gewünschte Passage im PDF-Dokument, indem Sie mit gedrückter Maustaste darüber fahren. Über das Menü *Werkzeuge | Anmerken* gelangen Sie nun zu drei Auswahlmöglichkeiten. Sie können die ausgewählte Passage entweder farbig *hervorheben* (ctrl – ⌘ – H), *durchstreichen* (ctrl – ⌘ – S) oder *unterstreichen* (ctrl – ⌘ – U). Wählen Sie den Befehl noch einmal an, wird er rückgängig gemacht.

Sie kommen zum gleichen Ergebnis, wenn Sie die Taste *Anmerken* in der Symbolleiste gedrückt und damit die Werkzeugleiste am unteren Fensterrand eingeblendet haben. Dort finden Sie kleine Symbole, mit denen Sie ebenfalls den Text markieren können.

Wenn Sie dabei die *Informationen* (⌘ – I) und dort den letzten Reiter *Anmerkungen* geöffnet haben, können Sie noch die Farbe der Markierung ändern.

Über das Menü Werkzeuge haben Sie Zugriff auf weitere Optionen.

Anmerkungen

Bei PDF-Dateien stehen Ihnen über das Menü *Werkzeuge | Anmerken* sechs verschiedene Formen von Anmerkungen zur Verfügung: Pfeil, Oval und Rechteck (beides Rahmenwerkzeuge) sowie Text, Notiz und Link. Öffnen Sie die *Informationen* (⌘ – I) und doppelklicken Sie die entsprechende Anmerkung, um sie nachträglich zu verändern. Oder Sie nutzen die neuen Optionen über den *Anmerken*-Button in der Symbolleiste. Über die Werkzeugleiste am unteren Rand des Fensters, die Sie mit dem Button *Anmerken* aus der Symbolleiste einblenden können, haben Sie schnellen Zugriff auf verschiedene Werkzeuge, sowie deren Attribute.

Pfeil

Über das Menü *Werkzeuge | Anmerken | Pfeil* fügen Sie ihrem PDF-Dokument ein Pfeil-Symbol hinzu (ctrl – ⌘ – A), mit welchem Sie bestimmte Stellen des Dokuments markieren können. Mit gedrückter Maustaste ziehen Sie den Pfeil auf.

Nachträglich können Sie ihn an der Spitze und am Ende anfassen und so an die gewünschte Stelle und in die richtige Richtung bringen. Über die Informationspalette (⌘ – I) und den fünften Reiter *Anmerkungen* ist es zudem möglich, die Stärke und Farbe des Pfeils zu ändern. Außerdem können Sie festlegen, an welchem Ende der Linie die Pfeilspitze sein soll, oder ob Sie gar an beiden Enden eine haben möchten.

Rahmen

Über die ersten beiden Rahmenwerkzeuge *Oval* (ctrl – ⌘ – O) und *Rechteck* (ctrl – ⌘ – R) können Sie an beliebiger Stelle einen Rahmen aufziehen, um einen bestimmten Bereich optisch hervorzuheben oder zu markieren. Wollen Sie nachträglich Farbe, Stärke und Aussehen der Linie verändern, so öffnen Sie die Informationen (Tastenkürzel ⌘ - I) zum Dokument und dort den Button oben rechts mit dem Ellipsen-Symbol.

Text

Auch Textfelder können in ein Dokument eingefügt werden. Wählen Sie dazu den Befehl *Anmerken | Text* aus der Menüleiste *Werkzeuge* aus oder drücken Sie die Tastenkombination ctrl – ⌘ – T. Klicken anschließend mit der Maus an die Stelle im Dokument, an der Sie einen Textfeld einfügen möchten. Sobald Sie in das Dokument geklickt haben, erscheint ein blickender Cursor und Sie können sofort mit dem Schreiben beginnen. Mit der Maus können Sie das eingefügte Textfeld nachträglich beliebig verschieben oder auch an den Anfasserpunkten aufziehen um es z.B. zu vergrößern. Über die Informationspalette können die *Farbe* sowie über ein Einblendmenü der *Textstil* geändert werden. Zur Auswahl stehen *Konturschrift*, *Umrahmung*, *Sprechblase* oder *Gedankenblase*. Auch die Schriftart und Größe lässt sich ändern, wenn Sie die Schriftenpalette (⌘ – T) aufrufen. Die Anmerkung *Text* eignet sich wunderbar um z. B. Korrekturen oder Hinweise in ein PDF einzufügen.

Notiz

Ebenso können Sie einem PDF-Dokument eine Notiz hinzufügen. Wählen Sie dazu die dritte Option aus dem Menü *Werkzeuge | Anmerken | Notiz hinzufügen* (ctrl – ⌘ – N). Dann klicken Sie an die Stelle im PDF, an der Sie die Notiz hinzufügen wollen. An dieser Stelle erscheint dann ein kleines Symbol, um die Stelle zu markieren, und gleichzeitig springt waagrecht dazu ein kleines Menü links des Dokuments auf, in das Sie die Notiz eingeben können. Das Feld ist automatisch mit Name, Datum und Uhrzeit versehen, damit Sie nachvollziehen können, wann Sie die Notiz eingefügt haben. Auch hier können Sie über das Informationsfenster Farbe und Form des Symbols verändern.

Link

Sehr interessant ist auch die Möglichkeit, einen Hyperlink (ctrl – ⌘ – L) in ein PDF einzufügen. Sobald Sie die Option aus dem Menü *Werkzeuge | Anmerken* ausgewählt haben, ziehen Sie mit der Maus einen schraffierten Bereich auf, auf den der Hyperlink sich beziehen soll. Über die *Informationen* (⌘ – I) legen Sie fest, ob der Link innerhalb des PDF-Dokuments an eine andere Stelle verweisen soll oder ob Sie mit einer *URL* direkt ins Internet verlinken möchten. Haben Sie sich entschieden, können Sie über den Button *Ziel festlegen* an die gewünschte Stelle innerhalb des PDF-Dokuments klicken. Möchten Sie einen Link zu einer URL eingeben, können Sie dies direkt in der *Information*-Palette tun.

Auswählen

In Bildern kann auch eine Auswahl getroffen werden. Wählen Sie hierzu in der Symbolleiste den Button *Auswählen* und ziehen Sie einen Bereich auf. Haben Sie eine Auswahl getroffen, können Sie diese mit dem Befehl *Beschneiden* (⌘ – K) aus dem Menü *Werkzeuge* freistellen.

Die Auswahl können Sie über das Menü *Bearbeiten* kopieren (⌘ – C) und über das Menü *Ablage* und den Befehl *Neu aus Zwischenablage* (⌘ – N) in ein neues, leeres oder auch in ein anderes Dokument einfügen (⌘ – V).

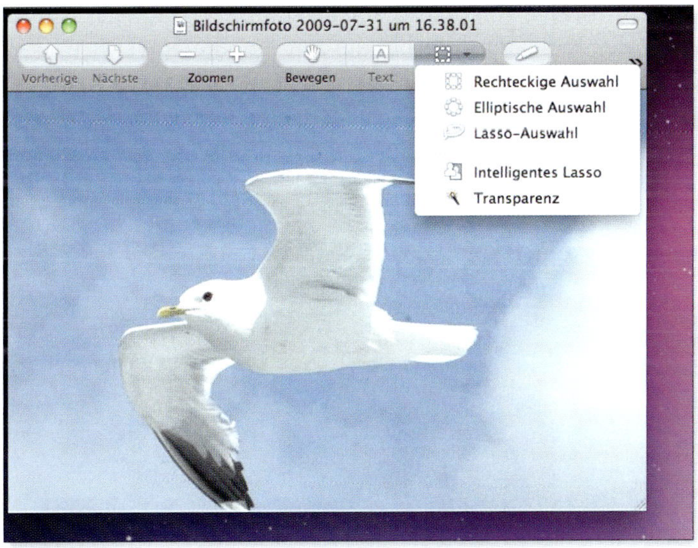

Vorschau bietet verschiedene Auswahlmöglichkeiten.

Rechteckige, elliptische und Lasso-Auswahl

In einem PDF-Dokument ist die Auswahl einfach ein rechteckiger Rahmen, doch in einem Bild kann die Auswahl auch elliptisch sein oder auch mit der Maus und dem Lasso-Werkzeug frei gezeichnet werden. Die gewünschte Form wählen Sie nicht über die Menüleiste, sondern direkt über den Button *Auswählen* in der Symbolleiste. Dahinter verbirgt sich ein kleines Pull-Down-Menü, über welches die verschiedenen Optionen gewählt werden.

Intelligentes Lasso

Zudem bietet das Menü noch zwei speziellere Auswahlmöglichkeiten: Wenn Sie die Option *Intelligentes Lasso* wählen, können Sie mit der Maus ein Objekt grob umzeichnen. Die Maus fungiert dabei als eine Art dicker Filzstift, mit dem Sie die Kanten des Objekts entlangfahren. Sobald Sie die Maus loslassen, versucht die Vorschau das Objekt auszuwählen. Passt die Auswahl, können Sie diese kopieren oder mit dem Befehl *Beschneiden* (⌘ – B) aus dem Menü *Werkzeuge* freistellen. Eventuell müssen Sie vorher aber noch die Auswahl umkehren (⇧ – ⌘ – I).

Transparenz

Als fünfte Option im Pull-Down-Menü steht das Werkzeug *Transparenz* zur Verfügung. Hier klicken Sie mit der Maus an die Stelle im Bild, die Sie herausnehmen möchten. Angenommen der gewählte Farbton soll aus dem Bild genommen werden, z.B. wenn Sie eine Person vor einem Hintergrund freistellen möchten: Halten Sie beim Anklicken der Auswahlfarbe die Maustaste gedrückt und fahren langsam aus dem Bild hinaus. Je mehr Sie sich von dem Ursprungspunkt fortbewegen, umso höher ist die Prozentzahl der Umgebungsfarbe, die mit einberechnet wird, d.h., die Auswahl wird größer. Je näher Sie sich wieder zum Ursprungspunkt zurückbewegen, desto kleiner wird diese wieder. Die Auswahl beim Werkzeug *Mit Farbe extrahieren* wird rot angezeigt, damit Sie den ausgewählten Bereich gut erkennen können. Lassen Sie die Maustaste los, wird die Auswahl berechnet.

Das Transparenz-Werkzeug bietet neue Möglichkeiten, um ein Objekt freizustellen.

Automator

Ein von Apple gerne beworbenes, aber leider nur von wenigen Anwendern eingesetztes Programm ist Automator. Wie der Name schon sagt, handelt es sich um ein Programm zum Automatisieren von Arbeitsabläufen. Diese werden dabei aus einzelnen Bausteinen, den sogenannten Aktionen, zusammengefügt. Mit dem System werden eine ganze Reihe vorgefertigter Aktionen ausgeliefert, die sich nach Aufgaben sortiert aus einer Liste auswählen lassen.

Arten von Arbeitsabläufen

Arbeitsabläufe können auf unterschiedliche Weise erstellt und abgespeichert werden, die folgenden Optionen stehen zur Verfügung:

- Arbeitsablauf: Ein Arbeitsablauf wird in Automator selbst ausgeführt.
- Programm: Der erstellte Arbeitsablauf wird als Programm gesichert und kann eigenständig gestartet werden.
- Dienst: Der Arbeitsablauf kann über das Kontextmenü abgerufen werden.
- Ordneraktion: Wird eine Datei in einen mit dem Arbeitsablauf belegten Ordner bewegt, wird dieser automatisch auf die Datei angewendet.
- Plugin für Drucken: Der Arbeitsablauf wird für das Druckfenster bereitgestellt.
- iCal-Erinnerung: Der Arbeitsablauf wird durch einen Termin in iCal gestartet.
- Plugin für Digitale Bilder: Arbeitsabläufe für das Programm Digitale Bilder.

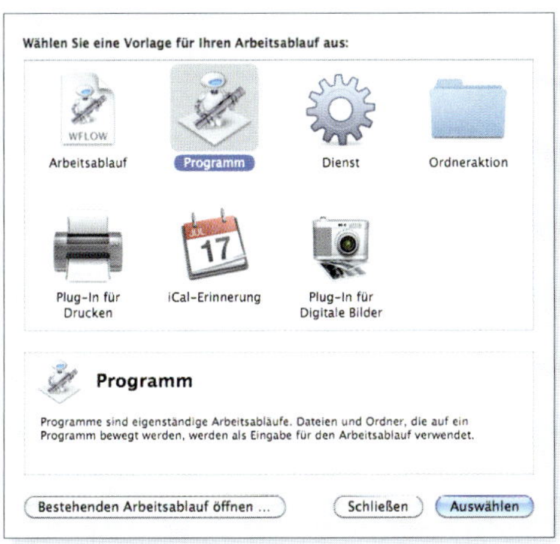

Bei Programmstart kann die Art des gewünschten Arbeitsablaufs gewählt werden.

Aufbau und Funktionsweise von Automator

Die Funktionsweise soll anhand eines Beispiels vorgeführt werden. Nehmen wir einmal an, Sie haben eine Reihe von Fotos und möchten diese möglichst schnell für ein Fotoalbum anpassen. Die Bilder sollen alle maximal 640 Pixel breit werden und im Tiff-Format im Ordner *Fotoalbum* abgespeichert werden.

1. Öffnen Sie zunächst das Programm *Automator*.
2. Nun wählen Sie als Vorlage *Programme* aus. Auf diese Weise reicht es, später eine Datei einfach auf dieses Programm zu ziehen.
3. Nun zeigt sich das eigentliche Programmfenster von Automator. In der Spalte *Bibliothek* sind alle vorgefertigten Aktionen nach Themengebieten geordnet.
4. Wählen Sie zunächst *Fotos* aus. In einer zweiten Spalte erscheinen nun alle zum Thema Fotos passenden Aktionen.

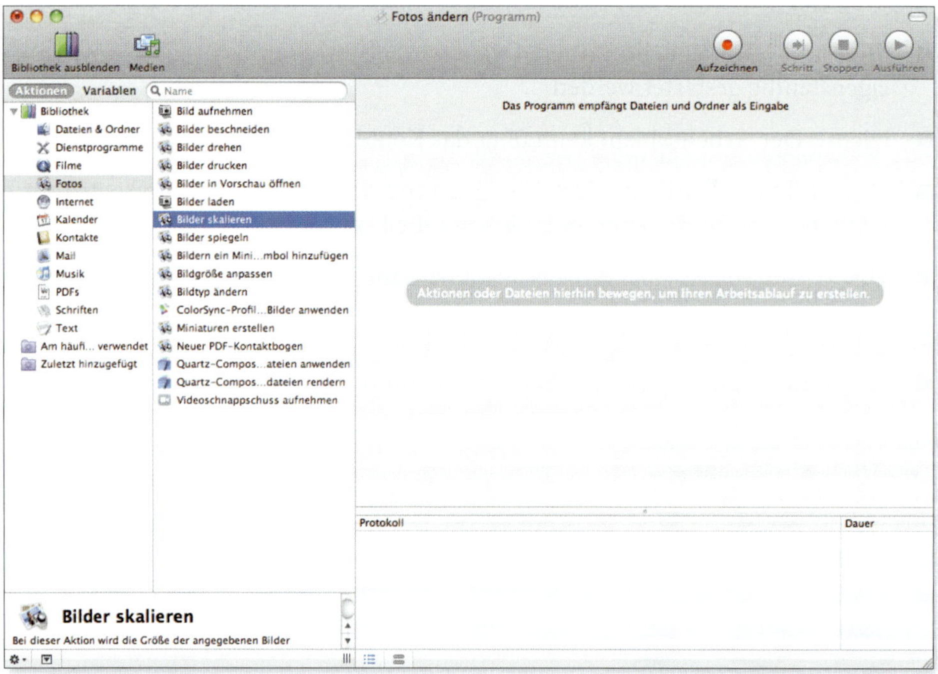

Die Aktionen sind in Gruppen eingeteilt.

5. Fassen Sie die Aktion *Bild Skalieren* mit der Maus und ziehen Sie diese in den Hauptfensterbereich.
6. Nun erscheint die Aktion im Arbeitsablauf, geben Sie als Größe 640 Pixel an.

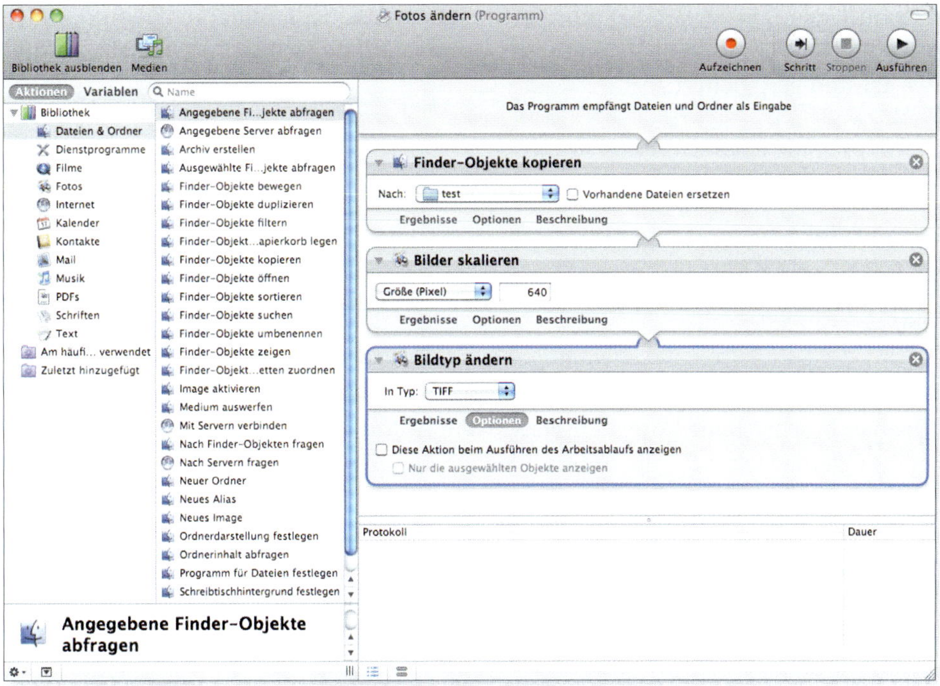

Viele Aktionen bieten weitere Einstellungsmöglichkeiten.

7. In gleicher Weise ziehen Sie nun die Aktion *Bildtyp ändern* zum Arbeitsablauf hinzu.

8. Automator hat zuvor automatisch eine Finder-Aktion an den Beginn des Arbeitsablaufs gesetzt. Ist dies nicht geschehen, so holen Sie dies nun nach. Die Aktion heißt *Finder-Objekte kopieren* und verhindert das Überschreiben der Ursprungsdatei.

9. Geben Sie in der Aktion *Finder-Objekte kopieren* nun an, in welchem Ordner Ihre fertigen Bilder gespeichert werden sollen.

10. Speichern Sie Ihren Arbeitsablauf noch über *Ablage* | *Sichern* ab.

Einen Arbeitsablauf als Programm sichern

11. Ihr eigenes Programm ist nun fertig. Jetzt können Sie Bilder einfach per Maus auf das Programm ziehen, und sie werden automatisch wie gewünscht bearbeitet und gespeichert.

Das fertige Programm auf dem Desktop

Die hier beschriebene Vorgehensweise ist in Automator immer die gleiche. Sie können so kleine Helfer für die unterschiedlichsten Anwendungsbereiche schnell und einfach erstellen.

TIPP

Mit Automator können Sie auch eigene Aktionen erstellen. Am einfachsten geht dies über eine integrierte Aufnahmefunktion, die sich in der Symbolleise findet.

iSync

iSync dient dem Abgleich von Daten aus Adressbuch und iCal mit anderen mobilen Geräten. Wollen Sie zum Beispiel Ihre Kontaktdaten mit dem Mobiltelefon abgleichen, sind Sie bei diesem Programm an der richtigen Stelle. Es können auch Handhelds der Firma Palm und andere Macs synchronisiert werden. Der Abgleich mit anderen Macs beinhaltet auch Daten aus Apple Mail und Safari, funktioniert allerdings über den MobileMe-Internetdienst als Zwischenstation. Für den Abgleich mit einem iPod oder iPhone wird iSync nicht benötigt – diese Aufgabe übernimmt iTunes.

Ein Mobiltelefon gleichen Sie wie folgt mit iSync ab:

1. Aktivieren Sie Bluetooth oder schließen Sie Ihr Handy per USB an.
2. Starten Sie iSync.
3. Wählen Sie *Geräte* | *Gerät Hinzufügen*.

4. iSync sucht nach angeschlossenen Geräten und startet gegebenenfalls den Bluetooth-Assistenten, folgen Sie einfach den Anweisungen auf dem Bildschirm.

Ein Gerät kann man nach dem Anschluss per Doppelklick hinzufügen.

5. Das Gerät erscheint ab nun in der Symbolleiste von iSync. Klicken Sie auf das Symbol, um Einstellungen für die Synchronisation vorzunehmen.
6. Über die Schaltfläche *Geräte-Sync* kann die Synchronisation gestartet werden.

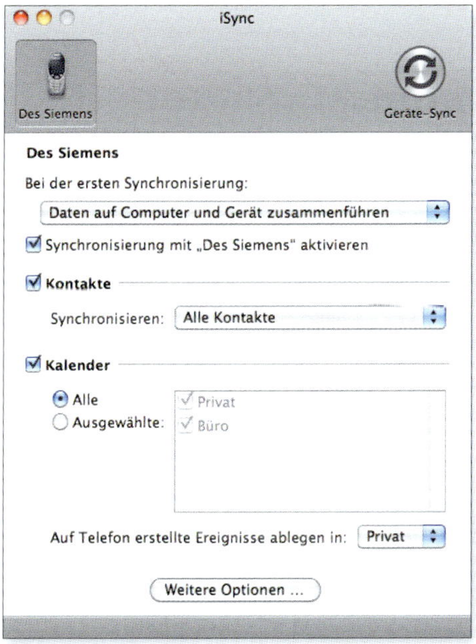

Einstellungen für den Gerätesync

Bluetooth-Datenaustausch

Dieses Programm ist besonders interessant für Handybesitzer. Mit ihm können Sie – wie der Name schon vermuten lässt – Daten mit anderen Bluetoothgeräten austauschen. Dazu stehen zwei Möglichkeiten zur Verfügung: Mit *Datei senden...* wählen Sie zuerst eine oder mehrere Dateien aus, um anschließend das Gerät zu wählen, an welches die Daten gesendet werden sollen. Alternativ können Sie ein *Gerät durchsuchen…* Hierbei wählen Sie ein Bluetoothgerät in Empfangsreichweite aus. Anschließend öffnet sich ein kleiner Dateibrowser, mit dem Sie Dateien suchen, kopieren, löschen usw. können.

Bluetooth-Assistent

Das Programm Bluetooth-Assistent dient zum Konfigurieren von Bluetoothgeräten. Sie können es nicht direkt auswählen. Um ein Gerät zu konfigurieren, wählen Sie bitte in den Systemeinstellungen den Punkt *Bluetooth* aus. Hier finden Sie einen kleines *Plus*-Symbol in der linken unteren Ecke. Nun startet der Bluetooth-Assistent und sucht nach Bluetoothgeräten im Empfangsbereich. Anschließend folgen Sie den Anweisungen auf dem Bildschirm, bis die Konfiguration abgeschlossen ist.

ColorSync-Dienstprogramm

ColorSync ist das von Apple in Mac OS X integrierte Farbverwaltungssystem. Mit diesem Dienstprogramm lassen sich ColorSync-Profile reparieren und verwalten.

Ferner gibt es eine Übersicht über die installierten Geräte, die per ColorSync verwendet werden können, sowie die darauf angewendeten Profile. Auch ColorSync-Filter können an dieser Stelle erstellt und verwaltet werden. Ein Farbrechner ist ebenfalls in dieses Programm integriert.

DigitalColor-Farbmesser

Dieses Programm ist vor allem für Grafiker interessant. Es misst den genauen RGB-Farbwert eines beliebigen Pixels auf dem Bildschirm. Um den gewünschten Punkt auch wirklich zu treffen, verfügt es über eine Lupenfunktion. Die RGB-Werte können je nach Wunsch in unterschiedlichen Formaten ausgegeben werden.

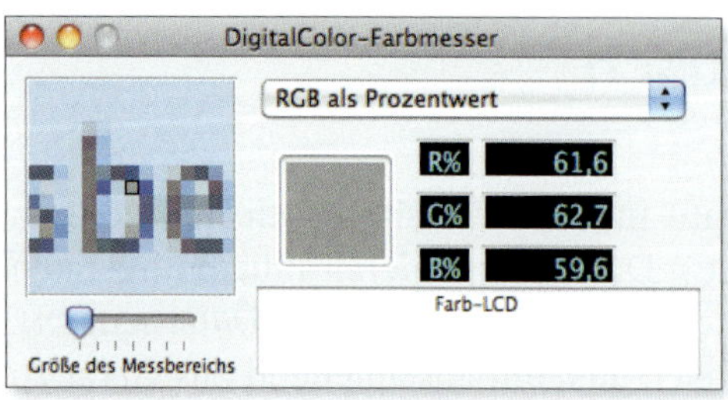

DigitalColor-Farbmesser bestimmt Farbwerte am Bildschirm.

Festplatten-Dienstprogramm

Das Festplatten-Dienstprogramm ist das zentrale Programm zur Verwaltung von Laufwerken. Damit können interne und externe Festplatten gelöscht, formatiert und partitioniert werden. Auch das Überprüfen und Reparieren von Laufwerken ist hier möglich. Imagedateien können angelegt werden. Und auch CDs und DVDs können von Imagedateien gebrannt werden. Auch wiederbeschreibbare Rohlinge lassen sich mit diesem Programm löschen.

Nähere Informationen zum Festplatten-Dienstprogramm finden Sie in den Kapiteln »Troubleshooting« sowie »Tipps und Tricks«.

Netzwerkdienstprogramm

Mit dem Netzwerkdienstprogramm erhalten Sie eine grafische Oberfläche für unterschiedliche Netzwerkdienste, die in Unix integriert sind. Dazu gehören Funktionen wie Ping oder Whois. Daneben liefert das Programm noch Informationen zu den in Ihren Computer integrierten Netzwerkschnittstellen.

System-Profiler

Der System-Profiler liefert genaue Informationen über Ihren Computer, seine Schnittstellen und die installierten Hardwarekomponenten. Des Weiteren informiert er ausführlich über das Netzwerk einschließlich Hardware und Konfiguration sowie die installierte Software.

Sie können das Programm sowohl über den Ordner *Dienstprogramme* also auch über Apfel-Menü und dann *Über diesen Mac | Weitere Informationen…* erreichen.

Der Weg zum System-Profiler

Terminal

Bei dem Terminal handelt es sich sozusagen um das Tor zum Unix-Unterbau von Mac OS X. Es öffnet ein Kommandozeilen-Fenster, über das man Mac OS X per Unix-Befehle steuern kann. So gelangt man an Funktionen, die in der grafischen Oberfläche nicht erreichbar sind. Sie sind für den Endanwender im Normalfall aber auch nicht von Interesse, da Sie hier genau wissen sollten, was Sie tun.

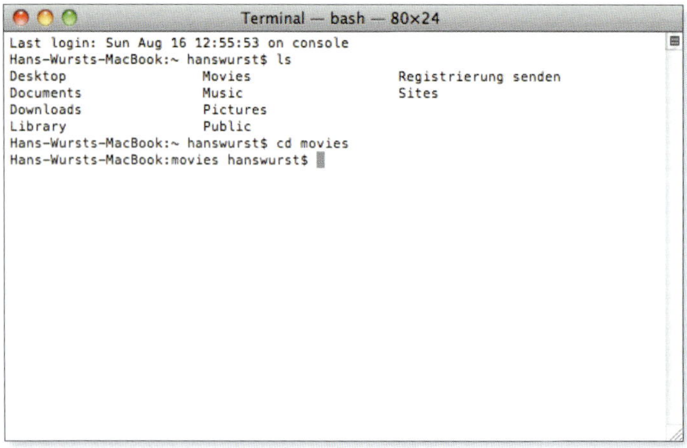

Hier lässt sich das Unix nicht verbergen.

X11

Bei diesem Programm handelt es sich um das X-Windows-System von Apple. Für den Normalanwender kann es vor allem deshalb interessant sein, da es zur Installation und Ausführung vieler Programme aus der Linux-Welt benötigt wird. Die sicherlich populärsten Beispiele sind das Office-Paket OpenOffice.org und die Bildbearbeitung Gimp.

Bei Apple selbst hält man X11 für den Normalanwender für so uninteressant, dass es bei einer Standardinstallation des Betriebssystems gar nicht installiert wird. Aus diesem Grund müssen Sie es selbst mit Hilfe der System-CDs nachträglich installieren beziehungsweise bei einer Neuinstallation explizit auswählen.

Kapitel 6

Bedienungshilfen

Nicht alle Menschen können auf den vollen Umfang an körperlichen Fähigkeiten zurückgreifen. Sie müssen sich dem Alltag anpassen und mit ihren Beeinträchtigungen leben lernen. Mac OS X 10.6 Snow Leopard kommt diesen Menschen entgegen und bietet umfangreiche Bedienungshilfen, die in diesem Kapitel vorgestellt werden.

Mac OS X für Menschen mit Handicap

Mac OS X 10.6 Snow Leopard bringt viele neue Technologien, um Menschen mit Beeinträchtigungen den Umgang mit dem Computer zu erleichtern. Und welches System, wenn nicht Mac OS X, bietet sich da besser an. Schließlich ist es für seine einfache Bedienbarkeit bekannt.

VoiceOver

Als erstes Betriebssystem überhaupt bietet Snow Leopard eine integrierte Bildschirmlesetechnologie in Form von *VoiceOver*. *VoiceOver* erkennt Objekte und markiert diese mit dem VoiceOver-Cursor in Form eines Rahmens. So wird z.B. die Symbolleiste eines Fensters markiert und vorgelesen. Eine eigens von Apple entwickelte »Stimme« sorgt durch seine natürliche Intonation für eine sehr hohe Verständlichkeit. Damit wirbt zumindest Apple … Leider ist diese Stimme aber auf den englischen Sprachgebrauch ausgelegt, d.h. im deutschen Sprachraum wenig nützlich. Apple bietet leider keine deutschen Stimmen an, nicht einmal als kostenpflichtiges Update. Zum Glück gibt es Firmen wie »Cepstral« (http://cepstral.com/) oder die »Acapela Group« (http://www.assistiveware.com/) die für Abhilfe sorgen. Auch die Firma Vertical Technologie (http://www.vertical-technologie.de/) aus Deutschland bietet mit »MacBraille« eine Komplettlösung für Behinderte an.

Aktivieren Sie *VoiceOver* in den *Systemeinstellungen | Bedienungshilfen* oder mit der Tastenkombination ⌘ – fn – F5. Beim Starten von VoiceOver durch einen Mausklick auf den Auswahlknopf *Ein* bietet Snow Leopard eine Kurzübersicht zu VoiceOver an. Diese sollten Sie sich auf jeden Fall nicht entgehen lassen, wenn Sie sich näher mit dem Thema befassen möchten.

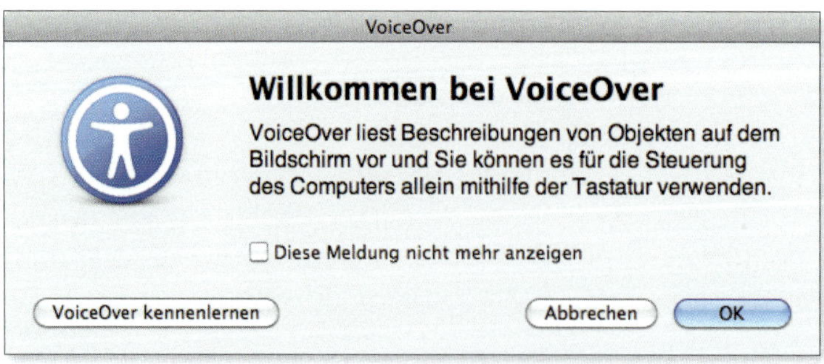

VoiceOver ist Ihre Navigationshilfe durch das System.

Navigation mit der Tastatur

VoiceOver-Befehle werden durch gleichzeitiges Drücken der ctrl und ⌥ Taste sowie einer weiteren Taste der Tastatur eingegeben. Deshalb werden beiden Tasten in diesen Zusammenhang auch VoiceOver-Tasten oder kurz VO-Tasten genannt.

Benutzen Sie einfach VO – Pfeiltasten, um nach oben, unten, links oder rechts zu springen. Um ein Objekt auszuwählen oder zu öffnen, klicken Sie VO – Leertaste.

Tastaturbefehle anpassen

Sie können die Tastaturbefehle Ihren Wünschen entsprechend anpassen. Gehen Sie hierzu in das Menü *Systemeinstellungen* | *Tastatur* | *Tastaturkurzbefehle* und wählen aus der linken Liste *Bedienungshilfen* aus. Nun werden Ihnen in der rechten Spalte sämtlich Kurzbefehle zum Thema *Bedienungshilfen* angezeigt. Ändern Sie einen Kurzbefehl, indem Sie ihn mit einem Doppelklick auswählen und dann die neue Tastenkombination eingeben.

Über das *Plus*-Symbol unter der zweiten Spalte können Sie auch neue Tastaturkurzbefehle hinzufügen. In dem aufspringenden Einblendmenü müssen Sie das entsprechende Programm sowie den exakten Menübefehl eingeben, bevor Sie als Drittes den Tastaturkurzbefehl vergeben können. Mit »Menübefehl« ist der Name des Befehls gemeint, den Sie normalerweise mit der Maus aus der Menüleiste auswählen würden.

Mit einem Mausklick auf den Button *Standard* stellen Sie alle Kurzbefehle wieder in den Ursprungszustand zurück.

Menüleiste

Die Menüleiste erreichen Sie mit dem Tastaturbefehl VO – M. Mit den Links/Rechts-Pfeiltasten navigieren Sie von Menüpunkt zu Menüpunkt. Um ein Menü zu öffnen, klicken Sie VO – Leertaste. Hier können Sie mit den Auf/Abwärts-Pfeiltasten einen Befehl auswählen und mit der Tastenkombination VO – Leertaste aktivieren. Mit dem Befehl VO – M – M – M gelangen Sie direkt zur Spotlight-Suche.

Einblendmenü

Möchten Sie innerhalb eines Einblendmenüs navigieren, verwenden Sie nur die Auf/Abwärts-Pfeiltasten. Zum Auswählen eines Menüpunktes drücken Sie wieder VO – Leertaste. Um vom Einblendmenü zu einem anderen Objekt zu navigieren, betätigen Sie die Pfeiltasten wieder in Kombination mit den VO-Tasten.

Dock

Um ins Dock zu navigieren, wählen Sie den Tastaturbefehl VO – D. Mit VO – Links/Rechts-Pfeiltasten springen Sie von Symbol zu Symbol. Um ein ausgewähltes Symbol bzw. Programm zu öffnen, klicken Sie VO – Leertaste. Mit den Auf/Abwärts-Pfeiltasten können Sie das Kontextmenü eines Symbols öffnen und einen Befehl auswählen. Bestätigen Sie diesen durch die Taste ↩.

Tabellen

Innerhalb von Tabellen navigieren Sie mit den Pfeiltasten. VoiceOver bietet spezielle Befehle, mit denen Sie sich Tabellen nach Spalte, Zeile oder auch Zelle vorlesen lassen können. Eine Tabellenspalte wird Ihnen mit der Tastenkombination VO – C – C vorgelesen, eine Zeile mit VO – R und ein Spaltentitel mit VO – C.

Werteregler

Klicken Sie VO – Pfeiltasten, um von Feld zu Feld zu springen. Um die Werte in den Feldern zu verändern, wählen Sie ein Feld aus und geben Sie den entsprechenden Wert ein, oder Sie springen mit VO – Pfeiltasten auf die kleinen Pfeiltasten rechts daneben. Dort können Sie durch Betätigen der Pfeiltasten nach oben oder unten die Werte herauf oder herunter regeln. Sie bestätigen die Eingabe mit der Taste ↩.

Web

Ist *VoiceOver* aktiviert, werden geladene Webseiten automatisch vorgelesen. Sie können per Tastaturbefehlen oder Fingerbewegungen die Sprachausgabe steuern. Ebenso können Sie sich bei neuen Webseiten eine Zusammenfassung mit Titeln, Anzahl der Tabellen, Überschriften, Links und Formatelementen geben lassen.

Da Snow Leopard auch umfassende HTML-Tabellen unterstützt, können Sie mit den bereits bekannten Befehlen durch diese navigieren.

Wählen Sie den Befehl VO – U, um eine Webobjektliste zu öffnen. Mit den Rechts/Links-Pfeiltasten können Sie zwischen den Listen wechseln. Ein Objekt aus der Liste wählen Sie mit den Auf- und Abwärtspfeilen aus.

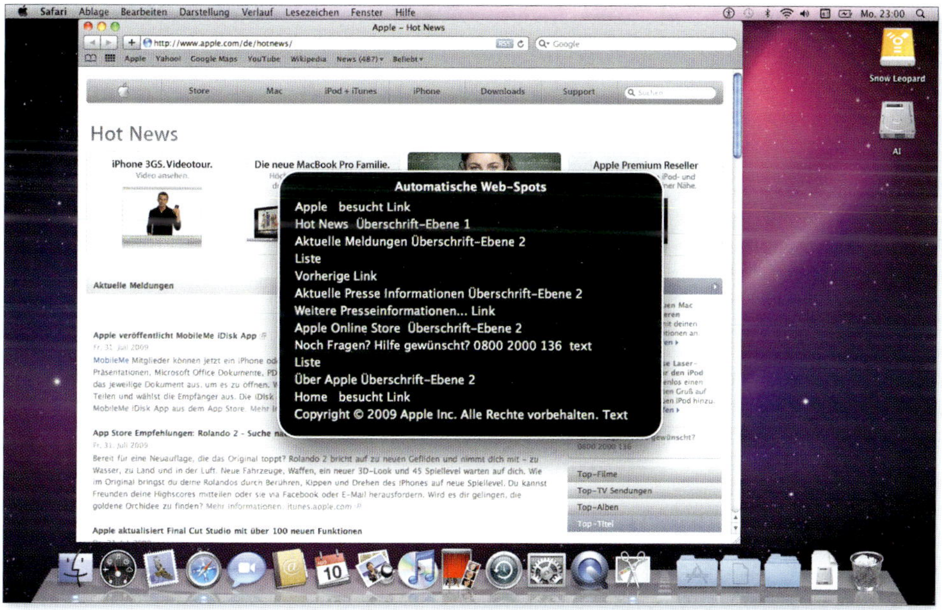

VoiceOver ließt Ihnen auch Webseiten vor.

Web-Spots

Um sich auf komplexen Webseiten schneller zurechtzufinden, hat Apple eine neue Technologie erfunden, die Webseiten schnell erfasst, interpretiert und dann in virtuelle Tags unterteilt. Diese nennt Apple *Web-Spots*. So könnte eine Webseite z.B. in einen Aufmacher, einen Bericht und einen Podcast unterteilt sein. Per Tastenkombination VO – ⌘ – N bzw. VO – ⌘ – ⇧ – N oder durch den »Rotor« (per Trackpad) können Sie schnell zwischen diesen Web-Spots wechseln, um schneller zum Ziel zu gelangen. Mit der Tastenkombination VO – Links/Rechts-Pfeil gelangen Sie zu einem Objekt vor oder hinter einem automatischen Web-Spot.

Tastaturhilfe

Um schneller und einfacher zu verstehen, welche Taste Sie auf Ihrer Tastatur gedrückt haben, bietet VoiceOver die *Tastaturhilfe* an. Ist diese aktiviert, hören Sie den Namen jeder Taste, auf die Sie drücken. Die Tastaturhilfe aktivieren Sie im Finder mit der Tastenkombination VO – K.

Visuelle Effekte

Auf Wunsch können Sie sich auch die zugehörigen Zeichen visuell einblenden lassen. Die Buchstaben der gedrückten Taste werden dann in einer Schwebepalette eingeblendet. Dies gilt ebenso für Blindenschrift. Die Einblendungen aktivieren Sie im *VoiceOver-Dienstprogramm* unter *Visuelle Effekte*. Starten Sie das

Dienstprogramm, indem Sie in den *Systemeinstellungen | Bedienungshilfen* auf den Button *VoiceOver-Dienstprogramm öffnen …* klicken oder einfach mit der Tastenkombination VO – F8.

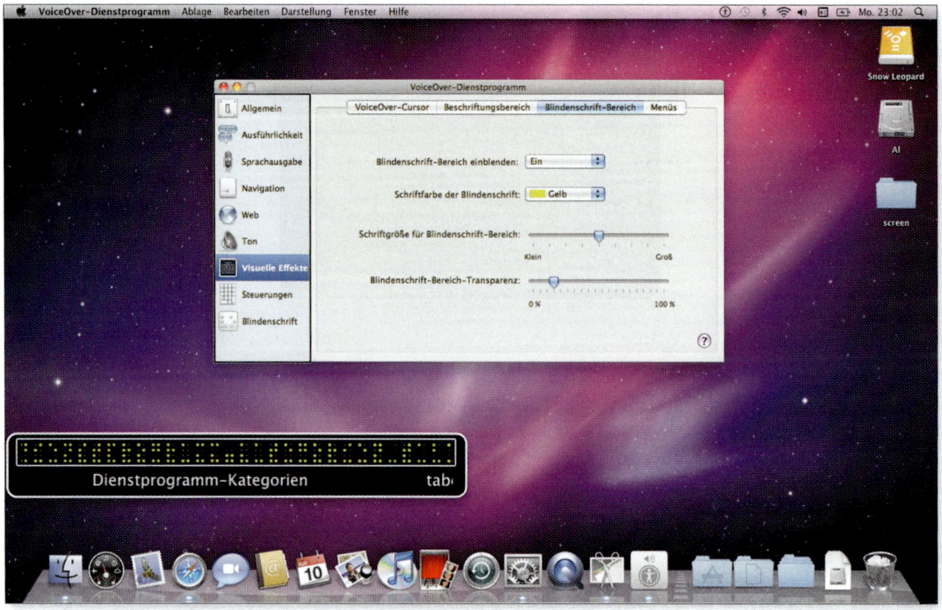

Visuelle Effekte zeigen die gedrückten Tasten an.

Navigation mit dem Trackpad

VoiceOver bringt auch eine neue Funktion für das Trackpad mit. Blinde Anwender können Ihren Computer mit Fingerbewegungen auf dem Multi-Touch-Trackpad steuern, selbst wenn sie den Bildschirm Ihres Macs nicht sehen können. Sobald sie mit dem Cursor über einen Text oder ein Fester fahren, erzählt ihnen Ihr Mac, was Sie soeben berühren. So können sie hören, wie Ihre Objekte angeordnet oder welcher Text in Ihrer Präsentation steht.

Der Rotor

Zur besseren Navigation bietet Snow Leopard eine neue Funktion an. Tastaturbefehle sind schön und gut, aber man muss sie erst erlernen. Einfacher geht es, wenn Sie dasselbe durch eine einfache Handbewegung erreichen können. In Snow Leopard gibt es dieses neue Steuerelement, das Apple den »Rotor« getauft hat. Setzen Sie hierzu zwei Finger auf das Multi-Touch-Trackpad Ihres MacBooks Pro und tun Sie so, als würden Sie einen Drehregler bedienen. Je nachdem, welche Einstellungen Sie für den »Rotor« gewählt haben, springt *VoiceOver* z.B. wortweise oder zeichenweise durch den Text. Ebenso kann der »Rotor« zum Navigieren durch eine Webseite verwendet werden.

Dienstprogramm

Das VoiceOver-Dienstprogramm stellt eine Menge neuer Möglichkeiten bereit, um *VoiceOver* noch besser an Ihre Wünsche anzupassen. Mit der Tastenkombination VO – F8 öffnen Sie das VoiceOver-Dienstprogramm, das in folgende neun Kategorien eingeteilt ist: *Allgemein, Ausführlichkeit, Sprachausgabe, Navigation, Web, Ton, Visuelle Effekte, Steuerung* und *Blindenschrift.*

Allgemein

Hier können Sie den Begrüßungstext ändern sowie MobileMe zum Synchronisieren Ihrer Einstellungen aktivieren. Außerdem können Sie die Steuerung per AppleScript erlauben.

Ausführlichkeit

Wählen Sie die Ausführlichkeit, mit der VoiceOver Texte ausgibt. Sie können dies in den Unterkategorien *Allgemein, Text, Meldungen* und *Hinweise* tun.

Unter *Allgemein* stehen hierzu die drei Standard-Levels *Hoch*, *Mittel* und *Niedrig* für Ausführlichkeit bereit. Über das Pfeilchen kommen Sie an weitere Details.

Der Reiter *Text* beherbergt die Optionen, die Ihnen beim Vorlesen von Text zur Verfügung stehen. So können Sie bestimmen, ob Satzzeichen mitgelesen werden oder beim Auftreten eines Rechtsschreibfehlers ein Warnton ertönen soll.

Die nächste Kategorie beinhaltet die Einstellungen für *Meldungen*. Legen Sie fest, was gemeldet werden soll und was eher nicht.

Im letzten Punkt *Hinweise* können Sie festlegen, ob Hinweise zu Objekten automatisch wiedergegeben werden und mit welcher Verzögerung das passieren soll.

Sprachausgabe

Sie können statt der standardmäßigen Stimme »Alex« eine andere aus fast zwanzig Stimmen wählen und *Rate, Tonhöhe, Lautstärke* und *Sprachmelodie* verändern.

Hinter dem Reiter *Aussprache* bestimmen Sie selbst, wie welches Zeichen betitelt wird. Ebenso können Sie hier fehlende Satzzeichen manuell hinzufügen.

Deutsche Stimmen hinzufügen

Wie anfangs schon erwähnt, bietet Apple leider keine deutsche Stimme an, doch über die Firmen »Cepstral« und/oder »Acapela Group« können Sie sowohl männliche als auch weibliche Stimmen beziehen. »Cepstral« bietet die Stimmen »Katrin« und »Matthias« für jeweils 29,99 $ in seinem Store an. Beide Stimmen können aber vorher geladen und ausprobiert werden (http://cepstral.com/downloads/). Sie werden aber bei jeder Aktion daran erinnert, dass die Stimmen noch nicht lizenziert sind.

Die »Acapela Group« bietet mit »Sarah«, »Klaus« und »Gerhard« sogar drei verschiedene deutsche Stimmen an, die 30 Tage getestet werden können (http://www.assistiveware.com/download.php). Diese Stimmen sind meines Erachtens besser verständlich (besonders Sarah hat es dem Autor angetan) als das Angebot von »Cepstral« und sind als Single-User-Lizenz mit der Software »Infovox iVox« für 99,- € zu beziehen.

Eine dritte Möglichkeit bietet die Firma Vertical Technologie (http://www.vertical-technologie.de/) aus Heilbronn in Deutschland, die mit ihrer Komplettlösung »MacBraille« auch eine eigene deutsche synthetische Sprachausgabe (TTS = Text To Speech) mitbringt, die als Systemerweiterung auf Apples VoiceOver aufgesetzt wird.

Stimmen einstellen

Mit ein bisschen Feintuning kann die Sprachausgabe der deutschen Stimmen noch etwas optimiert werden. Gleich vorneweg: Geben Sie sich keinen Illusionen hin, selbst mit der besten Abstimmung klingen die Stimmen trotzdem noch mechanisch und alles andere als natürlich. Oft werden Wörter einfach falsch betont oder zu schnell ausgesprochen, wobei ein Satz im Idealfall schon sehr flüssig klingen kann.

Das *VoiceOver-Dienstprogramm* bietet vier Kategorien, um die Stimmen Ihren Wünschen anzupassen: *Rate* bezieht sich auf die Geschwindigkeit, mit der Worte ausgesprochen werden. Mit *Tonhöhe* verändern Sie natürlich dieselbe und auch hinter *Lautstärke* verbirgt sich das, was man vermuten könnte. Snow Leopard bringt nun auch die *Sprachmelodie* mit ins Spiel, mit der Sie die Intonation der Sprachausgabe steuern können.

Probieren Sie es einfach aus und finden Sie für Ihre Lieblingsstimme den persönlichen Rhythmus. Im Falle von »Sarah« habe ich mich auf eine *Rate* von 40, die *Tonhöhe* 45, die *Lautstärke* 90 und eine *Sprachmelodie* von 70 entschieden.

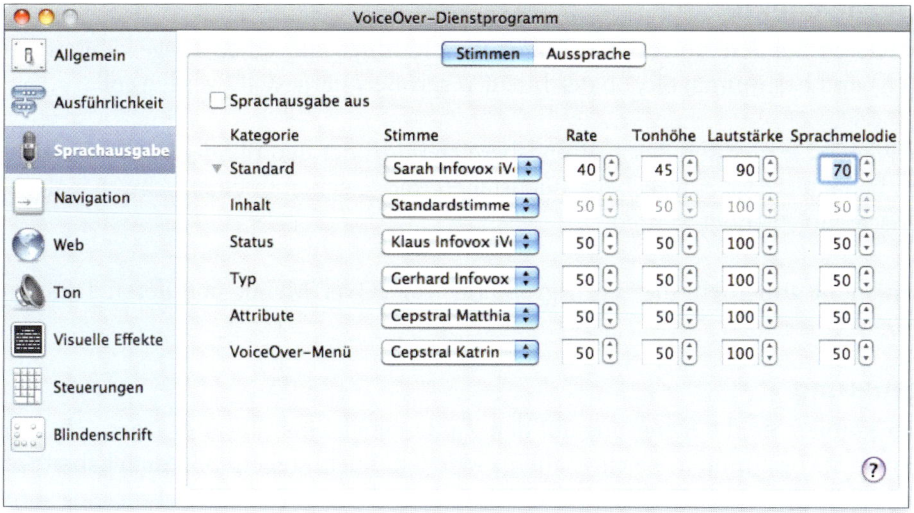

Neben »Alex« stehen weitere Stimmen zur Verfügung.

Auch ist es möglich, verschiedene Stimmen für verschiedene Aktionen zu bestimmen. Wenn Sie auf das kleine Pfeilchen vor *Standardstimme* klicken, springt darunter ein Menü mit fünf verschiedenen Auswahlmöglichkeiten auf.

So wählen Sie z.B. »Sarah« als Ihre *Standardstimme* für den *Inhalt*, aber »Klaus« spricht die *Statusangabe*, während »Katrin« das *VoiceOver-Menü* übernimmt. *Typ* und *Attribute* könnten dann z.B. noch »Gerhard« bzw. »Matthias« übernehmen. Natürlich nur, falls Sie alle Stimmen installiert haben sollten. Manch einer mag das gut finden, den anderen stört das Stimmengewirr dann eher …

Navigation

Hier bestimmen Sie die Ausgangsposition des VoiceOver-Cursors sowie dessen Verhalten.

Web

Bestimmen Sie das Verhalten von VoiceOver im Internet. Möchten Sie nach der DOM-Reihenfolge (Document Object Model, also von Objekt zu Objekt) oder nach der Gruppierung von Objekten navigieren? Legen Sie fest, was VoiceOver beim Laden einer Webseite machen soll.

Ton

Bestimmen Sie, ob Toneffekte zu hören sein sollen und ob der räumliche Ton aktiviert werden soll.

Visuelle Effekte

Aktivieren Sie den VoiceOver-Cursor (der Rahmen um einen ausgewählten Bereich) und bestimmen Sie, ob der Inhalt vergrößert dargestellt werden soll.

Aktivieren Sie hier den Beschriftungsbereich und/oder den Blindenschrift-Bereich. Das bedeutet, dass eingegebene Buchstaben und Zeichen in einer Schwebepalette optisch eingeblendet werden.

Wählen Sie außerdem die Schriftgröße für VoiceOver-Menüs und deren Transparenz.

Steuerung

Hier können Sie die Steuerung auf den Zahlenblock einer Tastatur legen. Ebenso können Sie bestimmen, welche Zahl für welchen Befehl stehen soll. Auch haben Sie die Möglichkeit, hier die Tastatursteuerung zu aktivieren, um z.B. Kurzbefehle zum Öffnen von Programmen zu bestimmen.

Blindenschrift

Sollte Sie eine Braille-Zeile an Ihren Mac anschließen, können Sie hier die Blindenschrift-Übersetzung anpassen. Über den Reiter *Anzeige* sehen Sie alle angeschlossenen Geräte.

Hilfe

Auch in VoiceOver können Sie jederzeit *Hilfe* in Anspruch nehmen. Mit der Tastenkombination VO – H öffnen Sie das spezielle VoiceOver-Hilfemenü. Mit den gewohnten VoiceOver-Befehlen navigieren Sie durch das Menü und mit der Taste *esc* beenden Sie es.

Systemeinstellungen

Die Systemeinstellungen bietet neben *VoiceOver* noch weitere Bedienungshilfen an. Die Einstellungen dazu sind in vier Kategorien zum Thema *Sehen*, *Hören*, *Tastatur* und *Maus & Trackpad* eingeteilt, über die Sie diese konfigurieren können.

Durch das Setzen eines Häkchens vor den Punkt *Zugriff für Hilfsgeräte* aktivieren Sie diese Option. Unter Hilfsgeräte versteht man z.B. eine Braille-Zeile. Über das zweite Auswahlkästchen blenden Sie den Status der Bedienungshilfen in der Menüleiste ein.

Die Systemeinstellungen für Bedienungshilfen

Sehen

Im Bereich *Sehen* können verschiedene Bedienungshilfen aktiviert werden. Unter anderem bietet das Dienstprogramm *VoiceOver* die Möglichkeit der Sprachsteuerung (was bereits in den Abschnitten zuvor ausführlich beschrieben wurde). Der Mac liest Ihnen alle Befehle und Optionen vor, sobald Sie mit der Maus darauf zeigen. Das hört sich sehr verlockend an, ist aber leider auf die englische Sprache abgestimmt und klingt bei deutschen Texten eher unverständlich. Daher ist es, wenn Sie sich ernsthaft mit dem Thema VoiceOver auseinandersetzen wollen, unumgänglich, sich eine deutsche Stimme einzukaufen.

Zoom

Interessanter ist da schon die Möglichkeit, den *Zoom* (auch »Lupe« genannt) zu aktivieren. Mit ihm können Sehbehinderte per Tastenkombination in die Bildschirmansicht hineinzoomen, um einen bestimmten Bereich sehr groß anzuzeigen.

Die Zoom-Funktion können Sie entweder in den Systemeinstellungen aktivieren oder direkt mit der Tastatenkombination ⌥ – ⌘ – 8 starten. Ist die Lupe aktiviert, können Sie mit der Tastenkombination ⌥ – ⌘ – = in den Bildschirm hinein zoomen und mit ⌥ – ⌘ – Bindestrich wieder hinaus. Aber Vorsicht, sobald Sie zoomen, sehen Sie nur noch einen Teil des Bildschirms. Fahren Sie mit der Maus an den Rand des Bildschirms, wenn Sie das Bild in diese Richtung verschieben möchten.

Der Zoom-Effekt bringt Sie näher ans Geschehen.

TIPP

Die Zoom-Funktion in Mac OS X mag praktisch sein, sie hat jedoch einen Nachteil: Nach dem Start des Zoommodus geht der Überblick über den Schreibtisch verloren, da der gesamte Bildschirm zur Vergrößerung genutzt wird. Anwender, die dies stört, können auf ein Lupenprogramm zurückgreifen, welches eine virtuelle Lupe erzeugt. Eine solche Lupe wird wie ein echtes Vergrößerungsglas über den Bildschirm bewegt und stellt so immer nur einen Teil des Bildschirms unter der Lupe vergrößert dar.

Ein Beispiel für ein solches Programm wäre die Freeware *Computer Glasses*. Die kostenlose Software erlaubt dabei das Einstellen des Vergrößerungsfaktors, der Lupengrößen und der Lupenform.

Zu beziehen ist das Programm unter http://customsolutionsofmaryland.50megs.com/computerglasses.htm/.

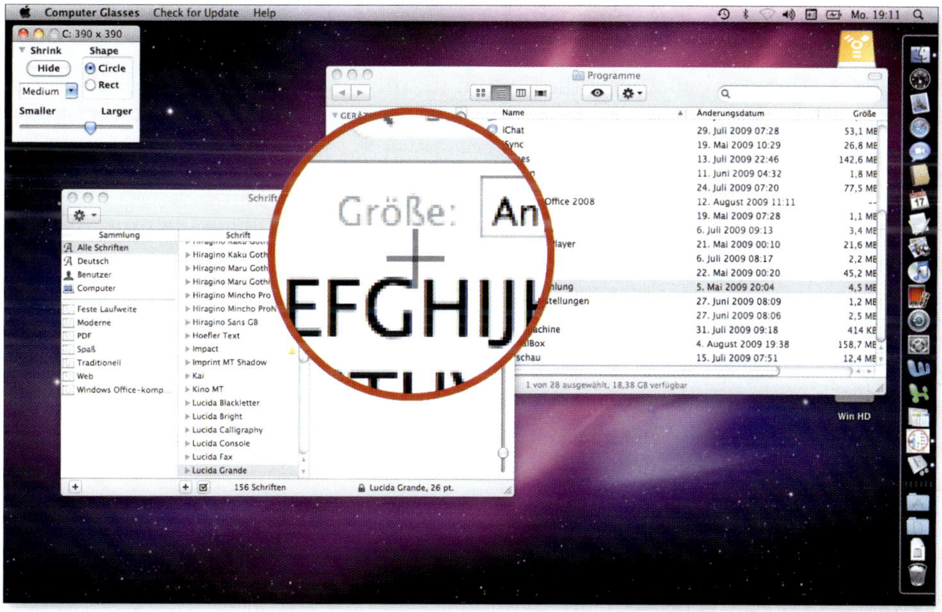

Lupe statt kompletter Bildschirm, mit Computer Glasses bleibt der gesamte Bildschirm im Blick.

Schwarz auf Weiß

Auch hilft es manchen Menschen mit einer Sehbehinderung, den Monitor von *Schwarz auf Weiß*- invertiert auf *Weiß auf Schwarz*-Ansicht (ctrl – ⌥ – ⌘ – 8) umzustellen. Die Darstellung gleicht dann einem Negativ, wie Sie es von der guten alten Filmrolle her kennen.

Zur besseren Ansicht können Sie zusätzlich den Kontrast der Bildschirmanzeige über einen Schieberegler oder per Tastenkürzel ctrl – ⌥ – ⌘ – Punkt erhöhen (oder verringern: ctrl – ⌥ – ⌘ – Komma), damit z.B. unnötige Dinge wie Schatten und Verläufe ausgeblendet werden. Ebenso kann die Bildschirmdarstellung auch auf *Graustufen* umgestellt werden.

Hören

Aktivieren Sie die Option, den Bildschirm als Warnton blinken zu lassen oder Stereo-Audio als Mono wiederzugeben.

Tastatur

Der Reiter *Tastatur* beherbergt die Option für die Einfingerbedienung. Aktivieren Sie eine Option, indem Sie ein Häkchen davor setzen. Danach können Sie Modifikationstasten wie z.B. die *Umschalttaste* (⇧) und die *Wahltaste* (⌥) nacheinander drücken anstatt gleichzeitig. Sie können die Tastatur so einstellen, dass die Navigation durch Menüs, im Dock und in anderen Bereichen einfach über die Tastatur erfolgen kann.

Auf Wunsch werden dabei die einzelnen Tasten auf dem Display eingeblendet (Sie können die Platzierung der Tasten per Drag & Drop verändern) und/oder ein akustisches Signal beim Setzen einer Sondertaste ausgegeben. Ebenso kann das Ansprechverhalten beim Drücken einer Taste stufenlos verzögert werden. Auf Wunsch gibt es bei der Eingabe auch ein Tastengeräusch. Sie müssen nur ein Häkchen vor die jeweilige Option setzen.

Maus & Trackpad

In den Systemeinstellungen *Maus* können Sie wählen, ob Sie Ihren Mac statt mit der Maus oder dem Trackpad lieber nur mit der Tastatur bedienen möchten. Ist die *Mausbedienung* aktiviert, wird der Cursor über den Nummernblock gesteuert. Mit der Ziffer »8« steuern Sie den Cursor nach oben, mit der Ziffer »2« nach unten, mit »4« nach links, mit »6« nach rechts. Mit der Ziffer »5« lösen Sie eine Aktion aus. Arbeiten Sie an einem Notebook, müssen Sie vorher mit der F6-Taste den Nummernblock aktivieren.

Ansprechverzögerung und maximale Geschwindigkeit können Sie stufenlos regeln und an Ihre Bedürfnisse anpassen. Auch die Größe des Cursors können Sie anpassen. Auf Wunsch können Sie auch das Trackpad deaktivieren, sobald die *Mausbedienung* aktiviert oder eine Maus als Eingabegerät angeschlossen ist.

Braille-Zeilen

Auch hier zeigt sich Snow Leopard innovativ und ist der erste Computer, der von Haus aus Braille-Zeilen-Unterstützung bietet. Die Treiber für mehr als 40 Modelle und drahtlose Bluetooth-Bildschirme sind schon in das System integriert. Eine aktuelle Liste der unterstützten Geräte finden Sie auf der Webseite von Apple:
http://www.apple.com/accessibility/voiceover/devicesupport.html

Außerdem bietet Snow Leopard die Funktion *Spiegeln der Bildschirmanzeige*, mit der mehrere USB-Braille-Zeilen gleichzeitig an einen Mac angeschlossen werden können. Diese Funktion ist z.B. im Unterricht sehr hilfreich, da so alle an den gleichen Unterrichtsinhalten arbeiten können, selbst wenn unterschiedliche Bildschirmmodelle genutzt werden.

Sprachsteuerung

Die Sprachsteuerung gehört nicht direkt zu den Bedienungshilfen, bietet aber trotzdem Möglichkeiten, den Umgang mit dem Mac zu vereinfachen. Wieder einmal ist dieses Programm aber auf den englischen Sprachgebrauch ausgelegt. Sie müssen Ihrem Mac also leider englische Befehle erteilen.

Sprache

Öffnen Sie in den Systemeinstellungen den Punkt *Sprache*. Dort können Sie die Spracherkennung (Speakable Items) durch einen Mausklick auf den Auswahlknopf *Ein* starten. Daraufhin wird ein kleines, rundes Programmfenster geöffnet, das fortan im Vordergrund bleibt. Dieses Spracherkennungsfenster nimmt sozusagen unsere Befehle entgegen. Leider nicht so einfach, wie wir das gerne hätten. Die Befehle müssen exakt ausgesprochen werden und vor allem in der Liste der *Speaktable Items* vorhanden sein! Diese können Sie sich ansehen, indem Sie auf das kleine Dreieck am unteren Rand des Spracherkennungsfensters klicken oder den Befehl *Open Speech Commands window* sprechen. Ein kleiner Pegel zeigt an, wie laut Sie sprechen. Die Befehle beziehen sich übrigens immer auf das Fenster, das gerade im Vordergrund ist!

Über den kleinen Pfeil können Sie sich eine Liste der möglichen Befehle anzeigen lassen.

Einstellungen

Zuerst sollten Sie aber in den Einstellungen das richtige Mikrofon (bei einem iMac, MacBook etc. z.B. das eingebaute *Interne Mikrofon*) wählen und im Idealfall auch gleich kalibrieren. Dazu klicken Sie auf den Button *Kalibrieren* und sprechen die kurze Liste von Befehlen, um den Mac auf Ihre Stimme einzustellen. Ein Blinken der Befehle symbolisiert, dass der Mac Ihren ausgesprochenen Befehl akzeptiert hat.

Um dem Mac Befehle zu geben, ist es normalerweise notwendig, während des Erteilens eines Befehls eine Tastenkombination gedrückt zu halten. Sonst würde der Mac womöglich auf Stimmen im Hintergrund oder das Radio reagieren. Standardmäßig ist das die esc-Taste.

Auch können Sie festlegen, ob vor jedem Befehl ein Schlagwort wie z.B. »Computer« nötig ist. Durch das Setzen eines Häkchens vor Bestätigung des Befehls *sprechen* wiederholt der Mac Ihren Befehl. Ansonsten spielt er nur einen Ton ab.

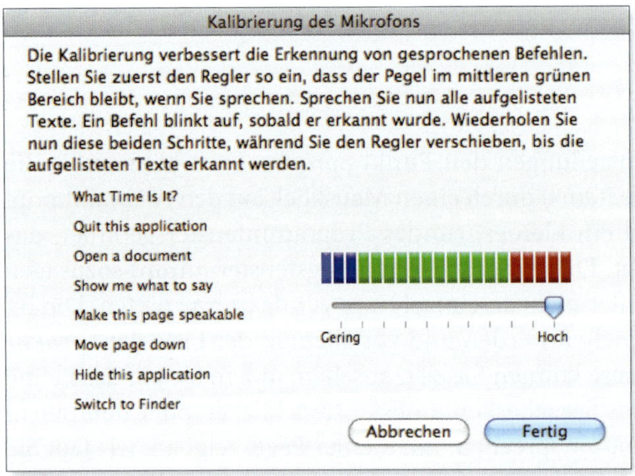

Sie sollten Ihr Mikrofon erst kalibrieren.

Befehle

Wählen Sie den Reiter *Befehle*, um sich einen Überblick darüber zu verschaffen. Eine Liste zeigt Ihnen die möglichen Befehlsarten auf. Über den Button *Konfigurieren* können Sie z.B. im *Adressbuch* Namen deaktivieren oder für *Globale „Speakable Items“* die Option wählen, dass die Befehle auch erkannt werden, wenn sie nicht exakt der geschriebenen Vorgabe entsprechen.

Über den Button *„Speakable Items“-Ordner öffnen* bekommen Sie Einblick in die Liste der Befehle. Die Liste besteht aus nichts anderem als verschiedenen Apple-Scripts. Sie können auch eigene Befehle hinzufügen. Um z.B. ein bestimmtes Objekt öffnen zu lassen, klicken Sie dieses im Finder an und sprechen bei aktivierter Sprachsteuerung den Befehl »Make this speaktable«. Das genügt schon, der Befehl ist nun ebenfalls im Ordner *Speakable Items* zu finden. Da automatisch der Name des ausgewählten Objekts als Befehl übernommen wird, bietet es sich an, diesen zu ändern. Öffnen Sie den Ordner durch den Befehl *Open the Speakable Items folder*, klicken Sie auf den Namen Ihres Objekts und benennen es um. Der neue Name steht für den Befehl, den Sie aussprechen müssen, um das Objekt zu öffnen.

Sprachausgabe

Der Reiter *Sprachausgabe* bezieht sich wieder auf die Stimmen, die Sie schon aus VoiceOver kennen. Wählen Sie eine Stimme aus und bestimmen Sie deren Sprachgeschwindigkeit durch den Schieberegler. Ansonsten können Sie optional noch *Hinweise* wie z.B. Warnungen oder Programmhinweise aktivieren, indem Sie ein Häkchen davor setzen.

Kapitel

7

Tipps & Tricks für den effektiven Einsatz

Sie finden viele Insidertipps und –tricks bereits in den einzelnen Buchkapiteln, wo sie den entsprechenden Programmen oder Betriebssystembestandteilen zugeordnet sind. In diesem Kapitel seien jedoch einige weiterführende Möglichkeiten, die nicht jeder kennt, an Sie als Leser herangetragen. Auch für schon etwas erfahrenere Anwender dürfte da durchaus das ein oder andere Nützliche und Hilfreiche dabei sein. Dabei soll auch der Bereich »Sicheres Arbeiten am Mac« behandelt werden, mit dem das Kapitel eröffnet wird.

Dateien verschlüsseln und Sicherheit

Die Sicherheit vertraulicher Daten ist ein Thema, das auch heutzutage noch gerne unterschätzt wird. Aus diesem Grund stellen wir an dieser Stelle einige einfache Möglichkeiten vor, die eigenen Daten am Mac vor fremden Augen zu schützen.

FileVault

FileVault ist eine Technik, die bereits mit Mac OS X 10.3 eingeführt wurde. Die Software ermöglicht es, das ganze Home-Verzeichnis eines Anwenders zu verschlüsseln. In diesem Verzeichnis sind im Normalfall alle Daten eines Benutzers gespeichert. Selbst wenn ein Computer oder eine Festplatte gestohlen wird, hat der Dieb schlechte Chancen, an persönliche Daten zu gelangen. Gerade auch für Notebook-Anwender handelt es sich dabei also um eine interessante Funktion. Zur Anwendung kommt dabei ein 128-Bit-Schlüssel, so dass ein recht guter Schutz geboten wird.

Das Ganze funktioniert so, dass nach Aktivierung von FileVault die gesamten Daten innerhalb des Home-Verzeichnisses verschlüsselt werden. Wird später mit entsprechenden Daten gearbeitet, werden diese während der Arbeit in Echtzeit ent- und verschlüsselt. Der Anwender merkt von dem ganzen Vorgang nichts mehr, muss aber mit einer minimalen Geschwindigkeitseinbuße rechnen.

Aktiviert wird FileVault über *Systemeinstellungen | Sicherheit | FileVault*. Als einzige Einstellungsmöglichkeiten sind Aktivierung/Deaktivierung sowie die Bestimmung des Kennworts vorgesehen.

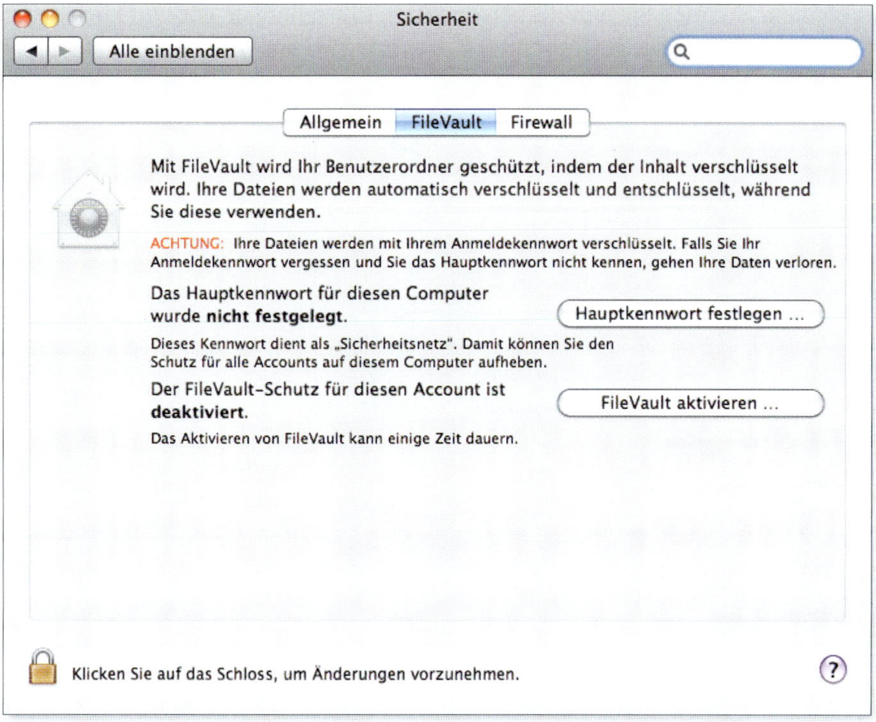

Die Aktivierung von FileVault in den Systemeinstellungen von Mac OS X

Verschlüsselte Disk Images

Eine einfache Methode, kleine Datenmengen vor unerwünschtem Zugriff zu schützen, ist die Erstellung von verschlüsselten Disk Images.

Bei Disk Images handelt es sich um virtuelle Laufwerke. Daten werden in einer Art Containerdatei zusammengefasst. Öffnet man eine solche Datei, verhält sie sich wie ein Laufwerk, auf dem dann einzelne Dateien gespeichert beziehungsweise gelesen werden können. Verschlüsselt man ein solches Disk Image also, kann nur noch derjenige auf die darin enthaltenen Dateien zugreifen, der das Passwort kennt.

Zum Erstellen eines Disk Images benötigen Sie das Festplatten-Dienstprogramm. Dieses findet sich im Ordner *Dienstprogramme*, einem Unterordner des Programme-Ordners. Nach dem Start des Festplatten-Dienstprogramms wählen Sie den Befehl *Neues Image* in der Symbolleiste. Daraufhin öffnet sich ein Menü, in dem Sie unter anderem die Größe des gewünschten Images sowie die Verschlüsselung auswählen können. Nehmen Sie nun die gewünschten Einstellungen vor und klicken auf *Erstellen*. Nach Angabe des gewünschten Passworts wird ein Disk Image erstellt.

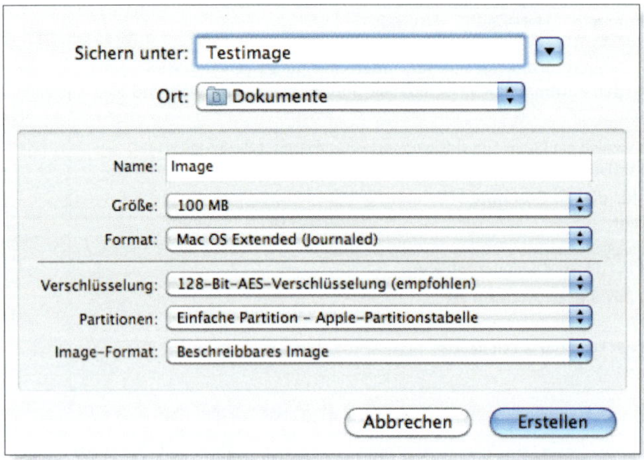

Ein Image lässt sich einfach mit dem Festplatten-Dienstprogramm erstellen.

AUFGEPASST

Bitte beachten Sie, dass bei den zuvor genannten Methoden mit dem Verlust des Passworts die gespeicherten Daten nicht mehr zugänglich sind!

Firewall

In Mac OS X ist eine Firewall integriert. Eine Firewall regelt den Netzwerkverkehr, indem sie Datenübertragungen nur zulässt, wenn diese sich innerhalb zuvor aufgestellter Regeln bewegen. Damit ist die Firewall eine gute Methode, um den eigenen Rechner vor unerwünschten Zugriffen aus dem Internet zu schützen.

Zur Aktivierung der Firewall suchen Sie die *Systemeinstellungen | Sicherheit | Firewall* auf. Standardmäßig ist die Firewall deaktiviert.

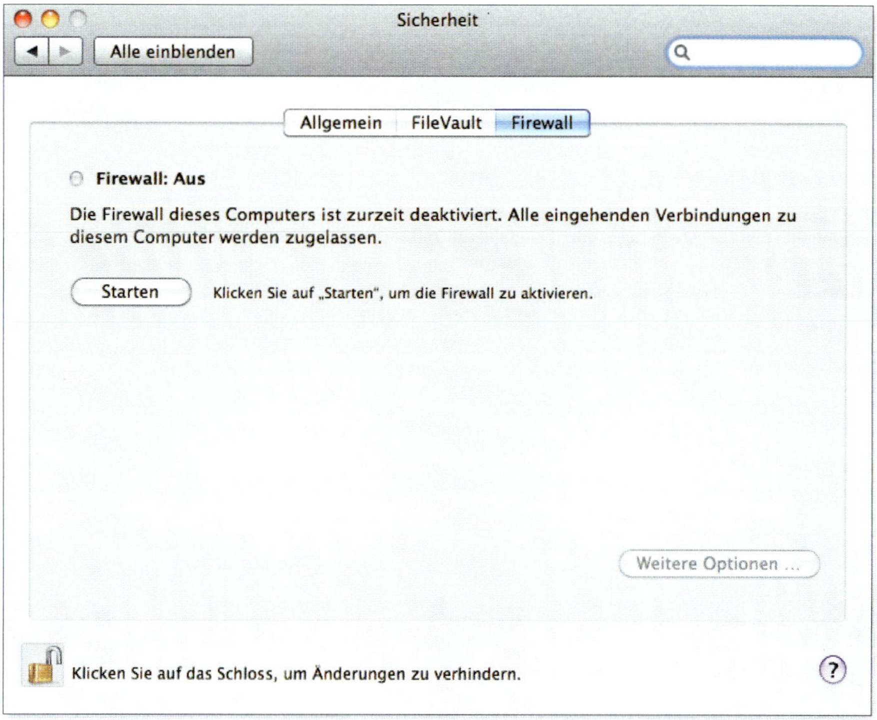

Die Firewall ist standardmäßig deaktiviert.

Zum Aktivieren klicken Sie bitte zuerst auf *Starten*. Ist diese Schaltfläche grau hinterlegt, müssen Sie gegebenenfalls zuerst über das Schlosssymbol im linken, unteren Eck des Fensters Ihr Administrator-Passwort eingeben.

Ist die Firewall erfolgreich aktiviert, so können Sie dies an dem Hinweis »Firewall: ein« erkennen. Außerdem erscheinen nun Informationen über die genauen Einstellungen der Firewall in dem Fenster.

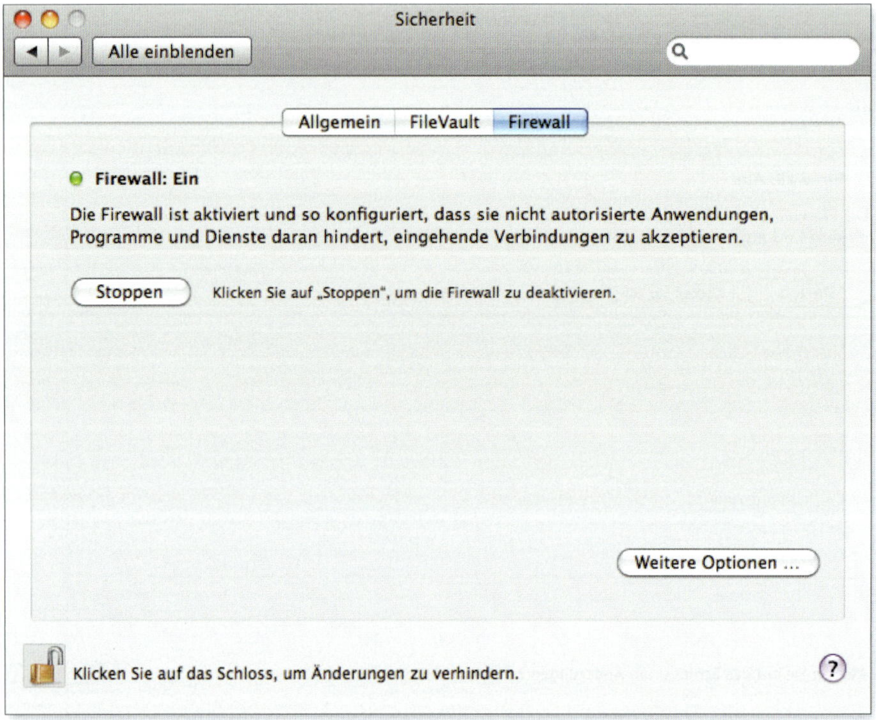

Im aktivierten Zustand werden Informationen über den Status der Firewall angezeigt.

Weitere Einstellungen können Sie durch Klicken auf *Weitere Optionen* vornehmen. Es bieten sich nun zwei Möglichkeiten an: Es lassen sich *Alle eingehenden Verbindungen blockieren* oder, weniger rabiat, eingehende Verbindungen auf bestimmte Dienste und Programme beschränken. Im zweiten Fall fügt man als Anwender die gewünschten Programme mittels einfacher Auswahl zu einer Liste hinzu.

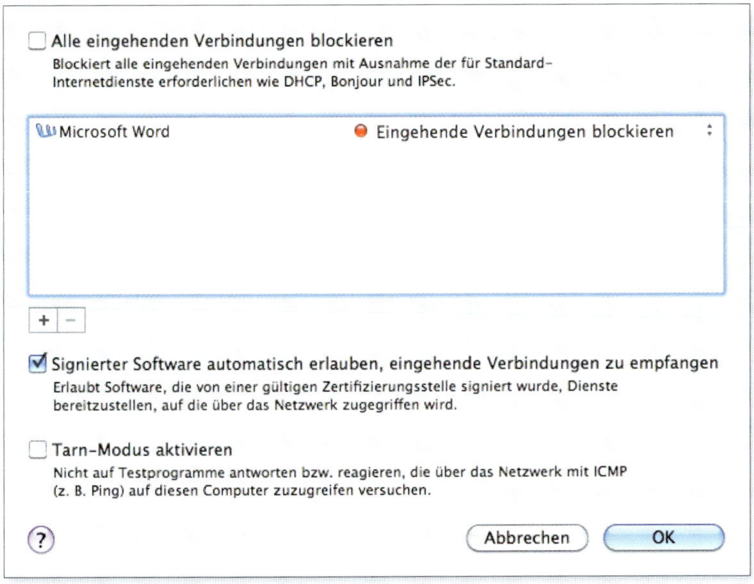

Die Firewall kann Netzwerkverbindungen auf bestimmte Programme beschränken.

Hier findet sich zudem eine Einstellung zur maximal mit dieser Software erreichbaren Sicherheit. Der sogenannte Tarn-Modus bewirkt, dass einem Angreifer nicht einmal eine Rückmeldung gewährt wird, ob Ihr Computer überhaupt existiert, sollte dieser versuchen, unerwünschten Zugriff auf Ihren Computer zu erhalten.

Grundsätzliche Hinweise

Ihr Computer kann immer nur so sicher sein, wie Sie es zulassen. Aus diesem Grund sollten Sie nicht nur die mitgelieferten Sicherheitsfunktionen nutzen. Das Beachten gewisser Grundregeln ist mindestens genauso wichtig. So sollten Sie keine Software unbekannter Herkunft auf Ihrem Computer installieren. Das Gleiche gilt für das sorglose Öffnen von Dateien, die auf obskuren Wegen in Ihrem E-Mail-Postfach gelandet sein können. Dass man keine Passwörter weitergibt, versteht sich ebenso von selbst wie die Überprüfung von Links und Internetseiten, auf denen man seine Passwörter eingeben soll – auch diese können gefälscht sein.

Schließlich bleibt noch zu erwähnen, dass es für den Mac zwar extrem wenige Computerviren gibt, eine Antivirensoftware ist aber auch unter Mac OS X nicht sinnlos. Denn es gibt keine Garantie dafür, dass nicht doch der eine oder andere neue Computervirus auftauchen könnte.

Für den Mac gibt es folgende Antivirensoftware:

- Sophos Antivirus (www.sophos.de/)
- Intego VirusBarrier (www.intego.com/virusbarrier/)
- Symantec Norton AntiVirus (www.symantec.com)
- McAfee Virex (www.mcafee.com/de)

GRUNDLAGEN

Sicheres Arbeiten am Mac – 7 Tipps

Wer an seinem Computer unter Mac OS X sicherheitsbewusst arbeiten will, sollte folgende sieben Regeln beachten:

Tipp 1: Arbeiten Sie nicht als Administrator

Mac OS X ist ein Mehrbenutzer-System, d.h., Sie können mehrere Nutzer mit unterschiedlich ausgestatteten Rechten definieren. Nach der Installation von Mac OS X sind Sie zunächst automatisch als Administrator angemeldet. Administratoren sind Benutzer mit relativ vielen Rechten: Sie dürfen z.B. Programme im Programme-Ordner löschen, außerdem gewisse Veränderungen in den Systemdateien vornehmen.

Sicherer, um nicht versehentlich ins System einzugreifen und etwas kaputt zu machen, ist es deswegen, als normaler Benutzer zu arbeiten. Einen weiteren Benutzer können Sie in den Systemeinstellungen im Bereich »Benutzer« einrichten. Dem neuen Benutzer sollten Sie keine Administratorrechte geben.

Tipp 2: Deaktivieren Sie die automatische Anmeldung

Nach der Einrichtung eines weiteren Nutzers werden Sie gefragt, ob Sie die automatische Anmeldung deaktivieren wollen. Das sollten Sie tun, so dass man beim Hochfahren des Macs zum Einloggen fortan immer sein Benutzerpasswort angeben muss. Damit sind Ihre Daten vor einem schnellen Zugriff durch andere geschützt. Die Einstellung hierzu finden Sie entweder im Bereich *Benutzer* der Systemeinstellungen, und dort unter *Anmeldeoptionen* oder im Systemeinstellungsbereich *Sicherheit,* Reiter *Allgemein.*

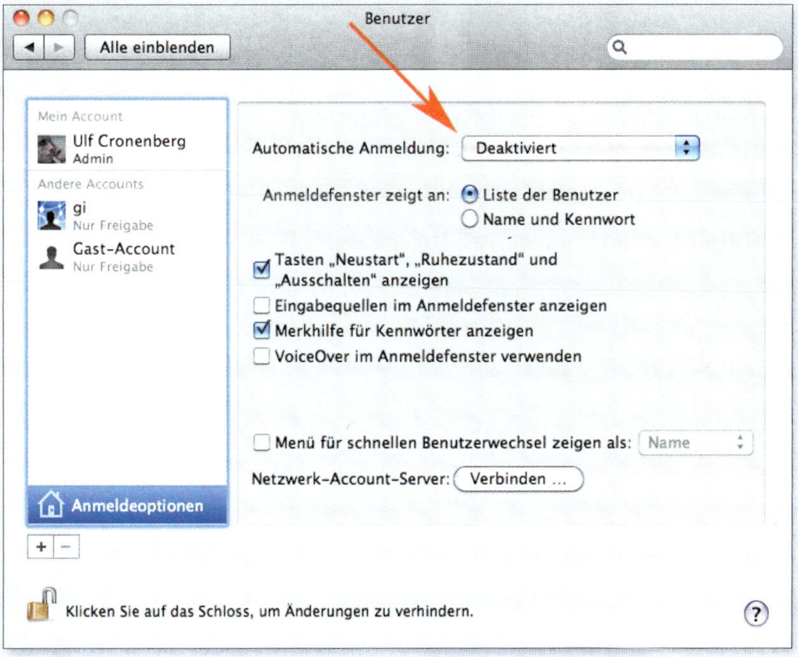

Tipp 3: Verwenden Sie lange Passwörter

Lange Passwörter mit Groß- und Kleinbuchstaben sowie Zahlen und Sonderzeichen sind deutlich sicherer als einfache Kürzel oder erschließbare Passwörter wie der Name der Ehefrau oder des Ehemannes, das eigene Geburtsdatum etc. Verwenden Sie also nicht den Spitznamen Ihrer Frau oder Ihres Manns als Passwort, sondern eine kryptische Buchstaben-/Zahlenfolge, die mindestens 8 oder 9 Zeichen lang sein sollte. Das gilt für Benutzer-Passwörter Ihres Computers ebenso wie für Passwörter Ihres Mail-Accounts oder Ihres WLAN-Netzwerkes.

Tipp 4: Verwenden Sie im WLAN die WPA-Verschlüsselung

Sollten Sie ein Funknetzwerk verwenden (von Apple »Airport« genannt), so sollte dieses mit einem Passwort gesichert sein. Alle neueren WLAN-Router (auch Apples Airport-Basisstationen) bieten mehrere Möglichkeiten der Verschlüsselung. Die WEP-Verschlüsselung ist ein altes Verfahren, das schnell mit geeigneten Tools zu knacken ist. Sie sollten deswegen mindestens auf die sogenannte WPA-Verschlüsselung zurückgreifen, wenn möglich auf den Standard »WPA2«.

Tipp 5: Verwenden Sie immer die neuesten Versionen

Jedes Betriebssystem hat Sicherheitslücken. Updates schließen solche Lücken oft. Deswegen ist es wichtig, regelmäßig nachzugucken, ob Mac OS X auf dem neuesten Stand ist. Über die Softwareaktualisierung in den Systemeinstellungen von Mac OS X sollte deswegen einmal wöchentlich geprüft werden, ob Updates für das Betriebssystem vorliegen. Auch andere Programme (gerade Browser oder Mailprogramme von Fremdherstellern wie Firefox und Thunderbird) bergen Sicherheitsrisiken. Schauen Sie auch hier, dass Sie immer die aktuelle Programmversion verwenden.

Tipp 6: Aktivieren Sie die Firewall Ihres Routers

Fast alle Router haben eine Firewall integriert, die verhindert, dass von außen (über das Internet) auf Ihren Mac zugegriffen werden kann. Lesen Sie in Ihrem Router-Handbuch nach, ob er eine Firewall mitbringt und wie diese zu konfigurieren ist. Für weniger versierte Computernutzer ist das manchmal ein schwieriges Vorhaben, da man dafür doch einige Kenntnisse benötigt. Aber vielleicht haben Sie einen Computerspezialisten im Bekanntenkreis, der Ihnen hier ggf. weiterhelfen kann.

Tipp 7: Kennwortabfrage beim Beenden des Ruhezustands

Im Bereich *Sicherheit* der Mac OS X-Systemeinstellungen können Sie einstellen, ob beim Beenden des Ruhezustands oder des Bildschirmschoners das Benutzerkennwort eingegeben werden muss. Sie sollten hier das Häkchen setzen, so dass nicht jemand anderes Ihren Computer ohne Kennwort aufwecken und somit auf Ihre Daten zurückgreifen kann.

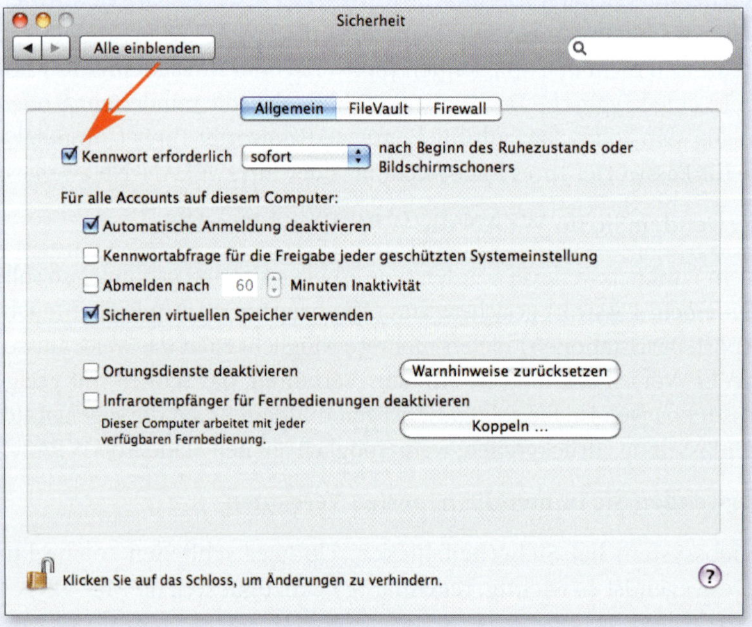

Effektive Erstellung von PDF-Dateien

Das Portable Document Format, kurz PDF genannt, ist ein Dateiformat, welches sich hervorragend zum Austauschen von Schriftstücken in digitaler Form eignet. Zu den größten Vorteilen von PDF gegenüber normalen Textdateitypen wie etwa dem DOC-Format von Microsoft Word gehören seine Plattformunabhängigkeit, die Zuverlässigkeit bei der Wiedergabe von Schrift, Grafik und Layout außerhalb des Ursprungssystems sowie seine eingebauten Sicherheitsmechanismen.

Mac OS X bietet eine gute Möglichkeit zum Erstellen von Dateien in diesem überaus beliebten und wichtigen Format direkt aus dem System heraus.

Erstellung einer PDF-Datei

Eine PDF-Datei können Sie in Mac OS X aus jedem beliebigen Programm heraus erstellen, vorausgesetzt, es unterstützt den Druck von Dokumenten. Wählen Sie dazu im ersten Schritt im Menü *Ablage* den Unterpunkt *Drucken*. Nun öffnet sich der gewohnte Druckdialog.

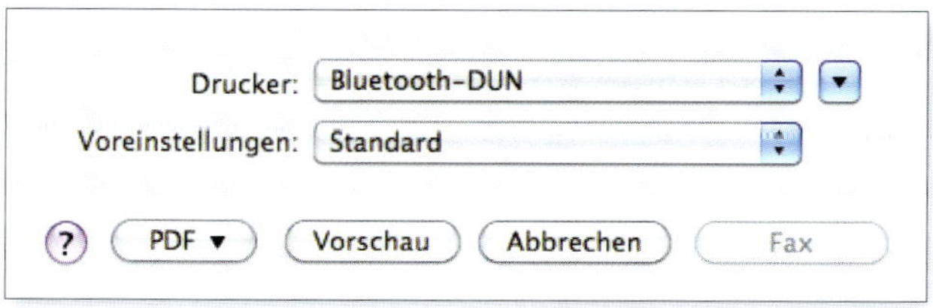

Über den Druckdialog gelangt man zur PDF-Erstellung.

Im linken unteren Eck des Dialogfelds befindet sich ein mit »PDF« beschrifteter Button. Nach einem Mausklick auf diese Schaltfläche öffnet sich das folgende Menü:

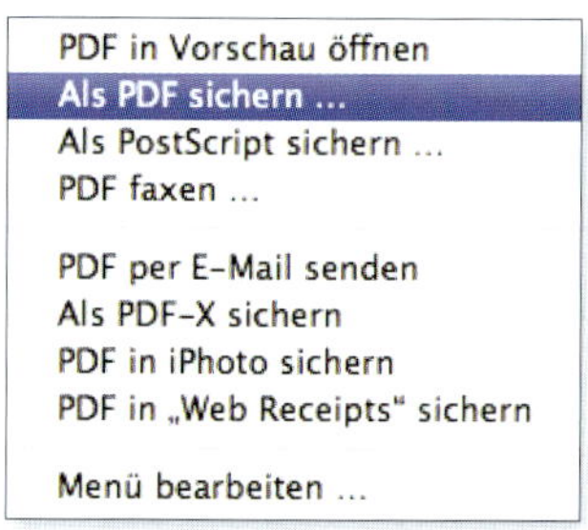

Die Auswahloptionen im PDF-Menü

Als PDF sichern... ist nun die einfachste Möglichkeit, eine PDF-Datei zu erstellen. In der Folge öffnet sich ein einfacher Dialog zum Sichern der Datei, der neben dem Dateinamen auch noch Angaben zu Autor, Betreff und Schlagwörtern erlaubt. Auch die Sicherheitsoptionen können an dieser Stelle gewählt werden.

Die Sicherheitsoptionen beinhalten die Passwort-Abfrage zum Öffnen, Drucken und Kopieren von Inhalten des Dokuments.

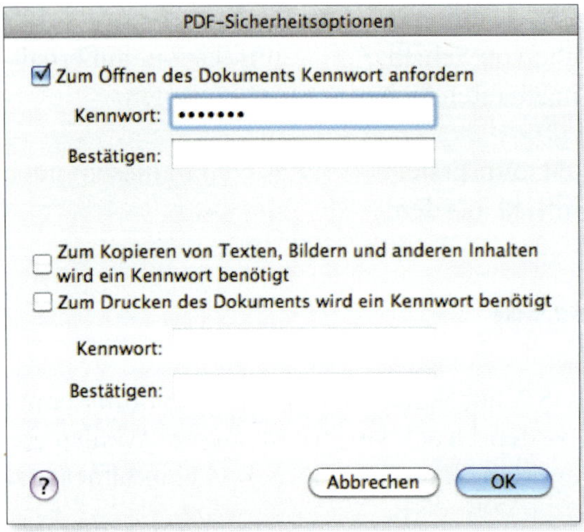

Hier wählt man die Sicherheitsoptionen aus.

Weitere Möglichkeiten zur Erstellung eines PDF-Dokuments über den Druckdialog beinhalten die direkte Weitergabe an Apples Programm Mail (*PDF per E-Mail senden*), das direkte Faxen eines PDF-Dokuments, das direkte Speichern in die iPhoto-Bibliothek sowie die Sicherung als spezielle PDF-Datei für die Druckvorstufe (*Als PDF-X sichern*) oder als Postscript-Datei.

Besonders interessant ist jedoch noch der an erster Stelle der Auswahl stehende Punkt *PDF in Vorschau öffnen*. Dieser Punkt erlaubt es, PDF-Dateien vor dem Speichern auf dem Bildschirm anzugucken und ggf. weiter zu optimieren.

PDF-Dateien komprimieren und bearbeiten

Wählt man *PDF in Vorschau öffnen* aus, so wird eine PDF-Datei erstellt und an das Programm Vorschau weitergegeben, bevor es gespeichert wird. Hier erhält man eine Voransicht der späteren Datei und kann so beispielsweise nicht benötige Seiten löschen.

Mit Mac OS X erstellte PDF-Dateien benötigen standardmäßig relativ viel Speicherplatz. Besondere Bedeutung kommt daher der Möglichkeit zu, PDF-Dateien zu komprimieren. Dies geschieht über den Menüpunkt *Ablage | Speichern unter...* Im daraufhin erscheinenden Dialogfeld wählt man zu diesem Zweck unter *Quartz Filter* den Punkt *Reduce File Size*. Daraufhin werden die Bilder in den entstehenden PDF-Dokumenten anhand einer Standardvoreinstellung komprimiert.

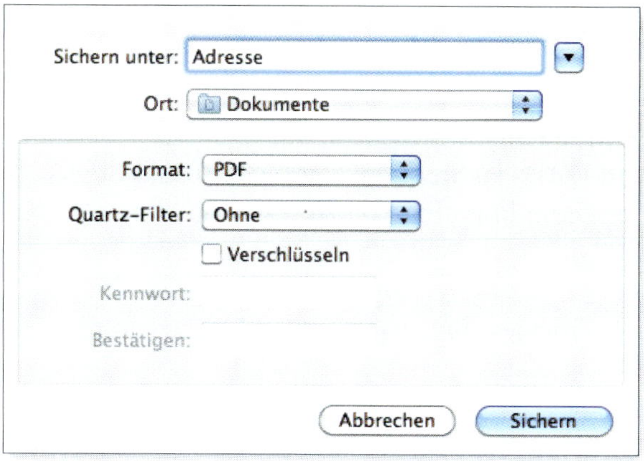

Zum Quartz-Filter gelangt man über den Dialog Speichern unter...

Wenn Sie mehr Einfluss auf die Art und Stärke der Kompression haben wollen, müssen Sie einen eigenen Quartz-Filter erzeugen. Dazu öffnen Sie das ColorSync-Dienstprogramm. Unter dem Punkt *Filter* können Sie nun selbst einen solchen Filter erstellen. Dazu drückt man den kleinen *Plus*-Button am linken unteren Rand des Fensters und fügt die gewünschten Filterkomponenten und Einstellungen hinzu.

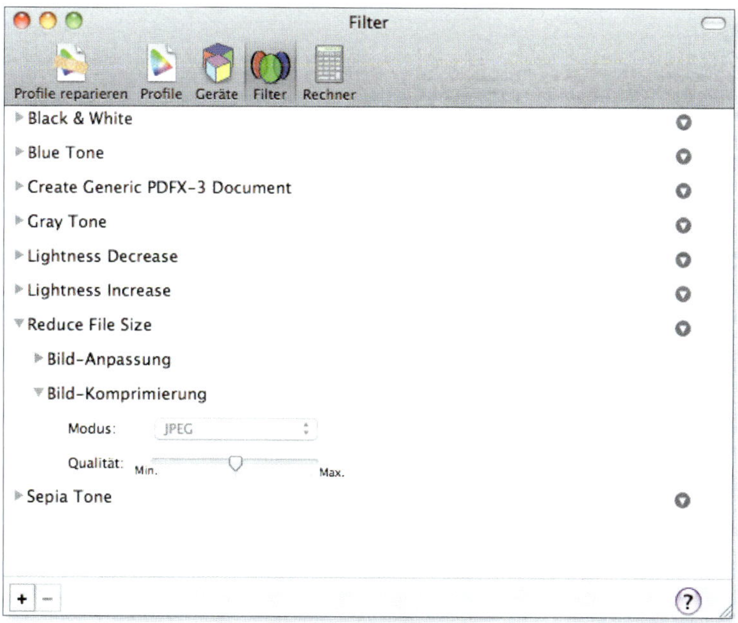

Das ColorSync-Dienstprogramm ermöglicht die Erstellung eigener Filter.

Im Folgenden erscheint ein Dialogfeld. In diesem muss nochmals bestätigt werden, dass die CD/DVD tatsächlich beschrieben werden soll. Fertig.

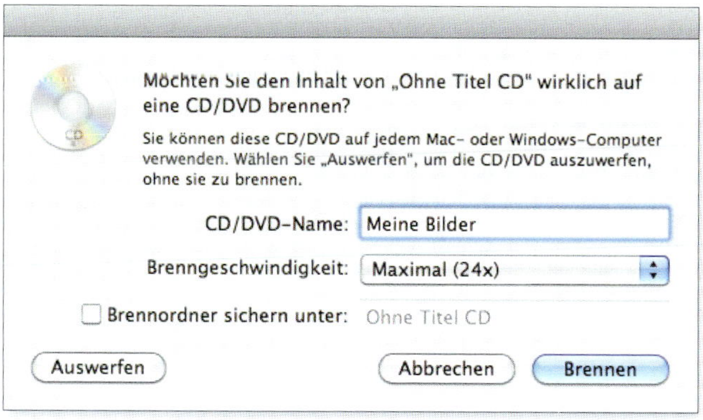

Bis zum Schluss bleibt die Wahl: ***Brennen*** *oder* ***Auswerfen****.*

Will man Daten zum Erstellen einer CD vorbereiten, hat aber noch keinen Rohling zur Hand, kann man einen sogenannten **Brennordner** einrichten. Im Finder wählt man dazu *Ablage | Neuer Brennordner* aus. In der Folge erscheint ein Ordner, den man mit Daten füllen kann. Die Dateien werden dabei nicht wie bei einem normalen Ordner vorschoben, sondern in den Brennordner als Referenz, Alias(e) genannt, gelegt (sie bleiben also an der Ursprungsstelle vorhanden!). Hat man alle Daten beisammen, genügt auch hier ein Druck auf *Brennen* im geöffneten Ordner.

Umgang mit wiederbeschreibbaren Rohlingen

Das Beschreiben von CD+/-RWs und DVD+/-RWs funktioniert in analoger Weise zum zuvor beschriebenen Brennen von gewöhnlichen Rohlingen.

Um ein RW-Medium wieder zu löschen, öffnen Sie das Festplatten-Dienstprogramm (*Programme | Dienstprogramme | Festplatten-Dienstprogramm*). Dort erscheint das eingelegte Medium in einer Übersicht aller angeschlossenen Laufwerke. Nachdem Sie es ausgewählt haben, bleibt noch die Wahl zwischen schnellem und vollständigem Löschen – Ersteres reicht in der Regel. In der Folge wird Ihr RW-Medium gelöscht.

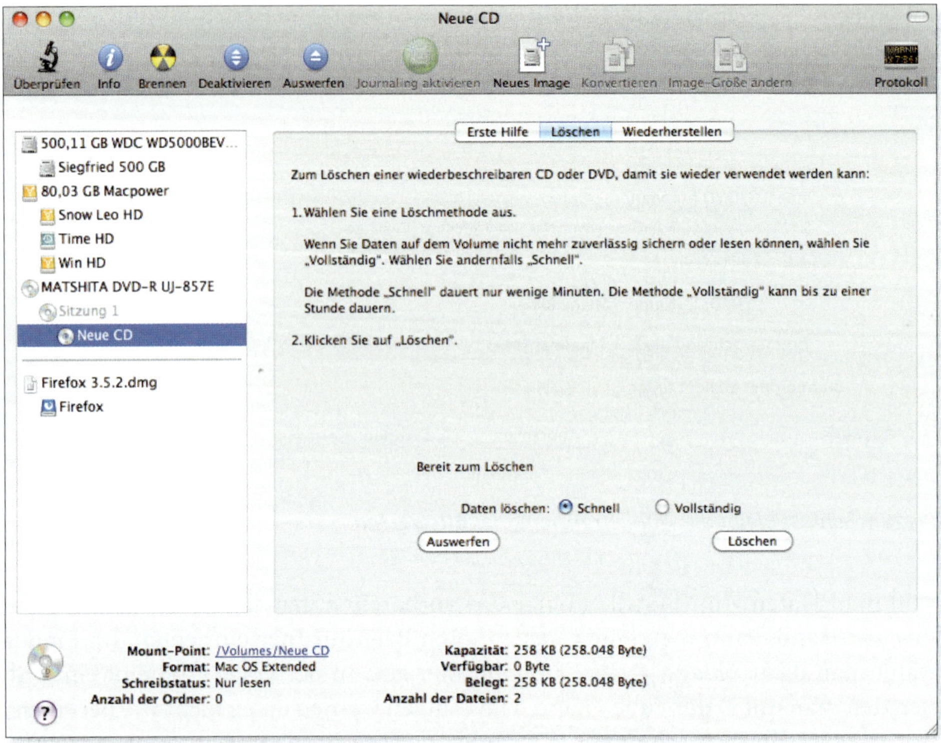

Im Festplatten-Dienstprogramm können wiederbeschreibbare Rohlinge gelöscht werden.

CDs direkt in iLife brennen

Mit jedem neuen Mac wird iLife (beim Erscheinen dieses Buches war iLife '09 aktuell) ausgeliefert. Diese Programme verfügen ebenfalls über Funktionen zum Erstellen von CDs und DVDs. So lassen sich beispielsweise mit iTunes Musik-CDs (siehe die Ausführungen zu iTunes in Kapitel 5) erstellen oder mit iDVD Filme im VideoDVD-Format speichern. Auf diese Weise können einige Spezialformate geschrieben werden, die vom Finder selbst nicht unterstützt werden.

TIPP

Ausführlich beschrieben wird das komplette iLife 09-Paket inkl. iDVD in dem Buch »Das iLife '09 Praxisbuch«, an dem auch zwei Autoren dieses Snow Leopard-Buchs mitgearbeitet haben. ISBN 978-3-908497-93-6

Einen Mac im FireWire-Festplattenmodus (Target Disc Mode) verwenden

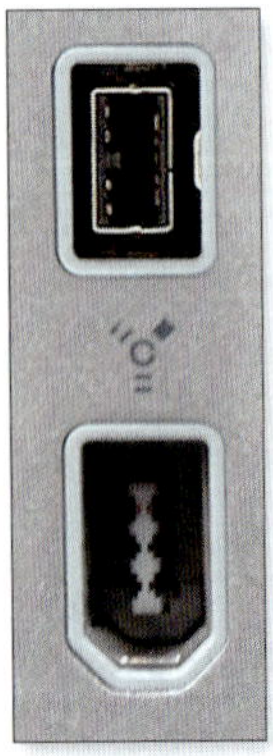

Es soll auch bei Macs vorkommen, dass diese dem Anwender Probleme bereiten: Das System startet nicht richtig und/oder das interne CD/DVD-Laufwerk funktioniert nicht mehr. In so einem Fall hilft die Möglichkeit, die Festplatten des »Problem-Macs« über ein FireWire-Kabel an einem zweiten Mac booten zu können.

Oben sehen wir eine FireWire 800-, unten eine FireWire 400-Schnittstelle.

Natürlich können Sie den **FireWire-Festplattenbetrieb** auch einfach dazu nutzen, um Daten schnell von einem Mac auf den anderen zu kopieren. Benötigt werden dazu allerdings ein passendes FireWire-Kabel und ein zweiter Mac. Überprüfen Sie, ob und welche FireWire-Schnittstelle Ihr Mac besitzt: FireWire 400 (6-polig) oder FireWire 800 (9-polig). Im Zweifelsfall gibt es Adapterstecker von FireWire 800 auf FireWire 400. Steht alles zur Verfügung, schließen Sie den ersten Mac (A) mit dem besagten FireWire-Kabel an den zweiten Mac (B) an. Wichtig: Sofort nach dem Starten des Macs (A) müssen Sie die Taste »T« so lange gedrückt halten, bis auf dem Bildschirm ein graues (bei älteren Macs ein gelbes) FireWire-Logo erscheint. Der Mac (A) startet dann nicht normal, sondern im »**Target Disc Mode**«. Auf dem Schreibtisch und in der Finder-Seitenleiste des zweiten Macs (B), der übrigens schon vorher gestartet sein sollte, erscheint dann die interne Festplatte des Macs (A) als externes FireWire-Laufwerk mit uneingeschränkten Zugriffsmöglichkeiten.

Ein 6-auf-6-poliges FireWire 400-Kabel

Eine Ausnahme bilden hierbei per *FileVault* geschützte Dateien. Möchte Sie solche Dateien dennoch kopieren, so müssen Sie sich als durch *FileVault geschützter Benutzer* anmelden und *FileVault* kurzfristig für den Kopiervorgang ausschalten.

Nun können die Daten der Festplatte von Mac (A) nach Mac (B) übertragen werden – natürlich funktioniert das auch andersherum. Dabei sollten Sie aber stets darauf achten, welche Dateien Sie löschen oder verschieben möchte. Schnell ist da versehentlich das System zerstört und der Mac (A) startet später nicht mehr.

Bei Problemen mit dem Betriebssystem können Sie im Target Disc Mode auch mit Hilfe des Festplatten-Dienstprogrammes die Zugriffsrechte und das Volumen des Macs (A) überprüfen und reparieren. Auch haben Sie die Möglichkeit, die Festplatte des Macs (A) zu formatieren und das Betriebssystem neu aufzuspielen. Dabei sollten Sie jedoch darauf achten, dass beide Macs mit derselben Prozessor-Familie ausgestattet sind. Die interne Festplatte eines Macs mit Intel-Prozessor kann zwar von einem Mac mit PowerPC-Prozessor formatiert, der Intel-Mac kann aber von dieser Platte nicht mehr gestartet werden. Bei Intel-Macs muss die Festplatte mit aktivierter GUID-Partitionstabelle formatiert werden, um bootfähig zu sein, bei PowerPC-Macs darf diese Option nicht aktiv sein. Das Installationsprogramm verweigert eine Systeminstallation mit einer anderer Formatierungsart als der des ausführenden Macs, weshalb dieser denselben Prozessortyp haben sollte wie der Mac, auf dem das System installiert werden soll.

Sind alle Daten kopiert, das Volumen (die Festplatte) repariert oder das System neu aufgespielt, werfen Sie die als externes FireWire-Volumen angezeigte Festplatte von Mac (A) wieder aus. Wählen Sie hierfür das Festplatten-Symbol auf dem Schreibtisch aus und drücken die Tastenkombination ⌘ – E. Schaltet Sie dann den Mac (A) aus, indem Sie die Einschalttaste ca. 5 Sekunden lang gedrückt halten. Nachdem Sie das FireWire-Kabel abgezogen haben, können Sie den Mac wieder ganz normal starten.

TIPP

Mit Snow Leopard lassen sich externe USB 2-Festplatten auch zum Booten verwenden (früher ging das nur mit Firewire-Festplatten), sofern Sie eine Systempartition enthalten. Hierzu sollte man direkt nach dem Einschalten des Macs ca. 10 Sekunden die ⌥-Taste gedrückt halten – dann kann man mit den Pfeiltasten und der Bestätigung durch die ↩-Taste das Startlaufwerk auswählen.

Filme aus dem Internet laden

Wer kennt nicht YouTube? Unmengen an kleinen Filmchen zu wirklich jedem Thema ... Es gibt fast nichts, was Sie dort nicht finden. Doch manchmal hätte so manch einer diesen Film gerne auch auf den heimischen Mac geladen und in iTunes gespeichert. Und das geht! Zumindest, wenn man weiß wie ...

YouTube-Filme direkt mit Safari laden

Das eigentliche Herunterladen der Filme funktioniert auch mit Safari, ohne dass Sie dafür ein eigenes Programm benötigen. Über das Menü *Fenster* finden Sie in Safari die Auswahl *Aktivität* (Tastaturkürzel: ⌥ – ⌘ – A). Dort zeigt Safari alle Bestandteile einer Webseite an, die beim Öffnen der Webseite im Browser geladen werden. Und hierzu gehören auch die Flash-Filme von YouTube. In dem Wirrwarr aus vielen Bestandteilen erkennen Sie den Film recht schnell an seiner Größe, da ein solcher Film meist aus mehreren Megabyte an Daten besteht. Wenn Sie schnell genug sind und gleich nach dem beginnenden Download des Films das Aktivität-Fenster aufrufen, wird der Film noch geladen und ist so besser zu erkennen. Das Ganze funktioniert übrigens auch mit Filmen von anderen Quellen, wie z.B. MyVideo.de.

Suchen Sie einfach die größte Datei.

Den Film laden Sie nun einfach, indem Sie auf die entsprechende Zeile im Fenster *Aktivität* doppelklicken. Sofort springt ein neues, leeres Fenster auf, und der Download beginnt. Das leere Fenster können Sie getrost wieder schließen, die geladene Flash-Datei wird unter Mac OS X im Ordner *Download* abgelegt. Die Datei heißt

CDs und DVDs mit Mac OS X beschreiben

CDs und DVDs mit dem Finder beschreiben

Im Finder von Mac OS X ist die Möglichkeit integriert, auf einfache Weise und ohne zusätzliche Software CDs und DVDs zu brennen. Das Ganze funktioniert im einfachsten Fall für den Anwender kaum komplizierter, als Daten in einen beliebigen Ordner zu kopieren.

Nachdem man eine leere CD/DVD eingelegt hat, erscheint ein Dialogfeld mit den folgenden Optionen:

- *Finder öffnen*
- *iTunes öffnen*
- *Festplatten-Dienstprogramm öffnen*
- *Anderes Programm öffnen*
- *Ignorieren*
- *Auswerfen*

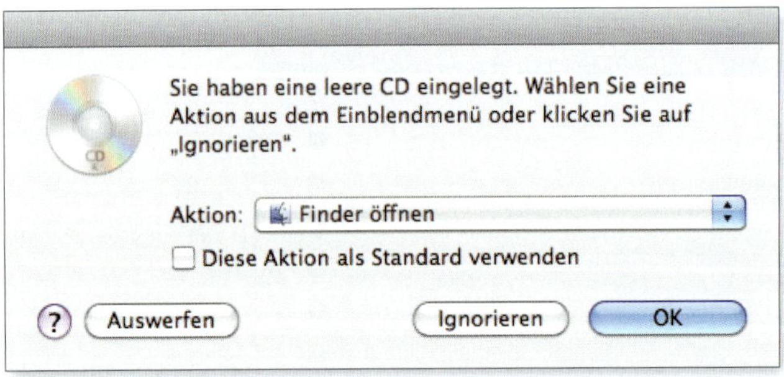

Beim Einlegen einer beschreibbaren CD erscheint diese Auswahl.

Wählt man *Finder öffnen*, erscheint die CD auf dem Schreibtisch. Nun kann man den Datenträger wie von anderen Ordnern gewohnt mit Dateien füllen. Dabei ist zu beachten, dass die kopierten Daten noch nicht direkt auf die CD geschrieben werden, sie werden lediglich für den späteren Brennvorgang vorbereitet. Sind alle Daten zusammengestellt, kann man den CD-Ordner nochmals öffnen und auf den korrekten Inhalt überprüfen. Im rechten oberen Eck des dabei geöffneten Finder-Fensters befindet sich nun ein kleiner Button mit der Aufschrift *Brennen* – wie der Name schon sagt, startet ein Klick auf den Button den eigentlichen Brennvorgang.

meistens einfach »get_video«. Sie sollten sie anschließend gleich Ihren Vorstellungen gemäß umbenennen, denn wenn Sie mehrere Videos geladen haben, wird es schnell unübersichtlich. Mit der nun geladenen Flash-Datei können Sie spontan jedoch erst einmal nichts anfangen. Sie müssen sie erst in ein anderes Format konvertieren. Behilflich ist Ihnen hierbei die kostenlose Software »iSquint«.

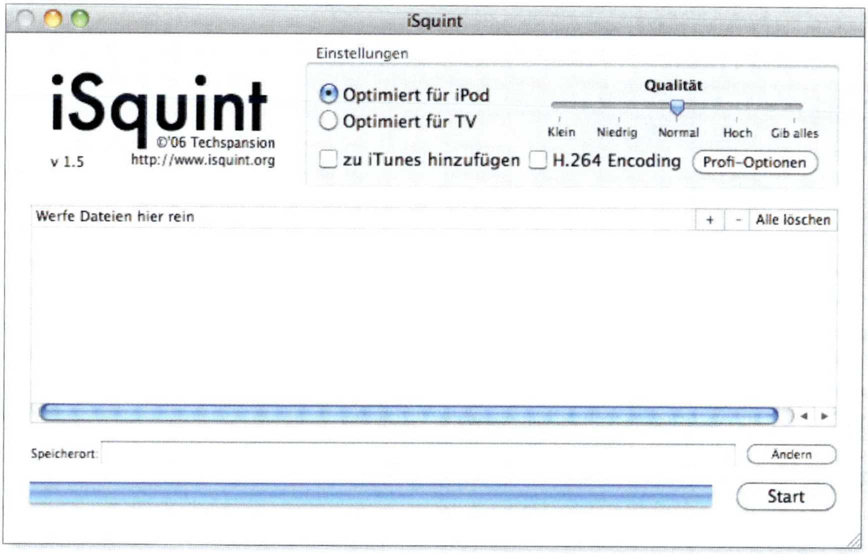

iSquint wandelt Ihre Flash-Dateien in ein QuickTime-Movie.

Per Drag & Drop können Sie den Film (auch mehrere Filme gleichzeitig) direkt vom Schreibtisch oder einem Finder-Fenster in das Fenster von iSquint ziehen. Über die *Einstellungen* in iSquint können Sie die Qualität und Kodierungsart wählen und entscheiden, ob der Film gleich iTunes hinzugefügt werden soll. iSquint kodiert den Film passend für den iPod oder AppleTV in das MPEG4- oder H.264-Format um. Den konvertierten Film finden Sie dann übrigens am Ausgangsort der Ursprungsdatei. Also z.B. im Ordner *Download* oder auf dem Schreibtisch, je nachdem, von wo aus Sie die Flash-Datei in das Fenster von iSquint gezogen haben.

YouTube-Filme über Freewareprogramme herunterladen

Es gibt allerdings auch andere Wege in Form kostenloser **Freeware**-Programme, um an einen YouTube-Film zu gelangen. Neben »MacTubes«, »iTube« bietet auch »Get Tube« ein eigenes Browserfenster, mit dem Sie die gewünschten Filme direkt von der YouTube-Webseite herunterladen können. Die Programme bieten spezielle

Einstellungen, über die Sie vorher den Speicherort und das Format, in dem der Films gespeichert werden soll (z.B. MP4, AVI, MP3 und Flash), festlegen können. Meist können Sie die geladenen Filme direkt in iTunes importieren lassen.

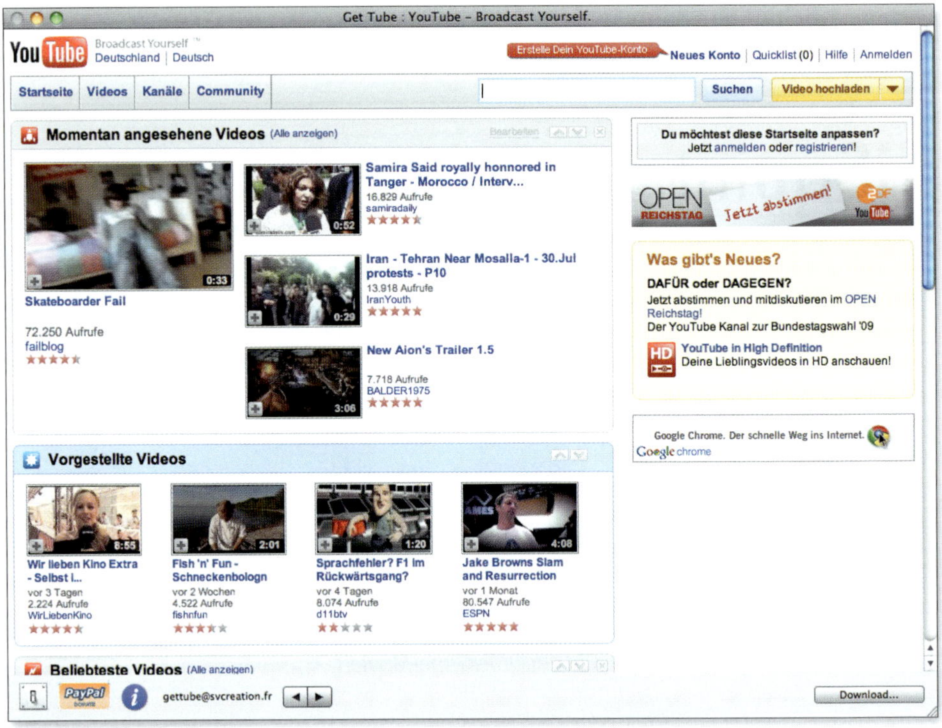

Sharewarelösungen bringen meist ein eigenes Browserfenster mit.

TIPP

Free- und Shareware

All diese Free- und Shareware-Programme finden Sie vereint auf speziellen Download-Seiten wie z.B. http://www.macupdate.com/ oder http://www.versiontracker.com/, die jeden Tag neue Versionen und Updates auflisten. Die Seiten sind zudem mit einer Suchfunktion ausgestattet, die es Ihnen erlaubt, nach Programmen zu suchen. Sie müssen dabei gar nicht den Namen des Programms wissen, es genügt, einen Oberbegriff wie z.B. »YouTube« einzugeben, um an alle Programme zu kommen, die nur irgendwie etwas mit diesem Thema zu tun haben.

Sichern von QuickTime-Filmen aus dem Internet

Wie Sie ein YouTube-Video abspeichern können, wissen Sie nun. Aber wie können Sie ein Video in Apples QuickTime-Format auf der Festplatte speichern?

Der QuickTime-Player dürfte jedem bekannt sein, ist er doch fest in Apples Betriebssystem Mac OS X verankert. Mit der Standard-Version können Filme und Töne abgespielt, aber auch z.B. Fotos angezeigt werden.

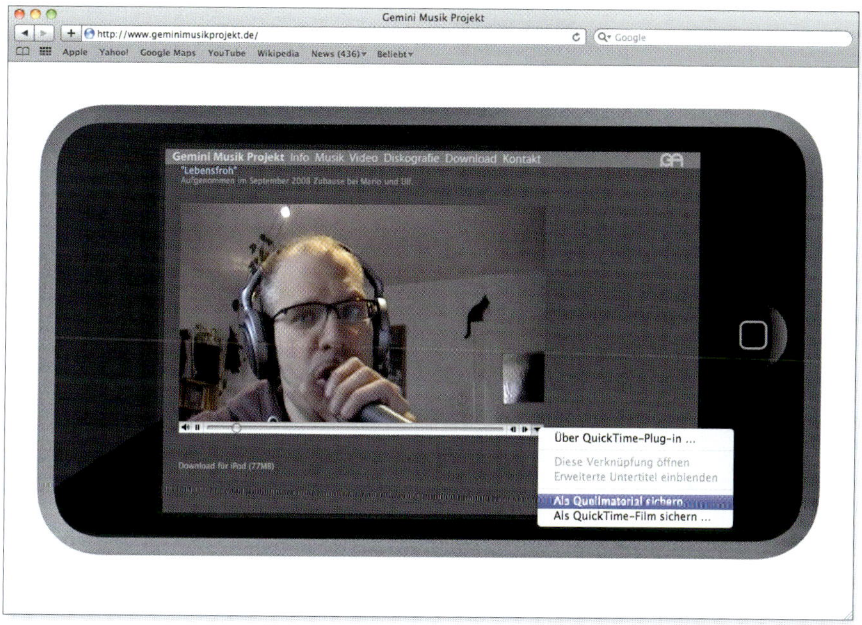

Über das kleine Menü können Filme auf die Festplatte gespeichert werden.

QuickTime-Filme werden im Internet in der Regel mit den Steuerelementen angezeigt, die sich direkt unterhalb des Videobildes befinden. Dort befinden sich links der Lautstärke- und der Abspiel-Button, in der Mitte die Zeitachse und rechts die Steuerelemente zum Zurück- und Vorspulen sowie ein nach unten zeigender Pfeil. Dahinter verbirgt sich ein Menü mit Infos und Einstellungsmöglichkeiten, das auch den Eintrag *Als Quellmaterial sichern* enthält. Diesen sollten Sie nicht mit dem Eintrag *Als QuickTime-Film sichern* verwechseln. Wählen Sie diesen, wird die Datei automatisch ins QuickTime-Format umgewandelt, was zum Beispiel bei einer MP3-Audio-Datei nicht unbedingt sinnvoll ist. Auch sollten Sie darauf achten, dass die Speicherfunktion erst freigeschaltet wird, wenn der Film komplett im Browser (z.B. Safari oder Firefox) geladen ist. Das erkennen Sie an dem Ladebalken in der Zeitachse, der vollständig grau gefüllt sein sollte.

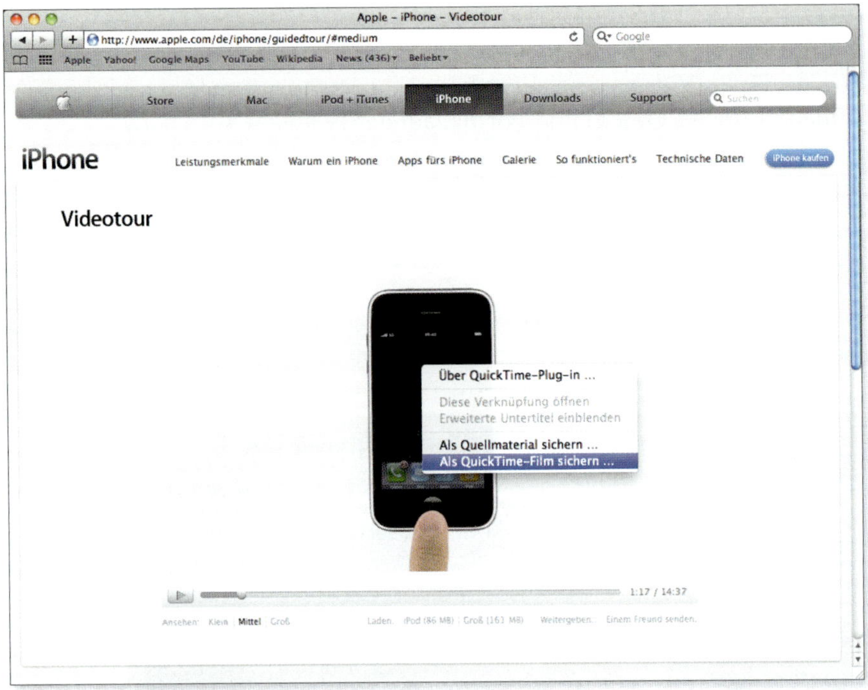

Auch über das Kontext-Menü können QuickTime-Filme abgespeichert werden.

Auf manchen Webseiten (zum Beispiel bei Apple) werden Filme mitunter aber auch mit veränderter Zeitachse oder auch ganz ohne Steuerelemente angezeigt. Apple bietet deshalb bei den Einführungsvideos einen Download-Button, um den Film herunterzuladen – dies gilt jedoch nicht für die Apple-Werbespots. Möchten Sie den Film gerne trotzdem downloaden, gibt es einen Trick: Klicken Sie mit der rechten Maustaste (bei einer Eintastenmaus geht das mit einem Mausklick bei gleichzeitig gedrückter ctrl-Taste) auf das Video, so erscheint ein Kontext-Menü, das die Speicherbefehle für den Film enthält.

Beachten Sie jedoch, dass es durchaus auch QuickTime-Videos gibt, die sich über die genannten Möglichkeiten nicht sichern lassen. Das hängt davon ab, auf welche Art und Weise der Film bereitgestellt wird.

MobileMe-Account

In vielen Bereichen des Betriebssystems werden Sie immer wieder über Funktionen wie z.B. die »iDisk« oder die »Web Gallery« stolpern, die einen MobileMe-Account voraussetzen. Der von Apple angebotene **MobileMe**-Account erweitert die

Möglichkeiten Ihres Betriebssystems nicht nur um eine eigene E-Mail-Adresse bei me.com, sondern bringt auch einige schöne und nützliche Onlinefunktionen mit sich. Ob das Ganze allerdings 79,- Euro im Jahr wert ist, muss jeder für sich selbst entscheiden. In den *Systemeinstellungen* können Sie einen MobileMe-Account anlegen und durch die automatische Synchronisation (z. B. des Adressbuchs, Ihrer Safari-Lesezeichen und anderer Daten) ersetzen. Lesen Sie hierfür das Kapitel 3.

Sobald Sie sich dafür entschieden haben, richtet Ihnen Apple auf einem Server 20 GB Platz ein. Diesen Platz nennt Apple auch die »Wolke«. Über die Wolke werden alle Ihre Daten synchronisiert. Das Schöne und Einfache dabei ist, das Apple MobileMe direkt ins System integriert hat und Sie nach dem Einrichten nicht mehr viel machen müssen. Haben Sie z.B. eine Webseite in »**iWeb**« gebastelt, genügt ein Mausklick auf den Button *Veröffentlichen*, und schon wird Ihre Webseite online gestellt und kann von allen Freunden besucht werden. Ebenso können Sie Ihre Mails und Adressdaten auch dann jederzeit von überall auf der Welt online abrufen, wenn Sie z.B. im Urlaub sind. Dann zählt aber auch leider nicht mehr das Argument, man hätte das Adressbuch vergessen und konnte deshalb keine Postkarte schreiben …

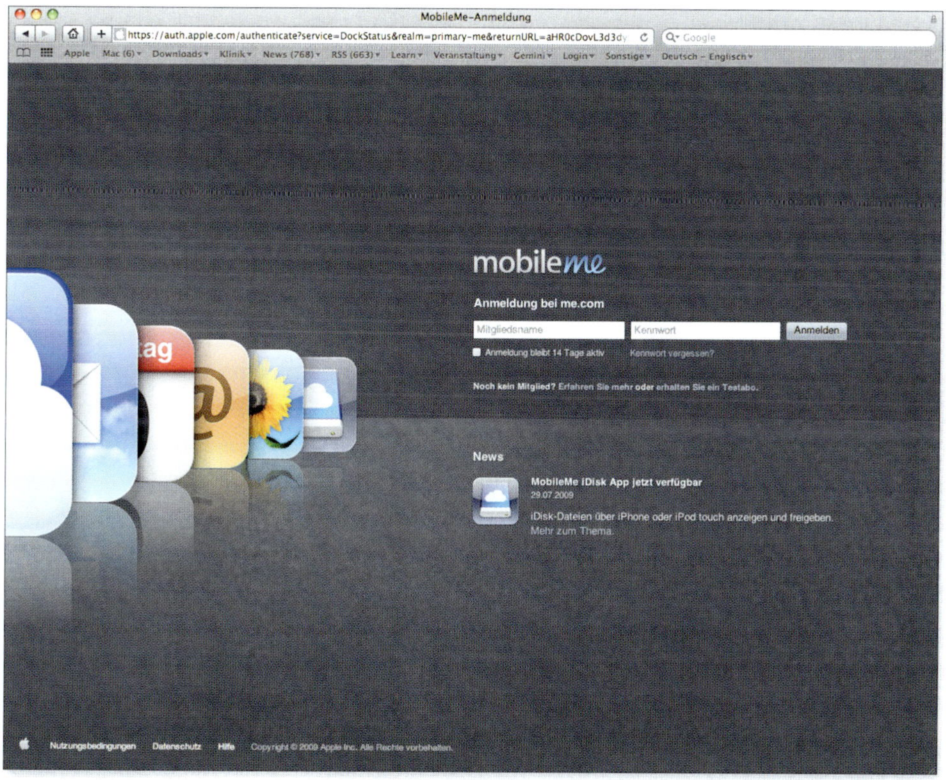

MobileMe fungiert als »Wolke« im Internet und ist die Zentrale all Ihrer Apple-Geräte.

Mail/Adressbuch/Kalender mit MobileMe

Mit einem MobileMe-Account erhalten Sie eine eigene E-Mail-Adresse mit dem Kürzel »Mein-Name@me.com«. Diese harmoniert natürlich bestens mit dem Mac OS X-Programm **Mail** und ist über die Apple-Website www.me.com auch als Webmail von überall auf der Welt abrufbar. Die E-Mail-Adresse kann zugleich auch als iChat-Name verwendet werden. Ebenso werden sämtliche Kontaktdaten und Kalendereinträge aus dem Mac OS X-**Adressbuch** und **iCal**, Apples Kalenderprogramm, mit dem MobileMe-Account synchronisiert. Das Tolle dabei ist, dass es in beide Richtungen funktioniert, d.h., alle Änderungen, die direkt in den Programmen oder online im Browser vorgenommen worden sind, werden sowohl hier als auch dort geändert. Es ist also egal, ob Sie die Daten zuhause am Mac eingeben oder unterwegs im Hotel an einem PC. Natürlich funktioniert das Ganze auch mit dem iPhone oder iPod touch.

Web-Galerie über MobileMe

Mit einem Klick können Sie aus den iLife-Programmen **iPhoto** und **iMovie** Fotos und Filme an Ihre persönliche **Web-Galerie** senden. Besucher können sich die Fotos dann ansehen und auch herunterladen, sofern Sie das erlauben wollen. Es ist sogar möglich, per Mail oder iPhone neue Fotos an diese Bildergalerien zu senden und sie dort zu veröffentlichen – sogar Ihren Freunden können Sie das erlauben.

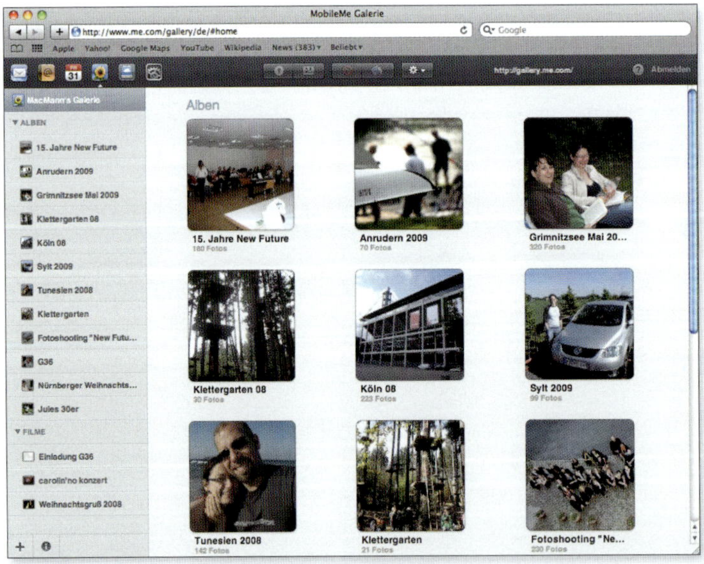

Auch online über einen aktuellen Browser haben Sie immer Zugriff auf Ihre Bildergalerien und können dort auch neue anlegen.

Die iDisk – Speicherplatz bei MobileMe

Bei der **iDisk** handelt es sich um den Onlinespeicherplatz, auf dem alle Daten abgelegt werden. Hier können Sie Ihre iWeb-Webseiten oder Ihre Backups speichern. Auch können Sie Daten öffentlich zugänglich machen, wenn Sie wollen. Die iDisk kann einfach im Finder wie eine externe Festplatte gemountet werden. Dann schieben Sie Ihre Daten einfach per Drag & Drop online auf die iDisk. Die Größe des Onlinespeicherplatzes beträgt zurzeit 20 GB, die Sie zwischen dem E-Mail-Speicherplatz und der iDisk aufteilen können.

Der Ordner *Public* (öffentlich) kann dabei für andere zugänglich gemacht und so für den Datenaustausch genutzt werden. In den Systemeinstellungen legen Sie fest, ob von diesem Ordner nur gelesen oder auch auf diesen geschrieben werden kann. Außerdem können Sie hier ein Passwort festlegen und so den Zugang beschränken.

Nähere Infos zum MobileMe-Account finden Sie auch auf Apples Webseite:
http://www.apple.com/de/mobileme/

Maus- bzw. Trackpadgeschwindigkeit verändern

Mac OS X kommt mit Standardeinstellungen für die Zeigergeschwindigkeit von Maus und Trackpad daher, die eher konservativ gewählt sind. Gerade bei größeren Bildschirmen muss man so mit seiner Maus ganz schön viel herumfahren, um von einer Ecke des Monitors in die andere zu kommen. In den Systemeinstellungen oder über das Terminal lässt sich die Zeigergeschwindigkeit jedoch verändern.

In den Systemeinstellungen von Mac OS X ist die Maus- bzw. Trackpadgeschwindigkeit am einfachsten zu konfigurieren. Öffnen Sie die Systemeinstellungen und wählen Sie dort den Eintrag *Maus* bzw. (wenn Sie das Trackpad Ihres MacBooks verwenden) den Eintrag *Trackpad.*

Im unteren Fensterbereich (bei den Trackpad-Einstellungen im oberen Fensterbereich) finden Sie drei Schieberegler: Der erste stellt die Geschwindigkeit der Zeigerbewegungen ein, der zweite die Geschwindigkeit des Scrollens über das Mausrad (sofern vorhanden) bzw. Trackpads. Wenn Sie die Regler nach rechts verschieben, vergrößert sich jeweils die Geschwindigkeit in beiden Bereichen.

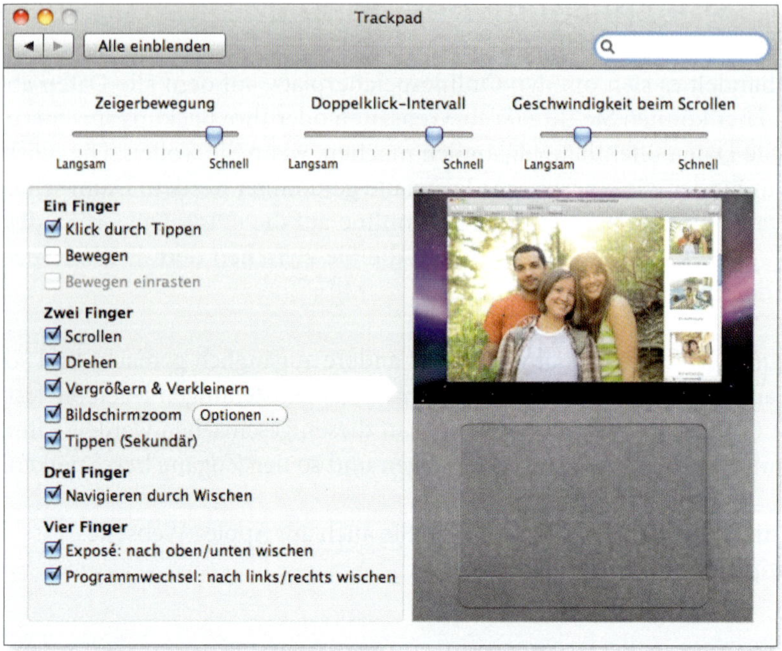

In den Systemeinstellungen können Sie die Maus- bzw. Trackpadgeschwindigkeit verändern. Die Trackpad-Gesten Ihres MacBooks werden dort in Kurzfilmchen auch erklärt.

Wem die so eingestellte Zeigergeschwindigkeit von Maus oder Trackpad selbst beim Maximalwert noch zu gering ist, der kann über das Terminal selbst Hand anlegen. Öffnen Sie hierzu das Terminal (das Sie im Unterordner *Dienstprogramme* des Programme-Ordners finden) und geben Sie folgenden Befehl ein:

```
defaults write -g com.apple.mouse.scaling [Wert]
```

Der Eintrag »[Wert]« sollte dabei durch eine Zahl ersetzt werden, die größer als 3.0 ist – das ist die Standardeinstellung von Mac OS X (beachten Sie, dass Dezimalzahlen mit dem englischen Trennzeichen, dem Punkt, eingegeben werden müssen). Versuchen Sie es z.B. mit *5.0*. Sie sollten außerdem wissen, dass Sie sich erst als User ab- und wieder anmelden müssen, damit die Einstellung aktiv wird.

Für die Trackpad-Geschwindigkeit heißt der entsprechende Terminalbefehl anders, nämlich:

```
defaults write -g com.apple.trackpad.scaling [Wert]
```

Wählen Sie hier einen höheren Wert als die Standardeinstellung *1.5* – z.B. *3.5*.

Sind Sie mit der gewählten Einstellung nicht zufrieden, so geben Sie wiederholt den entsprechenden Terminalbefehl mit einem anderen Wert ein. Wollen Sie doch eine der Standardvorgaben verwenden, so können Sie auch einfach im Systemeinstellungsfenster die Schieberegler wieder verändern. Das macht Ihre Terminalbefehle ebenfalls wieder rückgängig.

Hoch- und tiefgestellte Zahlen einsetzen

Die Frage, wie man hoch- bzw. tiefgestellte Zahlen (z.B. in einem Textdokument) eingibt, stellt manche Mac-User vor Probleme. Wenn man zum Beispiel die Einheit Quadratmeter als Kürzel verwenden will – also als »m²« –, geht das leider nicht über ein Tastenkürzel. Doch über die Zeichenübersicht, die in den meisten Programmen zur Verfügung steht, ist das problemlos möglich.

Die Zeichenübersicht erreicht man aus vielen Programmen heraus über den Eintrag *Sonderzeichen…* im Menü *Bearbeiten*.

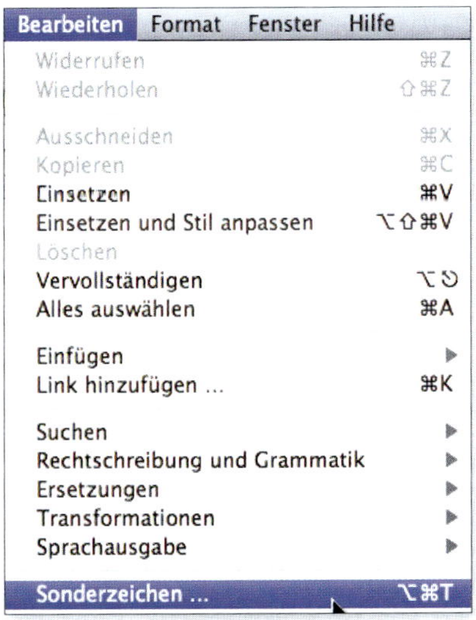

In vielen Programmen ist die Zeichenübersicht im Menüeintrag ***Bearbeiten*** *zu finden.*

Bei einigen Programmen steht dieser Eintrag jedoch nicht zur Verfügung. Dann muss man in die Systemeinstellungen gehen, dort den Eintrag *Sprache & Text* und dort wiederum den Reiter *Eingabequellen* auswählen. Hier findet man ganz unten den Eintrag *Eingabequellen in der Menüleiste anzeigen*.

Hat man diesen Eintrag aktiviert, sieht man in seiner Menüzeile links ein quadratisches Symbol (in Leopard war das noch ein Flaggensymbol), das die Tastatureinstellungen zugänglich macht. Klickt man auf das Symbol, öffnet sich ein Menü, in dem man auch den Eintrag *Zeichenübersicht einblenden* auswählen kann.

Über dem Mauszeiger sieht man das Menüsymbol für die Eingabequellen.

Sei es über den Menüeintrag *Sonderzeichen* oder über das *Eingabequellen*-Menü – mit jedem dieser beiden Wege wird die Zeichenübersicht von Mac OS X geöffnet. Hier muss man nun im linken Fensterbereich den Eintrag *Zahlen* auswählen, und dort findet man dann im rechten Fensterbereich auch die hochgestellten Zahlen (im Screenshot ist die Zweierpotenz farbig markiert).

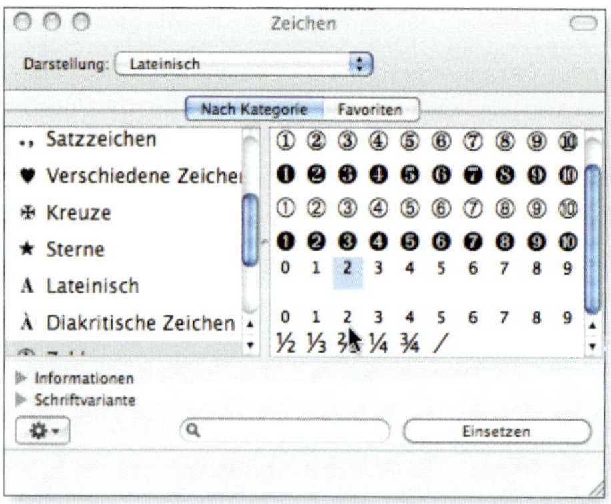

In der Zeichenübersicht finden Sie auch hoch- und tiefgestellte Zahlen.

Auch tiefgestellte Zahlen sind vorhanden, und zwar in der Zeile unterhalb der hochgestellten Ziffern.

Das Einfügen der Potenzzahl geht dann ganz einfach. Wählen Sie in dem Programm die Stelle aus, an der die Potenzzahl hinzugefügt werden soll. Klicken Sie nun die gewünschte Potenzzahl in der Zeichenübersicht, die immer im Vordergrund bleibt, an und fügen Sie mit dem Button *Einsetzen* die Zahl ein. Die hochgestellte Zahl erscheint dann an der gewünschten Stelle in Ihrem Dokument, und Sie können die Zeichenübersicht wieder schließen, indem Sie auf den roten, kleinen Punkt links oben klicken.

Rechner: Währungen und anderes umrechnen

Wussten Sie, dass der Taschenrechner (in Mac OS X einfach *Rechner* genannt) nicht nur normale Rechnungen ausführen kann, sondern u.a. auch als Währungsumrechner benutzt werden kann? In Snow Leopard versorgt er sich dafür sogar selbständig mit den aktuellen Wechselkursen – eine Internetverbindung vorausgesetzt.

Um Währungen (aber auch andere Maße) umzurechnen, öffnen Sie den Rechner, der sich im Programme-Ordner von Mac OS X befindet. Sie sehen nun den Taschenrechner als Fenster auf dem Bildschirm.

Angenommen, Sie wollen umrechnen, wie viel 60 US-Dollar beim aktuellen Wechselkurs in Euro sind, so gehen Sie wie folgt vor.

- Geben Sie zunächst die Zahl 60 in den Taschenrechner ein (entweder über die Tastatur oder per Maus über die Rechner-Tasten).
- 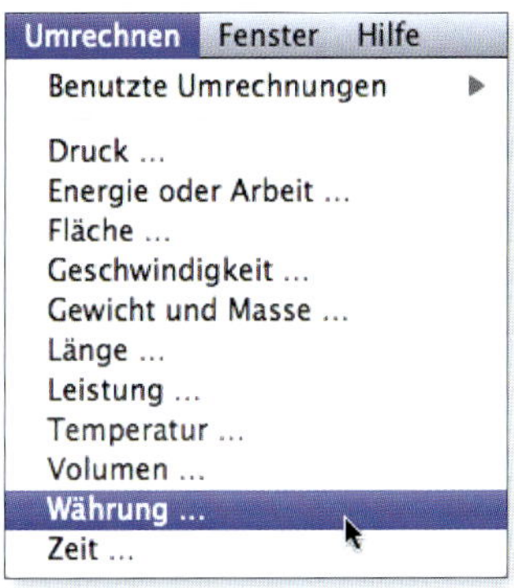

Gehen Sie nun im Menü zum Bereich *Umrechnen* - klicken Sie dort auf den Eintrag *Währung ...*
- 

Wählen Sie nun die beiden Währungen in den Aufklappmenüs aus (klicken Sie vorher auf den Button *Aktualisieren*, um die aktuellen Kurse zu bekommen).

- Bestätigen Sie die Auswahl mit einem Mausklick auf den Button *OK*.

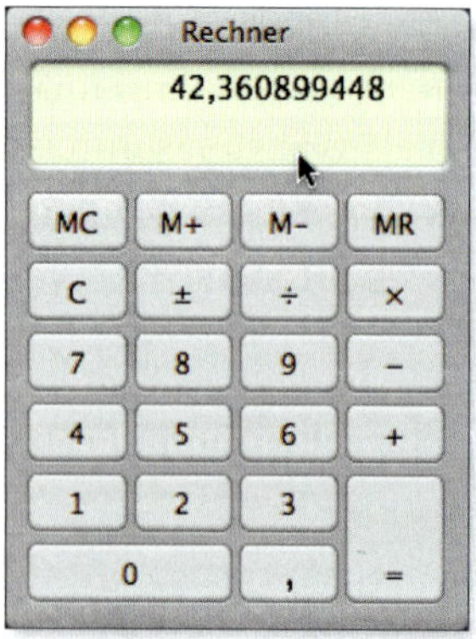

Schon wird Ihnen im Rechnerfenster angezeigt, wie viele Euro derzeit 60 Dollar wert sind.

Der Rechner hat 60 Dollar zum aktuellen Kurs in Euro umgerechnet.

Wie Sie vielleicht im Menü des Rechners unter *Umrechnen* gesehen haben, kann man den Rechner in Mac OS X auch noch für andere Umrechnungen verwenden, z.B. um amerikanische Längenmaße in Zentimeter umzuwandeln.

TIPP

Der Rechner in Snow Leopard speichert im Menü unter *Umrechnungen | Benutzte Umrechnungen* die zuletzt verwendeten Umrechnungsarten – so müssen Sie, wenn Sie öfter bestimmte Währungen umrechnen wollen, diese nicht jedes Mal erst umständlich auswählen, sondern können dies einfach mit zwei Mausklicks über das Menü erledigen.

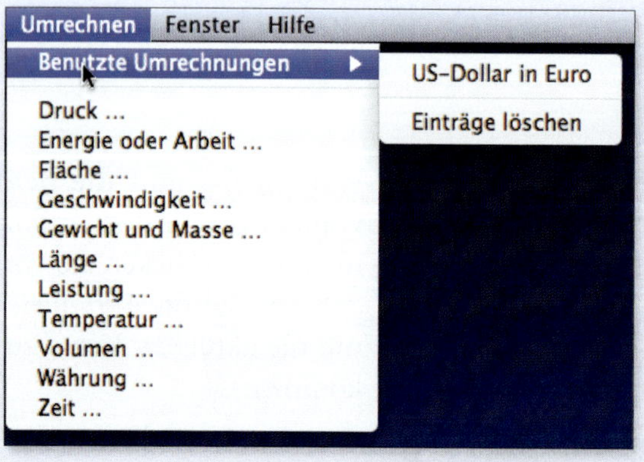

Tastaturkürzel für Menüeinträge ändern bzw. erstellen

Viele Menüeinträge in Programmen sind bereits von Haus aus einem Tastaturkürzel zugewiesen – diese stehen in der Regel neben dem entsprechenden Menüeintrag. Doch manche dieser Kürzel sind nicht sinnvoll voreingestellt, und bei manchen Einträgen fehlen Tastaturkürzel. Mac OS X bietet jedoch die Möglichkeit, Menüeinträgen eigene Tastaturkürzel zuzuweisen.

Spielen wir das an einem Beispiel durch. In Safari gibt es bereits Tastaturkürzel für die Auswahl des vorherigen oder nächsten Tabs. Diese sind nach Meinung des Autors jedoch nur umständlich über Fingerverrenkungen zu erreichen (ctrl – ➜| bzw. ⇧ – ctrl – ➜|). Bewährt haben sich dagegen z.B. die Kürzel ⌘ – F1 sowie ⌘ – F2 für das Auswählen des vorherigen bzw. nächsten Tabs (aber natürlich können Sie auch für sich passende andere Tastaturkürzel festlegen). In folgenden Schritten können Sie nun die hier vorgeschlagenen Tastaturkürzel für Safari den entsprechenden Menüeinträgen zuweisen:

- Öffnen Sie in den Systemeinstellungen von Mac OS X den Bereich *Tastatur* und dort den Reiter *Tastaturkurzbefehle.*
- Klicken Sie ca. in der Mitte des Fensters auf den *Plus*-Button. Es öffnet sich ein kleines Unterfenster.
- Wählen Sie im ersten Ausklapp-Menü das Programm Safari aus.
- Nun müssen Sie in den Menüeinträgen von Safari genau nachgucken, wie die entsprechenden Menüeinträge heißen. In unserem Fall *Nächsten Tab auswählen* und *Vorherigen Tab auswählen.*

- Tragen Sie nun ins nächste Feld den genauen Wortlaut des Menüeintrags ein (in unserem Fall *Vorherigen Tab auswählen*).
- Klicken Sie ins übernächste Feld und drücken Sie nun das gewünschte Tastaturkürzel für den Menübefehl. Dieses wird angezeigt.
- Beenden Sie den Vorgang mit einem Klick auf den Button *Hinzufügen*.

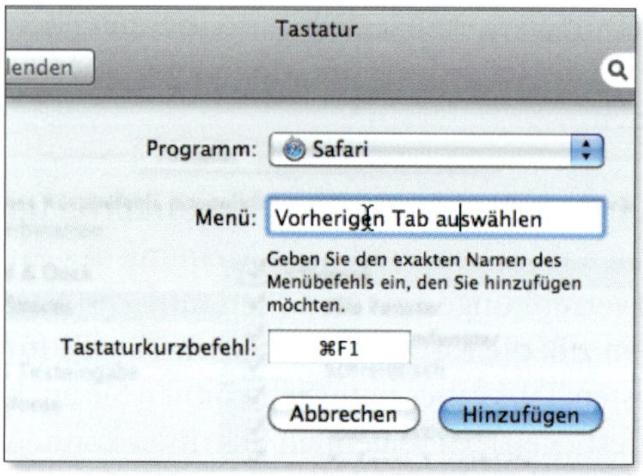

- Wiederholen Sie den Vorgang für den Menüeintrag *Nächsten Tab auswählen* auf die gleiche Art und Weise, nur natürlich mit dem Tastaturkürzel ⌘ – F2 …

Wie Sie im Menü von Safari im Bereich *Fenster* erkennen können, sind die neuen Tastaturkürzel dort auch eingetragen:

Die in Safari geänderten Tastaturkürzel für das Wechseln des Tabs werden dort angezeigt.

Auf die gleiche Art und Weise können Sie auch Tastaturkürzel in anderen Programmen erstellen bzw. ändern. Achten Sie dabei jedoch darauf, dass Sie Kürzel wählen, die in dem Programm nicht bereits anderweitig vergeben sind.

In den Systemeinstellungen *Tastatur | Tastaturkurzbefehle* sehen Sie eine Übersicht der von Ihnen erstellten bzw. geänderten Tastaturkürzel.

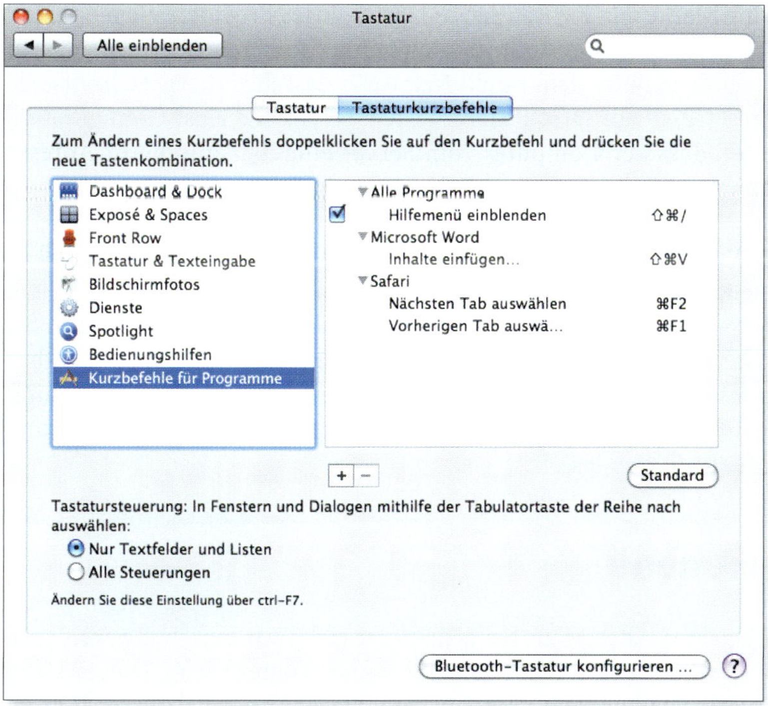

Unter Kurzbefehle für Programme werden Ihre Veränderungen an Tastaturkürzeln aufgelistet.

Tipps und Tricks in aller Kürze

Der Umgang mit dem Internet gestaltet sich mit Snow Leopard sehr komfortabel. Mittlerweile sind viele DSL-Verträge mit einem Router gekoppelt, der sich sehr einfach über eine Maske im Browser Ihrer Wahl einrichten lässt. Das heißt, Sie müssen im Betriebssystem keine Einstellungen vornehmen, sondern tun dies direkt auf dem Router. Dieser stellt dann die Verbindung zwischen Internet und Mac her.

Wie komme ich ins Internet – Router und DSL einrichten

Sie verbinden als Erstes Ihren Router per Netzwerkkabel (RJ45-Stecker) mit der Ethernetschnittstelle Ihres Macs. Dann öffnen Sie einfach einen Browser, beispielsweise Safari, und geben im Adressfeld die vom Provider angegebene IP-Adresse (Internet-Protocol-Adresse, normalerweise 192.168.0.1 oder 192.168.1.1) ein.

Schon springt eine Maske auf, Sie können die Daten Ihres Providers eingeben und sind binnen Minuten im Internet. Sollte dies nicht funktionieren, überprüfen Sie in den Systemeinstellungen unter dem Punkt *Netzwerk*, dass die Ethernetschnittstelle unter dem Reiter TCP/IP auf DHCP steht. DHCP (Dynamic Host Configuration Protocol) bedeutet, dass der Computer vom Server eine dynamische IP-Adresse zugewiesen bekommt. Man muss diese also nicht mehr fest eingeben.

Bei älteren DSL-Verträgen müssen die Einstellungen eventuell noch manuell in den Systemeinstellungen konfiguriert werden. Das sollte aber auch kein Problem sein und gestaltet sich ähnlich einfach wie mit der Maske per Browser. Gehen Sie wieder in die Systemeinstellungen auf den Punkt *Netzwerk*. Wählen Sie die Ethernetschnittstelle aus und geben Sie die Daten Ihres Providers ein. Falls Sie damit nicht zurechtkommen sollten, können Sie den Assistenten zur Hilfe nehmen und sich durch die Menüs führen lassen.

Das Kontextmenü

Klickt man ein Objekt mit der Maus bei gedrückter ctrl-Taste beziehungsweise mit der rechten Maustaste an, so erscheint das sogenannte Kontextmenü. Dieses Menü bietet direkten Zugriff auf eine Reihe von Befehlen, die im Kontext zu diesem Objekt stehen. Es kann zum Beispiel solche Aktionen wie Löschen oder Kopieren enthalten.

Dateien komprimieren

Vor allem für den Versand per E-Mail kann es sich lohnen, komprimierte Archive von Ordnern oder einzelnen Dateien zu erstellen. In Mac OS X ist eine einfache Möglichkeit integriert, um Zip-Archive anzulegen. Beim Zip-Format handelt es sich um einen Dateityp zur komprimierten Archivierung von Daten.

Möchten Sie ein solches Archiv erzeugen, wählen Sie zunächst den gewünschten Ordner aus. Nun können Sie die Zip-Dateien durch einfache Auswahl des Befehls *»Name der Datei« komprimieren* erzeugen. Diesen Befehl finden Sie sowohl im Kontextmenü als auch in der Menüleiste unter *Ablage*.

Dateien schützen

Um eine Datei vor versehentlichen Änderungen oder gar dem ungewollten Löschen zu bewahren, kann man diese im Finder schützen. Dafür wählen Sie deren Symbol auf dem Schreibtisch aus, wählen dann den Befehl *Informationen* (Tastenkürzel: ⌘ – I) und klicken anschließend auf die Checkbox *Geschützt*. Ein erneuter Mausklick auf die Checkbox entfernt den Schutz wieder.

Auf dem Schreibtisch kann man geschützte Dateien auch ohne Informationsfenster einfach erkennen: Der Name einer geschützten Datei kann nicht verändert werden. Sie können also nicht am Symbol den Namen aktivieren, um ihn zu bearbeiten.

Geschützte Dateien löschen

Normalerweise kann eine geschützte Datei nicht gelöscht werden. Befinden sich solche Objekte im Papierkorb, während Sie diesen löschen wollen, erscheint ein Dialog, der Sie über diesen Konflikt informiert. Befinden sich viele einzelne geschützte Dateien im Papierkorb, würde es zur Qual werden, jeden Schreibschutz einzeln aufzuheben. Die Abhilfe sieht wie folgt aus: Halten Sie die Wahltaste (⌥) gedrückt, während Sie den Befehl *Papierkorb entleeren* auswählen. Die geschützten Objekte werden nun gelöscht.

Laufwerke schneller auswerfen

Wollen Sie nicht ständig in den Finder wechseln, um ein Laufwerk auszuwerfen, hilft der folgende Trick:

Suchen Sie auf Ihrer Festplatte im Ordner */System/Library/CoreServices/Menu Extras* die Datei *Eject.menu* und ziehen Sie diese in den rechten Bereich der Menüleiste. Nun können Sie Laufwerke bequem über die Menüleiste auswerfen.

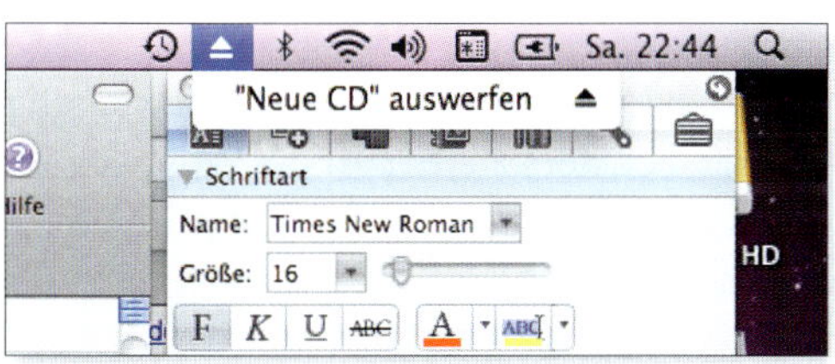

Laufwerke können über die Menüleiste ausgeworfen werden.

Schreibtischdrucker – Drucken aus dem Finder

Unter Mac OS X kann man Dateien schnell und einfach drucken, ohne zuerst die entsprechende Datei öffnen zu müssen. Öffnen Sie unter *Systemeinstellungen* den Bereich *Drucken und Faxen*. Wählen Sie dort einen installierten Drucker aus. Ziehen Sie das entsprechende Druckersymbol nun einfach auf den Schreibtisch – fertig!

Schon kann man per Drag & Drop drucken, indem man eine Datei auf den Schreibtischdrucker, also das erstellte Drucker-Icon, zieht.

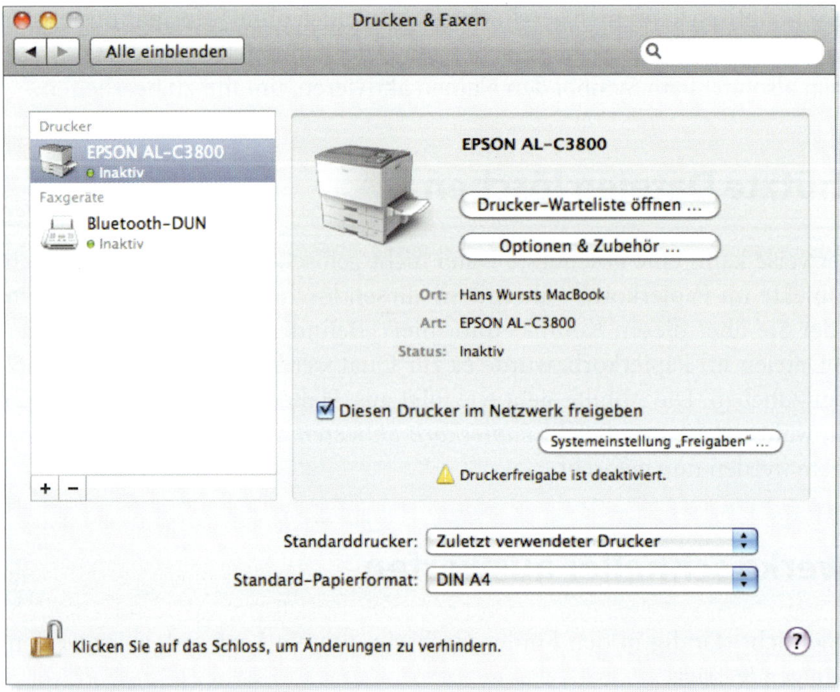

Ziehen Sie einfach einen Drucker aus der Liste auf den Schreibtisch.

Schneller Zugriff auf wichtige Ordner

Den Zugriff auf wichtige Ordner können Sie ganz simpel beschleunigen, indem Sie den Ordner in die linke Seitenleiste des Finder-Fensters ziehen. In der Folge haben Sie stets schnellen Zugriff darauf. Zusätzlich erscheint der Ordner dann in jedem *Öffnen*- oder *Sichern*-Dialog als Direktauswahl.

Dateien schnell mit einem bestimmten Programm öffnen

Sie können auf dem Schreibtisch ein Dokument öffnen, indem Sie es auf das Symbol eines Programms ziehen. Wenn das Programm in der Lage ist, das Dokument zu öffnen, wird es dies optisch anzeigen, indem es dunkler wird. Das erscheint nicht einfacher als ein Doppelklick auf das Dokumentensymbol. Der Trick besteht darin, dass Sie ein Dokument mit einem anderen Programm öffnen können als dem, mit dem es erstellt wurde – ziehen Sie beispielsweise ein einfaches Textdokument auf TextEdit, um es mit TextEdit statt mit Word, das sonst benutzt würde, zu öffnen.

Eine zweite Möglichkeit besteht über den Befehl *Öffnen mit...* Dieser ist sowohl im Menü *Ablage* als auch im Kontextmenü zu finden. Er bietet eine Liste aller Programme an, welche die gerade ausgewählte Datei öffnen können.

Wenn's mal wieder hängt – Vorgänge via Tastatur abbrechen

In den meisten Fällen brechen Sie mit der Befehlstaste und dem Punkt (⌘ – .) Ihren Befehl ab – zum Beispiel das Drucken oder Kopieren einer Datei von einem Laufwerk auf ein anderes. Der Tastaturbefehl aktiviert den Befehl *Abbrechen* in den meisten Dialogboxen. In den meisten Fällen funktioniert auch die Esc-Taste als Ersatz für Befehlstaste und Punkt.

Wenn ein Programm abstürzt und nicht mehr reagiert, kann man mit ⌘ – ⌥ – Esc das Fenster *Programme sofort beenden* aufrufen, in dem sämtliche aktiven Programme angezeigt werden. Man wählt einfach das zu beendende Programm aus.

Hilft nicht einmal mehr das, bleibt noch ein Neustart.

Reagiert der ganze Computer nicht mehr, kann man durch Drücken der Einschalttaste für ca. fünf Sekunden einen Neustart erzwingen. Aber Vorsicht: Nicht gespeicherte Dokumente gehen dabei verloren.

Handy mit dem Mac abgleichen

Mit Mac OS X ist es sehr einfach, seinen digitalen Alltag zu organisieren. Zum Beispiel können Sie ohne großen Aufwand Ihre Kontakte und Kalenderdaten mit Ihrem Handy synchronisieren. So ersparen Sie sich das nervige Eintippen der Kontakte über die Minitastatur des Handys.

Eine Liste der direkt von Apple unterstützten Geräte gibt es hier: http://www.apple.com/macosx/features/isync/devices.html

Aktivieren Sie Bluetooth im Handymenü und öffnen Sie die Systemeinstellungen Ihres Macs. Über den einfachen Bluetooth-Assistenten können Sie nun Ihr Handy als neues Gerät anmelden.

Anschließend können Sie über das Programm iSync die Daten abgleichen. Öffnen Sie dieses Programm und fügen Ihr Handy über *Geräte | Gerät hinzufügen...* hinzu. Im Anschluss sollten Sie darauf achten, welchen Modus Sie wählen! Ob nun die Adressen vom Telefon auf den Mac, vom Mac auf das Telefon gespielt oder beide miteinander abgeglichen werden, ist eine wichtige Entscheidung. Im ungünstigsten Fall löschen Sie sonst Ihre Daten.

Über das Programm Bluetooth-Datenaustausch, das Sie im Ordner *Dienstprogramme* finden, können auch andere Daten wie Bilder oder Musikdateien mit dem Handy ausgetauscht werden.

Diashow aus einem Ordner

Über das Kontextmenü (rechte Maustaste oder ctrl – Maustaste) lässt sich eine Diashow von markierten Bilddateien direkt aus dem Finder starten. Dazu markieren Sie einfach sämtliche gewünschten Bilder und wählen anschließend *Übersicht von ... Objekten* aus.

Den Inhalt der Zwischenablage wiederherstellen

Wenn Sie etwas ausschneiden oder kopieren und dann feststellen, dass Sie den ursprünglichen Inhalt der Zwischenablage noch benötigen, benutzen Sie den Befehl *Widerrufen* (⌘ – Z). Beim Widerrufen der Befehle *Ausschneiden* oder *Kopieren* wird auch der ursprüngliche Inhalt der Zwischenablage wiederhergestellt.

Start von CD oder DVD erzwingen

Möchten Sie von einer CD oder DVD aus starten, müssen Sie beim Booten des Rechners einfach die Taste *C* gedrückt halten. Sofern es sich um eine bootfähige CD/DVD handelt, wird der Mac nun von dieser starten.

Startreihenfolge

Mit Ihrem Mac haben Sie die Möglichkeit, von unterschiedlichen Medien aus ein Betriebssystem zu starten. Dies können beispielsweise interne Festplatte, externe FireWire-Festplatte oder auch CDs und DVDs sein. Hier sehen Sie die Reihenfolge, in welcher Ihr Mac die Einheiten nach einem Systemordner durchsucht – der erste gefundene Systemordner »gewinnt«!

1. Das im Kontrollfeld des Startlaufwerks eingetragene Volume
2. Interne Festplatte
3. Externe Volumes
4. CD/DVD-Laufwerk

Drücken Sie während eines Neustarts die ⌥-Taste, erscheint eine Auswahl aller gerade verfügbaren Startlaufwerke. Mit Hilfe der Pfeiltasten wählen Sie das gewünschte Laufwerk aus.

Wenn der Mac überhaupt kein Startlaufwerk finden kann, erscheint ein Laufwerkssymbol mit einem blinkenden Fragezeichen auf dem Bildschirm.

Dateien kopieren statt verschieben

Wenn Sie unter Mac OS X eine Datei innerhalb eines Laufwerks mit der Maus von einem Ordner in einen anderen bewegen, wird diese Datei verschoben. Möchten Sie diese Datei jedoch in den anderen Ordner kopieren, gelingt das, indem Sie während des Verschiebens die ⌥-Taste gedrückt halten. Nun erscheint neben dem Mauszeiger ein kleines Plussymbol. Eine Kopie der gewünschten Datei wird im neuen Ordner erzeugt. Die Originaldatei bleibt an ihrem Ursprungsplatz.

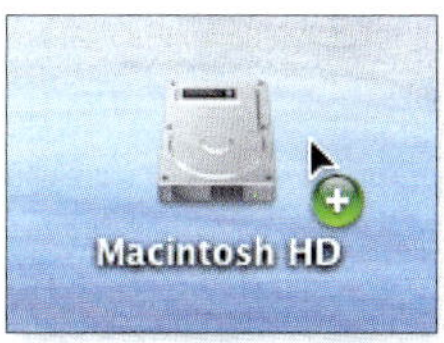

Das Pluszeichen symbolisiert, dass die Datei kopiert wird.

Fenster und den Schreibtisch aufräumen

Sieht es auf Ihrem Schreibtisch aus wie Kraut und Rüben? Dann benutzen Sie in der Menüleiste unter Darstellung den Befehl *Auswahl aufräumen*, um in einem Fenster in der Symbolansicht alle Icons neu zu verteilen und an einem unsichtbaren Raster auszurichten.

Wählen Sie in der Menüleiste *Darstellung* | *Ausrichten nach*, können die Icons auch nach Name, Datum, Größe, Art etc. sortiert angeordnet werden.

Macs vernetzen

Zu Beginn sollte man darauf achten, dass man in den Systemeinstellungen *Netzwerk* eine IP-Nummer vergeben und in *Sharing* einen Gerätenamen und *Personal File Sharing* aktiviert hat. Hängt der Mac in einem Netzwerk, bekommt er die IP-Nummer gewöhnlich automatisch per DHCP-Server zugewiesen, ansonsten sollte man sich mit dem Netzwerkbeauftragten in Verbindung setzen. Im privaten Netzwerk kann man die IP-Nummer selber vergeben. Üblich sind die Adressen 192.168.1.1 bis 192.168.1.255.

Nun kann man im Finder über das Menü *Gehe zu* | *Mit Server verbinden* (Tastenkürzel: ⌘ – K) die Verbindung aufbauen. Man gibt dazu einfach die Serveradresse (IP-Nummer) oder den <Gerätenamen>.local ein. Hat man die richtige Adresse, kann man sich mit einem Mausklick auf das *Plus*-Symbol den Rechner für das nächste Mal merken.

Über das folgende Login-Fenster meldet man sich nun mit Namen und Kennwort (auch Passwort genannt) an. Über den Button *Optionen* ist es möglich, die Login-Daten dem Schlüsselbund anzuhängen.

Nun erscheint das Servericon auf dem Schreibtisch und in der Seitenleiste des Finder-Fensters, sofern man diese Option aktiviert hat.

Mit Apples eingebauter Bonjour-Technologie sollte das ohnehin kein Problem sein.

Mac OS X 10.6 und Windows

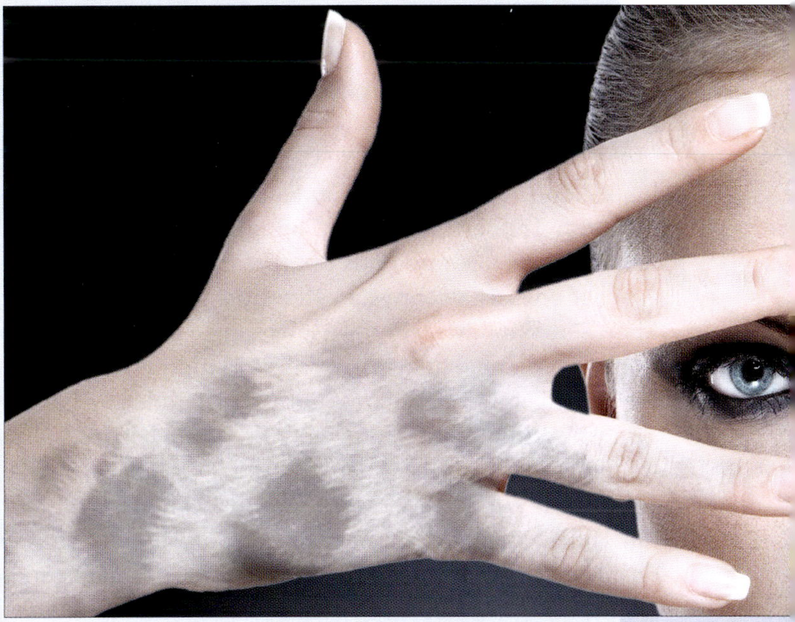

Manch eingefleischtem Mac-Fan mögen sich dabei die Zehennägel rollen, doch spätestens seit dem Wechsel auf die Intel-Architektur ist Windows auch am Mac ein wichtiges Thema. Dies liegt vor allem daran, dass es seit der Umstellung auf x86-Prozessoren möglich ist, Windows auf einem Mac in akzeptabler Geschwindigkeit auszuführen.

Apple bietet mit Boot Camp eine eigene Lösung an, die Windows auf Macs installiert. Wie Sie Ihren Mac zumindest zeitweise in einen PC verwandeln, erfahren Sie im Folgenden. Ebenso wird ein Überblick über Kompatibilitätslösungen von Drittherstellern gegeben, die auch in Zukunft ihre Daseinsberechtigung haben werden.

Boot Camp – Windows-Drill für den Mac

Boot Camp ist eine Lösung zur Installation von Windows auf Macs. Besser müsste es heißen: Boot Camp verwandelt Ihren Mac in einen vollwertigen Windows-PC. Denn da seit der Einführung von Intel-Prozessoren die wesentlichen Hardwarekomponenten zwischen Macs und PCs identisch sind, werden Sie den Unterschied nach dem Start von Windows nur noch an der Tastatur und dem Computergehäuse merken – Windows läuft ohne Geschwindigkeitseinbußen und voll kompatibel.

Boot Camp besteht aus zwei Teilen: dem Boot-Camp-Assistenten und einer Sammlung von Treibern, die das reibungslose Zusammenspiel der einzelnen Komponenten Ihres Rechners mit dem Windows-Betriebssystem garantieren. Für die Beschaffung der wichtigsten Komponente sind Sie jedoch selbst verantwortlich: Microsoft Windows. Hierbei ist darauf zu achten, dass Ihre Windows-Version von Boot Camp unterstützt wird. Ältere Windowsversionen werden nicht unterstützt. Sie benötigen mindestens Windows Vista oder Windows XP. Sollten Sie eine Version von Windows XP Home oder Premium besitzen, so sind diese nur kompatibel, wenn der Service Pack 2 bereits auf der Installations-CD integriert ist. Ältere Versionen von Windows XP werden ausdrücklich nicht unterstützt. Ferner sollten Sie mit Hilfe der ins System integrierten Software-Aktualisierung überprüfen, ob die Firmware Ihres Rechners auf dem neusten Stand ist. Sollte das nicht der Fall sein, ist unbedingt ein Update durchzuführen, um Probleme bei der Installation von Windows zu vermeiden.

Was wird benötigt?

Überprüfen Sie zunächst, ob Sie alle Voraussetzungen erfüllen. Sie benötigen:

- Einen Mac mit Intel-Prozessor – PowerPCs werden nicht unterstützt.
- Eine Windows-Installations-CD bzw. -DVD, Windows XP SP2 oder neuer
- Mindestens 10 GB Speicherplatz auf der internen Festplatte
- Die originale Tastatur und Maus
- Die Mac-OS-X-Installations-DVD

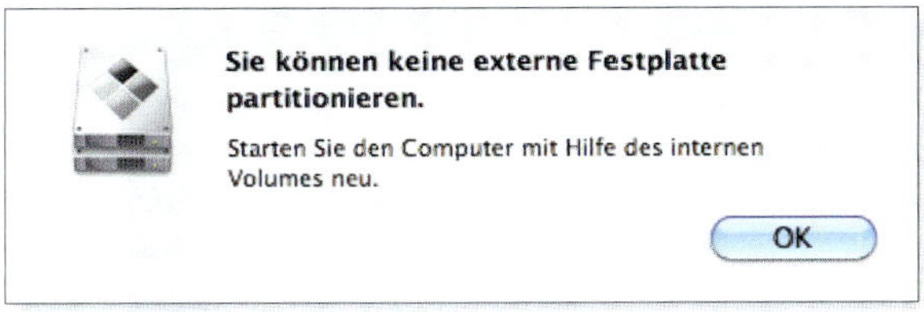

Eine Installation auf externer Festplatte ist nicht möglich.

Der Boot-Camp-Assistent – Vorbereitungen für die Windows-Installation

Am Anfang des Installationsprozesses steht der Boot-Camp-Assistent. Dieses Programm findet sich unter *Programme | Dienstprogramme*. Es führt Sie durch alle Schritte der Installation, die unter Mac OS X durchgeführt werden müssen.

Nach dem Start des Assistenten erscheint zunächst ein Fenster mit wichtigen Hinweisen. Ferner wird es Ihnen ermöglicht, ein Installationshandbuch auszudrucken, welches Sie durch den gesamten Installationsvorgang führt. Diese Hilfe sollten Sie zumindest als Einsteiger annehmen, denn ist die eigentliche Windowsinstallation erst einmal gestartet, haben Sie bis zum Ende der Installation keinen Zugriff auf den Mac.

Zunächst gilt es, eine Windows-Partition auf Ihrer internen Festplatte zu erstellen. Dabei wird Ihre interne Festplatte aufgeteilt, ohne dass Ihre Mac-OS-Installation vorher gelöscht werden muss. Es ist lediglich die Größe der gewünschten Windows-Partition anzugeben, diese muss mindestens 10 GB betragen. Ein weiterer Mausklick genügt, und die virtuelle Windows-Festplatte wird erstellt.

AUFGEPASST

Sie sollten sich bereits an dieser Stelle im Klaren sein, ob Sie die Windows-Partition mit dem Dateisystem FAT32 oder NTFS formatieren wollen, denn eine FAT32-Partition kann maximal 32 GB groß sein. Zur Entscheidungshilfe: Bei NTFS handelt es sich um das wesentlich mächtigere Dateisystem, es hat allerdings den Nachteil, dass Mac OS X (ohne Fremdsoftware) keine Daten auf einem NTFS-Laufwerk schreiben kann. Dies bedeutet, dass der Datenaustausch mit NTFS etwas eingeschränkt ist.

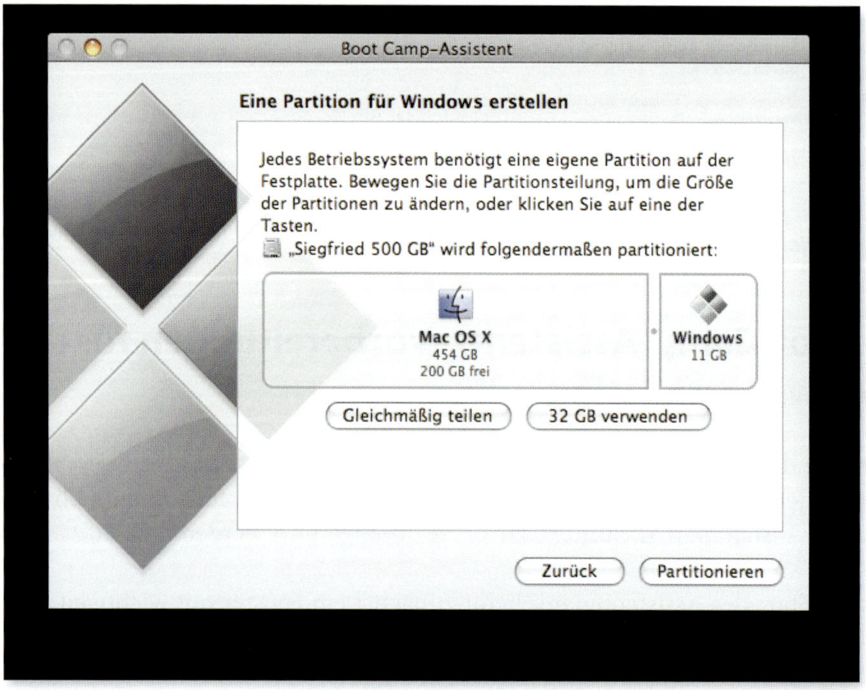

So lässt sich der Platz bestimmen, der für Windows reserviert wird.

Sollten Sie über mehrere interne Festplatten verfügen, bleibt Ihnen die freie Wahl zwischen den angeschlossenen Laufwerken. Eine Installation auf externen Festplatten ist leider nicht möglich.

Ist die Windows-Partition erfolgreich erstellt, geht es ans Eingemachte. Sollten Sie über mehrere interne Festplatten verfügen, ist an dieser Stelle nochmals die zur Installation vorgesehene Festplatte auszuwählen. Ansonsten genügt es, die Windows-Installations-CD einzulegen und den Installationsvorgang im Boot-Camp-Assistenten per Mausklick zu bestätigen.

AUFGEPASST

Bitte überprüfen Sie vor der Installation, ob Ihre Windows-Version von Boot Camp unterstützt wird. Geeignet sind: Windows XP Home/Professional mit bereits integriertem SP2 sowie Windows Vista und das neue Windows 7.

Neuland: die eigentliche Windows-Installation

Wurden die zuvor beschriebenen Schritte korrekt ausgeführt, startet Ihr Rechner nun von der Windows-Installations-CD. Die weitere Installation richtet sich nach der verwendeten Version von MS Windows. Wichtig ist, darauf zu achten, dass die korrekte Partition zur Installation verwendet wird, wählen Sie die falsche Partition aus, könnten sämtliche Daten auf der Festplatte zerstört werden.

Richtig sind:

C: Partition3 <BOOTCAMP| [FAT32]

oder

Disk 0 Partition 3 BOOTCAMP

Die entsprechende Partition wird nun zuerst formatiert. Im Anschluss startet das Windows-Setup-Programm, welches Sie durch die weiteren Schritte der Installation führt.

Nach der Installation des eigentlichen Systems gilt es, die für Ihren Computer spezifischen Treiber zu installieren. Diese befinden sich auf der Mac-OS-X-Installations-DVD. Beim Wechseln der CDs zeigt sich jedoch eine kleine Stolperfalle: Da noch kein korrekter Treiber für die Mac-Tastatur installiert ist, muss die Windows-Installations-CD per Maus ausgeworfen werden. Dazu sucht man unter Windows das optische Laufwerk auf (D:), welches sich unter *Mein Computer* findet, und wirft die CD/DVD über *Diese Diskette auswerfen* aus.

Nun können Sie die Mac-OS-X-Installations-CD einlegen. Startet die Treiberinstallation in der Folge nicht automatisch, müssen Sie die Datei SetUp.exe auf der DVD suchen und per Doppelklick starten. Die Treiber werden nun installiert.

Wechseln zwischen beiden Welten

Nachdem Sie nun zwei Betriebssysteme auf einem Rechner haben, stellt sich noch die Frage, wie man zwischen beiden wechselt.

Die schnelle Lösung besteht im Drücken der Optionstaste (⌥) während eines Neustarts. In der Folge erscheint eine Auswahl der vorhandenen Startlaufwerke, die entsprechende Auswahl startet das gewünschte System.

Zum dauerhaften Einstellen des bevorzugten Systems wählt man unter Mac OS X *Systemeinstellungen | Startvolume* das gewünschte Startlaufwerk aus.

Unter Startvolume findet man eine Übersicht über alle installierten Systeme.

Unter Windows findet sich die entsprechende Option unter *Systemsteuerung | Boot Camp*.

Virtuelle Maschinen – Parallels, VMware Fusion und VirtualBox

Boot Camp bietet zwar die maximale Kompatibilität und Geschwindigkeit für Soft- und Hardware unter Windows, hat aber einen entscheidenden Nachteil: Das gleichzeitige Arbeiten mit beiden Systemen ist nicht vorgesehen. Um Windowsprogramme auf dem Mac auszuführen, ist ein Neustart unter Windows nötig. Als Mac-Anwender muss man also seine gewohnte Umgebung komplett verlassen. Für Anwender, die gleichzeitig mit Software für Windows und Macintosh arbeiten möchten oder nur sporadisch Windows benötigen, empfiehlt sich daher eine sogenannte »Virtuelle Maschine«. Diese Programme starten vereinfacht gesagt Windows unter Mac OS X und gaukeln dem Microsoft-Betriebssystem einen PC vor. In diesem virtuellen PC lassen sich nun Programme installieren und starten. Aktuelle Versionen dieser Programme sind erstaunlich kompatibel und bieten sogar Unterstützung von 3D-beschleunigten Grafikkarten. Dennoch haben solche Lösungen den Nachteil, dass man zumindest mit geringen Geschwindigkeitseinbußen leben muss, immerhin werden zwei Betriebssysteme parallel ausgeführt. Außerdem ist trotz aller Bemühungen eine vollständige Kompatibilität nicht gegeben. Das bedeutet, dass vereinzelt Softwaretitel und Peripheriegeräte in einer virtuellen Umgebung einfach nicht richtig funktionieren. Die meisten Einschränkungen betreffen FireWire-Geräte.

Die Installation einer solchen Software geht im Vergleich zur Installation von Boot Camp recht unkompliziert vonstatten. Das Prinzip ist immer das gleiche: Man installiert zunächst die Virtuelle Maschine, um anschließend von einem Assistenten durch die Installation von Windows (oder einem anderen Betriebssystem, etwa Linux, DOS oder einer älteren Windows-Version) geleitet zu werden.

Nach der Einrichtung kann die Arbeit mit Windows dabei sowohl im Vollbildmodus als auch in einem Programmfenster unter Mac OS X erfolgen. Aktuelle Lösungen bieten zudem einen dritten Betriebsmodus an, der den Windows-Desktop ausblendet. So wird zumindest der Anschein vermittelt, dass gestartete Windows-Programme in der gewohnten Mac-Umgebung laufen.

Die Hauptwettbewerber in diesem Softwaresegment heißen im Moment *Parallels Desktop for Mac* und *VMware Fusion*. Beide unterscheiden sich kaum in ihrem Funktionsumfang und bieten neben allen Standardfunktionen auch fortschrittliche Features wie 3D-Beschleunigung oder das Verwenden einer Boot-Camp-Installation als Grundlage für die Virtuelle Maschine. Diese letzte Funktion ist deshalb so wichtig, da sie erheblichen Speicherplatz spart und das Arbeiten mit ein und derselben Windows-Installation sowohl nativ wie auch als Virtuelle Maschine erlaubt. Man hat also je nach benötigter Anwendung die Wahl zwischen maximaler Kompatibilität oder Komfort und muss Windows samt dazugehöriger Software nicht zweimal installieren.

Besonders soll an dieser Stelle noch einmal die Software *VirtualBox* hervorgehoben werden. Das Programm ist nicht so komfortabel wie *Parallels Desktop* und *VMWare Fusion*. So bietet VirtualBox bei Druck dieses Buchs beispielsweise nur experimentelle Unterstützung für 3D-Beschleunigung. Einen genaueren Blick ist es dennoch wert, denn es handelt sich um eine OpenSource-Software. Für den Endanwender heißt das im Klartext, dieses Programm ist kostenlos erhältlich.

VirtualBox als Beispiel

Die Installation einer virtuellen Maschine soll im Folgenden am Beispiel der kostenlosen Software VirtualBox beschrieben werden. VirtualBox kann man über die Produktseite http://www.virtualbox.org aus dem Internet laden. Die Installation erfolgt wie bei einem gewöhnlichen Macprogramm. Nach dem ersten Systemstart begrüßt den Anwender das Programmfenster. Um nun eine Windowsversion zu installieren, betätigt man die Schaltfläche *Neu* in der linken oberen Ecke.

Noch ist in der Liste keine Windowsinstallation zu sehen.

Nun führt Sie ein Assistent durch die Installation des Gastbetriebssystems. Wählen Sie zunächst Ihre Windowsversion aus, anschließend werden Sie nach der gewünschten Größe des Arbeitsspeichers unter Windows gefragt. Im nächsten Schritt müssen Sie eine virtuelle Festplatte erstellen. Hierfür öffnet sich ein eigener Assistent, der schnell die nötigen Informationen abfragt. Nun ist der erste Schritt getan, die Virtuelle Maschine ist eingerichtet.

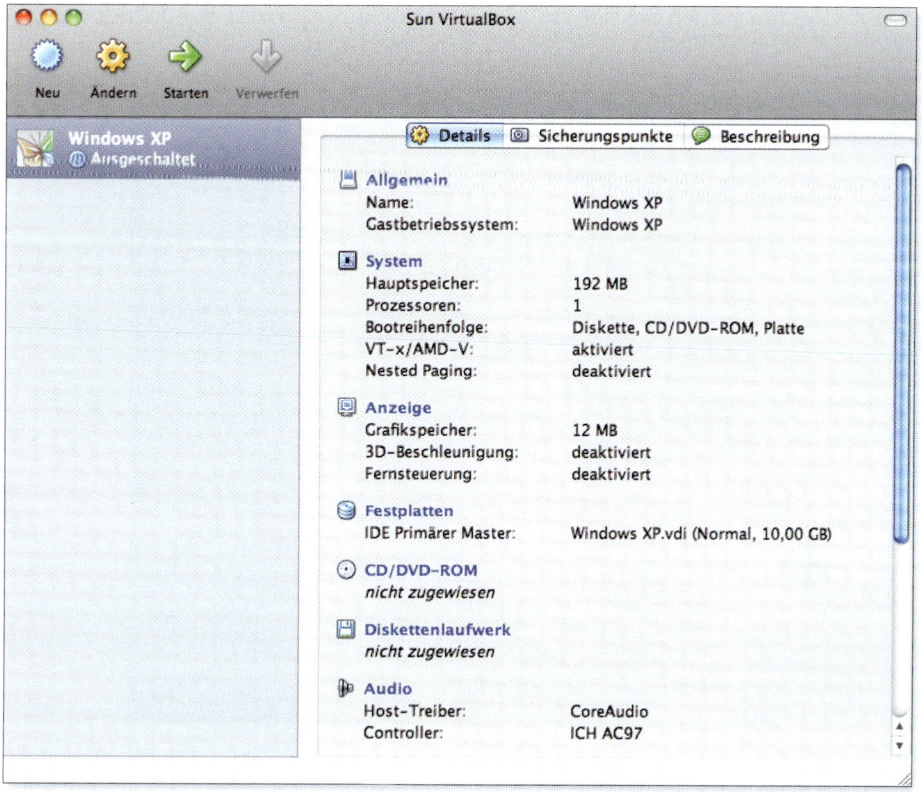

Die Virtuelle Maschine ist eingerichtet.

Starten Sie nun die Virtuelle Maschine über die *Starten*-Schaltfläche in der Symbolleiste. Erneut erscheint ein Assistent, der Sie beim ersten Start der virtuellen Maschine durch die Installation von Windows führt.

Ein Assistent führt durch die Installation von Windows.

Kurze Zeit später finden Sie sich mitten im Installationsprozess von Windows.

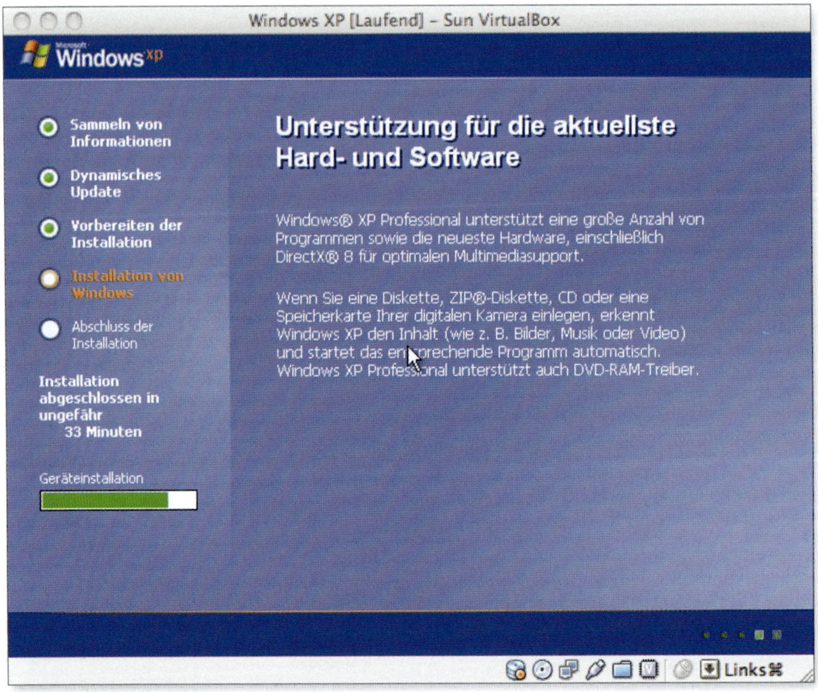

Die Installation läuft.

Nachdem die Installation von Windows abgeschlossen ist, startet das Gastsystem neu. Nun sollte man noch Treiber unter Windows installieren, die das Zusammenspiel mit Mac OS X erleichtern. Dazu wählen Sie in der Menüleiste *Geräte | Gasterweiterungen installieren*. In der Folge werden die entsprechenden Treiber installiert.

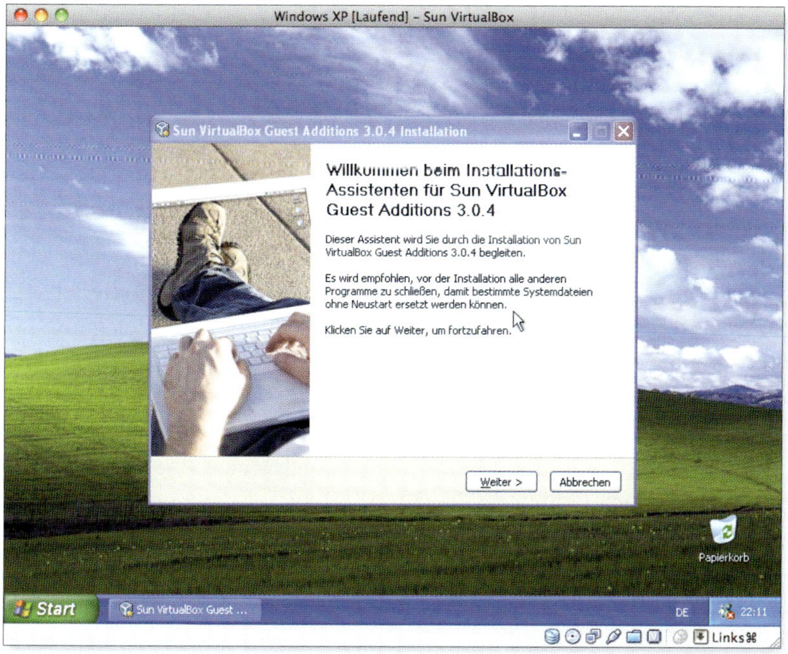

Zusätzliche Treiber erleichtern das Zusammenspiel der Systeme.

Nun ist die Installation von VirtualBox und Windows als Gastsystem abgeschlossen. Ab jetzt kann Windows unter Mac OS betrieben werden, um Windowssoftware zu verwenden.

Windows läuft im Fenster unter Mac OS X.

CrossOver Office – der dritte Weg

Das aus der Linux-Welt stammende CrossOver Office der Firma Codeweavers stellt eine weitere Alternative zum Betrieb von Windows-Software am Mac dar.

Hierbei handelt es sich um ein Programm, das es ermöglicht, Windows-Programme ohne Installation einer entsprechenden Version des Betriebssystems von Microsoft auszuführen. Die Software stellt dem zu startenden Programm lediglich die benötigten Systemroutinen zur Verfügung. Prinzipiell ist das eine sehr elegante Lösung. In der Praxis bietet CrossOver Office jedoch die geringste Kompatibilität. Aus diesem Grund sollten Sie vor der Anschaffung dieser Software zuerst sicherstellen, dass die von Ihnen benötigten Programme auch tatsächlich unterstützt werden. Einen ersten Anhaltspunkt bietet eine Liste mit bereits getesteten Programmen auf der Homepage des Herstellers Codeweavers (http://www.codeweavers.com/).

Emulatoren – Virtual PC und Co.

Emulatoren sind die einzige Softwarelösung für Anwender, die noch keinen Rechner mit Intel-Prozessor ihr Eigen nennen können. Ihr Funktionsprinzip ähnelt dem der bereits angesprochenen virtuellen Maschinen. Sie sind jedoch wesentlich langsamer und weniger kompatibel. Dies liegt an der sehr aufwendigen Emulation eines x86-Prozessors. Diese ist nötig, weil die von Apple bis 2006 verwendete PowerPC-Plattform nicht kompatibel mit der zur Ausführung von Windows nötigen x86-Plattform ist.

Da eine solche komplette Emulation eines PCs ein sehr rechenintensives Unterfangen ist, lassen sich die ganz erheblichen Leistungseinbußen leicht erklären. Programme, die hohe Anforderungen an die Rechenleistung eines Computers stellen, sollten daher nicht mit einer Emulation ausgeführt werden – Sie werden keinen Spaß daran haben.

Der wohl bekannteste Emulator ist VirtualPC von Microsoft. Dieses Programm bietet gleichzeitig auch den größten Funktionsumfang unter allen auf dem Markt befindlichen Emulatoren. Weitere Lösungen entnehmen Sie bitte der Tabelle »Windows am Mac«.

Übersicht der unterschiedlichen Softwarelösungen:	
Direkte Installation von Windows:	• **Boot Camp** von Apple (www.apple.com/de) Plattform: Intel-Mac unterstützte Systeme: Windows ab XP Home SP2
Virtuelle Maschinen:	• **Parallels Desktop** for Mac von Parallels (www.parallels.com) Plattform: Intel-Mac unterstützte Systeme: Windows, Linux, andere • **VMware Fusion** von Vmware (www.vmware.com) Plattform: Intel-Mac unterstützte Systeme: Windows, Linux, andere • **VirtualBox** von Sun Microsystems (www.virtualbox.org) Plattform: Intel-Mac unterstützte Systeme: Windows, Linux, andere
Emulatoren:	• **VirtualPC** von Microsoft (www.microsoft.com/germany) Plattform: PowerPC unterstützte Systeme: Windows, Linux • **GuestPC** von Lismore Software (www.lismoresystems.com/de) Plattform: PowerPC unterstützte Systeme: Windows, Linux, andere • **Q** (www.kju-app.org) – Plattform: PowerPC unterstützte Systeme: Windows, Linux, andere
Ohne Betriebssystem:	• **CrossOver Office** von Codeweavers (www.codeweavers.com) Plattform: Intel-Mac unterstützte Systeme: Windows-Programme

EXKURS

Apple und die Eintasten-Maus

Es gibt so einiges, was Apple-User sich manchmal anhören müssen – aber am meisten lästerten Windows-Nutzer wohl jahrelang darüber, dass Macs nicht mal eine Maus mit zwei Tasten hätten. Auch wenn es sich noch nicht überall herumgesprochen hat: Das stimmt schon seit längerem nicht mehr. Am 2. August 2005 beendete Steve Jobs die Ära der Eintasten-Maus.

Besessen von seinem »Spirit of Simplicity« verteidigte der Apple-Chef über Jahre hinweg die Eintasten-Maus, die Apple in verschiedenen Versionen im Programm hatte: Ein einfach zu bedienendes Betriebssystem benötige solche unnötigen Spielereien wie zwei oder mehr Maustasten nicht.

Doch leider war das falsch: Denn den Rechtsklick gab es ja auch auf dem Mac, indem man gleichzeitig die ctrl-Taste und die Maus drückte. Die meisten Programme waren ohne den Rechtsklick auch nicht komfortabel zu bedienen.

Viele Apple-User behalfen sich mit einer Microsoft-USB-Maus (welch Hohn!), die auch am Mac funktionierte und mehrere Tasten mitbrachte. Aber Steve Jobs blieb standhaft – zumindest bis 2005. Denn da erblickte die **Mighty Mouse** das Tageslicht – eine Maus, die zwar äußerlich nur eine Haupttaste erkennen lässt, aber außer den zwei Tasten ein Scrollrad auf dem »Rücken« und außerdem zwei Buttons an den »Flanken« hat.

Was Steve Jobs zum Umdenken in dieser Frage brachte, bleibt ein Geheimnis. Aber viele Apple-User atmeten auf, dass sie endlich auch mehrere Tasten auf der Maus hatten – und zwar auf einer von Apple.

Doch noch immer warten Apple-User auf eine Überarbeitung der Mighty Mouse, deren praktisches Scrollrad nämlich schnell verschmutzt und dann nicht mehr funktioniert. Klimmzüge sind notwendig, um das kleine Rädchen zu reinigen – und wer an seiner Mighty Mouse hängt, muss das sehr häufig tun. Und wie reinigt man das Scrollrad am besten? In einem Artikel bei Ratschlag 24 können Sie es nachlesen: http://www.ratschlag24.com/index.php/apples-mighty-mouse-reinigen/

So sah sie aus, die Eintasten-Maus des ersten iMacs.

Kapitel 9

Troubleshooting – Erste Hilfe, wenn der Mac Probleme macht

Man mag es kaum glauben, auch wenn Computer die Arbeit eigentlich erleichtern, können diese Dinger manchmal doch ganz schön zickig sein. Da macht auch der Mac keine große Ausnahme. In diesem Kapitel finden Sie einige Kniffe, die Ihnen weiterhelfen könnten, wenn Ihr Rechner einmal streikt.

Nichts tut sich – wenn der Mac plötzlich hängt

Wenn Sie schon länger mit einem Computer arbeiten, kennen Sie das Problem sicherlich: Plötzlich und mitten in der Arbeit reagiert er nicht mehr. Was also tun, um weiterarbeiten zu können?

Ein einzelnes Programm streikt

Der mit Sicherheit häufigste Fall eines »Absturzes« betrifft ein einzelnes Programm. Wenn das Programm sich plötzlich einfach selbst beendet, ist der Fall klar. Man startet es neu und arbeitet an der Stelle weiter, an der die Arbeit zuletzt gesichert wurde. Für den Fall, dass das Programm hingegen einfach nicht mehr auf Eingaben reagiert, nützt nur noch das harte Beenden des Programms. Dazu gibt es zwei Möglichkeiten: In manchen Fällen ist es möglich, das entsprechende Programm über sein Kontext-Menü im Dock zu beenden, indem man dort den Befehl *Sofort beenden* auswählt. Den Befehl *Sofort beenden* erhält man, indem man die ⌥-Taste drückt.

Beenden über das Dock

In den meisten Fällen hilft jedoch nur der Dialog *Programme sofort beenden* weiter. Diesen erreicht man über die Tastenkombination ⌘ – ⌥ – esc. Es öffnet sich ein kleines Fenster, in dem alle aktiven Programme angezeigt werden. Nun muss man den Störenfried nur noch aus dieser Liste auswählen – fertig. Hat das System erkannt, dass ein Programm nicht mehr handlungsfähig ist, wird dies zudem mit der Anmerkung *(reagiert nicht)* hinter dem Namen des Programms gekennzeichnet.

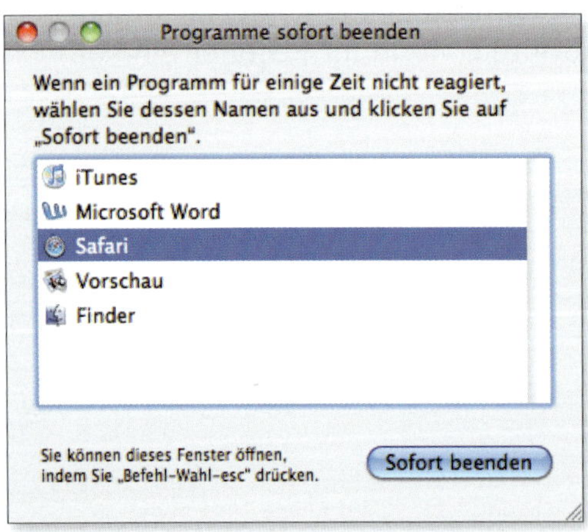

Programme lassen sich einfach über ein Menü beenden.

Nachdem das streikende Programm schließlich beendet wurde, funktioniert es in den meisten Fällen nach dem erneuten Start wieder problemlos. Ist dies nicht der Fall, gibt es noch ein paar Dinge, die Sie zunächst tun können, um das Problem zu lösen:

- Vergewissern Sie sich, dass Ihr Problemkind in einer aktuellen Version installiert ist. Oft gibt es beim Hersteller der jeweiligen Software Updates, die Programmfehler ausmerzen oder die Kompatibilität zu einem neuen Betriebsystem wiederherstellen – ein verbreitetes Problem vor allem nach größeren Updates zu Mac OS X. Programmupdates finden Sie normalerweise auf der jeweiligen Herstellerseite im Internet. Manche Programme haben eine Updatefunktion auch direkt eingebaut, diese kann häufig über *Hilfe* in der Menüleiste gestartet werden.
- Auch defekte Präferenzen können ein Programm aus dem Tritt bringen. Daher kann auch das Löschen der entsprechenden Datei Abhilfe schaffen. Suchen Sie dazu in Ihrem Homeverzeichnis unter dem Ordner *Library* | *Preferences* die jeweilige Präferenz-Datei und bewegen diese in den Papierkorb. (Der Dateiname enthält normalerweise den entsprechenden Programmnamen.) Anschließend müssen Sie das Programm neu starten. Bitte beachten Sie, dass mit dieser Prozedur vorher durchgeführte Einstellungen verloren gehen.

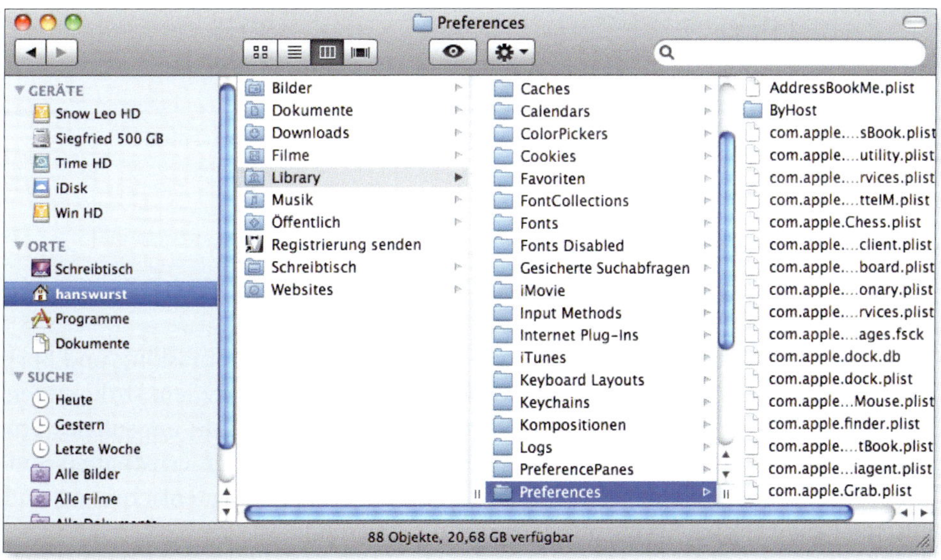

Präferenzen findet man in der Library.

Der Finder streikt

Selten kann es auch vorkommen, dass der Finder selbst nicht mehr reagiert. In diesem Fall hilft ebenfalls die Tastenkombination ⌘ – ⌥ – esc weiter. Einfach den Finder auswählen und statt *Sofort beenden* den Befehl *Neustart* auswählen. Das bewirkt in diesem Fall nicht den Neustart des ganzen Rechners, lediglich der Finder wird zurückgesetzt. Die anderen aktiven Programme sind von einem Neustart des Finders in der Regel nicht betroffen.

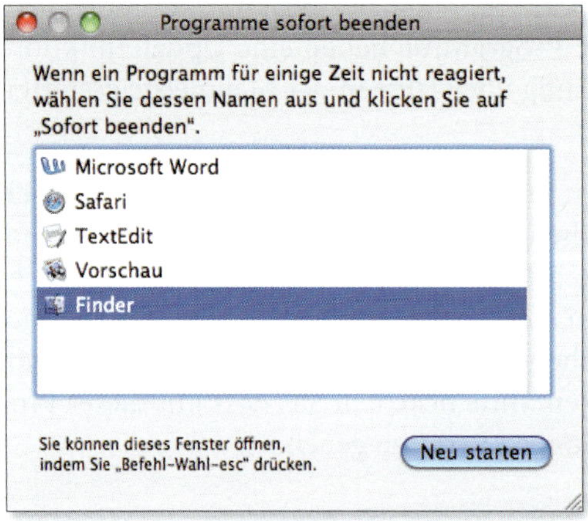

Der Finder wird nicht sofort beendet, sondern neu gestartet.

TIPP

Wenn das Betriebssystem sich ungewöhnlich verhält, kann häufig ein einfacher Neustart für Abhilfe sorgen.

Das ganze System streikt – Nichts geht mehr

Ein echter Systemabsturz ist in Zeiten von praeemptivem Multitasking und Speicherschutz rar geworden. Wenn auch sehr selten, so kann es trotzdem vorkommen, dass Mac OS X im Ganzen den Dienst plötzlich verweigert. Tritt ein solches Problem wiederholt auf, ist dies ein mögliches Symptom für einen ernsthaften Software- oder Hardwarefehler. Für diesen Fall sind die baldige Datensicherung und anschließende Ursachenforschung dringend notwendig.

Es gibt zwei Möglichkeiten, wie sich ein kompletter Systemabsturz äußert: Das System kann einfach hängen bleiben, das heißt, kein Programm funktioniert mehr und auch die Tastenkombination ⌘ – ⌥ – esc versagt den Dienst.

Die zweite Möglichkeit ist eine sogenannte Kernel Panic. Hierbei werden schlagartig alle laufenden Prozesse unterbrochen und ein Hinweis erscheint auf dem Bildschirm, der in vier Sprachen erklärt, wie der Computer neu gestartet werden kann. (Dies wäre das Äquivalent von Mac OS X zum berühmt berüchtigten »Bluescreen of Death« unter Windows.)

In beiden Fällen erreicht man durch das Drücken der Einschalttaste für mehrere Sekunden einen Neustart des Computers. Ertönt der Startton, können Sie den Einschaltknopf wieder loslassen.

Eine weitere Möglichkeit, einen Neustart zu erzwingen, wenn das System nicht mehr reagiert, ist die Tastenkombination ⌘ – ctrl – Einschalttaste. Auch in diesem Fall werden alle Prozesse sofort beendet und Mac OS X neu gestartet.

AUFGEPASST

Alle hier aufgeführten Möglichkeiten zum »harten« Beenden eines Programms oder des Systems funktionieren ohne Rücksicht auf Verluste. Das heißt, alle bis dahin nicht gesicherten Daten werden nicht gespeichert und gehen verloren.

Problembehebung mit dem Festplatten-Dienstprogramm

Im Festplatten-Dienstprogramm versteckt sich unter dem Punkt *Erste Hilfe* eine weitere Funktion, die bei Lösen von Systemproblemen hilft. Diese Funktion ist in der Lage, Zugriffsrecht und Laufwerke zu überprüfen und zu reparieren. Dazu sollten Sie allerdings wissen, dass die *Erste Hilfe* ein Laufwerk nicht auf irgendwelche mechanischen Defekte überprüfen kann, sondern lediglich die Dateistruktur auf Fehler überprüft und gegebenenfalls repariert.

Ferner ist zu beachten, dass außerdem das jeweilige Startvolume zwar überprüft werden kann, aber bei einer Reparatur außen vor bleiben muss. Zu diesem Zweck können Sie allerdings wie bei der Installation des Betriebssystems von der Installations-DVD starten, denn über das Installationsprogramm erhalten Sie ebenfalls Zugriff auf das Festplatten-Dienstprogramm.

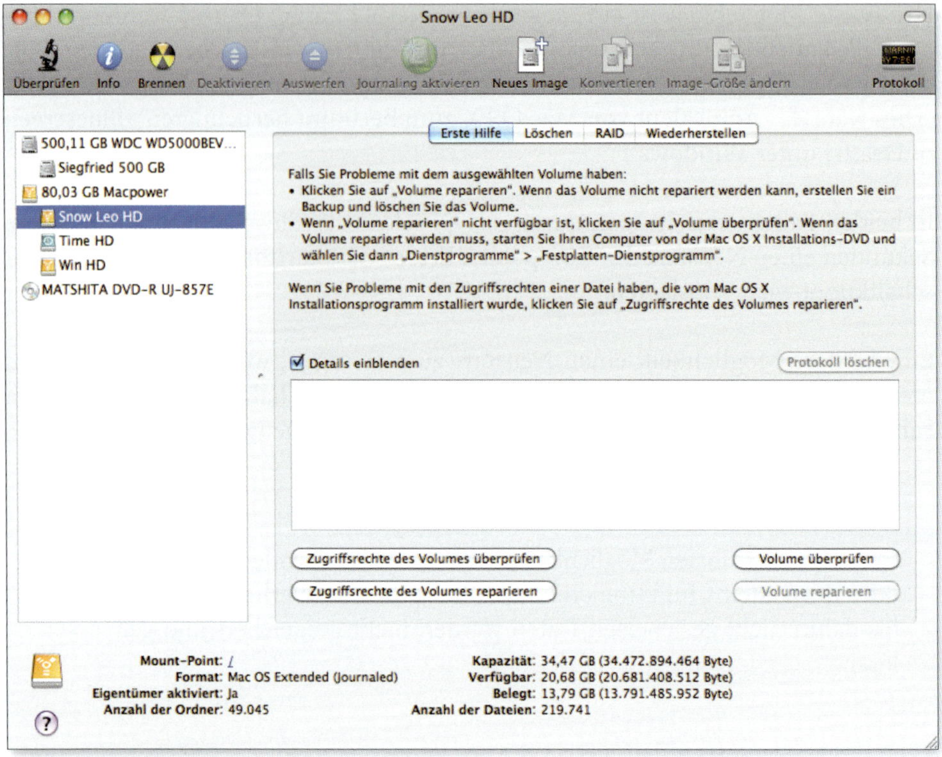

Erste Hilfe mit dem Festplatten-Dienstprogramm

Zugriffsrechte reparieren

Falsche Zugriffsrechte auf Dateien verursachen Probleme, wenn ein Programm eine Datei nicht mehr so verwenden darf, wie es das eigentlich tun sollte.

Im ersten Schritt wählen Sie nach dem Start des Festplatten-Dienstprogramms unter *Erste Hilfe* das Laufwerk aus, dessen Inhalt Sie auf die Korrektheit der Zugriffsrechte überprüfen wollen. Nun müssen Sie zuerst die Volume-Zugriffsrechte überprüfen. Dazu ist die entsprechend benannte Schaltfläche zu drücken. Nach der Überprüfung, die eine gewisse Zeit in Anspruch nehmen kann, werden die entdeckten Fehler aufgelistet. In einem zweiten Schritt lassen sich diese nun auf »Knopfdruck« reparieren. Klicken Sie einfach die Schaltfläche *Zugriffsrechte des Volumes reparieren* an.

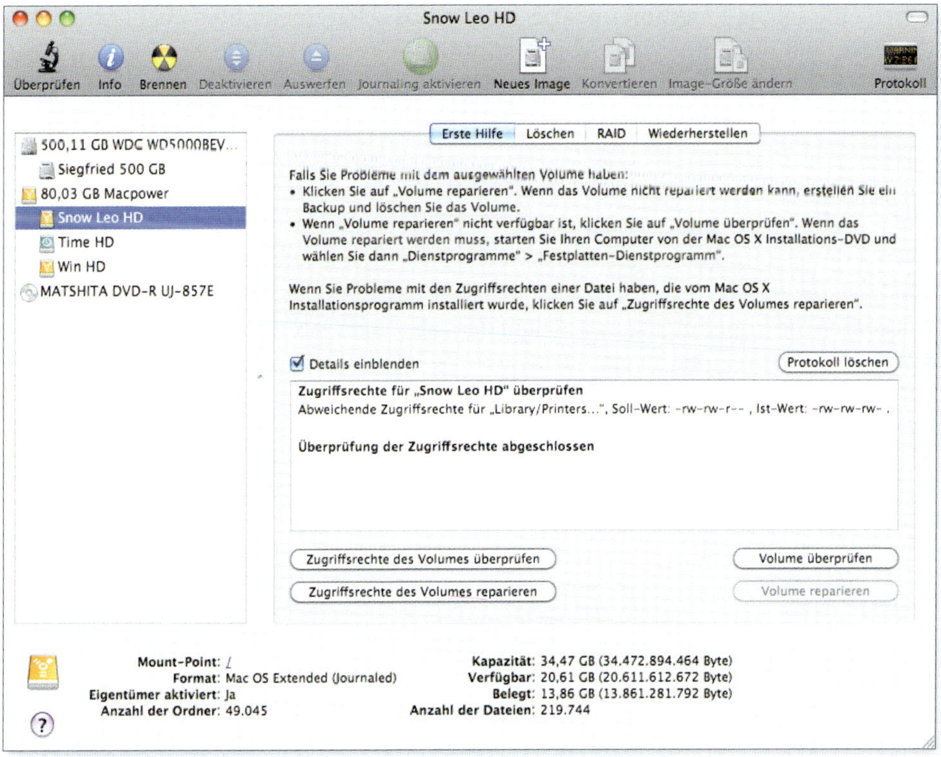

Übersicht über gefundene Fehler

Volume reparieren

Wie bereits angemerkt, beziehen sich Überprüfung und Reparatur lediglich auf die Verzeichnisstruktur. Die Arbeitsschritte funktionieren analog zum Reparieren der Zugriffsrechte: Nach *Volumes überprüfen* sollten Sie *Volumes reparieren* aktivieren, falls Fehler entdeckt wurden. Das Startlaufwerk kann dabei jeweils nicht repariert werden. Dazu müssen Sie zuerst von einer anderen Festplatte oder der Installations-DVD starten.

S.M.A.R.T.-Status

Ein kleiner Anhaltspunkt über das tatsächliche Wohlbefinden Ihrer Festplatten ist dann doch noch in das Festplatten-Dienstprogramm integriert. Der sogenannte S.M.A.R.T.-Status (Self-Monitoring, Analysis and Reporting Technology) ist ein Frühwarnsystem für bevorstehende Festplattendefekte. Moderne Festplatten haben eine solche Funktion integriert, die gewisse Parameter überwacht und dabei überprüft, ob diese innerhalb von bestimmten Grenzwerten liegen. Werden diese Grenzwerte nicht eingehalten, ist dies ein Anzeichen für einen möglichen Festplattendefekt.

Die Statusangabe befindet sich etwas versteckt zwischen weiteren Informationen zur jeweiligen Festplatte: Ist unter S.M.A.R.T.-Status ein lapidares *Überprüft* zu lesen, konnte kein Fehler gefunden werden. Erscheint jedoch die Meldung *Fehlgeschlagen,* deutet dies auf einen bevorstehenden Ausfall der Festplatte hin. In diesem Fall sollten Sie unbedingt sicherstellen, dass alle Ihre Daten gesichert sind, und sich schon einmal um einen Ersatz für Ihre Festplatte kümmern.

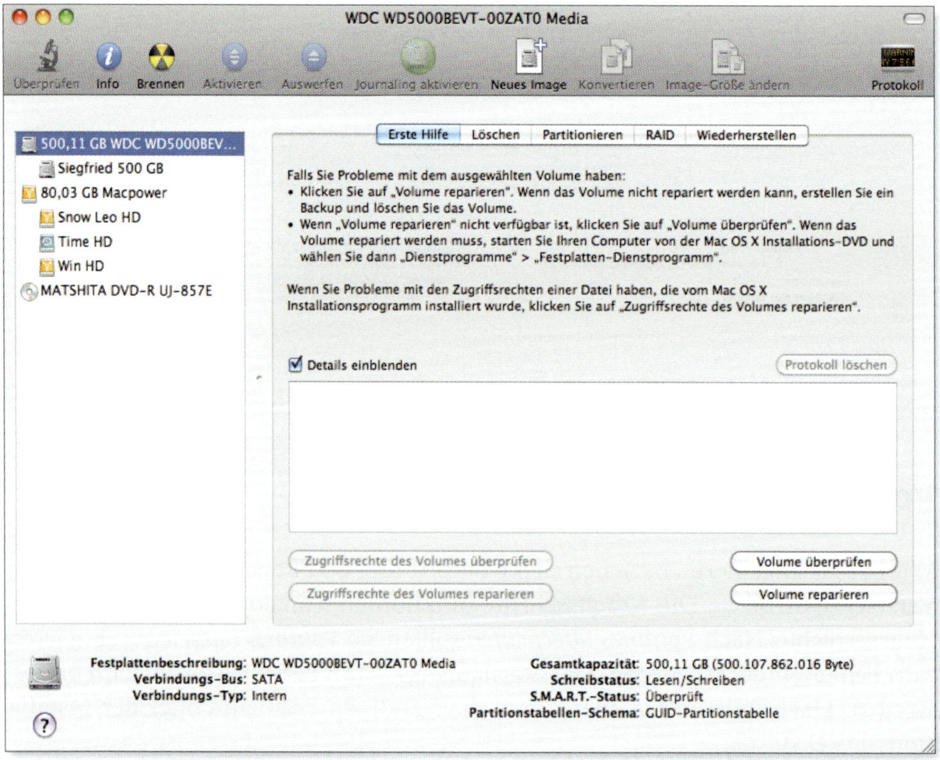

Etwas versteckt findet sich der SMART-Status unten rechts.

Systemstart und Problembehebung

Beim Start vom Mac OS X können sich nicht nur Probleme zeigen, man hat gleichzeitig auch einige Möglichkeiten, mit Problemen umzugehen.

Safe Boot – »sicherer« Systemstart

Wenn Ihre Systeminstallation plötzlich nicht mehr startet, kann dies unter anderem daran liegen, dass bei der Installation eines Programms Erweiterungen zum System hinzugefügt wurden, die nicht kompatibel mit der aktuellen Version von Mac OS X sind. In diesem Fall kann ein sogenannter Safe Boot weiterhelfen. Um einen solchen Systemstart im »sicheren Modus« durchzuführen, müssen Sie während eines Neustarts die ⇧-Taste gedrückt halten, bis der Startton erklungen ist. In der Folge startet das System nur mit den unbedingt nötigen Kernel Extensions und Startobjekten. Dies ermöglicht einen Start ohne den Verursacher des mutmaßlichen Softwarekonflikts, so dass dieser wieder aus dem System entfernt werden kann. Gelingt dies nicht, so haben Sie zumindest die Möglichkeit, wichtige Daten vor einer eventuellen Neuinstallation zu sichern.

TIPP

Ein neuer Eintrag in den Startobjekten ist ein wahrscheinlicher Grund für Probleme beim Systemstart. Deshalb sollten Sie unbedingt überprüfen, ob sich das Problem darauf zurückführen lässt. Startobjekte werden unter *Library | StartUpItems* installiert.

Systemordner wechseln

Funktioniert ein Safe Boot nicht, bleibt noch die Möglichkeit, beim Neustart einen anderen Systemordner zu wählen. Dazu halten Sie während des Systemstarts die ⌥-Taste gedrückt. Daraufhin erscheint eine Auswahl mit allen verfügbaren Installationen eines Betriebssystems. Diese können sich auf unterschiedlichen Partitionen, internen und externen Festplatten oder CDs und DVDs befinden. Auch auf diese Weise erhalten Sie die Möglichkeit, trotz einer defekten System-Installation Zugriff auf Ihre verbliebenen Daten zu erhalten, und Sie können in manchen Fällen das System auch wieder reparieren.

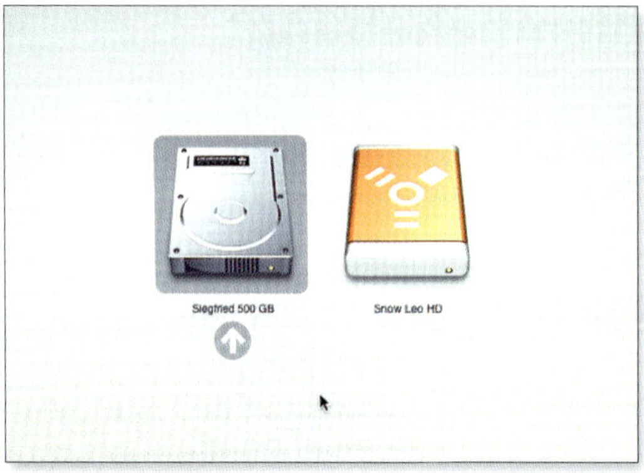

So sieht die Laufwerksauswahl beim Systemstart aus.

Hilfe durch die Installations-DVD

Verfügen Sie über keine zweite Systeminstallation, ist die Installations-DVD die erste Anlaufstelle für Sie. Um von der DVD zu starten, halten Sie beim Neustart die C-Taste gedrückt. Das Installationsprogramm startet, so wie Sie es von der ersten Installation Ihres Betriebssystems gewohnt sind. Nachdem Sie sich nun durch die ersten Angaben geklickt haben, erhalten Sie im Installationsprogramm Zugriff auf einige der wichtigsten Dienstprogramme:

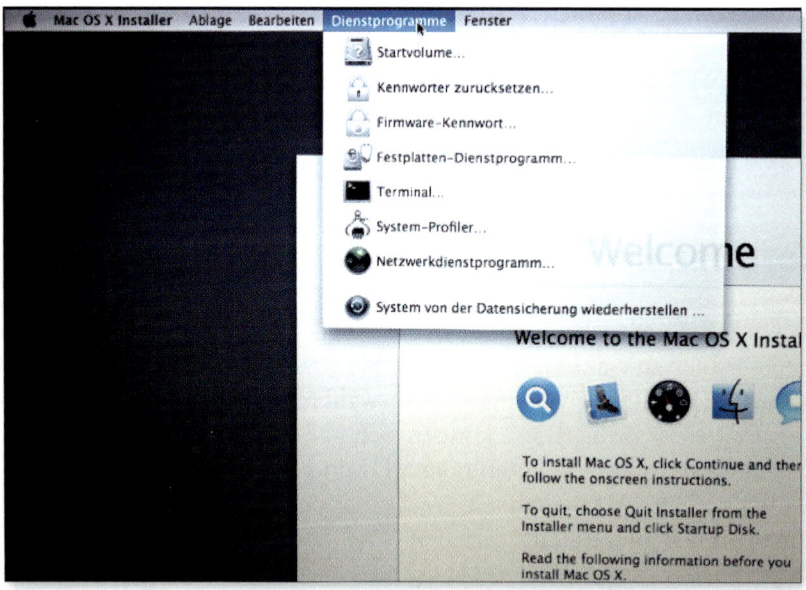

Eine kleine, aber feine Auswahl an Dienstprogrammen wird bereits vom Installationsprogramm bereitgestellt.

- **Startvolume**: Hiermit können Sie einen beliebigen Systemordner auf einem der angeschlossenen Laufwerke auswählen (siehe voriger Abschnitt).
- **Kennwörter zurücksetzen**: Dieses Programm ist die richtige Wahl, falls Sie Ihr System-Passwort vergessen haben. Nach Auswahl dieser Funktion werden alle angeschlossenen Systemordner nach installierten Benutzern durchsucht. Um das gewünschte Passwort zurückzusetzen, wählen Sie zuerst das entsprechende Laufwerk beziehungsweise den Systemordner aus. Nun können Sie zwischen allen angelegten Benutzern die gewünschte Person wählen und anschließend ein neues Kennwort bestimmen.

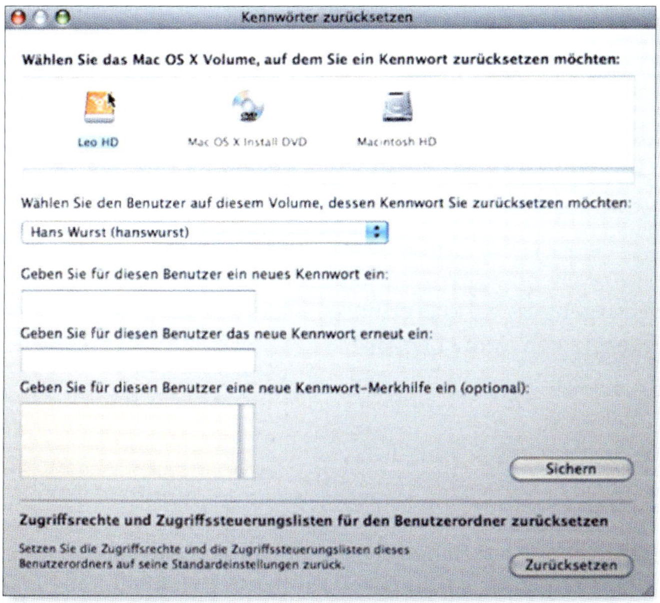

Kennwörter zurücksetzen hilft bei vergessenen Passwörtern weiter.

- **Festplatten-Dienstprogramm**: Wie bereits in diesem Kapitel erwähnt, lassen sich mit diesem Programm Zugriffsrechte und Dateistrukturen überprüfen und reparieren.
- **Terminal**: Fortgeschrittene Anwender können sich hiermit in den Tiefen des Unix auf die Problemsuche begeben.
- **System von der Datensicherung wiederherstellen**: Hiermit erhalten Sie einen weiteren Rettungsanker in Form der System-Wiederherstellung durch ein zuvor mit Time Machine angelegtes Backup. Für genauere Informationen hierzu schlagen Sie bitte im Kapitel »Grundprogramme« unter »Time Machine« nach.

Target Disk Mode – Daten mit einem zweiten Mac retten

Will Ihr Mac partout nicht mehr starten, haben Sie noch die Möglichkeit, Daten über eine Firewire-Verbindung auf einen anderen Rechner zu kopieren.

Dazu benötigen Sie ein Firewire-Kabel und natürlich einen zweiten Mac. Verbinden Sie zunächst den ausgeschalteten, defekten Mac mit dem funktionierenden System über das Kabel. Nun können Sie den Patienten mit gedrückter T-Taste wieder einschalten. Dies bewirkt, dass der entsprechende Computer in einen Festplatten-Modus versetzt wird und sich nun wie eine externe Festplatte verhält. Über den funktionierenden Computer können Sie in der Folge Daten vom defekten System retten und den defekten Mac mit dem Festplatten-Dienstprogramm auf mögliche Fehler überprüfen. Dazu verfahren Sie bitte in gleicher Weise, wie dies im Abschnitt »Festplatten-Dienstprogramm« bereits für normale Festplatten beschrieben wurde.

Weiterführendes über den Target Disc Modus erfahren Sie in Kapitel 7 »Tipps und Tricks für den effektiven Einsatz von Snow Leopard.«

PRAM löschen

Anwendern, die bereits unter dem klassischen System am Mac gearbeitet haben, dürfte diese Funktion ein Begriff ein, da sie vor allem zu diesen Zeiten eine häufige Lösung für Systemprobleme darstellte.

Das Parameter-RAM speichert einige wenige Informationen, etwa über das Startvolume, Systemzeit oder bereits vorgefallene Kernel Panics. In manchen Fällen kann es Probleme verursachen. Deshalb lohnt es sich unter Umständen, das PRAM bei der Fehlersuche einmal auf folgende Weise zu löschen:

Halten Sie beim Neustart die Tasten P – R – ⌘ – ⌥ gedrückt, bis der Startton dreimal zu hören war. Im Anschluss startet der Computer mit zurückgesetztem Parameter-RAM neu.

Startprotokoll

Eine weitere Möglichkeit, Problemen auf die Spur zu kommen, ist die Anzeige eines Protokolls während des Startvorgangs. Dies hilft zugegeben meistens nur fortgeschrittenen Anwendern weiter, liefert aber dennoch interessante Informationen. Um statt des gewohnten Apfelsymbols beim Systemstart tatsächliche Informationen angezeigt zu bekommen, müssen Sie lediglich die Tasten ⌘ – V gedrückt halten, bis der Startton erklungen ist. In der Folge startet der Computer unter Ausgabe von Textinformationen, die manche Anwender sicher fatal an andere Betriebssysteme erinnern werden.

Hardware testen

Auch wenn dieses Kapitel bisher den Anschein erweckt haben mag – Systemprobleme müssen natürlich nicht zwingend auf Softwareprobleme zurückzuführen sein. Daher sollte man prüfen, ob der Defekt auf Seiten der Hardware liegt.

Die Hardware-Test-CD

Apple liefert alle aktuellen Rechner mit einem Programm zur Hardware-Diagnose aus. Es soll Probleme etwa mit dem Arbeitsspeicher oder der Hauptplatine erkennen.

Zum Durchführen einer Hardware-Diagnose legen Sie die mit Ihrem Rechner ausgelieferte Hardware-Test-CD ein. Bitte beachten Sie, dass es tatsächlich die zu Ihrem Computer gehörige CD sein muss, da das Testprogramm für jeden Rechnertyp etwas unterschiedlich sein muss.

Gestartet wird der Hardwaretest, indem Sie beim Neustart entweder die D-Taste gedrückt halten oder alternativ die ⌥-Taste drücken und anschließend den Hardware-Test aus den angebotenen Laufwerken auswählen.

Nach dem Start des Testprogramms müssen Sie lediglich den Anweisungen auf dem Bildschirm folgen. Der genaue Ablauf kann je nach Modell etwas verschieden sein. Findet das Programm tatsächlich ein Problem, so wird dieses mit einem Fehlercode angezeigt. Mit diesem Fehlercode können Sie sich nun an einen Apple-Techniker oder die Suchmaschine Ihrer Wahl wenden.

System Profiler

Bei der Diagnose von Hardwareproblemen kann Ihnen eventuell auch der System Profiler weiterhelfen. Dieses Programm liefert ausführliche Informationen zu der auf dem Rechner installierten Hard- und Software.

Das Prinzip ist einfach: Funktioniert ein angeschlossenes Gerät nicht, können Sie im System Profiler überprüfen, ob es denn überhaupt am entsprechenden Anschluss erkannt wird. Ferner lassen sich auch Informationen darüber gewinnen, ob ein entsprechender Treiber für ein Gerät installiert ist. Dieser findet sich dann im Bereich *Software* unter *Erweiterungen* zusammen mit Versionsnummer und weiterführenden Informationen.

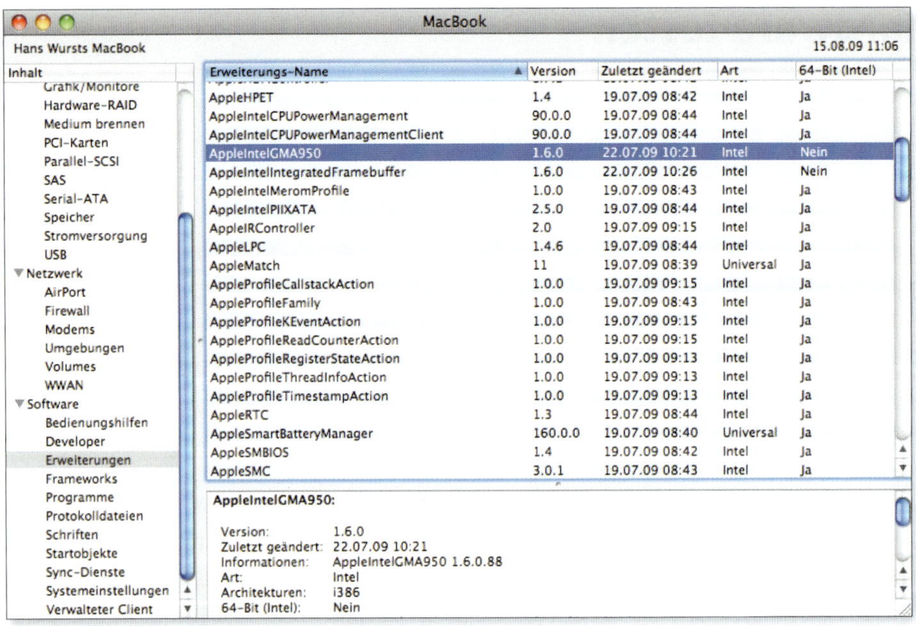

So sehen Treiberinformationen im System Profiler aus.

Den bereits beim Festplatten-Dienstprogramm angesprochenen S.M.A.R.T.-Status von Festplatten können Sie im System Profiler ebenfalls überprüfen. Er findet sich ganz leicht im Informationsfenster zum jeweiligen Laufwerk.

Jetzt 2 Hefte gratis!
MACUP
Know-how
rund um den Mac.
Testen Sie ohne Risiko!*
Test: A4-Farblaser & 24"-TFTs
mit DVD 7,4 GB
70 versteckte Tastaturkürzel in OS X
Mac OS X 10.6 in der Praxis
CS4 Production Premium*
Adobe CS4 Production (Tryout)
Film und Vide
für Hobby ur
Der schn
Mac Pro
mit CD
PC-Grafikkarten am
MACup-Software-Kollektion Vol. 2
DT-Control geprüft: Nicht jugendbeeinträchtigend

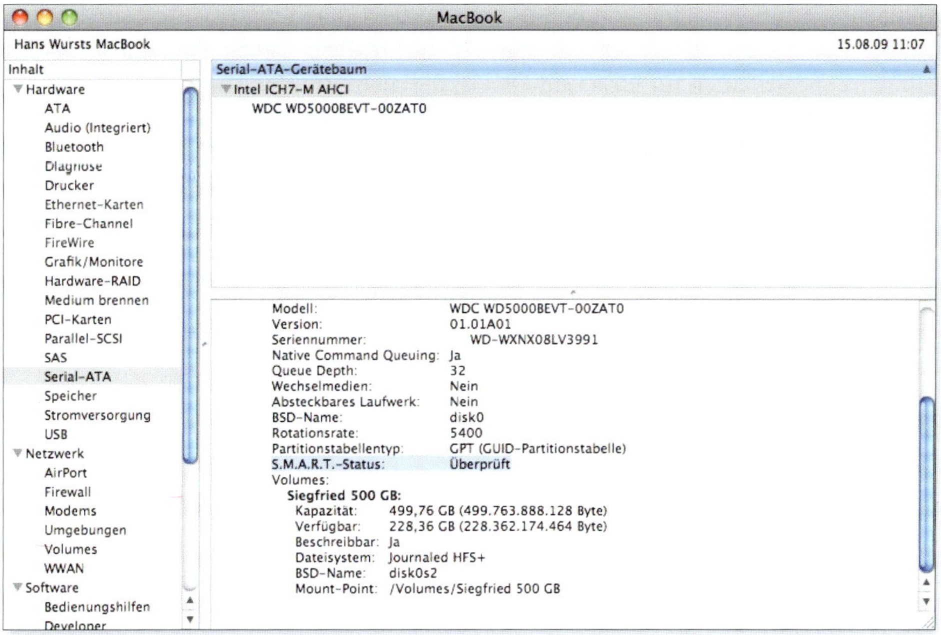

S.M.A.R.T.-Status im System Profiler

Allgemeine Hinweise

Mac OS X hat zwar den Ruf, ein relativ stabiles Betriebssystem zu sein, dennoch sollten Sie gewisse Verhaltensregeln beachten.

Backups

Regelmäßige Backups der eigenen Daten sind essentiell. Bei keinem System sind Sie völlig sicher vor Ausfällen. Weder Hardware noch Software sind perfekt und ausfallssicher. Mit Time Machine bietet Apple deshalb eine einfach zu bedienende automatische Backup-Lösung, die dem Anwender das manuelle Sichern von Daten ersparen kann. Gefällt Ihnen Time Machine nicht, ist das keine Ausrede, denn es gibt viele weitere Programme am Markt (z.B. auch das kostenlose iBackup: http://www.grapefruit.ch/iBackup/). Der Kauf einer externen Festplatte lohnt sich also immer, wenn Ihre Daten Ihnen lieb sind, und da die Preise dafür erheblich gefallen sind, ist auch das kein Argument mehr gegen Backups.

Genau genommen sollten von bereits archivierten Daten regelmäßig neue Kopien erstellt werden, da auch externe Medien nicht für die Ewigkeit gemacht sind, dies gilt ganz speziell auch für CDs und DVDs, die nicht für eine Langzeitarchivierung geeignet sind, da deren Lebensdauer beschränkt ist. Bedenken Sie dabei, dass Sie Ihre Familienfotos voraussichtlich auch noch in 30 Jahren betrachten wollen. Bewahren Sie solche Medien an einem dunklen Ort auf, um sie vor UV-Strahlung zu schützen.

Noch sicherer gehen Sie, wenn Sie von wichtigen Daten mehrere Backups erstellen und diese an unterschiedlichen Orten aufbewahren.

Viren

Viren sind ein leidiges Thema. Auch wenn es immer wieder Anwender gibt, die etwas anderes behaupten: Macs sind nicht absolut sicher vor Viren, es gibt lediglich weniger Schadsoftware als für Windowsrechner. Aus diesem Grund sollten Sie ein paar allgemeine Verhaltensregeln beachten:

- Öffnen Sie keine Anhänge von E-Mails, die Ihnen zugeschickt werden, wenn Sie den Absender oder den Inhalt des Anhangs nicht kennen.
- Installieren Sie keine Programme, deren Herkunft Ihnen nicht bekannt ist – besonders in illegalen Tauschbörsen findet sich häufig als populäres Programm getarnte Schadsoftware.
- Geben Sie nirgends im Internet Ihre Passwörter weiter und wechseln Sie diese regelmäßig.
- Laden Sie regelmäßig Sicherheitsupdates für Ihr System. Diese schließen neu entdeckte Sicherheitslücken und können über die ins System integrierte Softwareaktualisierung installiert werden.
- Virenscanner können nervig sein, schützen aber vor Befall mit Schadsoftware. Effektiv ist solche Software jedoch nur, wenn Sie regelmäßig und in engen Abständen aktualisiert wird.

Virenscanner für den Mac:

Norton Antivirus, Hersteller: Symantec,	Adresse: www.symantec.com
Sophos Antivirus, Hersteller: Sophos,	Adresse: www.sophos.com
Virex, Hersteller: McAfee,	Adresse: www.mcafee.com
avast! antivirus Mac Edition, Hersteller: Avast,	Adresse: www.avast.de
VirusBarrier, Hersteller: Intego,	Adresse: www.intego.com/virusbarrier/

TIPP

Den Virenscanner iAntiVirus gibt es auch in einer »Free Edition«: http://iantivirus.com/download/

Hilfe im Internet

Hat der Computer ein Problem, mit dem man nicht weiterkommt, hilft es oft, jemanden zu fragen, der sich besser auskennt oder das gleiche Problem auch schon gehabt hat. Falls Ihr Bekanntenkreis in dieser Hinsicht eher klein sein sollte, gibt es viele Anlaufstellen im Internet, bei denen man sich kostenlos austauschen kann, eine wenige sollen an dieser Stelle exemplarisch erwähnt werden:

Apple Disscusions, vielfältige Hilfeforen bei Apple selbst:

http://discussions.apple.com

Ratschlag24, redaktionell betreute Tipps:

http://www.ratschlag24.com/

MacUser, deutschsprachiges Forum:

http://www.macuser.de/

Apfeltalk, deutschsprachiges Forum:

http://www.apfeltalk.de/

MacNews, Onlinedienst mit vielfrequentiertem Forum:

http://www.macnews.de/

MacFix, Spezielles Forum zur Problemlösung

http://www.macfix.de

EXKURS

GarageBand – Apple auf Beutezug

Neue Software ganz von vorne zu programmieren, ist eine aufwendige Sache. Macs hatten jahrelang die Musikstudios der Welt dominiert – doch als Mitte der neunziger Jahre Windows-Computer deutlich leistungsfähiger als Macs waren, wurde hier einiges an Terrain verloren.

Zur Strategie von Steve Jobs gehörte es deswegen u. a., Profi-Software anzubieten, die nur auf Macs lief. Und so verleibte man sich im Jahr 2002 die norddeutsche Firma Emagic ein, die mit Logic eines der bekanntesten Profi-Programme für die Musikproduktion vertrieb. Logic wurde fortan von Apple weiterentwickelt und verkauft – allerdings nicht mehr, wie noch bei Emagic, in einer Windows- und einer Mac-Version. Erstere wurde eingestellt.

Doch der kluge Schachzug hatte noch einen anderen Grund: Apple bastelte gerade an einem Multimedia-Paket namens iLife – und hierfür benötigte man noch eine Einsteiger-Musiksoftware, mit der man z. B. selbst gedrehte Filme vertonen kann. Durch den Kauf von Logic waren die Grundlagen geschaffen. Die Benutzeroberfläche wurde für GarageBand vollkommen neu gestaltet, aber der Software-Unterbau wurde in wesentlichen Teilen – wenn auch abgespeckt – von Logic übernommen. Herausgekommen ist ein Programm, mit dem sogar Einsteiger schnell zu ansprechenden Musikstücken kommen.

GarageBand wurde in den letzten Jahren fortlaufend weiterentwickelt – und weil es gut in die Apple-Strategie passte, wurde dem Programm u. a. auch die Möglichkeit spendiert, Podcasts damit aufzunehmen.

Kapitel

10

Die besten Free- und Sharewareprogramme

Zusätzliche Software muss nicht teuer sein. Wie Sie mit wenig Geld – oder sogar kostenlos – die Funktionalität des Betriebssystems erweitern, zeigt Ihnen dieses Kapitel.

Die besten Free- und Sharewareprogramme für Snow Leopard

Mac OS X bringt eigentlich fast alles mit, was zur Grundausstattung eines Computers benötigt wird: Mailprogramm, Browser, Adressbuch, Kalender, Chat-Software etc. Für Office-Produkte (z. B. Textverarbeitung) muss man jedoch – da hat Mac OS X nichts anzubieten – noch in die Tasche greifen: sei es für Apples iWork '09 oder für Microsofts Office für den Mac. Als Alternative kann man inzwischen aber auch das kostenlose OpenOffice verwenden, das es seit Oktober 2008 auch in einer nativen Version für Mac OS X gibt.

Am Mac gibt es eine große und kreative Gemeinde von Programmierern, die alles Erdenkliche umzusetzen versuchen. Viele Programme sind kostenlos (Freeware), für andere ist eine mehr oder weniger hohe Gebühr zu entrichten (Shareware).

Neunzehn solcher nützlichen Helferlein sollen im Folgenden kurz vorgestellt werden. Probieren Sie sie doch einfach mal aus – auch die kostenpflichtigen Programme kann man meist 30 Tage in einer Demoversion testen.

TIPP

Sie suchen nach einem kostenlosen oder einem Shareware-Programm, das nicht allzu viel kostet? Es gibt zwei besonders bekannte Portale, in denen so gut wie alle Mac-Programme eingetragen sind und über die man die Software dann auch herunterladen kann:

– Versiontracker: http://www.versiontracker.com/
– MacUpdate: http://www.macupdate.com

Der Nachteil der beiden Portale ist, dass sie englischsprachig sind – d. h., dass Sie bei Suchanfragen die englischen Begriffe eintragen müssen. Doch ansonsten helfen Ihnen beide Seiten in den meisten Fällen weiter.

Sollte übrigens einer der unten stehenden Links zu den Free- und Sharewareprogrammen nicht mehr gültig sein, so gehen Sie zu einem der beiden Portale und geben Sie im Suchfeld den Namen des Programms ein.

Kostenlose Programme (Freeware)

Wenden wir uns zunächst einigen Programmen zu, die kostenlos sind.

Adium

(Internetlink: http://www.adiumx.com/)

iChat ist ein tolles Chatprogramm, und man kann damit in Snow Leopard Dinge tun, die andere Chat-Clients auf dem Mac, aber auch auf anderen Betriebssystemen nicht erlauben (Video-Konferenzen, Screen Sharing etc.). Doch iChat ist nicht perfekt – es versteht sich nämlich nur auf wenige Chat-Protokolle.

So bleiben Chat-Gespräche mit vielen Windows-Usern außen vor, weil iChat sich z.B. nicht auf das Protokoll des Microsoft Messengers versteht. **Adium** ist ein kleines, schickes Programm, das mit fast allen bekannten Chat-Protokollen umgehen kann und damit die Protokoll-Einschränkung von iChat vergessen macht.

Mit Adium kann man problemlos Kontakt zu Nutzern von Microsoft Messenger, Yahoo! Messenger oder ICQ (sowie einigen exotischeren Chat-Programmen) aufnehmen. Eine Besonderheit von Adium ist auch, dass alle Chat-Gespräche gespeichert werden – über eine komfortable Suchfunktion lassen sich diese bequem durchforsten.

Bei allem Lob für Adium: Audio- und Video-Gespräche sind damit bisher nicht möglich. Am besten hat man also iChat und Adium gleichzeitig in Verwendung.

Skype

(Internetadresse: http://www.skype.com/intl/de/)

Skype ist ein Telefonie-Programm, mit dem man über das Internet kostenlos mit anderen Skype-Usern kommunizieren kann. Das Schöne daran ist, dass es Skype auch für Windows und Linux gibt – plattformunabhängigen Gesprächen steht somit nichts mehr im Wege. Um das Programm nutzen zu können, benötigt man einen kostenlosen Skype-Account, den man beim ersten Start des Programms erstellt. Inzwischen sind mit dem Programm auch Bildtelefonate (eine iSight oder USB-

Kamara vorausgesetzt), ScreenSharing (jedoch nur mit anderen Nutzern von Mac OS X) und Text-Chats möglich.

Wer bereit ist, Geld dafür auszugeben, kann via Skype auch mit Festnetz-Telefonen und Handys telefonieren. Kostenpflichtig ist auch eine feste Telefonnummer, über die man sich von anderen Telefonen am Computer anrufen lassen kann. Ein Anrufbeantworter ist dabei integriert. Insbesondere Ferngespräche in andere Länder sind mit Skype sehr preiswert.

Growl

(Internetlink: http://www.growl.info/)

Growl ist eine Erweiterung der Systemeinstellungen von Mac OS X, mit der man sich auf dem Bildschirm über aktuelle Vorgänge an seinem Mac informieren lassen kann. Je nachdem, wie man Growl konfiguriert, werden z.B. neu hereinkommende Mails, neu abgespielte Musikstücke in iTunes, Chatpartner, die sich an- oder abmelden u.v.m. in einem kleinen Info-Fenster angezeigt. Sehr viele Programme, mit denen man an seinem Mac täglich arbeitet (von Skype über Adium und NetNewsWire bis hin zu Mail und iTunes) werden dabei unterstützt.

Growl bietet viele vorgefertigte Vorlagen für die Bildschirmanzeige, so dass für jeden Geschmack etwas dabei ist. Besonders hübsch anzusehen ist dabei der Anzeigestil »Music Video«.

Camouflage

(Internetlink: http://www.briksoftware.com/products/camouflage/)

Wer kennt nicht das Problem, dass der Bildschirm vor lauter dort abgelegten Dateien so vollgestopft ist, dass man sein hübsches Hintergrundbild gar nicht mehr richtig erkennen kann? **Camouflage** ist ein kleines Programm, das hier Abhilfe schafft. Mittels Tastenkürzel kann man damit alle Datei-Icons auf dem virtuellen Schreibtisch unsichtbar machen – und natürlich auch wieder herholen. So sieht man die Dateien auf dem Schreibtisch nur noch, wenn man sie sehen will.

Einen kleinen Nachteil hat das Programm jedoch: Man wird seltener daran erinnert, dass man seine Dateien mal wieder in Ordner einsortieren sollte… :-)

TinkerTool

(Internetadresse: http://www.bresink.de/osx/TinkerTool-de.html)

Mac OS X bringt einige Features mit, die standardmäßig deaktiviert sind. **TinkerTool** ist ein kleines Programm, mit dem sich einige dieser Features einschalten und manche Grundeinstellungen ändern lassen.

Um ein paar Beispiele zu nennen: Das Dock kann man normalerweise nur zentriert am linken, unteren oder rechten Bildschirmrand anzeigen lassen. Mit TinkerTool lässt es sich jedoch auch an den oberen, unteren, linken oder rechten Rand verschieben. Ebenso ist es möglich, die Systemtöne des Betriebssystems abzuschalten oder versteckte Systemdateien im Finder sichtbar zu machen. Hilfreich ist auch, dass man das Standard-Grafikformat für Screenshots ändern kann. Statt png-Dateien werden dann z.B. kleinere jpg-Dateien oder verlustfreie, unkomprimierte tif-Dateien erzeugt.

Zum Zeitpunkt der Drucklegung dieses Buches lief TinkerTool nicht unter Snow Leopard – jedoch kann man davon ausgehen, dass der Entwickler das Tool (das war zumindest bei Tiger und Leopard so) kurz nach dem Erscheinen von Mac OS X 10.6 an die neue Betriebssystem-Version anpassen wird.

Quicksilver

(Internetlink: http://www.blacktree.com/)

Quicksilver ist ein kleines Freeware-Programm, das Ihnen hilft, Programme schnell mit Hilfe von Tastaturkürzeln zu starten oder Dateien und Ordner zu öffnen (was übrigens beides, siehe Kapitel 7 »Tipps und Tricks«, auch mit Spotlight geht). Auch hat man über das Programm Zugriff auf das Adressbuch oder seine iTunes-Mediathek, sofern man bei der Konfiguration nach dem ersten Programmstart die angebotenen Plugins herunterlädt.

Für Leute, die gerne alles mit der Tastatur erledigen und möglichst wenig zur Maus greifen wollen, ist dieses Programm jedenfalls sehr hilfreich. Das Besondere an Quicksilver ist, dass die Software selbstlernend ist, man sie also nicht aufwendig konfigurieren muss.

Quicksilver kann jedoch noch mehr. Die Dokumentation zum Programm auf der englischsprachigen Webseite hilft Ihnen hier weiter. Leider wird Quicksilver nicht mehr weiterentwickelt – es funktioniert jedoch tadellos mit Mac OS X 10.6 Snow Leopard. (Übrigens: Ein kostenpflichtiges Shareware-Programm, das Ähnliches und darüber hinaus noch einiges mehr leistet, ist LaunchBar – siehe Shareware weiter unten.)

Flip4Mac WMV Player

(Internetlink: http://www.flip4mac.com)

QuickTime X, das in Snow Leopard integriert ist, hat seine Probleme mit Filmen, die im Windows Media Player- oder avi-Format vorliegen, und kann diese meist nicht abspielen. Da der Windows Media Player für Mac OS X schon seit einigen Jahren nicht weiterentwickelt wird, hilft einem **Flip4Mac** weiter. Dieses für Privatanwender kostenlose Programm ermöglicht es, die meisten Windows Media Player-Dateien in QuickTime bzw. QuickTime X (das Programm wurde bereits für Snow Leopard angepasst) anzuschauen. Hierbei wird auch ein Plugin für die gängigen Internet-Browser bereitgestellt, so dass diese Dateien auch im Browser zu betrachten sind. Flip4Mac gehört somit auf jeden Mac.

VLC-Player

(Internetlink: http://www.videolan.org/)

Der VLC-Player ist das zweite empfehlenswerte Programm, wenn es darum geht, Filmmaterial anzuschauen, mit dem Quick Time X nicht zurechtkommt. Inzwischen ist der kostenlos herunterzuladende **VLC-Player** der Beta-Phase entwachsen und stellt damit ein voll funktionstüchtiges Programm dar, das auch Mac OS X 10.6 unterstützt. Der VLC-Player versteht sich auf fast alle Videoformate (neben wmv und avi auch DivX) – auch lassen sich damit DVDs auf den Bildschirm bringen.

Wenn Quick Time X auch im Zusammenspiel mit dem Flip4Mac WMV Player einen Film nicht abspielt, sollten Sie es mit dem VLC-Player versuchen. Allerdings enthält der VLC-Player kein Browserplugin, so dass man die Filme vor dem Anschauen herunterladen und dann manuell öffnen muss.

StuffIt Expander

(Internetlink: http://my.smithmicro.com/mac/stuffit/expander.html)

Mac OS X kann zwar die meisten im zip-Format komprimierten Dateien öffnen und entpacken, aber andere Komprimierungsformate kennt es nicht. Sollten Sie auf Dateien treffen, die z.B. mit dem sit-, sitx-, sea- oder bin-Format verkleinert wurden, so hilft Ihnen **StuffIt Expander** weiter. Die kostenlose Variante von StuffIt reicht hierfür vollkommen aus.

OpenOffice

(Internetlink: http://www.openoffice.org)

Mit TextEdit, das in Mac OS X integriert ist, lassen sich zwar einfache Texte schreiben, aber etwas aufwendigere Layouts mit Tabellen und genau positionierten Textfeldern sind damit nicht möglich. Wer für iWork von Apple oder Office:mac von Microsoft kein Geld ausgeben möchte, kann seit Oktober 2008 auf **OpenOffice** 3 (inzwischen Version 3.1), der kostenlosen Office-Alternative, zurückgreifen.

Seit Jahren hatten viele Anwender darauf gehofft, dass OpenOffice in einer Mac-Version (für die man nicht die X11-Umgebung benötigt) erscheint. Nach langer Warte- und Entwicklerzeit ist die Programm-Suite inzwischen gut an Mac OS X angepasst.

OpenOffice enthält verschiedene Module, die in eine Anwendung integriert sind: Textverarbeitung, Tabellenkalkulation, die Erstellung von Präsentationen und Datenbanken sowie die Bearbeitung von einfacheren Grafiken sind möglich. Das Programm beherrscht im Übrigen recht gut den Import von Word- und Excel-Dateien.

Der große Vorteil von OpenOffice ist zudem, dass es für verschiedene Betriebssysteme (Windows, Linux, Mac OS X u.a.) vorliegt. Sollten Sie also bei der Arbeit mit Windows zugange sein müssen, so können Sie OpenOffice-Dokumente problemlos auch zu Hause öffnen, bearbeiten und so wieder speichern, dass Sie zurück am Arbeitsplatz damit weiterarbeiten können.

Adobe Reader

(Internetlink: http://get.adobe.com.de/reader/)

Zwar kann Mac OS X mit dem Programm Vorschau auch PDF-Dateien anzeigen, doch bietet der kostenlose **Adobe Reader** von Adobe (der bis zur Version 6 Acrobat Reader hieß) noch ein paar Möglichkeiten mehr. So können z.B. an PDF-Dateien angehängte Dateien angeschaut bzw. geöffnet werden.

Es ist nie falsch, den Adobe Reader auch auf der Festplatte zu haben – allein schon, um auch zu sehen, ob eine mit Mac OS X erstellte PDF-Datei damit geöffnet werden kann. Den Adobe Reader gibt es nämlich auch für Windows und Linux – er ist somit ein plattformübergreifendes Programm. Und die meisten Windows- und Linux-User greifen auf das Adobe-Programm zurück, um PDF-Dateien zu öffnen.

Zur Drucklegung des Buches war angegeben, dass der Adobe Reader nur Mac OS X-Versionen bis 10.5.8 unterstützt – er lief jedoch problemlos unter Snow Leopard.

Alternative Browser: Camino, Firefox und OmniWeb

(Internetlinks: http://www.caminobrowser.org/, http://de.www.mozilla.com/de/)

Safari ist inzwischen ein wirklich guter Browser, der mit fast allen Internetseiten zurechtkommt. Doch gibt es auch Ausnahmen – was jedoch in der Regel weniger an Safari liegt als daran, dass nicht alle Webdesigner und Browser sich an die Standards halten.

Trifft man also auf eine Webseite, die Safari nicht anzeigen kann, so sollte man es mit **Camino** oder **Firefox** probieren – meist klappt es dann. Beide basieren übrigens auf der sogenannten Gecko-Engine zur Darstellung von Html-Seiten. Der Unterschied zwischen Camino und Firefox besteht hauptsächlich darin, dass Camino besser an Mac OS X angepasst ist, während es für Firefox mehr Erweiterungen und Plugins gibt. Auch haben die beiden Browser eine leistungsfähigere Cookie-Verwaltung als Safari, was sicherheitsbewussten Computernutzern sicher behagt. Am besten lädt man sich beide Browser auf seine Festplatte.

Im Sommer 2009 haben Geschwindigkeitsvergleiche übrigens gezeigt, dass Safari die meisten Webseiten schneller lädt als Firefox oder Camino.

(Internetlink: http://www.omnigroup.com/omniweb/)

Ein weiterer alternativer Browser, der seit Anfang 2009 ebenfalls kostenlos ist, ist **OmniWeb**. Der Browser hat allerdings die gleiche Engine (nämlich die WebKit-Engine) wie Safari – von daher kann er nicht als Alternative für Seiten, bei denen Safari Probleme hat, gelten. Dennoch hat OmniWeb Stärken, deretwegen ihm viele Anwender den Vorzug vor Safari geben. Dazu zählt insbesondere zum einen die Möglichkeit, Tabs in kleinen Vorschauminiaturen anzeigen zu lassen, zum anderen die Möglichkeit, für jede Webseite individuelle Einstellungen (z.B. in Bezug auf deren Anzeigeeigenschaften, Cookies oder JavaScript) festzulegen. OmniWeb ist sozusagen ein »Luxus-Safari« für alle, die möglichst viel selbst konfigurieren wollen.

NetNewsWire

(Internetlink: http://www.newsgator.com/individuals/netnewswire/)

Safari (und rudimentär auch Apples Mail) beherrschen das Anzeigen von Webseiten im RSS-Nachrichtenformat. Wer es jedoch etwas komfortabler will, um für verschiedene Webseiten auf dem Laufenden zu bleiben und sich neue Einträge/Artikel anzeigen zu lassen, sollte auf ein spezielles Programm für die RSS-Anzeige umsteigen. **NetNewsWire** ist hier eindeutig der bewährte Platzhirsch, den viele Mac-User einsetzen.

Der Vorteil des Programms ist vor allem, dass es eine Synchronisierungsfunktion gibt, so dass der Stand gelesener und ungelesener Einträge auf verschiedenen Macs gleich ist. Im Sommer 2009 haben die Entwickler entschieden, dass die Synchronisation nicht mehr über den Newsgator-Service, sondern in Zukunft über einen Google-Dienst läuft. Den dazu nötigen Account kann man kostenfrei einrichten.

NetNewsWire ist grundsätzlich kostenlos, finanziert sich jedoch über eine kleine Werbeeinblendung links unten im Programmfenster. Wer das Programm ohne Werbung verwenden will, kann die kostenpflichtige Version erwerben.

VoodooPad Lite

(Internetlink: http://www.flyingmeat.com/voodoopad/voodoopadlite.html)

VoodooPad ist ein geniales kleines Programm, das in seiner Lite-Version kostenlos ist. Die ebenfalls erhältliche Standard- und Pro-Version, die einige Features mehr mit sich bringen, sind jedoch kostenpflichtig.

VoodooPad könnte man als Notizzettelprogramm bezeichnen, auch wenn man der Software damit nicht ganz gerecht wird. Das Besondere an VoodooPad ist, dass es nach dem sogenannten Wiki-Prinzip funktioniert. Notizzettelfenster lassen sich (ähnlich wie Internetseiten) ganz einfach verlinken, so dass man zu einem Stichpunkt in einem anderen Fenster Genaueres festhalten kann. Es eignet sich deswegen sehr gut, um Informationen und Notizen zu sammeln und strukturiert aufzubewahren.

Carbon Copy Cloner

(Internetlink: http://www.bombich.com/software/ccc.html)

Das Programm von Bombich Software ist kostenlos und macht es möglich, Ihre Festplatte auf einer zweiten internen Festplatte oder einem externen Laufwerk vollständig zu sichern. Hat Ihre Systemfestplatte einen Ausfall, so können Sie direkt mit der Sicherungskopie weiterarbeiten.

Im Bereich Shareware weiter unten wird das Konkurrenzprodukt SuperDuper! vorgestellt, das nach Meinung des Autors leichter zu konfigurieren ist und damit weniger Probleme als **Carbon Copy Cloner** macht. Allerdings setzen viele Mac-User auch Carbon Copy Cloner erfolgreich ein. Inkrementelle Backups, d.h. Sicherungen, die nur geänderte Dateien speichern und damit schneller vonstatten gehen, sind auch mit Carbon Copy Cloner möglich. Auch wenn das Programm zur Drucklegung dieses Buches noch nicht offiziell für Snow Leopard angepasst war, es verrichtete auch unter Mac OS X 10.6 seinen Dienst.

Burn

(Internetlink: http://burn-osx.sourceforge.net/)

Mac OS X hat die Möglichkeit zum Brennen von CDs oder DVDs direkt ins System integriert. Komfortabler geht das Beschreiben von Medien jedoch mit der kostenlosen Software **Burn**, die im Großen und Ganzen selbsterklärend ist. Burn kann Daten-, Audio- und Video-Medien brennen, schreibt Disk-Images und kopiert CDs sowie DVDs. Für alle, denen Roxios Programm Toast zu teuer ist, ist Burn somit eine Alternative. Mehr Informationen zu Burn finden Sie auf der o.g. Webseite des Programmierers.

AppCleaner

(Internetlink: http://www.freemacsoft.net/AppCleaner/)

Bei Mac OS X reicht es in der Regel, ein Programm zu entfernen, indem man es im Finder löscht. Zurück bleiben allerdings zumindest die Einstellungsdateien für das Programm – oft auch andere Installationsbestandteile.

Bei Programmen, die keinen eigenen Deinstaller anbieten, hilft einem das Freeware-Programm **AppCleaner** weiter, indem es alle zu einem Programm gehörenden Dateien sucht und auf Wunsch beseitigt. Auch Dashboard-Widgets und Software-Erweiterungen wie z.B. Plugins werden von AppCleaner inzwischen unterstützt. Gelöscht werden Programme einfach, indem man das Programm-Icon auf das AppCleaner-Fenster zieht und dann den Löschvorgang der automatisch gesuchten Programmbestandteile bestätigt.

Kostenpflichtige Software (Shareware)

Es gibt sehr viele sinnvolle Programme für den Mac, so dass man schnell die Übersicht verliert. Deswegen seien hier fünf Programme, die schon fast zum Standard auf jedem Mac gehören, erwähnt und kurz beschrieben – und ein paar weitere noch in jeweils einem Satz vorgestellt. Von allen Programmen gibt es eine Testversion, so dass Sie zumindest mal ein paar Tage reinschnuppern können, bevor Sie entscheiden, ob Sie das Programm kaufen wollen.

LaunchBar

(Internetlink: http://www.obdev.at/products/launchbar/)

Der Name sagt schon, was **LaunchBar** in erster Linie ist: ein Programm, mit dem man komfortabel über Tastaturkürzel andere Programme sowie Dateien öffnen kann. Allerdings ist das fast etwas tiefgestapelt, denn LaunchBar beherrscht in der aktuellen Version 5 wesentlich mehr. So lassen sich, um ein paar Dinge aufzuzählen, iTunes-Wiedergabelisten starten, Adressbuchdaten (z.B. Telefonnummern) als schwebende Palette einblenden, ohne dass man das Adressbuch öffnen muss, oder Webseiten im Browser öffnen – und zwar alles mit Hilfe von Tastaturkürzeln. Wie das oben bereits erwähnte Quicksilver ist LaunchBar dabei selbstlernend – d.h., es merkt sich einmal zugewiesene Tastaturkürzel. Der Vorteil von LaunchBar gegenüber Quicksilver ist, dass das Programm weiterentwickelt wird – dafür ist es jedoch nicht kostenlos.

SuperDuper!

(Internetlink: http://www.shirt-pocket.com/SuperDuper/)

Mac OS X Snow Leopard bietet mit Time Machine ein geniales Backup-System an, das den großen Vorteil hat, dass es für jeden Tag mehrmals einen Zwischenstand abspeichert. So können Sie eine vor einer Woche aus Versehen gelöschte Datei wieder zurückholen. Doch Time Machine hat auch seine Schwächen: nämlich wenn es darum geht, eine ganze Festplatte zu sichern. Angenommen, Ihre Festplatte geht kaputt, so können Sie nicht einfach mit der Sicherung von Time Machine weiterarbeiten, sondern müssen erst die Sicherungskopie – das ist mehr oder weniger mühsam – auf eine andere Festplatte zurückspielen.

Um eine 1:1-Kopie Ihrer Festplatte anzulegen, benötigen Sie deswegen ein anderes Programm: Und das beste von allen ist zweifelsohne **SuperDuper!**. Was Sie dazu benötigen: eine zweite Festplatte (intern, z.B. im Mac Pro, oder extern via Firewire oder USB2 angeschlossen), die mindestens so groß ist wie die Datenmenge auf Ihrer Systemfestplatte. SuperDuper! kann dann Ihre Festplatte mit allen Betriebssystemdateien und dem weiteren Inhalt auf die Zweitfestplatte kopieren – und zwar so, dass Sie auch von dieser Festplatte aus Ihren Mac starten können und alle Dateien weiterhin vorhanden sind. Fällt also Ihre System-Festplatte aus, so können Sie nach einem Neustart bei dem Stand fortfahren, wo Sie mit SuperDuper! die letzte Sicherung gemacht haben (es empfiehlt sich also, täglich die Kopie zu aktualisieren).

Da die Kopie einer ganzen Festplatte sehr lange dauert, gibt es bei SuperDuper! die Möglichkeit sogenannter Smart-Backups – es werden ab der zweiten Sicherung nur die geänderten und neuen Dateien ausgetauscht bzw. hinzugefügt. Das geht dann viel schneller.

Time Machine hat trotzdem als gleichzeitiges Backup-System seine Berechtigung – denn eine vor zwei Wochen aus Versehen gelöschte Datei können Sie mit einer SuperDuper!-Sicherung nicht wieder zurückholen – sie ist auch auf der Sicherung entfernt.

SuperDuper! ist ohne die Funktion der Smart-Backups (die jedoch sinnvoll ist) kostenlos. Der Autor dieses Beitrags verwendet das Programm seit mehreren Jahren, und es war bis dato immer ein zuverlässiges Backup-Tool. Auf Nachfrage per E-Mail beim Entwickler bestätigte dieser, dass er SuperDuper! vor dem Erscheinen von Snow Leopard noch nicht an die neue Betriebssystem-Version angepasst hat. Sobald Snow Leopard erschienen ist, will er sich jedoch daran machen. Beachten Sie also vor dem Verwenden von SuperDuper! die Hinweise zu den Systemvoraussetzungen auf der Programm-Website.

GraphicConverter

(Internetlink: http://www.lemkesoft.de/xd/public/content/index._cGlkPTI4_.html)

Das Programm wurde von der Presse schon als »Schweizer Taschenmesser« für die Bildbearbeitung am Mac bezeichnet. Und es fehlt wohl auf keiner Festplatte von Grafikern. Das liegt daran, dass **GraphicConverter** 200 Grafikformate lesen und 80 exportieren kann – das leistet kein anderes Programm. Wenn Sie also noch uralte Grafiken oder Bilder in exotischen Formaten haben, so hilft Ihnen GraphicConverter, diese zu öffnen.

Darüber hinaus bietet das Programm inzwischen viele Möglichkeiten zur Bildbearbeitung und kann Fotos von Kameras importieren und verwalten. Wem Photoshop zu teuer ist, der sollte es mit GraphicConverter versuchen – auch wenn Photoshop natürlich noch einiges mehr kann.

Pixelmator

(Internetlink: http://www.pixelmator.com)

Das Programm ist eine weitere Alternative zu Photoshop – zwar nicht ganz billig, aber dennoch günstiger als der große Profi-Bruder von Adobe. Das Gute an **Pixelmator** ist zum einen, dass es Photoshop-Dateien (einschließlich Ebenen) öffnen kann, zum anderen, dass es in Bezug auf die Bedienung sehr Mac-like ist. Grafiken und Bilder lassen sich damit vielfältig bearbeiten, es steht eine Großzahl an Filtern und Werkzeugen (ähnlich denen in Photoshop) zur Verfügung.

Wer also ein leistungsfähiges Grafikprogramm sucht, aber nicht übermäßig viel Geld ausgeben will, der sollte sich die Demo-Version von Pixelmator einmal anschauen.

SpamSieve

(Internetlink: http://c-command.com/spamsieve/)

Apples Mail enthält zwar einen automatischen Werbefilter, doch funktioniert dieser nicht ganz so zuverlässig wie manch anderes Programm. Der derzeit wirkungsvollste Spam-Filter für Mac OS X, der auch mit Mail zusammenarbeitet, heißt **SpamSieve**. Nach einer gewissen Trainingszeit sortiert das Programm – das kann der Autor aus eigener Erfahrung bestätigen – sehr zuverlässig Spam-Mails aus. Für Leute, die viele unerwünschte Werbemails bekommen, ist SpamSieve genau das Richtige und eine sinnvolle Investition, um Werbemails Herr zu werden.

Weitere Shareware-Tipps

Ein paar nützliche Programme und Tools – die Auswahl ist rein subjektiv, aber es sind die Programme, die der Autor dieses Kapitels regelmäßig benutzt und von denen er begeistert ist – seien noch kurz vorgestellt.

Overflow (Internetlink: http://www.stuntsoftware.com/Overflow/): Ein Programm, in dessen schwebender Palette man ganz einfach Dateien und Programme ablegen kann, um sie schnell zu öffnen – eine Art Erweiterung des Docks.

iStopMotion (Internetlink: http://www.istopmotion.com/): Wollen Sie selbst Trickfilme aus Einzelbildern erstellen – iStopMotion, das allerdings nicht gerade günstig ist, ist ein Programm hierfür, das nicht nur Erwachsenen, sondern auch Kindern Spaß macht.

Snapz Pro X (Internetlink: http://www.ambrosiasw.com/utilities/snapzprox/): Wer nicht nur Screenshots von seinem Bildschirm (das kann auch Mac OS X), sondern kommentierbare Bildschirmfilme erstellen will, dem hilft u.a. dieses leistungsfähige ScreenCapture-Programm weiter.

OmniGraffle (Internetlink: http://www.omnigroup.de/graffle.html): Ein geniales Programm, mit dem sich kinderleicht schöne (Fließ-)Diagramme und Grafiken erstellen lassen – leider nicht ganz billig. OmniGraffle ist in einer Standard- und in einer Pro-Version mit mehr Features erhältlich.

LittleSnapper (Internetlink: http://www.realmacsoftware.com/littlesnapper/): Mit diesem Programm können Sie Ihre Screenshots einfach und komfortabel bearbeiten und vor allem verwalten. Besonders hilfreich für Leute, die Dokumentationen für Mac-Programme erstellen.

Anhang

Shortcuts

Shortcuts erleichtern das Arbeiten am Mac, da man sich mit ihnen viele Mausklicks ersparen kann und damit Zeit spart.

Erklärung	
⌘	Befehls-, Apfel, Propeller- oder Blumenkohltaste
⌥	Wahl- oder Optionstaste, Alt-Taste
⇧	Shift- oder Umschalttaste
⇪	Caps-Lock- oder Feststelltaste
---➤	Mit der Maus/dem Cursor anklicken oder festhalten
➤	Mit der Maus anklicken
⇥	Tabulator
ctrl	Kontrolltaste
⏻	Einschaltknopf
←·· ··→↑↓	Pfeiltasten
⌦	Entfernentaste

Top 10 Keys	
⌘ – N	Neu
⌘ – S	Speichern
⌘ – P	Drucken
⌘ – C	Kopieren
⌘ – V	Einfügen
⌘ – X	Ausschneiden
⌘ – A	Alles markieren

Top 10 Keys	
⌘ – Z	Letzte Aktion rückgängig machen
⌘ – W	Schließen
⌘ – Q	Programm beenden
⌘ – Leertaste	Spotlight Menü
⌥ – ⌘ – Leertaste	Spotlight-Fenster
F9	Exposé: Alle Fenster
F10	Exposé: Programmfenster
F11	Exposé: Schreibtisch
F12	Dashboard

Finder Keys	
⌘ – N	Neues Fenster
⇧ – ⌘ – N	Neuer Ordner
⌥ – ⌘ – N	Neuer intelligenter Order
⌘ – I	Info zur angeklickten Datei
⌘ – F	Suchfunktion
⌘ – A	Alles auswählen
ctrl – ↖	Kontextmenü öffnen
⌥ – ----↖	Kopieren beim Verschieben
⌘ – ⌫	In den Papierkorb legen
⇧ – ⌘ – ⌫	Papierkorb sicher entleeren
⌘ – Y oder ⌘ – Leertaste	Datei in Übersicht öffnen
⌘ – T	Zur Seitenleiste hinzufügen
⌘ – W	Fenster schließen
⌘ – 1	Symbolansicht
⌘ – 2	Listenansicht

Finder Keys	
⌘ – 3	Spaltenansicht
⌘ – 4	Cover Flow-Ansicht
⌘ – M	Fenster im Dock ablegen
⌘ – B	Symbolleiste ein/ausblenden
⌘ – J	Darstellungsoptionen einblenden
⌘ – E	Medium auswerfen
⌘ – L	Alias erzeugen
⌘ – ⌥ – ↖	Alias per Drag & Drop
⌘ – ⇥	Programme wechseln
⌘ – ? oder ⌘ – ⇧ – ß	Mac-Hilfe bzw. Programm-Hilfe
⇧ – ⌘ –7	Hilfe-Suchfeld öffnen
⌘ – H	Programm im Vordergrund ausblenden
⌘ – ⌥ – H	Alle Programme abgesehen von dem im Vordergrund ausblenden
⌥ – ⌘ – Programmsymbol im Dock	Alle Programme bis auf das markierte ausblenden
⌘ – ↓ oder ⌘ – O	Programm/Dateien aus dem Finder starten
⇧ (in Spaces)	Alle Fenster eines Programms verschieben
ctrl – ⌘ – D	Lexikon-Palette in Programmen öffnen

Bildschirmfotos	
⌘ – ⇧ – 3	Bildschirm fotografieren
⌘ – ⇧ – 4	Auswahl fotografieren
⌘ – ⇧ – 4 – ctrl	Auswahl in Zwischenablage kopieren
wie oben, aber + Leertaste	Auswahl von Fenster

Sonderzeichen

⌥ – ⇧ – E	‰ (Promille)
⌥ – L	@ (E-Mail-Trennzeichen)
⌥ – R	® (Alle Rechte beim Autor)
⌥ – G	© (Copyright)
⌥ – E	€ (Euro-Zeichen)
⌥ – ⇧ – D	™ (Trademark)
⌥ – 5 bzw. 6	[ ]
⌥ – 8 bzw. 9	{ }
⌥ – ß	¿
⌥ – Ü	•
⌥ – 7	|
⌥ – ⇧ – Plustaste	(Apple-Logo)
⌥ – W	∑ (Summe-Zeichen)
⌥ – M	µ
⌥ – P	π
⌥ – T	†
⌥ – V	√
⌥ – Z	Ω
⌥ – Q	«
⌥ – ⇧ – Q	»
⌥ – N	~
⌥ – Bindestrich	—

Ausschalten/Ruhezustand	
ctrl – Auswurftaste	Ausschaltdialog öffnen
⌥ – ⌘ – Auswurftaste	Mac in Ruhezustand versetzen
ctrl – ⌥ – ⌘ – Auswurftaste	Mac sofort beenden
⇧ – ctrl – Auswurftaste	Bildschirm in Ruhezustand versetzen

Erste Hilfe	
⌘ – ⌥ – esc	öffnet Fenster, indem Sie die laufenden Programme sofort beenden können
⌘ – ⌥ – ⏻	Sofort beenden, schaltet den Mac sofort aus
⏻	Wenn nichts mehr geht, hilft es, die Einschalttaste des Rechners circa 5 sec. zu drücken. Der Rechner schaltet sich dann aus. Bitte **nicht** einfach den Netzstecker ziehen!

Boot Keys (beim Start des Macs gedrückt halten)	
C	Start von CD
D	Nicht von CD starten
T	Im Target-Disc-Mode starten (nur wenn Macs mit FireWire-Kabel verbunden sind)
⌘ – ⌥ – P – R	Parameter-RAM löschen (gedrückt halten, bis 5 Mal Startton erklingt)
⌘ – ⌥	Schreibtischdatei neu anlegen
⌥	Startup Manager (zum Wechseln zwischen 9 & X)
⇧	Save Boot (Save Mode)
⌘ – ⌥	fsck-y eingeben (Passwörter werden gelöscht)

EXKURS

Der iMac verändert die Computerwelt

Der 7. Mai 1998 war ein denkwürdiger Tag – nicht nur für Apple. Das Unternehmen stellte den iMac vor – einen Computer, der so bekannt werden sollte, wie kein anderer zuvor. Ein Schnäppchen war er nicht: 2.999, - DM musste man dafür anfangs berappen. Und trotzdem: An diesem Gerät kam man damals einfach nicht ohne ein »Wow« vorbei. Bildschirm und alle anderen Computerteile (außer Tastatur und Maus – versteht sich) waren in ein Plastikgehäuse gepackt, das in seiner runden Form einfach knuddelig aussah. Für damalige Verhältnisse war der G3-Prozessor des iMacs ziemlich schnell, und auch die sonstigen Komponenten brauchten sich nicht zu verstecken.

Der iMac in seiner ersten Form verschwand im Januar 2002 von den Verkaufstischen. Auf dem einen oder anderen Schreibtisch ist er aber noch heute zu finden. Seitdem hat Apple am Namen iMac festgehalten und versteht darunter ein Gerät für den Normal-User, das alles Nötige in einem Gehäuse bereithält.

Auf dem Weg zum aktuellen iMac, der ein Gehäuse aus Aluminium hat, gab es noch zwei Zwischenstationen: die Nachtischlampe mit dem genialen schwenkbaren Display auf einer Halbkugel sowie den weißen iMac in Form eines Pizzakartons. Die liebevollen Namen, mit denen man die verschiedenen Modelle umschreibt, zeigen schon: Der iMac war und ist ein bewundertes Kultgerät – unter Apple-Fans, aber auch bei anderen. Und auch wenn andere Firmen ähnliche All-in-one-Geräte auf den Markt gebracht haben – der iMac ist und bleibt bisher unerreicht.

Glossar

1 Inch/Zoll	= 2,54 cm
1 Punkt	= 0,3 mm
8 Bit	= 1 Byte
1024 Byte	= 1 KB (Kilobyte)
1024 KB	= 1 MB (Megabyte)
1024 MB	= 1 GB (Gigabyte)
1024 GB	= 1 TB (Terabyte)
@	wie das englische »at« gesprochen, trennt bei Mailadressen den Benutzernamen vom Providernamen – z.B. michael.muster@me.com
ADB	(Apple Desktop Bus) veralteter serieller Schnittstellen-Standard für Eingabegeräte von Apple (bis 1999 verwendet – von USB abgelöst)
Account	Konto bei einem Internet-Provider oder Onlinedienst – meist mit einer E-Mail-Adresse verbunden
ADC	(Apple Display Connector) veralteter Anschluss für Monitore bei Apple-Computern (vor allem bei G4-Modellen verwendet)
ADSL	(Asymmetric Digital Subscriber Line) Breitbandanschluss an das Internet für Computer
ai	Suffix (Anhängsel) für Adobe Illustrator-Dateien
Airport	Apples Bezeichnung für Funkverbindungen (WLAN) nach dem Standard IEEE 802.11b
AirPort Express	Apples Bezeichnung für schnelle Funkverbindungen (WLAN) nach dem Standard IEEE 802.11g
AirPort Extreme	Apples Bezeichnung für die derzeit schnellste Funkverbindung (WLAN) nach dem Standard IEEE 802.11n
AGP	(Advanced Graphics Port) Grafikschnittstelle
Anti-Aliasing	Kantenglättung; Techniken zur Verminderung von unerwünschten Treppeneffekten durch begrenzt auflösende Pixelraster
ATA	(Advanced Technology Attachment with Packet Interface) Veraltete Schnittstelle für interne Festplatten und andere Laufwerke (auch IDE genannt) – ersetzt durch SATA
BD	Blu-ray Disc

bin	Suffix (Anhängsel) für komprimierte Dateien (am Mac z.B. mit dem StuffIt Expander zu öffnen)
Bluetooth	Funkstandard 802.11
bmp	(Bitmap) Windows-Bildformat
Browser	Computerprogramm, mit dem man sich im WWW (World Wide Web) bewegen kann
CD	Compact Disc
CD-R	beschreibbare CD
CD-RW	wiederbeschreibbare CD
Chat	(dt. »Unterhaltung«) Gespräch über ein Chatprogramm
Client	Computer, der passiv ist und hauptsächlich Daten empfängt und liest – Gegenstück zum Server. Wenn Sie ins Internet gehen, wird Ihr Mac zum Client
CMYK	(Cyan, Magenta, Yellow und Black) Grundfarben für den professionellen Druck
CPU	(Central Prozessing Unit) Hauptprozessor eines Computers
DDR-RAM	(Double Data Rate RAM) Geschwindigkeitsstandard für den Arbeitsspeicher des Computers
DIMM	(Dual Inline Memory Module) Speicherbaustein des Arbeitsspeichers
DIN A6	Papiergröße: 14,85 x 10,5 cm
DIN A5	Papiergröße: 21 x 14,85 cm
DIN A4	Papiergröße: 29,7 x 21 cm
DIN A3	Papiergröße: 42 x 29,7 cm
DIN A3Wide	Papiergröße: 45,29 x 32,79 cm
DIN A2	Papiergröße: 59,4 x 42 cm
DIN Lang	Papiergröße: 10,99 x 21,99 cm
dmg	Format zur komprimierten Archivierung von Dateien im Disk Image-Format
Domain	Adresse im WWW, unter der ein Angebot zu finden ist – z.B. www.apple.com/de
dpi	(dots per inch) Druckerauflösung
doc	Suffix (Anhängsel) für Microsoft Word-Dateien
Download	Herunterladen einer Datei aus dem Internet auf Ihren Computer
DRAM	(Dynamic Random Access Memory) Arbeitsspeicher

Drag & Drop	Ein Objekt per Maus in eine andere Umgebung ziehen
Drive	Laufwerk
DV	(Digital Video) Format für Videodateien
DVD	Digital Versatile Disc
DVD-R	Beschreibbare DVD
DVD-RW	Wiederbeschreibbare DVD
DVD DL	Doppelschichtig beschreibbare DVD
E-Mail	»Electronic Mail«, also »elektronische Post«. Damit können Textmitteilungen und Dateianhänge an andere verschickt werden
EPS	(Encapsuled PostScript) Grafikformat, im professionellen Bereich weit verbreitet
FAQ	(Frequently Asked Question) häufig gestellte Fragen – eine Kategorie in Handbüchern und auf Webseiten, in der typische Anwenderfragen beantwortet werden
Festplatte	Ferro-magnetisches Hauptspeichermedium in Computern
FireWire	Schnittstelle zur Datenübertragung nach den Standards IEEE 1394 a (FireWire 400), b (FireWire 800) und c (FireWire 3200)
Floppy	Veraltetes Speichermedium: Diskette mit 1,4 MB
GB	Gigabyte
GDDR	(Graphics Double Data Rate) Arbeitsspeicher auf aktuellen Grafikkarten (früher VRAM)
GHz	(Gigahertz) Einheit für die Angabe der Prozessor-Geschwindigkeit (ältere Prozessoren haben wegen der geringeren Geschwindigkeit noch MHz-Angaben)
gif	(Grafics Interchange Format) Besonders auf Webseiten verwendetes Grafikformat mit geringem Speicherbedarf
GPU	(Graphics Processing Unit) Grafikkarte des Computers
Grand Central Dispatch	(GCD) Technologie, bei der das Betriebssystem die Verteilung der Threads auf zur Verfügung stehende Prozessorkerne übernimmt
HD DVD	(High Density DVD) Nachfolgeformat der DVD mit größerer Speicherdichte (hat das Rennen allerdings gegen die Blue-ray Disc verloren)
Homepage	Bezeichnung für die Startseite einer Website mit mehreren Unterseiten
HTML	(Hypertext Markup Language) Programmiersprache für Internetseiten

http	Protokoll, über das Internetseiten zwischen Computern übertragen werden
Hyperlink	Verknüpfung zwischen Webseiten
Hz	Einheit für die Bildschirmfrequenz
IDE	(Integrated Drive Electronics) veraltete Schnittstelle für die Anbindung von Festplatten und Laufwerken (auch ATA genannt) – ersetzt durch SATA
IEEE	(Institute of Electrical and Electronics Engineers) weltweite Vereinigung von Elektroingenieuren, die industrieweite Normen definiert
Icon	grafisches Symbol, das eine Datei optisch darstellt
indd	Suffix (Anhängsel) für Adobe InDesign-Dokumente
Internet	Weltweit größtes Computernetzwerk, technische Plattform für das WWW
IP-Adresse	(Internet Protocol) Netzwerk-Adresse eines Computers. Beim Vernetzen von Macs, z.B. im Heimnetzwerk oder bei LAN-Partys, nimmt man üblicherweise IP-Adressen zwischen 192.168.1.1 und 192.168.1.255
ISDN	(Integrated Services Digital Network) Standard für ein digitales Netz zum Telefonieren und für den Datenaustausch
jpg (auch jpeg)	(Joint Photographic Experts Group) Grafikformat mit wenig Speicherbedarf – häufig auf Internetseiten für Fotos verwendet
KB	Kilobyte
key	Suffix (Anhängsel) für Apple Keynote-Dokumente
Kontextmenü	Menü innerhalb eines Programms mit möglichen Befehlen und Aktionen, das man mit der rechten Maustaste aufruft
LAN	(Local Area Network) Lokales Computernetzwerk
LCD	(Liquid Cristal Display) Bauweise für Computer-Flachbildschirme
Link	Verknüpfung zwischen Webseiten
lpi	(lines per inch) Druckerauflösung
MB	Megabyte
MHz	(Megahertz) alte Einheit für die Angabe der Prozessor-Geschwindigkeit (bei aktuellen Computern ist inzwischen die Angabe in GHz üblich)
Newsgroup	Bereich im WWW, in dem User miteinander über bestimmte Themen diskutieren und sich austauschen können
numbers	Suffix (Anhängsel) für Apple Numbers-Dokumente

OpenCL	(Open Computing Language) Technologie, die überflüssige Leistung von Grafikprozessoren (GPU) für allgemeine Computeraufgaben zur Verfügung stellt
pages	Suffix (Anhängsel) für Apple Pages-Dokumente
Partition	Logisch zusammenhängender Teil einer Festplatte – eine Festplatte kann in mehrere Partitionen unterteilt werden, die in Mac OS X als eigene Laufwerke im Finder angezeigt werden
pdf	(Post Dokument Format) Plattformübergreifendes Dateiformat für Dokumente, das von der Adobe entwickelt wurde
png	(Portable Network Graphics) Komprimiertes, aber verlustfreies Grafikformat. Häufig auf Webseiten verwendet
ppi	(pixel per inch) Einheit für die Auflösung eines Bildschirms
ppt	Suffix (Anhängsel) für Microsoft PowerPoint-Dokumente
psd	(Photoshop Document) Bildformat für Adobe Photoshop-Dokumente
Plug & Play	(dt. »Anschließen und loslegen«) Anschließbarkeit von Geräten an den Rechner ohne Neustart oder Treiberinstallation
Prozess	Ablaufen eines Programms
QuickTime	Medientechnologie von Apple zur Anzeige von Audio- und Videoinhalten
RAM	(Read Access Memory) Arbeitsspeicher
RGB	(Rot, Grün und Blau) Additive Primärfarben. Der RGB-Farbraum wird an Computerbildschirmen und bei normalen Farbdruckern verwendet (in Abgrenzung zum CMYK-Druck bei professionellen Druckgeräten)
ROM	(Read Only Memory) Festspeicher, auf den keine Daten geschrieben werden können – z.B. eine CD oder DVD
rtf	(Rich Text Format) Einfaches Format für Textdokumente
SATA	(Serial Advanced Technology Attachment) Schnittstelle zur Anbindung von Festplatten und Laufwerken – ersetzte die veraltete Schnittstelle ATA (auch IDE)
Server	Aktiver Computer im Netzwerk, auf dem z.B. eine Website zum Abruf bereit steht
SIMM	(Single Inline Memory Module) Bauform von Speichermodulen für den Arbeitsspeicher eines Computers
sitx	Suffix (Anhängsel) für komprimierte Dateien (am Mac z.B. mit dem StuffIt Expander zu öffnen)
SRAM	(Static RAM) Form des Arbeitsspeichers

Suffix	Ein Suffix besteht aus einem Punkt, gefolgt von mehreren Buchstaben, die den Dateityp identifizieren (z.B. ».txt« oder ».jpg«).
TB	Terabyte
TFT	(Thin Film Transistor) Flachbildschirm-Bauweise
tif (auch tiff)	(Tagged Image File Format) Verlustfreies Bildformat, das einen großen Speicherbedarf hat
Thread	Ausführungsstrang in der Abarbeitung eines Programms; ein Threat ist Teil eines Prozesses
txt	Suffix (Anhängsel) für eine reine Textdatei
USB	(Universal Serial Bus) Schnittstelle für externe Geräte am Computer
USB-Stick	Portables Flash-Speichermedium, das man über einen USB-Port an den Computer anschließen kann
US-Brief	Papiergröße: 27,94 x 21,58 cm
URL	(Uniform Resource Locator) Fachausdruck für Internet-Adresse
VRAM	(Video RAM) Speicher auf der Grafikkarte – veraltet (heute ersetzt durch GDDR)
Website	Besteht aus einer Homepage und einer beliebigen Anzahl untergeordneter Internetseiten
WLAN	(Wireless LAN) Drahtloses Funknetzwerk
World Wide Web	(auch WWW oder einfach als »Web« bezeichnet) Synonym für Internet (auch wenn das nicht ganz korrekt ist) – System von weltweit verbundenen Computern
WWW	(siehe World Wide Web)
xls	Suffix (Anhängsel) für Microsoft Excel-Dokumente
zip	Format zur komprimierten Archivierung von Dateien (ursprünglich hauptsächlich ein Windows-Format, das aber inzwischen auch in Mac OS X eingesetzt wird)

Maximale Datenübertragungsraten

(Megabyte per Sekunde)

USB 1.1	1,5 MB/s
USB 2.0	60 MB/s
USB 3.0	600 MB/s
FireWire 400 (IEEE 1394a)	50 MB/s
FireWire 800 (IEEE 1394b)	100 MB/s
FireWire 3200 (IEEE 1394c)	400 MB/s
Ethernet	bis 125 MB/s (bei GBit-Ethernet)
ATA/133	133 MB/s
Serial ATA (SATA2)	300 MB/s
CD (24X)	4,8 MB/s
DSL 384	0,05 MB/s
DSL 16.000	2 MB/s
AirPort (IEEE 802.11b)	1,37 MB/s
AirPort Extreme (IEEE 802.11g)	6,75 MB/s
Bluetooth 1.0	ca. 88 KB/s
Bluetooth 2.1 + EDR	ca. 262 KB/s
Bluetooth 3.0 + HS	ca. 24 MB/s
IrDA (div)	ca. 1KB/s bis 2MB/s
SCSI	5 MB/s
Ultra2 WIDE SCSI	80 MB/s
Seriell	0,03 MB/s
ADB	0,001 MB/s

Index

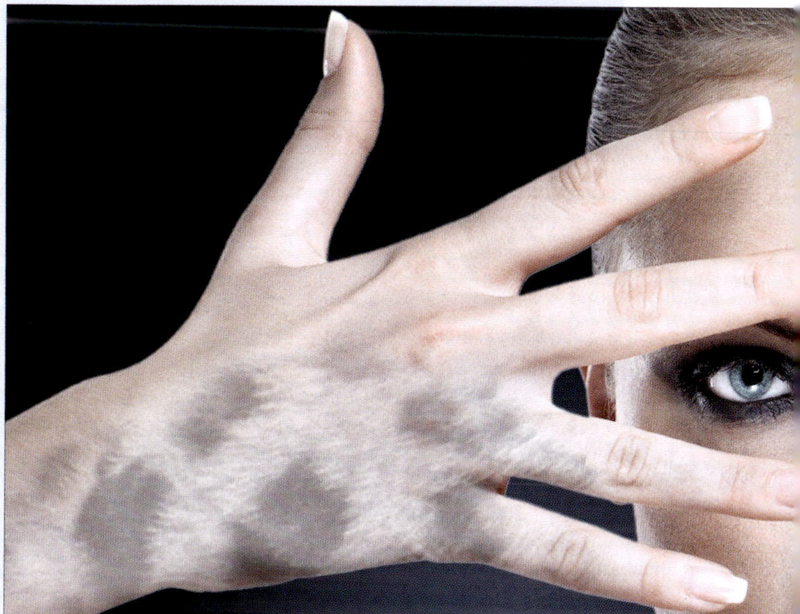

Index

Symbole

A

B

C

D

E

F

G

H

I

K

L

T

U

V

W

X

Y

Z

Unglaublich: Jetzt einen Monat lang alle eBooks kostenlos für Sie
eload24 bietet Ihnen über 750 hochwertige eBook-Ratgeber zu vielen wichtigen Lebensbereiche (Computer, Internet, Digitalfotografie, Beruf & Karriere, Hobby, Geld & Steuern, Haus & Garten, Gesundheit, Ernährung, und mehr).
Testen Sie jetzt unsere digitale Bibliothek – kostenlos und unverbindlich.
Jetzt ausprobieren: www.eload24.com/landing
Ratgeber und mehr.
eload24